Der Imperativ
in der französischen Anzeigenwerbung

Tübinger Beiträge zur Linguistik

herausgegeben von Gunter Narr

159

Eleonore Kaeppel

Der Imperativ in der französischen Anzeigenwerbung

gnv Gunter Narr Verlag Tübingen

Herstellung des Typoskripts: R.C. Mähler

CIP-Kurztitelaufnahme der Deutschen Bibliothek

Kaeppel, Eleonore:
Der Imperativ in der französischen Anzeigenwerbung / Eleonore Kaeppel.
— Tübingen: Narr, 1987.
(Tübinger Beiträge zur Linguistik; 159)
ISBN 3 - 87808 - 159 - 6
NE: GT

Die vorliegende Arbeit wurde vom Fachbereich 15, Philologie III der Johannes-Gutenberg-Universität zu Mainz 1979 als Dissertation zur Erlangung des akademischen Grades des Doktors der Philosophie (Dr.phil.) angenommen.

Druck: Müller+Bass, Tübingen
Printed in Germany

ISBN 3 - 87808 - 159 - 6

VORWORT

Das vorliegende Buch ist die überarbeitete und gekürzte Fassung einer Dissertation gleichen Themas, die vom Fachbereich 15, Philologie III der Johannes Gutenberg-Universität Mainz angenommen wurde.

Ihr Ziel ist die Untersuchung von Form(en), Bedeutung(en) und Funktion(en) der grammatischen Erscheinung I m p e r a t i v in der französischen Werbesprache am Beispiel der Anzeigenwerbung.

Die Kürzungen betreffen im wesentlichen den ersten Teil der Untersuchung: Ausgegliedert wurde der Entwurf zu einer Imperativgrammatik sowie die Darstellung des Imperativs in verschiedenen neueren linguistischen Beschreibungs-Ansätzen. Beide Aspekte werden in eine selbständige Monographie eingehen, die sich in Arbeit befindet.

Die Überarbeitung wurde 1985 abgeschlossen. Neuere Literatur zur Werbung konnte zum Teil noch berücksichtigt und eingearbeitet werden. Die Auseinandersetzung mit einigen wichtigen neueren Arbeiten zur Sprechakttheorie und Pragmalinguistik, die in diesem Zusammenhang diskutierenswert gewesen wären (insbesondere die Untersuchungen von Falkenberg 1982 und Liedtke 1984), hätte allerdings eine grundlegende Umgestaltung des ursprünglichen Entwurfs mit einer erneuten Betonung des theoretischen Teils der hier untersuchten Fragestellung bedeutet, so daß ihre Einarbeitung nicht sinnvoll erschien. Es wurde zudem deutlich, daß in einer empirischen Arbeit wie der vorliegenden die Frage nach dem handlungstheoretischen Status von Imperativsätzen eine Berücksichtigung zahlreicher und z.T. sehr heterogener Faktoren erfordert, die in dieser Vielfalt kaum von einer Modellbildung bereitgestellt werden können.

Ich möchte an dieser Stelle nochmals ausdrücklich allen Kollegen, Freunden und Bekannten danken, die in zahlreichen Gesprächen durch Anregung und konstruktive Kritik zum Gelingen der Arbeit beigetragen haben. Mein besonderer Dank gilt Herrn Professor Heinz Kröll für die Betreuung der Arbeit und Herrn Professor Manfred Tietz für seine Tätigkeit als Koreferent. Herrn Professor Bernd Spillner ist es zu verdanken, daß die Untersuchung trotz der erheblichen zeitlichen Belastungen, die die Assistententätigkeit an einer im Aufbau befindlichen Hochschule mit sich brachte, abgeschlossen werden konnte. Mein besonderer Dank geht schließlich an den Gunter Narr Verlag für die Aufnahme der Arbeit in die TBL-Reihe sowie für die verständnisvolle Betreuung des Projekts.

Ratingen, im Oktober 1986.

Eleonore Kaeppel

INHALTSVERZEICHNIS

0. EINLEITUNG

Der Imperativ wird sowohl in den sprachwissenschaftlichen Untersuchungen wie auch in der Fachliteratur der Werbebranche durchgängig als sprachliche Erscheinung behandelt, die für die Sprache der Werbung in besonderem Maße repräsentativ sei. Er scheint nicht nur in diesem Texttyp besonders häufig vorzukommen, sondern er soll auch dessen Textintention in nuce verkörpern.[1]
Beim näheren Hinsehen zeigt sich allerdings, daß der Zusammenhang zwischen dem Werbetext als persuasivem und appellativem Texttyp par excellence und dem Imperativ wesentlich komplexer ist, als es zunächst den Anschein hat.

Sehr schnell wird deutlich, daß der Terminus 'Imperativ' keineswegs einheitlich gebraucht wird. Er bezeichnet z.T. ein grammatisches Formeninventar, z.T. einen Satztyp, z.T. einen Sprechhandlungstyp oder eine bestimmte Kommunikationsabsicht unabhängig von ihren möglichen sprachlichen Realisationen. Meist bezeichnet er die Kopplung eines bestimmten Formeninventars bzw. eines Satztyps an eine von ihm angeblich ausschließlich oder überwiegend realisierte Ausdrucksfunktion.
Erschwerend kommt hinzu, daß der Begriff häufig undefiniert gebraucht wird, so daß seine jeweilige Verwendung, wenn überhaupt, nur aus dem sprachlichen Kontext oder anhand der angeführten Beispiele erschlossen werden kann; oft macht auch ein widersprüchlicher Gebrauch des Terminus in der gleichen Arbeit die Bestimmung seiner inhaltlichen Füllung unmöglich.

Eine Schwierigkeit anderer Art stellt sich bei der Bestimmung dessen, was als 'Sprache der Anzeigenwerbung' verstanden werden soll. Praktisch alle vorliegenden sprachwissenschaftlichen Untersuchungen beschränken sich aus naheliegenden praktischen Gründen auf die Beschreibung der kurzen Teiltexte, vor allem des Slogans, daneben auch der Headline, wobei beide z.T. trotz ihrer textuell völlig unterschiedlichen Funktion, Struktur und Position oft genug nicht unterschieden wer-

---

1 Vgl. Galliot: "L'impératif est, de toutes les formes verbales, celle qui revient le plus souvent, et il n'existe guère d'annonce 'rédigée' qui n'en présente un ou plusieurs exemples." (1955:406). Auch Leech hebt die hohe Frequenz des Imperativs hervor: "(...) one of the most striking features of the grammar of advertising is an extreme frequency of imperative clauses. The consumer is for ever being told to 'get' this, 'buy' that, 'taste' the other." (1966:30). Römer setzt 'Befehl' und 'Imperativ' gleich, wenn sie bemerkt: "Zu den drei wichtigsten rhetorischen Mitteln der Werbung gehört der Imperativ. Viele Slogans sind in Befehlsform abgefaßt." (1973:179). Als sowohl quantitativ wie qualitativ zentrales Ausdrucksmittel der Werbesprache schätzen ihn auch Lauterer (1923:74), Haese (1956:110), Penttilä (1963:14), Schwab (1966:122) u.v.a. ein.

den.[1] Der sprachlich meist wesentlich umfangreichere Fließtext sowie der offenbar für irrelevant gehaltene Coupontext werden, wenngleich aus unterschiedlichen Gründen, praktisch völlig ausgeklammert.[2]

Nun läßt sich die vorrangige Behandlung der kurzen Teiltexte durchaus mit der Wahrnehmungshierarchie innerhalb der Werbeanzeige begründen: Nach dem Bild werden die kurzen und durch Typographie und Lay-out appellativeren Textteile, vor allem die Headline, als erste und womöglich einzige aufgenommen; nur ein geringer Teil der Leser wird nach der Identifikation der Zeitschriftenseite als Werbeanzeige auch den weniger attraktiv aufgemachten Fließtext lesen.[3]

Doch die Beschränkung auf Headline und Slogan muß ein verkürztes Bild von den sprachlichen Verfahren liefern, die in der Anzeigenwerbung zur Realisierung der Beeinflussungsabsicht eingesetzt werden. Zahlreiche textuelle, rhetorische und semiotische Bezüge werden durch die voreilige Isolation des Untersuchungsgegenstands vernachlässigt, obwohl sie für die Gesamtwirkung der Anzeige sicherlich entscheidend sind.

Ein besonders schwerwiegendes Problem ist die Frage nach dem angemessenen linguistischen Beschreibungsansatz:[4]

Gerade der Imperativ, der wie kaum ein anderes sprachliches Phänomen im sprachlichen und situativen Kontext verankert ist, kann sinnvoll nur unter Einbezug möglichst vieler ko- und kontextueller Faktoren beschrieben werden.
Mit den Arbeiten von Flader, Januschek, Hauswaldt-Windmüller und Klenkler liegen neuere Monographien zur Werbesprache vor, die, wenngleich auf unterschiedliche

---

1 Stellvertretend für andere seien hier Galliot (1955) und Flader (1974:116 u.ö.) genannt.

2 Flader ist einer der wenigen, der den Anspruch erhebt, neben dem "minimalen Text 'Slogan'" auch den "zusammenhängenden, größeren Werbetext" (1974:69) zu beschreiben, doch behandelt er letzteren nur unter dem Aspekt des "abstrakten Kommunikators" und des "sekundären Kommunikators"; eine umfassende sprachliche Beschreibung wird nicht angestrebt.

3 Inwieweit die Teiltexte 'Headline' und 'Fließtext' der unterschiedlichen Rezeptionsbereitschaft des Lesers durch ihre jeweils besondere Auswahl sprachlicher Gestaltungsmittel Rechnung tragen, wäre einer eingehenderen Untersuchung wert.

4 Hier ist Hauswaldt-Windmüller zuzustimmen, daß "eine bloß formale Betrachtung der Sprache in der Werbung unbefriedigende Ergebnisse hervorbringt und den Eindruck hinterläßt, man habe den Gegenstand verfehlt. Was wissen wir über die Sprache in der Werbung, wenn wir festgestellt haben, daß Parataxe vorherrscht, daß der Anteil der Satzgefüge gegenüber Einfachsätzen und Setzungen verschwindend gering ist, wenn wir den besonderen Nominalstil beschrieben haben usw.?" (1977:7)

Weise und an verschiedenen Gegenständen, eine umfassende Beschreibung versuchen.[1] Sie zeigen neben den Möglichkeiten aber auch die Grenzen eines solchen Vorgehens auf.

Die Schwierigkeiten, den Imperativ als Ausdruck einer Aufforderungshandlung in der Anzeigenwerbung zu beschreiben, stellen sich für uns folgendermaßen dar:

1. Der Beschreibungsapparat der Sprechakttheorie ist an mündlicher, spontaner face-to-face-Kommunikation entwickelt worden und für deren Beschreibung besser geeignet als für schriftliche Texte, bei denen Produktion und Rezeption des Textes auseinanderfallen, der Sender bzw. dessen Intention nicht immer bekannt oder erschließbar sind und der Adressat in dem hier vorliegenden Fall von Massenkommunikation ein Zufallsadressat sein kann.
2. Die Sprechakttheorie ist auf die Beschreibung der Produktionsseite, weniger auf die der Rezeptionsseite ausgerichtet; im Falle der Anzeigenwerbung ist jedoch nur letztere konkret beschreibbar.[2]
3. Es handelt sich um einen Texttyp mit verdeckter Handlungsintention; die Sender-Intention ist also gerade nicht unmittelbar aus der Textgestaltung erschließbar. Hier besteht die Gefahr eines Zirkelschlusses.
4. Vielfältige Formen "uneigentlichen Sprechens"[3] wie Metapher, Metonymie, Ironie, Litotes, rhetorische Frage und - wäre hier hinzuzufügen - rhetorische Imperative

---

1 Während Flader (1974) die deutschsprachige Anzeigenwerbung unter sprechakttheoretischen und psychoanalytischen Gesichtspunkten beschreibt, untersucht Hauswaldt-Windmüller (1977) die deutsche Radio-Werbung, ohne allerdings u.Er.s die im Untertitel angekündigten "pragmatischen Aspekte" herauszuarbeiten; Hohmeister (1981) untersucht deutschsprachige Kleinanzeigen in einer lokalen Tageszeitung unter diachronischem Aspekt, wobei er neben Lexik und Syntax unter dem Stichwort "Präsentationsformen" auch semiotische (besonders Typographie und Lay-out) und rhetorische Aspekte sowie Argumentationstopoi behandelt. Eine detailliertere Methodenreflexion findet sich bei Januschek (1976); aus der These, Sprache in der Werbung sei "Anti-Sprache" (Januschek 1974:258), folgert er, daß Werbesprache nicht unter sprechhandlungstheoretischem Gesichtspunkt beschreibbar sei. (1976:119)

2 Als Pendant zur Sprechakt-Theorie und einer - bislang nicht existenten - "Hörakt-Theorie" wäre hier eine "Schreibakt-", vor allem aber eine "Leseakt-Theorie" vonnöten, um den besonderen Bedingungen schriftlicher Produktion und Rezeption unter Berücksichtigung der am Kommunikationsakt beteiligten Kommunikatoren Rechnung zu tragen.

3 Wir übernehmen diesen Begriff von Berg (1978); er unterscheidet zwischen einem "uneigentlichen Sprechen" und dem Sprechen mit verdeckter Handlungsintention: "Das Kennzeichen uneigentlichen Sprechens ist (...), daß das, was der Sprecher meint, und das, was der Satz, den er äußert, eigentlich bedeutet, nicht übereinstimmen. Allerdings spricht nicht jeder, der etwas sagt, was er nicht meint, uneigentlich (...) Wenn der Sprecher seine Gesprächspartner täuscht oder irreführt, also die Unwahrheit sagt, (...) meint (...) er (...) nicht, was er sagt: er will ja nicht so verstanden werden, wie es seinen wahren Absichten entspräche. Uneigentliches Sprechen ist demgegenüber dadurch gekennzeichnet, daß der Sprecher das verstanden wissen möchte, was er selbst für wahr hält." (1978:9)

kommen vor, die die Erschließung der Sender-Intention in Kombination mit den persuasiven Strategien noch erschweren.

5. Einige Bedingungen, die für direktive Sprechhandlungen konstitutiv sind, scheinen im Falle der Werbesprache nicht oder nicht immer erfüllt:
Der Angesprochene muß als potentieller Handlungsträger in der Lage sein, grundsätzlich sowie ggf. zum gewünschten Zeitpunkt und unter den gewünschten Bedingungen die Handlung zu vollziehen, die der Imperativ angibt.
Der Sprecher muß ferner annehmen, daß der Adressat dazu imstande ist.
Besonders problematisch scheint die Bedingung der Aufrichtigkeit im Falle der Werbung zu sein: Der Sprecher muß die Durchführung der bezeichneten Handlung tatsächlich wünschen.
Diese Voraussetzungen sind vor allem angesichts der vielfältigen Formen von Vagheit und Mehrdeutigkeit, Paradoxa, Hyperbeln und Wortspielen oft nicht gegeben. Letztere müßten durch Transformations-Operationen auf ihre "eigentliche" Aussage zurückgeführt werden; die Folge wäre die zunehmende Entfernung vom konkreten sprachlichen Phänomen zugunsten mehr oder weniger willkürlich erschlossener Paraphrasen, die für eine weitere Beschreibung ohne heuristischen Wert sind.

6. Unlösbar scheint die Bestimmung der sprachlichen Einheit, die im vorliegenden Kontext als Realisation eines Sprechakts des Typs "direktive Sprechhandlung" gelten soll. Die gesamte Werbeanzeige als visuell-verbales Superzeichen ist ohne Zweifel das Realisat einer Aufforderungs-Intention; doch das heißt nicht, daß es ihre kleineren sprachlichen Einheiten, die wir zu Beschreibungszwecken isolieren können, auch sind. Headline, Fließtext, Slogan sind einzelne Handlungszüge der Gesamtsprechhandlung 'Aufforderung'; sie können aber von ihrer sprachlichen Struktur her, wenn man sie isoliert, ebensogut als Behauptung, als Frage, als Versprechen, als Warnung beschrieben werden. Daß Headline und Slogan zufällig oft aus einem Satz oder aus einer zum Satz ergänzbaren "Ellipse"[1] bestehen, außerdem neben einer (scheinbaren!) syntaktischen und semantischen Autonomie

---

1 Der Begriff der Ellipse erscheint als Beschreibungskategorie der Werbesprachensyntax ungeeignet; er impliziert eine bestimmte, normative Vorstellung von syntaktischer "Vollständigkeit", was z.B. dazu führt, daß die so häufigen autonomen Syntagmen, auch als "Setzungen" bezeichnet, anhand dieses Maßstabs zu "defizienten" Sätzen werden und durch einen der oft alternativ möglichen konkurrierenden Satzrahmen zu vollständigen Aussagen ergänzt werden. (So verfährt etwa Stave in seinem Aufsatz mit dem bezeichnenden Titel "Bemerkungen zum unvollständigen Satz in der Sprache der Werbung", 1973.) Dieses Verfahren wird wegen seiner z.T. willkürlichen Monosemierung der besonderen Struktur und Funktion dieser Erscheinung nicht gerecht.

auch durch Typographie und Lay-out (Spationierung) als eigenständige und abgeschlossene Texteinheiten ausgewiesen sind, macht es verführerisch einfach, hier Satz, Teil-Text und Sprechhandlung gleichzusetzen.

7. Bei Einbezug des Fließtextes zeigt sich, daß eine überraschend große Zahl der Imperative schon deswegen nicht als Aufforderungen gelten können, weil sie entweder vorwiegend syntaktische Funktionen erfüllen[1] oder als Elemente mit vorwiegend textgliedernder oder phatischer Funktion in ihrer Bedeutung so verblaßt sind, daß sich die Einbettung in einen Rahmensatz mit performativem Verb als sinnlos erweist.
8. Durch die z.T. voreilige Zuordnung zu einer primär gesetzten Ausdrucksfunktion wird der eventuellen Polyfunktionalität sprachlicher Erscheinungen nicht genug Rechnung getragen.
9. Die Textintention "Aufforderung zum Konsum", die so oder ähnlich meist als Rahmenintention für den Texttyp "Anzeigenwerbung" definiert wird, muß stärker differenziert werden. Sie läßt sich in Teilintentionen aufgliedern, die alternativ oder sukzessiv Geltung haben: z.B. das Bekanntmachen eines neu einzuführenden Produkts, seines Namens, seiner besonderen Eigenschaften; die Sympathiewerbung für einen bestimmten Hersteller oder eine ganze Branche; die Schaffung eines allgemein günstigen Konsumklimas und vieles andere mehr. Hier lassen sich ganze Hierarchien von Textintentionen erstellen, und die Entscheidung, welche von ihnen nun für einen Imperativ als die verbindliche zu gelten hat, ist kaum zu treffen.
10. Schließlich ist zu bedenken, daß angesichts der pragmatischen Bedingungen der Werbung im allgemeinen und hier der Anzeigenwerbung im besonderen ohnehin nur direktive Sprechhandlungen mit äußerst geringem Verbindlichkeitsgrad zu erwarten sind. Sie lassen sich allenfalls als Ratschlag, Vorschlag, Empfehlung, u.U. auch nur als Wunsch- oder Willensäußerung beschreiben, deren perlokutive Kraft gering ist - was nicht heißt, daß die Werbung nicht dennoch ihr Ziel der Verhaltenssteuerung erreicht.

Angesichts dieser Überlegungen schien es für die Fragestellung unserer Arbeit, nach den Beziehungen zwischen Imperativ und Anzeigenwerbung ratsam, den Begriff 'Imperativ' auf die konkrete grammatische Form festzulegen, unabhängig zunächst von seinen potentiellen Ausdrucksfunktionen. Unter 'Imperativ' wird also im folgenden die morphologisch beschreibbare Verbform und der durch sie strukturierte Satz verstanden.

---

1 Vgl. dazu z.B. Hunnius 1960:90-92.

Da in den Grammatiken und sprachwissenschaftlichen Handbüchern unter der - in dieser Hinsicht fatalen - Kategorie des 'Modus' fast ausnahmslos Form und Funktion des Imperativs miteinander verquickt waren und sich eine für unsere Zwecke brauchbare Darstellung nicht fand, erwies es sich als unumgänglich, zunächst eine eigene Darstellung relevanter Aspekte einer Imperativgrammatik zu erarbeiten.
Wir versuchen daher zunächst, anhand eines Kontrastkorpus nicht-werblicher schriftlicher Texte, die relativ willkürlich ausgewählt worden sind, das Vorkommen der grammatischen Form und der durch sie strukturierten Sätze zu beobachten und auf ihre möglichen Funktionen und Bedeutungen hin zu untersuchen.
Dabei zeigt sich, daß die Berücksichtigung der B e z u g s s i t u a t i o n , auf die der Imperativ verweist, sich als Kriterium für die nähere Beschreibung und Klassifikation der Imperative anbietet: Wenn diese als A u f f o r d e r u n g an einen Adressaten fungieren, zu einem Zeitpunkt (t_2) an einem Ort (l_2) eine bestimmte Handlung auszuführen, so lassen sich die Imperative hinsichtlich der Parameter dieser Realisations-Situation (Sit_2) und dem Verhältnis zwischen ihr und der Äußerungs-Situation des Imperativs (Sit_1) beschreiben und ordnen.

Entsprechend der Vermutung, daß gerade bei einer Untersuchung des Imperativs die vorschnell isolierende Beschreibung der sprachlichen Erscheinung zu falschen Ergebnissen führen muß, wurde versucht, möglichst viel an sprachlich relevanter Hintergrund-Information über den Texttyp und die Kommunikations-Situation, in der dieser produziert bzw. rezipiert wird, zu berücksichtigen, bevor sich die Untersuchung auf die Darstellung der sprachlichen Aspekte konzentriert. Das erscheint bei dem hier vorliegenden Texttyp, einem p e r s u a s i v e n Texttyp par excellence, umso mehr geboten, als davon auszugehen ist, daß die Sender-Intention keinesfalls unmittelbar aus dem vorliegenden Anzeigentext erschließbar ist, sondern daß im Gegenteil die Diskrepanz zwischen der realen Kommunikations-Intention und der aus der Textgestaltung der Anzeige erschließbaren Intention die Regel ist. Daher wurde angestrebt, diese Hintergrund-Information, soweit möglich, aus erster Hand zu beziehen: nämlich aus den Veröffentlichungen der Werbebranche selbst, und zwar vor allem aus den Leitfäden und Ratgebern, wie sie von Werbefachleuten für Werbetexter geschrieben werden.

Der Untersuchung liegt ein Korpus von ca. 3.000 Werbeanzeigen zugrunde, die aus französischsprachigen Periodika aus dem Zeitraum 1970 - 1983 entnommen sind. Es wurde versucht, eine möglichst große Bandbreite hinsichtlich der sozio-ökonomischen Faktoren der Leserschaft (Alter, Geschlecht, Beruf, Kaufkraft, Freizeit-Interessen etc.) sowie hinsichtlich der verschiedenen Typen von Periodika (politische Magazine, Frauenzeitschriften, Jugendzeitschriften, "presse du cœur", Radiozeitschriften und "presse spécialisée") in das Korpus aufzunehmen. Es wurden überwiegend ganz- und doppelseitige Anzeigen berücksichtigt, ferner auch einige Randspalten-Anzeigen und "encadrés", um möglichst alle vorkommenden Imperativ-Typen zu erfassen.

Eine Schwierigkeit der sprachwissenschaftlichen Beschreibung bestand darin, die sprachliche Untersuchungs-Einheit zu isolieren, ohne ihre Bezüge zum sprachlichen Kontext, zum Bild und zu anderen Faktoren der Kommunikations-Situation zu vernachlässigen - ein Problem, das sich bei der Beschreibung des Imperativs in besonderem Maße stellt, da dieser mit dem sprachlichen, visuellen und situativen Kontext der Rezeptions-Situation in besonders engem Bezug steht.

Die zitierten Beispiele sind daher mit folgenden Angaben versehen:

1. Angabe des Teiltextes, in dem sie vorkamen: Headline (HL), Fließtext (FT), Slogan bzw. Signature line (SL), Coupon; bei größeren Texteinheiten, die nicht vollständig wiedergegeben werden konnten, ihre Position innerhalb des Teiltextes (z.B. Fließtext-Anfang, Fließtext-Ende, Fließtext-Überschrift). Das Weglassen von Satzteilen, Sätzen oder Textpassagen größeren Umfangs, die für die jeweils behandelte Fragestellung entbehrlich schienen, wird durch drei in runde Klammern gesetzte Punkte markiert: (...);
2. Produktname und/oder Herstellername;
3. Bezeichnung des Produkts, der Produktbranche oder der Herstellerbranche;
4. Quellenangaben: Werbeträger, Datum, Seite;
5. die visuell markierte Absetzung von Syntagmen durch Zeilenwechsel oder Spationierung, soweit diese fehlende Interpunktion ersetzten, textgliedernde Funktion haben und für das Verständnis des Beispiels wichtig sind, wird durch Schrägstrich wiedergegeben (xxx / xxx).
6. Die Imperativform ist lediglich aus Gründen der Hervorhebung im Fettdruck wiedergegeben; es handelt sich dabei nicht um die Kennzeichnung einer (wie auch immer zu bestimmenden) linguistischen Einheit.
   Darüber hinaus sind eine Reihe weiterer jeweils zur Diskussion stehender Kontext-Elemente innerhalb der Beispiele durch Fettdruck hervorgehoben.

Soweit statistische Angaben vorkommen, beruhen sie auf der Auszählung eines Teilkorpus von 1.000 Werbeanzeigen.

Um die Bedeutung und die Funktion von Imperativen aufzuhellen, wurde auf sprachliche Entdeckungs-Prozeduren wie die Paraphrase, ferner das Weglassen und Ergänzen von Satzteilen und Kontext-Elementen zurückgegriffen.

Für den Bildanhang wurden 21 Werbeanzeigen so ausgewählt, daß sie sowohl unterschiedliche Werbeträger und Produktbranchen, unterschiedliche Anzeigenformate und unterschiedliche Argumentations-Strategien dokumentieren. Möglichst viele der hier behandelten unterschiedlichen Imperativ-Typen sind vertreten. Aus technischen Gründen konnte die Farbgebung nicht berücksichtigt werden. Alle Anzeigen sind darüber hinaus verkleinert wiedergegeben.

1. DER IMPERATIV ALS SPRACHLICHES PHÄNOMEN UND SPRACHWISSENSCHAFTLICHER GEGENSTAND

1.1. 'Imperativ' und 'direktive Sprechhandlung'. Begriffsbestimmung

> "L'impératif est, d'une façon générale, le mode du commandement, de l'exhortation, de la prière".[1]

Diese Definition des Imperativs von Maurice Grevisse ist in mehrfacher Weise für zahlreiche ältere und jüngere Grammatiken des Französischen repräsentativ. Sie beschreibt den Imperativ als M o d u s , bei dem ein grammatisches Formeninventar zur sprachlichen Realisierung eines bestimmten Ausdruckswillens des Sprechers bereitsteht. Grevisse behandelt den Imperativ unter zwei Aspekten: Während er im ersten Zusammenhang unter "Désinences de personne et de nombre" das F o r - m e n - I n v e n t a r des Imperativs beschreibt und es aus anderen Registern, dem "indicatif présent" und dem "subjonctif présent" ableitet, behandelt er unter "Syntaxe des modes et des temps" den G e b r a u c h der vorher beschriebenen Formen. Dabei zeigt sich, daß der Terminus 'impératif' in verschiedenen Bedeutungen verwendet wird. Einmal bezieht er sich auf den Formenbestand ohne Berücksichtigung der möglichen Ausdrucksfunktionen; an anderer Stelle bezeichnet er aber gerade die Ausdrucksfunktion, wie sie in der eingangs zitierten Definition beschrieben wurde:[2]

> "L'impératif est fréquemment adouci par l'emploi d'une périphrase de politesse ou de déférence: Veuillez vous asseoir. Vous plairait-il de recommencer? Auriez-vous l'obligeance de fermer la porte? Ayez la bonté de m'avertir. Faites-moi le plaisir de m'accompagner".

Auf den Ausdruckswillen eines Sprechers bezieht sich der Terminus auch, wenn vom "sens impératif" des subjonctif die Rede ist.[3]

Die gleiche terminologische Ungenauigkeit findet sich auch im 'Grand Larousse de la langue française', wo 'impératif' folgendermaßen definiert wird:[4]

> "En grammaire, mode qui exprime la volonté ou le désir s'exerçant par le commandement, la défense, la prière et l'exhortation, le conseil et les souhaits".

Während diese Begriffbestimmung ausschließlich die modale Dimension - den Ausdruckswillen des Sprechers - thematisiert, unterscheidet der anschließende ausführliche Grammatik-Artikel aber ähnlich wie Grevisse zwischen den Formenparadigma

---

1 Grevisse 1980:851.

2 Grevisse 1980:852.

3 Grevisse 1980:853.

4 Grand Larousse de la langue française, Bd. 3, 1973:2555.

des Imperativs auf der einen Seite: "Le paradigme de l'impératif comporte deux tiroirs: l'impératif présent et l'impératif passé"[1] und dessen Ausdrucksfunktion ("valeur modale") auf der andern:[2]

> "La fonction qui définit l'impératif réside dans sa valeur modale: il exprime à la fois l'idée d'une action et la volonté qu'elle soit exécutée par l'allocutaire; il joint donc l'expression d'un m o d u s à celle d'un d i c t u m (...), et une phrase comme M a r c h e ! peut être paraphrasée: J e v e u x c e l a , t o i m a r c h e r . Le contenu sémantique du verbe et du contexte oblige souvent à l'interpréter comme un souhait (...) ou comme une prière (...)".

Auch hier also bezieht sich der Terminus bald auf einen morphologisch beschreibbaren Formenbestand, bald auf eine an diesen gebundene Ausdrucksfunktion, bald auf die Redeabsicht eines Sprechers mit unterschiedlichen Möglichkeiten sprachlicher Realisierung. Letzteres gilt z.B. für die folgende Bemerkung:[3]

> "Dans sa fonction propre, l'impératif a deux variantes: le subjonctif et l'infinitif."

Diese mit der vorangehenden morphologischen Definition inkompatible Aussage wird wie folgt erläutert:[4]

> "Le subjonctif apparaît (...) aux personnes où l'impératif n'existe pas (...) L'infinitif est en quelque mesure sa variante écrite (...)."

Diese beiden Darstellungen sollen vorerst genügen, um die Probleme aufzuzeigen, die sich bei der Begriffsbestimmung des Terminus 'Imperativ' ergeben:

Je nach sprachwissenschaftlichem Beschreibungsansatz bezeichnet der Begriff

a. einen bestimmten morphologischen F o r m e n b e s t a n d innerhalb des verbalen Flexions-Paradigmas;

b. in Ansätzen, die vom Satz als linguistischer Einheit ausgehen, bezeichnet der Terminus einen S a t z t y p , der durch die Verwendung der imperativischen Verbform strukturiert wird ('Imperativsatz');

c. darüber hinaus bezeichnet der Begriff meist zugleich eine an die grammatische Form (a.) oder an den Satztyp (b.) gebundene Aussage, die in der Regel als M o d u s bezeichnet wird.

Angesichts der Widersprüche zwischen den unterschiedlichen Definitionen des Begriffs 'Imperativ' in der Literatur wie auch zwischen der expliziten Begriffsbestimmung und seiner anschließenden Verwendung im gleichen Werk erscheint für die Belange der Arbeit eine eindeutige Abgrenzung der Termini, mit denen im folgenden gearbeitet werden soll, unabdingbar. Voraussetzung dafür ist eine klare Trennung

---

1 Grand Larousse de la langue française, Bd. 3, 1973:2556.

2 Grand Larousse de la langue française, Bd. 3, 1973:2558.

3 Grand Larousse de la langue française, Bd. 3, 1973:2558.

4 Grand Larousse de la langue française, Bd. 3, 1973:2558.

zwischen der sprachlichen F o r m und der A u s d r u c k s f u n k t i o n des Imperativs; ihn als Kopplung einer Verbform oder eines Satztyps an eine Ausdrucksfunktion zu beschreiben, ist für unsere Zwecke nicht sinnvoll.

Eine Trennung der beiden Ebenen sprachlicher Konventionalität, wie sie Wunderlich in seinem Beitrag "Zur Konventionalität von Sprechhandlungen"[1] beschreibt, soll die Grundlage für die Arbeit bilden: die Unterscheidung zwischen der g r a m m a t i s c h e n E b e n e einerseits und der k o m m u n i k a t i v - p r a g m a t i s c h e n E b e n e andererseits.

Henne stellt diese wie folgt dar:[2] Es existiert

> "Eine Ebene, die ich die grammatische nennen möchte, sofern Lexikon und Semantik in die Grammatik integriert sind und deren Objektbereich der lokutive Aspekt ist. In den Grammatiken wird die Struktur von Sätzen beschrieben, ohne daß angegeben wird, was Sprecher (bzw. Schreiber) mit diesen Sätzen in der Kommunikation (d.h. hinsichtlich ihrer Adressaten) anfangen können. (...)Die andere Ebene sprachlicher Konvention ist die kommunikativ-pragmatische. Sie hat ihren Objektbereich im illokutiven und ggf. perlokutiven Aspekt, insofern hier die kommunikative Kraft bzw. Wirkung von Sätzen als Äußerungen beschrieben werden. Diese zweite Ebene überlagert die erste insofern, als die Grammatik nicht eindeutig festlegt, welche grammatische Strukturen welche kommunikative Funktion (und damit Wirkung bzw. Kraft) haben können. Zwar erfolgt durch die Grammatik eine Vorstrukturierung insofern, als sie z.B. grammatische Modi (Indikativ, Konjunktiv, Imperativ) und spezielle, u.a. durch Wortstellungsregeln abgegrenzte Satzarten (Aussagesatz, Fragesatz, Aufforderungs-, Wunsch- und Ausrufesatz) beschreibt. Aber damit sind spezifische Sprechhandlungstypen keineswegs festgelegt".

Im Interesse einer eindeutigen Unterscheidung dieser beiden Ebenen soll der Terminus 'Imperativ' im folgenden ein im grammatischen System des Französischen vorhandenes Formen-Inventar bezeichnen, das sich wie folgt beschreiben läßt: Es umfaßt im Französischen drei Verbformen, die - von vier Ausnahmen abgesehen - morphologisch weitgehend mit den Flexionsformen der zweiten Person Singular, der ersten Person Plural und der zweiten Person Plural Präsens Indikativ Aktiv identisch sind. Im Gegensatz zu diesen zeichnen sie sich im Satz durch das Fehlen eines morphologisch manifesten Subjekts aus. Sie stellen eine extrem synthetische Verbform dar. Sie strukturieren - mit den durch die Valenzstruktur des Verbs geforderten Ergänzungen - einen syntaktisch vollständigen Satz. Die Entfernung zwischen den beiden Ebenen sprachlicher Konvention ist beim Imperativ daher weniger deutlich als bei anderen Verbformen, die zusätzlicher Operationen zur Überführung von der Langue in die Parole bedürfen. Dies hat eine Reihe von Sprachwissenschaftlern bewogen, dem Imperativ eine Sonderstellung unter den Modi einzuräumen; es sei hier etwa an Gustave Guillaume erinnert, der den Imperativ als "mode de la parole" bezeichnet.[3]

---

1 Wunderlich 1972a:13f.

2 Henne 1975:59f.

3 Guillaume 1970:47f.

Diese seine Zwischenstellung dürfte ferner die Gleichsetzung von Form und Ausdrucksfunktion, die sich in den verschiedensten sprachwissenschaftlichen Ansätzen immer wieder feststellen läßt, begünstigt haben.

Die Kopplung der Imperativform an bestimmte Verwendungszwecke ist auch die Voraussetzung dafür, den Imperativ, wie es in den meisten Grammatiken geschieht, unter den M o d i abzuhandeln.

Nach der häufig zitierten und variierten Definition von André Meillet dient der Modus zum sprachlichen Ausdruck der Haltung, die der Sprecher zu dem Gesagten einnimmt:[1]

> "Sous le nom de modes on entend les formes au moyen desquelles est indiquée l'attitude mentale du sujet parlant par rapport au procès indiqué par le verbe".

Grevisse führt diese Modus-Definition weiter aus:[2]

> "Les modes expriment l'attitude prise par le sujet à l'égard de l'énoncé; ce sont les diverses manières dont le sujet conçoit et présente l'action, selon qu'elle fait l'objet d'un énoncé pur et simple ou qu'elle est accompagnée d'une interprétation".

In der folgenden Definition wird der Modus darüber hinaus als Ausdruck des Kommunikationstyps gesehen:[3]

> "Catégorie grammaticale associée en général au verbe et traduisant soit le type de communication instaurée entre des locuteurs, soit l'attitude du sujet parlant devant ses propres énoncés".

Diese wenigen Beispiele für die terminologische Unklarheit der Modus-Definitionen, die bewußt aus bekannten und als Referenzwerke weit verbreiteten Darstellungen zur französischen Grammatik entnommen sind, mögen genügen, um die Unbrauchbarkeit des Modus-Begriffs für das Beschreibungs-Ziel dieser Arbeit zu dokumentieren. Weinrichs Beurteilung dieser grammatischen Kategorie ist ohne Einschränkung zuzustimmen:[4]

> "Unzufrieden mit der aus der lateinischen Grammatik ererbten Terminologie sind manche Sprachwissenschaftler darangegangen, für eine neue Sprachwissenschaft auch eine neue Terminologie zu entwerfen. (...) Der Modus-Begriff ist nun (...) ein solcher Begriff, den ich am liebsten einfach mit Stillschweigen übergehen würde. Aber er ist in der Grammatik seit Quintilian

---

1 Meillet 1926:191.

2 Grevisse 1980:708f.

3 Grand Larousse de la langue française, Bd. 4, 1975:3409.

4 Weinrich 1964:277. Seine Zuordnung der modalen Kategorien zum Temporalsystem des Französischen als "Semi-Tempora" ist allerdings ebenfalls problematisch. In der "Textgrammatik der französischen Sprache" (1982) verzichtet er ganz auf den Modus-Begriff; im Großkapitel "Syntax des Verbs" werden Imperativ, Konjunktiv und Infinitiv im Anschluß an die Tempora abgehandelt, ohne daß diese drei auch untereinander recht heterogenen Erscheinungen unter einer gemeinsamen Kategorie subsumiert werden.

(...) so festgewachsen, daß man ihn ausreißen muß. Er ist nämlich für eine Reihe von falschen Analysen verantwortlich. Die Grammatik kennt, mit Unterschieden im einzelnen je nach den Sprachen, die folgenden Modi: Indikativ, Konjunktiv, Infinitiv, Imperativ - dazu in manchen Sprachen Konditional, Optativ und andere. (...) Der Modusbegriff ist unbrauchbar, ärgerlich und irreführend, weil er mitten durch alle Sprachstrukturen schneidet".

Angemessener als durch den Modus-Begriff läßt sich die Gebrauchsfunktion des Imperativs als S p r e c h h a n d l u n g beschreiben.

Auch in älteren Grammatiken wird dem Imperativ als "valeur d'emploi" mehr oder weniger übereinstimmend zugestanden, er sei Ausdruck des Befehls, der Aufforderung, des Ratschlags, der Empfehlung, der Bitte, des Wunsches, der Willensäußerung, aber auch der Warnung, des Verbots, der Untersagung. Diese Aufgaben lassen sich hinsichtlich ihrer gemeinsamen Sprecherintention zusammenfassen als der Ausdruck eines Sprecherwillens, mit sprachlichen Mitteln ein Gegenüber zu einem bestimmten Handeln zu veranlassen. Dieser Sprechhandlungstyp wird im weiteren Verlauf als d i r e k t i v e S p r e c h h a n d l u n g oder ' D i r e k t i v h a n d l u n g ' bezeichnet.[1]

An dieser Stelle muß darauf hingewiesen werden, daß der Terminus 'Direktivhandlung' sowohl für das Handlungsmuster wie auch für die tatsächlich realisierte Handlung stehen kann. Die Unterscheidung zwischen dem Handlungsmuster und dem realen Sprechakt ist die Entsprechung der Dichotomie Langue/Parole auf der kommunikativ-pragmatischen Ebene. Die Übertragung dieser Dichotomie auf die Ebene der Sprechakte erscheint insofern sinnvoll, als sie die Zuordnung konkreter Sprechakte zu Handlungstypen erlaubt, auch wenn diese in der jeweils besonderen sprachlichen Gestaltung nicht unmittelbar erkennbar sind. Das kann gerade für die Untersuchung der Anzeigenwerbung als eines Texttyps mit verdeckter Handlungsintention hilfreich sein. Solange wir hier vom Imperativ als einer Größe der Langue sprechen, ist dieser nur die potentielle sprachliche Realisation eines Handlungsmusters. Ob er in seinem realen Vorkommen in der Parole, wie es in dieser Arbeit untersucht werden soll, tatsächlich eine Direktivhandlung ausdrückt, hängt von zahlreichen sprachlichen und situativen Faktoren ab.[2]

Das Ausgehen vom Sprecherwillen als zentraler Kategorie hat eine längere Tradition, die an vorstrukturalistische Strömungen in der Sprachwissenschaft anknüpft. Ein quasi-onomasiologischer Beschreibungs-Ansatz, der die möglichen sprachlichen

---

1 Wir übernehmen den Begriff von Wunderlich (1976b); er ist umfassender als der verbreitete Terminus 'Aufforderungshandlung' und deckt auch Sprechhandlungen mit geringem Anweisungsgrad mit ab.

2 Vgl. dazu im einzelnen Kap. 1.1.2.1.

Realisationen einer Ausdrucks-Intention untersucht, liegt bereits Ferdinand Brunots Werk "La pensée et la langue" zugrunde. In dem Kapitel: "Les faits par rapport à nos jugements, à nos sentiments, à nos volontés"[1] geht er von der Ausdrucks-Absicht des Sprachbenutzers aus. Die "volontés", die für eine Beschreibung des Imperativs wichtigste Kategorie, werden noch einmal unterteilt in: "les commandements, les conseils et propositions, les demandes, les souhaits". Diese Kategorien entsprechen überraschenderweise bereits weitgehend den wichtigsten direktiven Sprechhandlungen, geordnet nach abnehmendem Anweisungsgrad.[2]

Seit den Dreißiger-Jahren beschäftigt sich die deontische Logik mit dem Gegenstand der Direktiv-Handlung. Die Arbeiten aus dem Bereich der Imperativlogik untersuchen den Imperativ als gedankliche Operation; im Mittelpunkt steht dabei der wahrheitswertfunktionale Aspekt. Das Verhältnis zwischen der "Imperativität" von Forderungssätzen und den zu ihrer Realisierung bereitstehenden sprachlichen Mitteln wird nicht immer thematisiert; als Beispiel werden jedoch fast ausnahmslos Imperativsätze angeführt.[3]

Brian Chellas bezeichnet mit 'imperative' einen bestimmten Typ logischer Sätze, zugleich offenbar aber auch den grammatischen Satztyp 'Imperativsatz', wobei er den Äußerungen dieses Typs eine gemeinsame Ausdrucksfunktion "command" zuweist.[4]

Nicholas Rescher dagegen diskutiert als einer der ersten Deontiker eingehend den Unterschied zwischen dem Imperativ als logischer Form und dem Imperativ als sprachlicher Kategorie:[5]

> "The topic which engages our attention here is frequently treated under the heading of the 'logic of imperatives'. But this is not strictly correct. Imperatives (like indicatives) form a wide grammatical category; commands (like assertions) represent a rather narrower functional grouping. Imperatives can be used to give counsel or advice (...), to upbraid or reproach (...), to denounce (...), to implore aid or to request co-operation (...), to make prayers and supplications (...). They can even - in the case of conditional imperatives - be used to make a purely factual assertion (...). Laws of nature are sometimes formulated as hypothetical imperatives (...)".

Auch Alexander Broadie unterscheidet zwischem dem Imperativ als "a type of sentence" und dem Imperativ als "a type of speech act"; als Imperative im Sinne der Imperativlogik bezeichnet er allerdings nur eine Teilmenge der "conduct-guiding

---

[1] Brunot 1927:557-573.

[2] Vgl. dazu Kap. 1.1.2.1. der Arbeit.

[3] So z.B. bei Dubislav 1937:331.

[4] Chellas 1971:118.

[5] Rescher 1966:1f.

speech acts", nämlich "order" oder "command".[1]

Bevor wir im folgenden die Beziehungen zwischen morphologisch-syntaktischer Form und Aussagefunktion näher untersuchen können, muß auf ein Problem hingewiesen werden, das sich bei der späteren Arbeit an einem konkreten Korpus ständig stellen wird: das Problem der sprachlichen Einheit, die innerhalb des zu untersuchenden und beschreibenden Materials isoliert werden kann. Arbeitstechnisch kann auf die Herauslösung einer sprachlichen Einheit aus dem Gesamt-Kontext der Anzeige nicht verzichtet werden. Die Aussage und Bewertung der isolierten Einheit hängt aber entscheidend davon ab, inwieweit über die durch die Verbvalenz vorgeschriebenen obligatorischen Ergänzungen hinaus freie Satzglieder mit berücksichtigt werden, und inwieweit der über den Satz hinausgehende engere sprachliche Kontext erfaßt und in die Interpretation einbezogen wird.
Die Problematik der Eingrenzung des Untersuchungs-Gegenstands läßt sich an dem für die Werbung zentralen Imperativ "achetez" illustrieren.[2] Man vergleiche die unterschiedlichen Bedeutungen, die sich für die jeweils morphologisch identische Verbform in verschiedenen Kontexten ergeben:

Achetez *français!*
Achetez *à vie!*
Faites un rêve - et ***achetez****-le!*
Achetez*-pas à n'importe quel prix!*
Si vous ne pensez pas marcher dessus - ***achetez*** *n'importe quelle moquette!*
*N'****achetez*** *pas n'importe quoi!*

Diese Liste wäre noch zu erweitern durch die gelegentlich isoliert vorkommende Form "achetez!", wobei das von der Verbvalenz geforderte direkte Objekt im näheren oder ferneren Kontext oder im Bildteil der Anzeige repräsentiert ist oder gelegentlich auch ganz fehlt. Angesichts dieser Problematik wird besonders deutlich, wie stark der jeweils gewählte sprachwissenschaftliche Beschreibungsansatz die zu erwartenden Ergebnisse vorausbestimmt.
Die s y n t a k t i s c h e Beschreibung der Imperativ-Sätze wird davon abhängen, was als Ellipse, was als Hypotaxe, was als parataktische Reihung vollständiger Sätze aufgefaßt wird - eine Schwierigkeit, die sich gerade in der wenig normkonformen Werbesprachensyntax mit ihrem z.T. recht unkonventionellen Gebrauch von Satzzeichen ständig stellt.[3] Ferner ist relevant, welche Elemente der unmittelbaren Umgebung

---

1 Broadie 1972:180-182.

2 Vgl. dazu im einzelnen Kap. 3.5.1.3.

3 Das wird bei der Beurteilung der Imperative "Lisez" und "Découpez" in Anzeige Nr.12 des Bildanhangs besonders deutlich. Wir gehen auf diesen Fall in Kap. 3.4.1. näher ein.

des Imperativs als obligatorische Ergänzungen, welche als fakultative Ergänzungen angesehen werden, inwieweit für ein gleiches Verb unterschiedliche alternative Valenz-Strukturen angenommen werden können oder inwieweit von der Existenz mehrerer (morphologisch identischer) Verben auszugehen ist, was mehrere Lemmata in einem Valenzwörterbuch rechtfertigen würde - eine Problematik, die aus der fruchtlosen Diskussion um die Unterscheidung von Polysemen und Homonymen hinreichend bekannt ist und die sich in der Lexikographie, besonders bei Valenz-Wörterbüchern, wieder von neuem stellt.

Auch eine s e m a n t i s c h e Untersuchung - sei sie nun wort-, satz- oder textsemantisch ausgerichtet - wird je nach Eingrenzung ihres Untersuchungs-Gegenstands zu divergierenden Bewertungen der oben angeführten Beispiele kommen.

Als besonders problematisch erweist sich die Bestimmung der zu analysierenden sprachlichen Einheit, wenn von einem s p r e c h h a n d l u n g s o r i e n t i e r t e n Beschreibungs-Ansatz ausgegangen wird. Primäres Kriterium für die Klassifikation von Sprechhandlungen ist die Intention; ihre jeweilige sprachliche Manifestation ist erst sekundär interessant. Aus u.a. wissenschaftsgeschichtlichen Gründen ist es in der Regel der S a t z , der als sprachliche Einheit für die Beschreibung von Sprechakten angesetzt wird. Für eine Erörterung von Sprechhandlungs-M u s t e r n und deren sprachlichen Umsetzungsmöglichkeiten mag sich der Satz als sprachliche Einheit anbieten. Sobald aber in einer empirischen Arbeit ein konkretes Korpus hinsichtlich der in ihm realisierten Sprechakte untersucht wird, wird diese Eingrenzung problematisch. Wenn die Autonomie des Satzes - wie es in den textsyntaktischen und textsemantischen Untersuchungen der Fall ist - zu Recht in Frage gestellt wird, um wieviel mehr muß dann die Eignung des Satzes, wenn er nicht als solcher schon einen vollständigen Text darstellt, hinsichtlich seiner Adäquatheit als sprachliche Einheit der Sprechakttheorie in Frage gestellt werden.

Im Falle des hier untersuchten Korpus stellt sich diese Frage mit besonderer Dringlichkeit. Versuche, Werbetexte unter sprechakttheoretischem Gesichtspunkt zu analysieren, zeigen diese Schwierigkeit, ohne sie u.E. ausreichend zu thematisieren.[1]

Es stellt sich die Frage, ob in einem Texttyp mit verdeckter Handlungsabsicht nicht das gesamte Superzeichen 'Werbeanzeige' als Realisation eines direktiven Sprechakts verstanden werden muß. Wenn ja, so ist weiter zu fragen, welchen Einfluß der Sprechhandlungstyp der gesamten kommunikativen Einheit auf die in ihr beobachtbaren einzelnen Sprechakte hat, und inwieweit diese nicht durch entsprechende Trans-

---

1 Das gilt z.B. für die Untersuchungen von Flader (1973) und Januschek (1974 u. 1976).

formations- oder Substitutionsprozesse in den zugrundeliegenden Sprechakt überführbar sind.
Da davon auszugehen ist, daß zwischen dem Sprechakt des Superzeichens "Werbeanzeige" und den im sprachlichen Teil der Anzeige beobachtbaren Einzelsprechakten keine unmittelbare Entsprechung besteht, ist die Erstellung eines Korpus direktiver Sprechhandlungen u.Er.s. nicht möglich. Auch aus diesem Grund muß hier von der grammatisch eindeutig bestimmbaren Form 'Imperativ' und dem durch sie strukturierten Satz ausgegangen werden, bevor nach dessen möglichen Funktionen gefragt wird.[1]

Neben der Ausdrucksfunktion, ein d i r e k t i v e s Sprechhandlungsmuster zu realisieren, kann der Imperativ weitere Ausdrucksfunktionen haben. Diese lassen sich z.T. ebenfalls als Sprechhandlungen beschreiben: Behauptung, Versicherung, Urteil, Bewertung, Aussage über Realisierungsbedingungen für ein Geschehen, Kommentar, Zweifel, Wunschäußerung u.a.m. können mit Hilfe von Imperativen realisiert werden. Daneben wird dem Imperativ auch eine syntaktische Verknüpfungsfunktion zugebilligt, die inhaltlich als "hypothèse"[2], als "supposition" oder "concession"[3], als "opposition"[4] charakterisiert wird. Das ist dann der Fall, wenn auf einen Imperativsatz als erstes Glied eines Satzpaars ein Aussagesatz im Futur, futur proche oder Präsens folgt, wobei durch die Tempus-Struktur der beiden Sätze, z.T. auch durch bestimmte pronominale Regularitäten, latente inhaltliche Bezüge zwischen den beiden syntaktisch autonomen Propositionen hergestellt werden.

Imperative kommen nicht selten in stark abgeschwächter Bedeutung vor, bei denen sie trotz syntaktischer Selbständigkeit, die sie auch in diesen Fällen nicht verlieren, nur als Teil der umfassenderen sprachlichen Einheit gesehen werden können. Das gilt vor allem für zahlreiche Imperative mit phatischer, textgliedernder und metakommu-

---

1 Um einen Überblick über die Verwendungsweisen des Imperativs in schriftlichen Texten überhaupt zu erhalten und um eventuelle Besonderheiten ihres Vorkommens im Texttyp 'Anzeigenwerbung' feststellen zu können, wurde ein kleines Kontrastkorpus zusammengestellt, das fiktionale Texte und Sachbücher umfaßt. Obwohl es sich dabei um willkürlich zusammengestelltes Material handelt, fällt doch auf, daß nur ein sehr geringer Prozentsatz der hier vorkommenden Imperative als Ausdruck einer direktiven Sprechhandlung gelten kann; es ist zu vermuten, daß trotz der sicherlich fraglichen Repräsentativität der Texte diese Feststellung für s c h r i f t l i c h e Texte allgemein gilt.

2 Wagner/Pinchon 1966:332.

3 Grammaire Larousse du français contemporain 1964:369.

4 Brunot 1927:874.

nikativer Funktion. Diese lassen sich ebenfalls nicht mehr als Realisierungen von Sprechhandlungen beschreiben; mit dem Bedeutungsverlust geht ihre illokutive Kraft weitgehend verloren.

Ebensowenig, wie der Imperativ ausschließlich Ausdruck einer direktiven Sprechhandlung ist, sind direktive Sprechhandlungen ihrerseits an den Imperativ als grammatisches Inventar gebunden. Für den Ausdruck einer direktiven Sprechhandlung stehen im Französischen wie wohl in allen natürlichen Sprachen zahlreiche alternative Ausdrucksmittel zur Verfügung.[1]
Der Imperativ ist also eine sprachliche Form unter anderen, die zur Realisierung einer Direktivhandlung bereitsteht; andererseits ist die Direktivhandlung nur eine der möglichen Ausdrucksfunktionen des Imperativs.

---

[1] Vgl. dazu Kap. 1.1.2.2.

1.1.1. Der Imperativ in nicht-direktiver Ausdrucksfunktion

Unabhängig von der konkreten textuellen Einbettung des Imperativs lassen sich eine Reihe von Verwendungen angeben, in denen er nicht als Ausdruck einer direktiven Sprechhandlung angesehen werden kann. Einige dieser Vorkommensweisen sollen im folgenden in Auswahl behandelt werden.

1.1.1.1. Der Imperativ in der Wortzusammensetzung

In zahlreichen älteren Arbeiten aus dem Bereich der französischen Grammatik, für die hier stellvertretend die historische Grammatik von Nyrop[1] genannt sei, wird der Imperativ als lexikalischer Bestandteil der Wortzusammensetzung berücksichtigt: In Wortzusammensetzungen des Typs 'couvre-chef' wird die erste, verbale Konstituente des Kompositums als Imperativform gedeutet.
Nun ist es durchaus zweifelhaft, ob diese verbalen Konstituenten zu Recht als Imperativformen bezeichnet werden dürfen. Da sich die Diskussion um den Status dieses Elements jedoch bis in die neuesten Arbeiten zur Morphologie des Französischen verfolgen läßt, soll dieser Problemkreis in unserem Zusammenhang ebenfalls berücksichtigt werden.
Stellvertretend für andere Stellungnahmen zu diesem Komplex seien hier Klein/Plate erwähnt, die in ihrer 'Französischen Wortkunde' eine Komposition des Typs "Imperativ + Substantiv" aufführen und wie folgt beschreiben:[2]

> "Lateinische Bildungen wie vade-mecum, fac-simile, italienische wie bevilacqua, batticuore (...) beweisen, daß es sich bei folgenden Wortbildungen in der Tat ursprünglich um Verbindungen von Imperativ und Substantiv handelt: abat-jour 'Lampenschirm', allume-gaz 'Gasanzünder' (...) u.ä."

Allerdings finden sich auch in älteren Arbeiten bereits Hinweise darauf, daß es sich hier um unterschiedliche Kompositionstypen handele, wobei die Verbalkonstituente bei Bildungen des Typs 'allume-gaz' ebensogut als Indikativ-Form wie als Imperativ bzw. als reines Verb-Radikal gedeutet werden könne.[3]

Tesnière behandelt diese Fälle unter der Translation "I >O sans infinitif", wobei er zwischen den Bildungen des ersten Typs - "le rendez-vous", "le trouve-toi-là", "le laissez-passer", "le ne-m'oubliez-pas", "le porte-toi-bien", "le décrochez-moi-ça",

---

1 Nyrop, Bd.3, 1936:286-290.

2 Klein/Plate 1966:74.

3 So z.B. Marouzeau 1952:81-86 u. 161-164.

"un suivez-moi-jeune-homme", "un petit goût de revenez-y" - und denen des zweiten Typs ("allume-gaz") unterscheidet. Letztere erklärt er folgendermaßen:[1]

"De l'impératif le procédé s'est étendu à l'indicatif à la faveur des formes homophones, dont souvent on ne peut déterminer si ce sont à l'origine des impératifs ou des indicatifs: un monte-charge, un perce-neige (...)".

Diesen Formen, bei denen das Verbalmorphem ebensogut als Imperativ, Indikativ oder Verb-Radikal beschreibbar ist, stellt er solche gegenüber, die eindeutig als Indikativ-Formen zu bestimmen sind:[2]

"L'aboutissement de ce développement se trouve dans les mots où le transféré est sûrement un indicatif sans confusion possible avec l'impératif: un vaurien, un sot-l'y-laisse, un m'as-tu-vu, le qu'en-dira-ton (sic!)".

Offensichtlich wird also die Entscheidung über den Imperativ-Charakter des verbalen Elements aufgrund der mikrosyntaktischen Struktur des Kompositums vorgenommen. Bei den Komposita des ersten Typs verhält sich das postverbale Morphem des Kompositums zum fraglichen Verbalmorphem häufig wie eine direkte Verbergänzung zum Verbalknoten: vgl. "le rendez-vous", "le laissez-passer", "le cessez-le-feu"; ferner können auch indirekte Verbergänzungen und Umstandsangaben vorkommen. In einigen Fällen ist eine Apostrophé in das Kompositum eingegangen (vgl. "une Marie-couche-toi-là", "un suivez-moi-jeune-homme").

Diese mikrosyntaktischen Bezüge legen es nahe, das Verbalmorphem als Imperativform und nicht als die morphologisch meist mit dieser identischen 2.Pers.Pl.Präs. Ind.Aktiv zu verstehen; das Fehlen des Subjektpronomens und die im Kompositum erhaltene, für den Imperativsatz typische Abfolge der Satzteile, etwa die Nachstellung der Pronomina, bestärken diese Interpretation. Es handelt sich in diesen Fällen offensichtlich um Nominalisierungen von Imperativsätzen.

Dieser Wortbildungsprozeß ist auch im Gegenwartsfranzösisch noch produktiv und läßt der individuellen sprachlichen Kreativität Raum, so daß die Grenzen zwischen bereits lexikalisierten Formen - etwa "un Sésame-ouvre-toi" - und spontanen Bildungen - z.B. "Je ne peux plus entendre son 'Ecrasez-l'infame'" - fließend sind.

Wie dieses Beispiel zeigt, erfaßt eine Nominalisierung dieses Typs vor allem Imperative in phraseologisch fixierten Ausdrücken (wie Sprichwörter, Lebensweisheiten, Aphorismen) oder in bestimmten pragmatischen Zusammenhängen standardisierte, konventionalisierte, kodifizierte Imperative. Zu letzteren gehören die zahlreichen Beispiele aus dem militärischen Bereich: "le garde-à-vous", "le laissez-passer", "le cessez-le-feu", die Nominalisierungen von kodifizierten Befehlen sind. Als Komman-

---

1 Tesnière 1965:437.

2 Tesnière 1965:438.

dos sind es echte direktive Sprechhandlungen; beim Übergang zum Nomen geht dieser Sprechhandlungscharakter natürlich verloren, zumal mit der Nominalisierung ein Wechsel der Isotopie-Ebene verbunden ist.
Die oben erwähnten Phraseologismen sind im Übergangsbereich zwischen Parole und Langue angesiedelt: Sie gehören zum Bereich der Norm. Sie scheinen für einen solchen Nominalisierungsprozeß besonders geeignet zu sein.

Neologistische Wortzusammensetzungen, die von freien Syntagmen und Sätzen ausgehen, treten überwiegend in der spontanen mündlichen Rede auf; sie mögen im jeweiligen Situations-Kontext verständlich sein, bleiben jedoch oft ephemäre Bildungen. Doch auch in schriftlichen Texten mit großer sprachlicher Kreativität, vor allem solchen, die sehr viel mündliche Rede enthalten bzw. sich insgesamt dem Stil mündlicher Rede annähern, treten Nominalisierungen dieses Typs auf. In unserem Kontrastkorpus z.B. sind sie häufig bei San Antonio[1] zu beobachten:

*"La séance discrète de **rentre-dedans-en-faisant-le-grand-tour**"* (1967:194)

*"J'ai le côté '**ne-tremblez-plus-petite-fille-si-le-méchant-loup-vient-rôder-par-ici-je-lui-filerai-un-coup-de-trique**'."* (1967:207)

*"Qu'il cherche le chemin de la **débine-toi**!"* (1967:209)

Auch bei Daninos[2] finden sich zahlreiche Nominalisierungen nach diesem Wortbildungsmuster:

*"Même quand il était casanier, le Français montrait une aptitude particulière dans le domaine de la comparaison: au pays du '**faites comme tout le monde!**' il a toujours été capable de faire deux repas en un seul".* (1974:121)

Während in den oben beschriebenen Fällen tatsächlich z.T. spontane, z.T. lexikalisierte Nominalisierungen von Imperativsätzen vorliegen und sich folglich das Verbal-Morphem des Kompositums mikrosyntaktisch als ursprünglich freie Imperativform erklären läßt, erscheint diese Auffassung in den Wortzusammensetzungen der folgenden Beispiele

*"Mme **Saute-au-slip**"* (San Antonio 1967:209)

*"C'est miss **Guette-au-trou** que cette femelle-là!"* (San Antonio 1967:257)

*"La façon de défourailler à la **va-vite**, y a que le Gros."* (San Antonio 1967:281)

nicht gerechtfertigt:
Die erste Konstituente dieser Komposita ist ein verbales Morphem, das sowohl als Radikal des Verbstamms, als 3.Pers.Sg.Präs.Ind.Aktiv oder aber als Imperativ Singular

---

1 San Antonio (1967): La rate au court-bouillon. In: Oeuvres complètes, Bd.1, 133-285.

2 Daninos (1974): Les touristocrates.

aufgefaßt werden kann; diese Ambiguität wird durch die latente syntaktische Struktur des Kompositum nicht aufgehoben.[1]

1.1.1.2. Imperativische Verbumschreibung

In den Texten des hier untersuchten Kontrastkorpus ist ein überraschend hoher Anteil von Imperativen zu beobachten, die syntaktisch zwar den Satz regieren, semantisch aber dem Inhalt eines unmittelbar nachfolgenden Verbs untergeordnet sind, wobei sie diesen in einer bestimmten und noch näher zu beschreibenden Art und Weise modifizieren. Es handelt sich um imperativische Verbumschreibungen. Ihnen allen ist gemeinsam, daß sie sich mit dem nachfolgenden Verb zu einer Gesamt-Aussage verbinden, bei der die grammatische Form des Imperativs und ein evtl. vorhandener Aufforderungsinhalt dissoziiert sind.

Zu einer ersten Gruppe imperativischer Verbumschreibungen lassen sich die Imperative zusammenfassen, die zur Abmilderung einer Aufforderung dienen. Der Aufforderungsinhalt wird von dem nachfolgenden Verb realisiert; dieses folgt entweder als Infinitiv oder ebenfalls als Imperativ.

Beispiel:

*"Cherié, **sois l'amour** que tu as toujours été, je fais, et **offre-moi** cette photo en souvenir de la nuit enchantée que je te dois."* (San Antonio 1967:439)

Zu diesen Imperativen gehören:

veuillez + V (Inf.),
ayez l'obligeance de + V(Inf.),
ayez l'amabilité de + V(Inf.),
ayez la bonté de + V(Inf.),
faites-moi le plaisir de + V(Inf.),
soyez gentil et + V(Imp.),
sois un amour et + V(Imp.) u.a.

Besonders auffällig sind die beiden letztgenannten Konstruktionen, bei denen der pa-

---

1 Die Diskussion, inwieweit es sich beim verbalen Element der Komposita dieses Wortbildungstyps um einen Imperativ handelt, hat eine lange Tradition; zustimmend äußern sich z.B. Darmesteter (1894:168-234), Nyrop (Bd.3:286ff), die wie Klein/Plate (1966:74) immer auch sprachgeschichtlich argumentieren; Tesnière läßt offen, ob es sich um Imperative oder (mit diesen homophone) Indikative handelt (1965:437); Bally (1944:95), Marouzeau (1952:93) und Désirat/Hordé (1976:178) charakterisieren das verbale Element als hinsichtlich der Person, des Modus und des Tempus nicht-markiertes Verb-Radikal; Wandruszka dagegen, der formale Identität mit der 3.Person Singular Präsens feststellt (1976:103), lehnt ebenso wie Rohrer (1977:134) eine Bestimmung der Form als Imperativ ab, während Mundt wiederum das verbale Element bei französischen Markennamen ohne weitere Problematisierung als Imperativ deutet (1981:52). Weitere Hinweise zu dieser Kontroverse finden sich bei Spratte 1979:14-20; eine ausführliche Darstellung der Diskussion im Anschluß an Darmesteter findet sich bei Bierbach 1982:10-31.

rataktischen Reihung zweier Imperative eine semantische Unterordnung entspricht. Havers beobachtet die gleiche Satzstruktur auch im Deutschen:[1]

> "Wir haben bereits oben (...) angedeutet, daß es ganz einseitig wäre, das große Gebiet der P a r a t a x i s nur aus einem Ineinandergreifen denkökonomischer Tendenzen mit der besonders für die Volkspsyche charakteristischen sukzessiven Denkart erklären zu wollen. Bei jedem Fall von Parataxe muß mit einer besonderen Erklärung gerechnet werden. Nehmen wir die Konjunktparataxe wie sie durch den nhd. Typus: 'Sei so gut und tu mir den Gefallen!' vertreten ist, wo trotz der logischen Abhängigkeit kein Infinitiv, sondern ein Hauptsatz gesetzt ist. Als Ausgangspunkt dienten hier höchstwahrscheinlich die Fälle, wo im ersten Gliede ein Imperativ oder ein Ausdruck des Wollens stand, der gleichsam bloß den einleitenden Auftakt bildete zu dem im zweiten Gliede folgenden Hauptgedanken. Wir erkennen also die Tendenz, die Bedeutungsfülle des mit 'und' angeschlossenen zweiten Gliedes auch äußerlich durch die Wahl des Hauptsatzes zum Ausdruck zu bringen".

Diese Imperative lassen sich als Bitte beschreiben, der Adressat möge dem durch das Infinitiv-Verb benannten Aufforderungs-Inhalt gegenüber eine wohlwollende Haltung einnehmen. Sie thematisieren damit sprachlich die positive Einstellung des Adressaten (und potentiellen Ausführenden einer vom Sprecher gewünschten Handlung), was wiederum Bedingung für deren tatsächliche Realisation ist. Implizit liegt ihnen die Behauptung zugrunde: "Si vous faites x, c'est que vous êtes aimable/gentil" etc. - ein in der Rhetorik bekannter persuasiver Argumentationstyp. Allerdings handelt es sich hier um semantisch bereits stark abgeschwächte Höflichkeitsformeln, die untereinander bis zu einem gewissen Grad austauschbar geworden sind.

Die Verwendung einer Höflichkeitsformel deutet darauf hin, daß der Gesamtausdruck tatsächlich eine direktive Sprechhandlung ist, deren Anweisungsgrad durch die imperativische Verbumschreibung dieses Typs reduziert wird. Das bestätigt auch die Untersuchung der Werbeanzeigen, wo die höfliche Umschreibung mit "veuillez + V(Inf.)" ausschließlich im Coupon, und zwar meist bei umgekehrter Sender-Adressaten-Konstellation, vorkommt.[2] In diesen Fällen liegt die - potentielle - Sprechhandlung 'Anforderung' vor.

Noch stärker semantisch reduziert ist "veuillez..." in der Verwendung als Briefschluß-Formel, wo die imperativische Umschreibung weitgehend auf die Funktion eines textsortenspezifischen Schlußsignals reduziert ist.

In diesem Zusammenhang sei auch auf andere pragmatische Formeln hingewiesen, die ebenfalls Imperative enthalten: Neben den Ausdrücken der höflichen Bitte finden sich Imperative auch in Begrüßungsformeln ("Soyez les bienvenus"), Dankformeln ("Soyez remerciés") und Entschuldigungsformeln ("Pardonnez-moi", "Excusez-moi", "Faites excuse"). Sie bestätigen die bereits in anderem Zusammenhang ge-

---

1 Havers 1931:203.

2 Vgl. dazu Kap. 3.2.4. der Arbeit.

machte Feststellung, daß bei Integration des Imperativs in eine idiomatisch fixierte Wendung mit einer Abschwächung des semantischen Gehalts des Imperativ-Verbs zu rechnen ist; gleichzeitig nimmt dessen Fähigkeit, selbst eine Aufforderungshandlung zu realisieren, ab.

Wir kommen nun auf die imperativische Verbumschreibung zurück. Nicht selten wird eine Verstärkung der Verbaussage durch die imperativische Umschreibung mit "aller" oder "venir" herbeigeführt.

Beispiele:

"(...) Et ***ne venez pas me dire:*** *'Mais si!' (...)"* (Deschamps 1971:20)

"(...) ***Allez faire ça en Languedoc,*** *où Leucate ne craint plus rien des enlaidisseurs."* (Deschamps 1971:44)

"Sachant le pire sur le Concorde, ***n'allez pas vous imaginer*** *que vous empêcherez l'Aérospatiale de croquer quelques milliards de vos impôts (...)"* (Deschamps 1971:70)

"(...) ***N'allez pas croire*** *qu'il vous reste un flot d'eaux propres!"* (Deschamps 1971:111)

*"****Allez donc demander*** *à ces Américains de malheur qui dorment les yeux crevés sous la terre de Normandie s'ils ne sont pas venus un peu par intérêt! Il ne vous répondront même pas."* (Daninos 1974:136)

Durch das Hinzutreten des Auxiliars wird, wenn man von einer leichten inhaltlichen Variation absieht, vor allem eine Verstärkung der Aussage gegenüber dem einfachen Imperativ erreicht: "N'allez pas vous imaginer" entspricht etwa einem "ne vous imaginez surtout pas". Je nach Kontext kann die Umschreibung mit "aller" ein 'futur proche', meist mit modaler Bedeutung, ausdrücken; es kann aber auch die volle Wortbedeutung von "aller" aktualisiert sein - so evt. im zweiten Beispiel, wo eine Ortsbestimmung unmittelbar folgt.

Zahlreiche andere imperativische Verbumschreibungen dienen ebenfalls als Aufforderungs-Verstärker:

dépêchez-vous de faire a,
n'hésitez pas à faire a,
continuez à faire a,
commencez à faire a,
n'omettez pas de faire a,
ne manquez pas de faire a,
n'attendez pas demain pour faire a,
arrêtez-vous de faire a,
abstenez-vous de faire a,
évitez de faire a
u.v.a.

Beispiele:

"Les pelouses se conservent bien dans un récipient (...) ***N'omettez pas*** *de changer fréquemment l'eau."* (Poirier 1981:26)

"Dilettantes de tous les pays, dispersez-vous! Le monde des amateurs est mort. ***Dépêchez-vous d'aller*** *en Polynésie ou dans une de ces îles de la Sonde que la SOFRES et l'IFOP n'ont pas encore consultées.* (Daninos 1974:189)

"N'oubliez pas non plus que les insectes apprécient volontiers cette réserve d'herbes sèches et ***n'omettez pas de répandre*** *sur les étagères quelques rameaux d'Absinthe et de Lavande qui écarteront ces fâcheux visiteurs."* (Lieutaghi 1966:29)

Durch die imperativische Verbumschreibung können daneben unterschiedliche Aspekte und Aktionsarten - durative, perfektive, inchoative, iterative Varianten der Verbbedeutung - aktualisiert werden. Sie ergänzen damit den Ausdruck der Aktionsart durch Adverbien ("toujours", "tout à coup" u.a.).

Bestimmte Verben wandeln durch ihre besondere semantische Struktur die Aufforderung in ein Verbot oder in einen Ratschlag, eine Handlung zu unterlassen, um; so entspricht "arrêtez-vous de faire a" dem negierten Imperativ "ne faites plus a", "évitez de faire a" einem negierten "ne faites pas a".

Eine ganze Reihe imperativischer Verbumschreibungen geht in der Modifikation der Bedeutung des umschriebenen Verbs über eine nur aspektuelle Variation hinaus:

n'oubliez pas de faire a,
ne craignez pas de faire a,
osez faire a,
essayez de faire a,
tâchez de faire a,
songez à faire a,
n'ayez pas peur de faire a,
daignez faire a
u.v.a.

Beispiele:

"Ces signes indiquent la présence de vers appelés 'arénicole'.(...) ***N'essayez pas de les garder*** *pour le lendemain, ce serait peine perdue"* (Poirier 1981:24f.)

"En action de pêche, ***n'oubliez pas non plus d'humecter*** *de temps à autre votre grand sac de toile garni de varech"* (Poirier 1981:66)

*"**Songez aussi parfois à planter, à semer** dans les coins favorables de la Nature non seulement pour vos besoins mais pour la joie des abeilles ..."* (Lieutaghi 1966:29)

*"**Tâche de pas me l'envoyer dans les nuages**, celle-là. J'ai la faiblesse d'y tenir."* (San Antonio 1967:404)

Es fällt auf, daß diese Imperative häufig die E i n s t e l l u n g des Angesprochenen zu der vom Sprecher gewünschten Handlung thematisieren. Sie zielen auf die Schaffung oder die Verstärkung einer positiven Haltung des Angesprochenen zur Realisierung der vom Sprecher gewünschten Handlung ab. Sie sind entweder auf die Modifikation einer vom Sprecher vermuteten ablehnenden Einstellung oder auf die Überwindung eines Zögerns gerichtet, oder aber sie setzen die Bereitschaft des Angesprochenen, die Handlung auszuführen, bereits voraus und bestärken den Angespro-

chenen in dem Willen, die gewünschte Handlung zu realisieren.
Im Gegensatz zur oben erwähnten imperativischen Verbumschreibung zur Kennzeichnung der höflichen Bitte erlaubt die imperativische Verbumschreibung dieses Typs keinen Rückschluß darauf, ob eine Direktiv-Handlung vorliegt oder nicht.

In diesem Zusammenhang muß noch auf eine syntaktische Konstruktion hingewiesen werden, die inhaltlich der imperativischen Verbumschreibung nahesteht, die Aussage jedoch auf zwei syntaktisch autonome Sätze verteilt. Während der Aufforderungs-Inhalt bei der imperativischen Verbumschreibung durch das Infinitiv-Verb ausgedrückt wird, erscheint er bei diesen Satzpaaren in einem selbständigen Imperativ- bzw. Aussagesatz:

"Alors bonne continuation! Et surtout ***n'oubliez pas. Faites-moi signe*** *quand vous reviendrez (...)"* (Daninos 1974:183)

Häufiger folgt der Imperativsatz auf einen Aussagesatz, dessen Aufforderungs-Inhalt dann durch ein anaphorisches Pronomen aufgegriffen wird:

Vous pouvez faire a. Ne l'oubliez pas!
Vous voulez faire a. Pensez-y!
Il faut faire a. pensez-y!
Il fait bon + V(Inf.). Ne l'oubliez pas!
Il vaut mieux + V(Inf.). Songez-y!

Oft drückt der dem Imperativ vorangehende Satz einen Sachverhalt, ein Urteil, eine Bewertung oder Einschätzung aus, die durch den nachfolgenden Imperativ ihren Status verändert: Durch ihn kann der gesamte Ausdruck zur Aufforderung werden, den im Aussagesatz beschriebenen Zustand oder Sachverhalt durch ein bestimmtes Handeln herbeizuführen. Dieser Argumentationstyp ist, wie noch zu zeigen sein wird, gerade in der Anzeigenwerbung recht häufig.

1.1.1.3. Der Imperativ als Mittel der Subordination bei Satzpaaren

Zahlreiche Darstellungen der französischen Grammatik verzeichnen eine besondere Verwendungsweise des Imperativs im syntaktischen Bereich: Zwischen zwei aufeinanderfolgenden, syntaktisch autonomen Sätzen, deren erster ein Imperativsatz ist, besteht eine Bedeutungsbeziehung, die mit einer impliziten syntaktischen Unterordnung des ersten Satzes unter den zweiten einhergeht.
Dabei werden zumindest zwei unterschiedliche Typen der Bedeutungsbeziehung unterschieden:

a. eine k o n z e s s i v e Beziehung, bei der der Imperativ zum Ausdruck einer O p p o s i t i o n zwischen den beiden Aussagen dient,
b. eine k o n d i t i o n a l e oder h y p o t h e t i s c h e Beziehung.

Zu a. Der Ausdruck einer Oppositionsbeziehung zwischen zwei aufeinanderfolgenden Sätzen durch die Verwendung des Imperativs ist selten, zumindest im modernen Französisch. Die Beispielsätze, die als Beleg angeführt werden, stammen aus der Literatur der Klassik:

"***Défendez-vous*** *par la grandeur,* ***alléguez*** *la beauté, la vertu, la jeunesse: La mort ravit tout sans pudeur*" (La Fontaine, Fables, VIII,1).[1]

Der Imperativsatz ist durch einen Hauptsatz ("Vous avez beau...") oder durch Nebensätze, die mit "bien que" oder "malgré que" eingeleitet werden, substituierbar.

Zu b. Die Herstellung einer konditionalen Beziehung durch die Verwendung eines Imperativs im Vordersatz ist dagegen in der Gegenwartssprache häufig vertreten, und zwar sowohl in schriftsprachlichen Texten wie auch in spontaner mündlicher Rede. Die Belege aus der Literatur der Klassik, wie sie in vielen Grammatiken angeführt werden, lassen sich leicht durch Beispiele aus dem Gegenwarts-Französisch ergänzen:

"***Promenez-vous*** *à Paris, dans le labyrinthe du Jardin des Plantes: vous y verrez foisonner une plante fragile...*" (Lieutaghi 1966:19)

"***Parlez*** *du France à Paris aux gens bien renseignés...: il vous parleront aussitôt des cercueils que l'on embarque au Havre.*" (Daninos 1979:9)

"*Naguère, quand on avait vu les chutes du Niagara, on pouvait dormir tranquille. Aujourd'hui, un Monsieur qui ne connaît que ça n'a plus qu'à se tenir coi. Le Niagara, c'est dépassé.* ***Parle****-moi d'Iguassou, je te renverrai le Zambèze.*" (Daninos 1974:126)

"*- Alors, c'est ici qu'on fabrique les faux talbins, je murmure. D'où vient, en ce cas, que vous charriez le papier à Lyon?*
- ***Cherchez****, et vous trouverez, dit l'homme.*" (San Antonio 1967:503)

"*Toute cette amertume remâchée, toutes ces bonnes résolutions prises, je reviens au présent.* ***Chassez le naturel****, il revient à tout berzingue. Je décroche le téléphone.*" (San Antonio 1967:501)

Den hier angeführten Beispielen ist folgendes gemeinsam:

- Der Imperativsatz geht stets voran;
- der zweite Satz ist in bezug auf den ersten nachzeitig, was sich im Futur oder futurisch gebrauchten Präsens des Verbs spiegelt;
- der erste Satz nennt eine Bedingung für die Realisation des im zweiten Satz bezeichneten Vorgangs oder Geschehens; der Imperativsatz hat virtuellen Charakter, wie die Substitutionsmöglichkeit mit "imaginons que... / imaginez que...", "supposons que... / supposez que..." zeigt. Er ist der Ausdruck einer Hypothese.

Zwischen den beiden Sätzen kommt eine 'wenn-dann'-Relation zustande, die sich als konditionale, oft aber auch als temporale, konsekutive, ja kausale Relation beschreiben läßt, wie die folgenden Paraphrase-Möglichkeiten für die in ihrer Aussage vagen

---

1 So zitiert bei Grevisse 1969:1105.

Redensart "Cherchez, vous trouverez" zeigen:

Si vous cherchez, vous trouverez.
Il faut que vous cherchiez pour trouver.
A la condition que vous cherchiez, vous trouverez.
C'est en cherchant que vous trouverez.
Pour trouver, il faut d'abord chercher.
Quand vous chercherez, vous trouverez.
Dès que vous chercherez, vous allez trouver.
Vous n'avez qu'à chercher pour trouver.
Vous ne trouverez qu'après avoir cherché.
etc.

Die Urteile über die stilistische Funktion dieser Imperativ-Verwendung gehen auseinander. Nach Imbs behält er auch in diesem Fall seine "modale" Funktion:[1]

"L'impératif présent, parce qu'il est un présent-futur, peut, en liaison avec un indicatif présent ou futur, acquérir la valeur du tour **si + indicatif présent**; il garde cependant la **forme** d'un verbe de proposition principale, la subordination restant toujours implicite (...) Il s'agit en somme, dans cet emploi, d'un **artifice de présentation** ayant valeur expressive; même ici, l'impératif reste un mode allocutif, qui suppose ou (...) feint de supposer, la présence d'un interlocuteur".

Unabhängig von den besonderen stilistischen Funktionen, die ihm zugeschrieben werden, hat der Imperativ sicher auch in dieser syntaktischen Verwendung immer noch einen gewissen Aufmerksamkeitswert; auch hier kann er daher u.a. als Manifestation der phatischen und der appellativen Textfunktion verstanden werden.

Die konditionale Verwendung des Imperativs kann den nachfolgenden Aussagesatz zur Sanktionsandrohung werden lassen, wobei zwei entgegengesetzte Direktiv-Muster vorkommen: Die Voraussetzung für das Zustandekommen einer Sanktionsandrohung ist, daß das im Hauptsatz genannte Geschehen für den Adressaten negativ konnotiert ist. Allein aus dem Verknüpfungstyp ergibt sich die Direktiv-Handlung, den Aufforderungs-Inhalt des Imperativ-Satzes zu realisieren oder aber - im Gegenteil - zu unterlassen.

Beispiele:

(Lehrerin zum Schüler)

*"**Parle** encore une fois, et je te donne dix fois ton texte à recopier!"*
(Cauvin 1977:21)

(Detektiv - als Ich-Erzähler - in einem Verhör)

"Je le secoue un peu.
***Parle** ou je cogne ... T'as pas peur des coups, hein, gamin?"* (San Antonio 1967:464)
*"**Amène** tes os ou je te rétame!"* (San Antonio 1967:465)

Sanktionsandrohungen dieses Typs fanden sich in Kriminalromanen, bandes dessinées etc., während sie in den hier untersuchten Werbetexten nicht vertreten sind. Sehr

[1] Imbs 1960:150.

häufig ist dagegen in der Werbesprache die Verwendung einer latenten 'Wenn-dann'-Relation, bei der die Aussage des zweiten Satzes p o s i t i v konnotiert ist.[1]

Wie die unterschiedlichen Paraphrase-Möglichkeiten andeuten, ist die durch den Imperativ hergestellte implizite Verknüpfungsrelation zwischen den beiden Aussagen in vielfacher Weise interpretierbar. Die Ambiguität bleibt auch in der konkreten sprachlichen Verwendungssituation oft erhalten. Dieser Gebrauch des Imperativs ist daher besonders in bestimmten sprachlichen Registern, die sich durch geringe Explizitheit der inhaltlichen Aussage auszeichnen, zu erwarten. Sie bietet sich darüber hinaus dann als Stilmittel an, wenn eine Unschärfe der Aussage bewußt herbeigeführt werden soll.

Unabhängig von der Mehrdeutigkeit, die durch die besondere syntaktische Einbettung des Imperativs zustande kommen kann, sind im Imperativ Aussagen über einen Sachverhalt und die Empfehlung, eine bestimmte Handlung auszuführen, häufig gleichzeitig realisiert; oft ist es daher unmöglich zu entscheiden, ob in der jeweiligen Imperativ-Äußerung die Handlungs-Aufforderung als primär anzusehen ist oder aber die Behauptung einer Gegebenheit, die eine Voraussetzungsbedingung für die Realisierung der im Imperativ bezeichneten Handlung ist. Wenn aber der Übergang zwischen der Aussage über einen Sachverhalt - hier der Behauptung einer konsekutiven, kausalen oder konditionalen Relation zwischen zwei Sachverhalten - und der Aufforderung, einen bestimmten Zustand durch die Ausführung der Imperativ-Handlung herbeizuführen, fließend ist, kann auch nicht entschieden werden, ob im Einzelfall eine Direktivhandlung vorliegt oder nicht.

In dieser Mehrdeutigkeit der sprachlichen Bezüge scheint uns die wichtigste Ausdrucksfunktion für diese syntaktische Verwendung des Imperativs zu liegen.

1.1.1.4. Imperative mit textgliedernder Funktion

Als Gliederungssignale im gesprochenen Französisch führt Gülich auch mehrere Imperative auf:[2]

dis, dites, disons
écoute, écoutez
remarque, remarquez
tiens, tenez
voyez

---

1 Vgl. dazu Kap. 3.4.3.

2 Gülich 1970:302-305.

Es handelt sich dabei um mehr oder weniger stark konventionalisierte Versatzstücke des mündlichen Gesprächs. Der semantische Gehalt des Verbs ist dabei meist stark verblaßt, ein vielleicht einmal vorhandener Aufforderungscharakter oder gar nur Appellcharakter ist oft weitgehend verlorengegangen; einige dieser Imperative sind zu nicht mehr veränderlichen Interjektionen erstarrt, z.T. untereinander austauschbar geworden. Den bei Gülich aufgeführten Formen lassen sich noch einige weitere Imperative bzw. Imperativ-Verbindungen hinzufügen, die ebenfalls z.T. textgliedernde Funktion haben, als Hörer-Signale im Dialog fungieren oder den Charakter von Interjektionen annehmen:

dis donc, dites donc, dis-moi, dites-moi, disons que
écoutez-moi, écoutez c'est bien simple
tiens tiens, tiens au fait
voyons, ben voyons, voyons donc
va!, va donc, allez, allons allons, allez allez
crois-moi, croyez-moi, crois-le ou non
figure-toi, figurez-vous
pense donc, pensez donc
comprends-moi bien
attends, attendez
u.a.

Diese Imperative sind zum Teil soziolektal markiert; sie deuten ferner auf eine gewisse Vertrautheit zwischen den beiden Gesprächspartnern hin. Sie sind weitgehend auf die mündliche dialogische Kommunikation beschränkt.

In schriftlichen Texten kommen eine Reihe anderer Imperative vor, die z.T. ähnliche Funktionen wie die Gliederungs-Signale der spontanen Kommunikation übernehmen. Hier sind Imperative der 1. Person Plural besonders häufig.

Beispiele:

"**Ne parlons pas** *des cannes, des moulinets, des épuisettes, vous n'aurez que l'embarras du choix*" (Poirier 1981:22)

"**Commençons** *par la plage.*" (Poirier 1981:24)

"*Trois cannes seront nécessaires pour les pêches ... avec flotteur ou à soutenir.* **Ajoutons** *à cette panoplie une robuste canne à lancer. Elle sera différente de celle employée en général pour la pratique en eau douce. Quand nous aborderons cette méthode de pêche, je vous la décrirai avec précisions.* **Revenons** *aux trois autres: (...)*" (Poirier 1981:30)

"**Passons** *à un autre élément qui tient une place de choix dans le matériel: les moulinets.*" (Poirier 1981:37)

"**Sachez** *cependant qu'avec un 30 centièmes d'un nylon de qualité, il est possible (...) de sortir de beaux poissons*" (Poirier 1981:47f.)

Avant de partir pour votre première séance de pêche, **laissez-moi vous dire** *que, non seulement vous serez surpris par la vigueur et la combativité de vos futurs adversaires, mais aussi étonné par leur beauté.*" (Poirier 1981:70)

"***Disons*** *en passant que certains refusent obstinément de vouloir nommer les herbes"* (Lieutaghi 1966:21)

"Mais ***revenons*** *au texte.(...)"* (Daninos 1974:101)

"Mais ***restons*** *avec M. Baedecker."* (Daninos 1974:109)

Die in schriftlichen Texten vorkommenden konventionalisierten Imperative haben vor allem folgende Funktionen:

- Sie sind eine textkommentierende Orientierungshilfe für den Leser, indem sie Hinweise über die Position einer Textsequenz in bezug auf den Gesamttext (Anfang - Mitte - Schluß) oder über die Funktion der kleineren Texteinheit in bezug auf den Gesamttext (Beispiel, Exkurs, Einschub, Behauptung, Beweisführung, Schlußfolgerung etc.) geben.
- Sie dienen der textinternen Fokusbildung.
- Sie dienen der Aufmerksamkeitslenkung auf einen Sachverhalt im Bereich des nicht-sprachlichen und des situativen Kontextes.
- Sie thematisieren Phasen der Textplanung des Verfassers, der so den Leser scheinbar am Prozeß der sprachlichen Produktion des Textes teilhaben läßt. Diese Funktion ist vor allem bei den so zahlreichen Imperativen der 1.Pers.Plural die dominierende, zumal es sich oft um Imperative von Sprechhandlungs-Verben handelt (mentionnons, répétons, ajoutons que etc.).
- Sie haben textkonstituierende Funktion, indem sie kleinere Textsequenzen untereinander verknüpfen, vor- und rückwärtsverweisend wirken und die einzelnen Passagen hierarchisieren.
- Sie dienen als Aufmerksamkeitssignale an den Leser.

Diese Funktionen sind oft miteinander kombiniert. In ihnen finden sich eine Reihe klassischer rhetorischer Figuren der elocutio, insbesondere solche der "Hinwendung zur Rede-Situation", wieder. Hier sei nur an das Prinzip der 'licentia'[1] erinnert, mit der der Redner sich das Einverständnis seiner Hörer sichern will; ihr entsprechen Imperative wie "laissez-moi + Inf." oder "permettez-moi de + Inf.".

1.1.1.5. Imperative in eingebetteten Textsequenzen

Ob ein Imperativ in einem gegebenen Kontext eine direktive Sprechhandlung realisieren kann oder nicht, hängt entscheidend davon ab, auf welcher Textebene er auftritt.

Unterschiedliche Textebenen kommen vor allem dadurch zustande, daß in ein gegebenes Textkontinuum andere Passagen eingebettet sind, deren Sender und Adressat nicht mit denen des Basistextes identisch sind. Am leichtesten sind solche Einbettungen und der dadurch entstehende Wechsel der Textebene dann zu identifizieren,

---

1 Vgl. Lausberg 1967:143f.

wenn es sich um Zitate handelt, die als solche kenntlich gemacht sind; explizit geschieht das durch Anführungszeichen, die Beginn und Ende des Textebenenwechsels markieren, sowie durch die Nennung des Senders der eingebetteten Textsequenz ('Sekundär-Sender') und ein redeeinleitendes verbum dicendi.

Neben dieser expliziten Kennzeichnung finden sich zahlreiche Übergangsformen bis hin zum unmarkierten Aufgehen der eingebetteten Textebene im Kontext. Übergangsformen sind: das Fehlen der Anführungsstriche, des redeeinleitenden Verbs, der Senderbezeichnung; gelegentlich findet eine Markierung der anderen Textebene durch vom Rahmentext abweichende Zeiten und Modi statt, die aber ebenfalls fehlen kann.

Die Imperative, die Spitzer in seinem Aufsatz "Sur quelques emplois métaphoriques de l'impératif"[1] als "impératifs gérondiaux" und als "impératifs historiques (ou descriptifs)" bezeichnet, können als Imperative auf einer anderen, aber nicht markierten Textebene erklärt werden. Als Beispiel zitiert er u.a. folgende Textstelle von Marivaux: "Nous montâmes en voiture et puis, f o u e t t e cocher!"[2]

Spitzer hebt dabei besonders die Expressivität des Imperativs hervor, die ein stilistisches Mittel zur Verlebendigung der beschriebenen Situation darstelle. Dem ist zuzustimmen: Die Ursache für das Zustandekommen dieses stilistischen Effekts dürfte gerade darin liegen, daß die distanzierte Beschreibung des Geschehens durch den Autor vorübergehend ersetzt wird durch die unmittelbare Wiedergabe eines situativen Elements, nämlich eines Ausrufs, der zum beschriebenen Zeitpunkt x an dem beschriebenen Ort y getan worden ist. Die Distanz, die durch die für die Erzählung typischen sprachlichen Erscheinungen - Vergangenheitstempora, weitgehende Versprachlichung der situativen Faktoren des wiedergegebenen Geschehens u.a. - zustande kommt, wird plötzlich aufgehoben, und dem Leser wird die unmittelbare Teilhabe an der geschilderten Wirklichkeit suggeriert. Daß es sich um eine andere Textebene als die der textlichen Umgebung handelt, läßt sich aus der Klärung des situativen Bezugs der Imperativform ermitteln, was durch die Apostrophé "cocher" erleichtert wird; die Sprecher- und Adressaten-Deixis des Imperativs verweist auf andere Kommunikationsbeteiligte als die des unmittelbaren Kontextes.

Unter diesem Gesichtspunkt erscheint die Sonderstellung, die Spitzer den Imperativen dieses Types einräumt, nicht gerechtfertigt; sie stellen lediglich einen stilistisch besonders auffälligen Sonderfall des oben beschriebenen Wechsels der Textebene dar.[3]

---

1 Spitzer 1951:433-478 u. 1952:16-63.

2 Spitzer 1951:435.

3 Hunnius folgt Spitzer, wenn er diese Imperativ-Verwendung als "metaphorischen Gebrauch" charakterisiert: "Beim Imperativ pflegt man von metaphorischem Gebrauch zu sprechen, wenn die Sprachform nicht im lebendigen Dialog zum Ausdruck eines Befehls dient, sondern aus Gründen der Expressivität in andere Kontexte übertragen wird." (1976:113f.)

Das stilistische Mittel der Verlebendigung in erzählenden Passagen durch die Verlagerung der Berichtszeit ins Hic et Nunc der Erzählsituation, wie es etwa auch durch das historische Präsens geschieht, ist durchaus auch in Texten des Gegenwartsfranzösischen anzutreffen, und zwar ebensogut in fiktionalen Texten wie in Sachtexten, wobei allerdings die transferierte Texteinheit oft umfangreicher als in den von Spitzer zitierten Beispielen ist. Im folgenden Fall ist die berichtete Sprechhandlung zusätzlich durch Anführungszeichen und das Sprechhandlungsverb "dire" markiert:

*"C'est peu de dire que le monde rétrécit...On arrive à Kotakinbalu, on se croit au bout du monde et, s'il n'y a personne pour vous dire '**Faites** la queue comme tout le monde!', on n'en fait pas moins la queue ..."* (Daninos 1974:185)

Im folgenden Beispiel beschränkt sich die Zitat-Kennzeichnung auf den Doppelpunkt und die Anführungszeichen:[1]

*"(...) elle approchait les Ficaires toutes neuves de mon menton: '**Montre** voir si tu aimes le beurre'"* (Lieutaghi 1966:5)

Der vom Sender des Basistextes verschiedene Sprecher der zitierten Äußerung ("elle") ist als solcher gekennzeichnet.

Im nächsten Beispiel sind gar keine Einbettungs-Markierungen vorhanden; die berichtete Äußerung soll idealtypisch das Patientenverhalten beim Arztbesuch charakterisieren:

*"Pendant que vous y êtes, Docteur, **mettez**-moi deux boîtes de Machinol et un tube de Trucnine; ma voisine en prend et ça lui fait beaucoup de bien."*
(Lieutaghi 1966:11)

Hier handelt es sich auf der Ebene der berichteten Gesprächssituation durchaus um eine Direktivhandlung, nicht aber auf der Kommunikations-Ebene des Textes, in der Lieutaghi, der Autor, dem Leser die berichtete Äußerung als Beispiel für ein bestimmtes verbales Verhaltensschema vorführt. Daß es sich um eine eingebettete Textsequenz handelt, wird hier, wie so oft, nicht explizit kenntlich gemacht.

Im unmittelbaren Kontext mit diesem eingebetteten Imperativ stehen andere Imperative, die mit ihrer Sender-Deixis auf Lieutaghi, den Autor, und mit ihrer Adressaten-Deixis auf den Leser des Buchs verweisen. Nur sie können eine direktive Sprechhandlung, etwa des Typs 'Ratschlag', realisieren:

*"quelque thérapeutique que vous souhaitez utiliser, **fiez-vous** d'abord au diagnostic du docteur"* (Lieutaghi 1966:13)

Eine besondere Schwierigkeit hinsichtlich der Bestimmung ihrer Einbettungsebene stellen Phraseologismen wie Sprichwörter, Redensarten, Maximen, Aphorismen, konventionalisierte Zitate dar, deren Sender- und Adressaten-Deixis notwendig vage

---

1 Es handelt sich hier um eine phraseologisch fixierte, rituelle Sprachform, die Teil einer umfassenderen Handlungseinheit ist; das gilt auch für Abzählreime, Zauberformeln u.a.

ist.[1] Sie sind als Ganzes in der Sprachkompetenz der Kommunikationsbeteiligten verankert; ihre Aktualisierung in konkreten Sprechsituationen besteht darin, den unbestimmten Sender-Adressaten-Bezug durch die Integration in einen neuen Kontext und eine neue Verwendungs-Situation konkret zu füllen.

Beispiele:

Proverbes und dictons:

> Dans le doute, **abstiens-toi.**
> **Soyez** bons pour les animaux.
> En avril, ne te découvre pas d'un fil. En mai, **fais** ce qu'il te plaît.
> **Fais** ce que dois, advienne que pourra.
> Dans tout ce que tu fais, **considère** la fin.
> **Dépends** le pendard, il te pendra, **oigne** le vilain, il te poindra.

Buchtitel:

> **Passez**-moi la joconde (San Antonio 1967)
> **Touchez** pas au grisby (Simonin 1953)
> **Plumons** l'oiseau (Bazin 1966)

Bibel-Stellen:

> **Lève-toi** et **marche**[2]

Liedanfänge und -passagen:

> **Allons** enfants de la patrie
> **Dansons** la carmagnole

Im konkreten Verwendungskontext:

"Ne ***remettez*** *jamais au lendemain ce que vous pouvez faire le jour même, dis-je. On ne vous a jamais appris ça à l'école, madame Baulois?"* (San Antonio 1967:498)

Ob diese imperativhaltigen Textstücke in der konkreten Verwendungssituation, in der sie zitiert werden, eine Direktivhandlung realisieren oder nicht, hängt von zahlreichen, z.T. außersprachlichen Faktoren ab. Oft sind sie Ausdruck einer allgemeinen Lebensregel, die durch die Herstellung eines Bezugs zur jeweiligen Verwendungs-Situation eine neue Interpretation und Aktualisierung erfährt; sie kommen jedoch auch als ironische Zitate von Textstellen vor, die dann ebensogut kommentierende wie direktive Funktion haben können.

Allgemein kann festgehalten werden, daß für das Zustandekommen einer Direktivhandlung durch einen Imperativ die Identität vom Sender des Textes mit dem Auffordernden und vom Adressat des Textes mit dem Aufgeforderten gegeben sein muß. In phraseologisch fixierten Textsequenzen, deren Sender-Adressaten-Konstellation unbekannt oder unbestimmt ist, muß jeweils im Einzelfall entschieden werden, wie sich

---

[1] Sie ist es auch dann, wenn ein etwa vorhandener bzw. bekannter Textzusammenhang der Erstverwendung rekonstruierbar ist.

[2] Zugleich Titel eines Romans von Hervé Bazin (1958):Paris.

die Bezugsgrößen der Sender- und Adressatendeixis des Imperativs zu den Kommunikationsbeteiligten der Kommunikations-Situation des Textes verhalten. Erst wenn hier eine potentielle Identität gegeben ist, sind die Voraussetzungen dafür vorhanden, daß der Imperativ Ausdruck oder Teil einer direktiven Sprechhandlung ist.

1.1.2. Die direktive Sprechhandlung

1.1.2.1. Die verschiedenen Typen direktiver Sprechhandlungen und die außersprachlichen Bedingungen für ihr Zustandekommen

Als 'direktive Sprechhandlung' hatten wir den Versuch eines Sprechers bezeichnet, mit sprachlichen Mitteln einen Adressaten zu einem bestimmten Verhalten zu veranlassen. So allgemein diese Definition zunächst scheint, macht sie doch bereits Einschränkungen hinsichtlich einiger pragmatischer Faktoren, die die Direktivhandlung bestimmen. Wie sich später bei der Behandlung der außersprachlichen Faktoren für das Zustandekommen einer direktiven Sprechhandlung zeigen wird, sind diese Kriterien auf ein einfaches Direktiv-Muster zugeschnitten: nämlich die spontane, mündliche, unmittelbare face-to-face-Kommunikation, in der sich ein individueller, personaler Sender und ein individueller Adressat gegenüberstehen. Daß die so gewonnenen Beschreibungs-Kategorien für direktive Sprechhandlungen nur sehr bedingt auf den hier zu untersuchenden Texttyp übertragbar sind, wird die weitere Darstellung zeigen. Doch bleiben wir zunächst bei unserer Ausgangs-Definition, nach der ein Sender S_1 in einer Kommunikations-Situation Sit_1, die hinsichtlich ihres Handlungszeitpunkts t_1 und hinsichtlich ihres Handlungsorts l_1 genauer beschrieben werden kann, versucht, einen Adressaten A_1 durch verbale Einflußnahme zur Realisierung eines Aufforderungs-Gehalts G zu realisieren.

Welch unterschiedliche Typen von Direktiv-Handlungen die so definierte Klasse bereits umfaßt, wird deutlich, wenn man sich vor Augen führt, wieviele Lexeme im Französischen zu deren Bezeichnung zur Verfügung stehen: commandement, commande, ordre, assignation, supplique, demande, sollicitation, vœux, recommandation, proposition, incitation, conseil, suggestion, indication, prière, souhait u.v.a. Sie können sowohl die Aufforderung, eine bestimmte Handlung auszuführen, bezeichnen wie auch die Aufforderung, eine bestimmte Handlung zu unterlassen:

prière de venir / prière de ne pas venir.

Einige Lexeme bezeichnen ausschließlich die Aufforderung, eine bestimmte Handlung n i c h t auszuführen: prohibition, défense, interdiction u.a. Sie kommen überwiegend im nicht-negierten Satz vor.

Die Zahl der möglichen direktiven Sprechhandlungstypen ist natürlich nicht an das - von Sprache zu Sprache unterschiedliche - Inventar von Lexemen gebunden, die zur metasprachlichen Kennzeichnung zur Verfügung stehen bzw. im Kontext der vollzogenen Sprechhandlung als illokutive Indikatoren vorkommen; mit der Existenz einer weitaus größeren Zahl direktiver Sprechhandlungen, die sich aus der Variation verschiedenster außersprachlicher Faktoren ergibt, ist zu rechnen.[1]

Direktive Sprechhandlungen sind nicht eindeutig gegen nicht-direktive Sprechhandlungen abgrenzbar. Nicht-direktive Sprechhandlungstypen können unter bestimmten situativen Umständen direktiven Charakter bekommen, und zwar besonders die Wunschäußerungen, ferner emotive und evaluative Äußerungen (Werturteile).

Daß die Wunschäußerung oft als Direktivhandlung verwendet wird, zeigt sich z.B. daran, daß eine ganze Reihe performativer Verben des Wünschens in Sprechhandlungen mit durchaus direktivem Charakter vorkommen: je désire que a, j'aimerais bien que a, je souhaite(rais) que a usw. Das gilt gleichfalls für Wendungen, die ein Werturteil (positiv/negativ) oder eine Gefühlsregung ausdrücken: il serait souhaitable que a, il est inadmissible que a, je serais heureux si a, je serais très contente si a usw.

Der Anweisungsgrad der Direktivhandlungen dieses Typs ist gering; sie entsprechen dem illokutiven Typ der höflichen Bitte. Als Substitutionen direkter Aufforderungs-Handlungen kommen sie in bestimmten sprachlichen Varietäten gehäuft vor: so scheinen sie in schriftlicher Kommunikation häufiger zu sein als in mündlicher, in der 'langue soignée' und der 'langue soutenue' eher als in der 'langue familière' und der 'langue populaire', bei weiblichen Sprechern häufiger als bei männlichen.

Im folgenden soll nun auf die außersprachlichen Faktoren eingegangen werden, von denen der Direktiv-Charakter einer Sprechäußerung und der Typ der Direktivhandlung abhängt.[2]

---

[1] Darauf weist auch Brunot in der Einleitung zum Kapitel "La volonté. Moyens d'expression de la volonté" hin: "Il n'y a peut-être pas de chapitre où apparaisse plus clairement la disproportion entre les moyens dont dispose la langue et la variété des actes de l'esprit. Les uns sont des commandements, les autres des demandes, les autres des souhaits. Et dans chacune de ces catégories la diversité est extrême. Une revendication est si loin d'une prière! Or, comme on le verra par la suite, des moyens identiques d'expression linguistique servent dans les cas les plus différents." (1927:557.)

[2] In den Punkten 1. bis 4. folgen wir Maas/Wunderlich 1972:147f.; in den Punkten 5. bis 7. lehnen wir uns an die Darstellung bei Jessen 1979:63-69 an.

1. Normale Kontaktbedingungen:

Voraussetzung für das Zustandekommen einer Sprechhandlung - also auch einer direktiven Sprechhandlung - ist die Existenz eines Sprechers und eines Adressaten sowie eines Kanals, über den diese zueinander in Beziehung treten können.

2. Bedingungen des propositionalen Gehalts:

Der Sprecher drückt in seiner Äußerung einen bestimmten propositionalen Gehalt G aus, der bei direktiven Sprechhandlungen eine zukünftige Handlung des Adressaten prädiziert.[1]

3. Voraussetzungsbedingungen:

Der Sprecher nimmt an, daß der Adressat in der Lage ist, den Aufforderungs-Gehalt G zu realisieren.

4. Bedingung der Ernsthaftigkeit:

Der Sender wünscht tatsächlich die Realisierung des Aufforderungs- Gehalts G.

5. Sender und Adressat stehen zum Zeitpunkt der Sprechhandlung in einer bestimmten Sozialbeziehung zueinander.[2] Sozialbeziehungen mit Hierarchie-Gefälle zwischen Sender und Adressat beruhen z.B. auf Macht (physischer M., ökonomischer M.), Expertentum (Überlegenheit durch größeres Sachwissen), Autorität (z.B. institutionell festgelegte A.).

6. Die Sozialbeziehungen sind zu einem großen Teil abhängig vom sozialen Handlungsbereich, in dessen Rahmen die direktive Sprechhandlung stattfindet. Jessen nennt die folgenden: Militär, Gericht, Regierung, Administration, Ökonomie, Medizin.[3] Neben dem Arztberuf (Sozialbereich "Medizin") müßten auch andere Tätigkeitsfelder mit Ratgeber-Funktion berücksichtigt werden: Rechtsanwalt, Steuerberater, Ehe- und Berufsberatung etc. Ein weiterer wichtiger Sozialbereich für direktive Sprechhandlungen schließlich ist der der Pädagogik.

7. Für die Beschreibung der Unterschiede zwischen den direktiven Sprechhandlungen sind vor allem die folgenden drei Kategorien maßgeblich:
In wessen Interesse liegt die Realisation des Aufforderungsinhalts?
Verfügt der Sender bei Weigerung des Adressaten, die Handlung auszuführen, über die Möglichkeit, negative Sanktionen zu verhängen?
Hat der Sender einen Anspruch auf die Erfüllung seiner Forderung?

8. In Abhängigkeit von den unterschiedlichen Verwendungs-Situationen mit ihren je-

---

1 Vgl. dazu genauer Kap. 1.1.3. dieser Arbeit.

2 Wie bei Jessen, so wird auch in zahlreichen anderen pragmatisch orientierten Arbeiten zur Aufforderung bzw. zu aufforderungsbezeichnenden Verben der Gesichtspunkt der Sozialbeziehung als zentrale Kategorie angesetzt; vgl. etwa Lee (1974:24): "There may be differences in the status between the speaker and the hearer of the illocutionary act. This distinction is very important for impositive speech acts." Wehrli (1967) verwendet den "sozialen Rang" als Kriterium für die Beurteilung der Angemessenheit eines performativ verwendeten Sprechhandlungs-Verbs für den jeweiligen Kommunikations-Akt. Slakta (1971:61) schließlich gliedert die aufforderungsbezeichnenden Verben je nachdem, ob bei den Kommunikationsbeteiligten Gleichrangigkeit oder ein unterschiedlicher sozialer Status vorliegt, in zwei Großgruppen.

3 Jessen 1979:105f.

weils besonderen pragmatischen Bedingungen haben sich für die direktiven Sprechhandlungen bestimmte sprachliche Konventionen entwickelt, die zur Herausbildung von T e x t s o r t e n geführt haben. Diese Textsorten unterscheiden sich voneinander auch durch bestimmte Sprachkonventionen für die Realisation des jeweiligen Direktiv-Typs.[1]

<u>Beispiele</u>:

Kochrezept (Imperativ, Infinitiv oder Indikativ Präsens)[2]

"Lavez et coupez les légumes en dés."

"Laver et couper les légumes en dés."

"Vous lavez et coupez les légumes en dés."

Die zehn Gebote (Indikativ Futur)

"Tu honoreras ton père et ta mère."

Gesetzestexte (Inversion von Subjekt und Prädikat, unpersönliche Formulierung, performativer Ausdruck)

"Sont interdits la formation et le fonctionnement de sociétés dont le but manifeste est de ..."

Verbotsschilder (Substantivierte Form des den Aufforderungstyp bezeichnenden Verbs)

"Défense d'entrer."

Diese Kriterien zur sprechhandlungstheoretischen Beschreibung der einfachen face-to-face-Kommunikation lassen sich nur begrenzt und nicht ohne Modifikationen auf den hier vorliegenden Texttyp anwenden.

Wie läßt sich die Anzeigenwerbung hinsichtlich der oben genannten Faktoren beschreiben?

1. Ein (anonymer) Sender, der sich in der Regel als der Hersteller oder Anbieter einer Ware bzw. als der Anbieter einer Dienstleistung ausweist, wendet sich mit der Anzeige an einen ihm persönlich nicht bekannten Adressaten. Es handelt sich dabei um ein Phänomen der
   - Massenkommunikation (vielfach adressiert)
   - Fernkommunikation (an Medien gebunden)
   - der optischen Kommunikation (Schrift und Bild)
   - der monologischen Kommunikation (Sender- und Adressaten-Rollen sind nicht austauschbar)
   - der phasenverschobenen Kommunikation (Produktion und Rezeption des Textes erfolgen weder zum gleichen Zeitpunkt noch am gleichen Ort.[3]

---

[1] Vgl. dazu Kap. 1.1.2.2.

[2] Klein/Kleineidam bezeichnen für diese Textsorte den Infinitiv als typisch (1983:199).

[3] Wir kommen auf die Kommunikationsbedingungen der Anzeigenwerbung in Kap. 2.1. zurück.

2. Der Sender intendiert letztlich die Auslösung einer bestimmten Handlung beim Adressaten: nämlich den Kauf der von ihm produzierten oder vertriebenen Ware bzw. die Inanspruchnahme einer von ihm angebotenen Dienstleistung.
Dieser Sender-Intention entspricht allerdings, wie bereits mehrfach angesprochen, nicht unmittelbar der propositionale Gehalt der Werbeanzeige. Im Gegenteil: bei aller Vielfalt der angesprochenen Themen und ihrer sprachlichen Umsetzung bleibt gerade die unmittelbare Aufforderung zum Kauf weitgehend ausgespart.[1]

3. Die Voraussetzungsbedingungen für eine Sprechhandlung, im allgemeinen auf Sprechakte der mündlichen face-to-face-Kommunikation zugeschnitten, erweisen sich für den hier zu untersuchenden Texttyp als problematisch: Die Anonymität des Senders für den Leser, der offene Adressatenkreis, über dessen Einstellungen, Bedürfnisse, Interessen, Kaufkraft etc. nur statistische Wahrscheinlichkeitsaussagen gemacht werden können, sind Größen, die durch die üblicherweise genannten Voraussetzungsbedingungen nicht angemessen beschrieben werden.

4. Die Bedingung der Ernsthaftigkeit setzt eine unmittelbare Entsprechung zwischen tatsächlicher Sender-Intention und sprachlicher Realisation der Botschaft voraus, was aber für die hier zu untersuchenden Werbetexte nicht als gegeben angesehen werden kann.

5. Die Sozialbeziehung, in der Sender und Adressat zueinander stehen, läßt sich zwar durchaus als Hierarchie-Gefälle beschreiben, das durch die ökonomische Überlegenheit des Senders sowie durch sein größeres Sachwissen in bezug auf den Gegenstandsbereich der Kommunikation, die Ware, die allgemeine Marktsituation, ja sogar den Adressatenkreis zustande kommt, doch der Sender hat keinerlei Anspruch auf die Erfüllung eines etwaigen Aufforderungs-Gehalts G, geschweige denn Sanktions-Möglichkeiten gegenüber dem Adressaten.

6. Der soziale Handlungsbereich, in dem sich die Werbekommunikation abspielt, ist der der Ökonomie, genauer: der Bereich der Warendistribution. Die Konsumwerbung in ihrer heutigen Form ist erst von der Massenproduktion mit ihren spezifischen Distributions- und Absatzproblemen hervorgebracht worden. Wenn die Menge der produzierten und produzierbaren Konsumgüter den vorhandenen Bedarf übersteigt, erhält die Werbung die Aufgabe der Bedarfsweckung, der Bedarfs-Stimulierung und der Bedarfs-Steuerung. Aufforderungs-Gehalt G ist im Falle der Anzeigenwerbung der Kauf der auf den Markt gebrachten Ware.

7. Die Frage nach dem Interesse an der Realisation der Direktivhandlung ist für den Texttyp 'Werbung' von zentraler Bedeutung.
Natürlich dient die gesamte Werbung zunächst einmal dem Interesse des Herstellers bzw. Anbieters einer Ware bzw. Dienstleistung: Allein die Erwartung des umsatzsteigernden Effekts der Werbung veranlaßt die Wirtschaft, derartig hohe Summen in ihre Werbebudgets zu investieren. In der Werbung selbst wird dieses Interesse aber praktisch niemals angesprochen - im Gegenteil: Aufgabe der Werbung ist es nachzuweisen, daß der Besitz des jeweiligen Werbeobjekts dem Interesse des Konsumenten entspreche und im Hinblick auf dessen real vorhandene Bedürfnisse entwickelt worden sei. Dementsprechend überwiegt in den Werbeanzeigen die ausführliche Darstellung der Vorteile, die sich für den Verbraucher aus dem Besitz bzw. Konsum des Produkts ergeben.
Die Werbung gibt sich von ihrer Textgestalt her adressaten-interessiert, was z.B. der häufig vorkommende performative Illokutionstyp-Indikator 'conseil' anzeigt; de facto ist sie dagegen sender-interessiert.

---

1 Dieser Aspekt wird ausführlich in Kap. 3.5.1.3. behandelt.

8. Zur Realisierung dieser besonderen Textintention haben sich eine Reihe texttypspezifischer Konventionen in der sprachlichen (und visuellen) Gestaltung der Werbeanzeige herausgebildet. Es ist charakteristisch für diesen Texttyp, daß vom tatsächlichen Sender-Interesse abgelenkt wird und daß eine andere Sender-Intention vorgespiegelt wird: Das Bemühen des Produzenten oder Anbieters um optimale Erfüllung von Verbraucher-Wünschen und -Bedürfnissen. Inwiefern und in welcher Form dabei der Imperativ zur Realisierung dieser Textintention besonders geeignet ist, wird der Gegenstand unserer Untersuchung sein.

1.1.2.2. Sprachliche Realisationen der Direktivhandlung im Französischen. Ein Überblick

Für die Realisation einer direktiven Sprechhandlung stehen eine Reihe unterschiedlicher sprachlicher Ausdrucksmittel zur Verfügung. Diese lassen sich hinsichtlich der sprachlichen Realisierung der folgenden Größen beschreiben:

S_1:	Person, die die direktive Sprechhandlung ausführt (Sprecher)
A_1:	Person, an die der Sprecher sich wendet (Adressat)
T:	Typ der Direktivhandlung, der durch die Äußerung realisiert wird: Befehl, Aufforderung, Empfehlung, Ratschlag, Vorschlag, Bitte u.a. Dieser kann durch ein performatives Verb (V_T) oder andere illokutive Indikatoren ausgedrückt sein.
G:	Propositionaler Gehalt der Direktivhandlung, d.h. die Bezeichnung des Verhaltens, das der Sprecher vom Adressaten realisiert sehen will. Er wird meist durch ein Verb (V_G) ausgedrückt.
V_{MOD}:	Modalverb oder modalisierende Verbumschreibung
$Pros._{AUFF}$:	Aufforderungs-Intonation
$Pros._{FRAGE}$:	Frage-Intonation

Innerhalb der möglichen sprachlichen Realisationsmuster einer direktiven Sprechhandlung lassen sich verschiedene Grade der Explizitheit unterscheiden: Je zahlreicher die oben genannten Größen im Satz sprachlich realisiert sind, desto expliziter ist die direktive Sprechhandlung ausgedrückt.

In der folgenden Übersicht wird versucht, die wichtigsten Satzstrukturen, die für die Realisierung einer direktiven Sprechhandlung im Französischen bereitstehen, zusammenzustellen. Dabei wird vor allem das Vorkommen von V_T und V_G berücksichtigt und als Kriterium für die Anordnung der Beispiele gewählt, so daß sich eine Anordnung nach abnehmender Explizitheit ergibt.

1. Sätze mit V_T und von V_T abgeleiteten Morphemen

1.1 Sätze mit V_T und V_G sowie A_1

1.1.1. V_T (ind.prés.actif) + V_G (infinitif od. subjonctif)

Je vous demande de venir (S_1, A_1)

Je veux que vous veniez (S_1, A_1)

1.1.2. V_T (futur) + V_G (infinitif)

Je vous demanderai de venir (S_1, A_1)

Je vous prierai de venir (S_1, A_1)

1.1.3. V_T (conditionnel) + V_G (infinitif)

Je vous demanderais de venir (S_1, A_1)

Je vous conseillerais d'être là (S_1, A_1)

Je vous saurais gré de m'envoyer
mon chèque par retour de courrier (S_1, A_1)

j'aimerais vous voir rentrer à dix-huit heures (S_1, A_1)

1.1.4. V_T (ind.prés.passif) + V_G (infinitif)

Vous êtes invité à venir (A_1)

Vous êtes prié de venir (A_1)

1.2 Sätze mit 'être + V_T (part.passé)' + V_G (infinitif)

1.2.1. 'Il est (présent) + V_T (part.passé)' + V_G (infinitif)

Il est défendu d'entrer

Il est fortement conseillé
d'assister à la réunion

1.2.2. 'Il serait (conditionnel) + V_T (part.passé)' + V_G (infinitif)

Il serait indiqué d'attendre encore un peu

Il ne serait pas avisé d'acheter
cette voiture tout de suite

1.3 Substantiviertes V_T + V_G (infinitif)

Prière de fermer la porte

Défense de garer des vélos dans la cour

Défense d'afficher

Défense de fumer

Ordre d'attendre le convoi officiel
(mil.)

Défense d'entrer

Interdiction de racoler sur la voie publique

Interdiction de servir des consommations alcoolisées aux mineurs

1.4 Substantiviertes V_G + von V_T abgeleitetes Adjektiv

stationnement obligatoire

accès interdit

port d'armes prohibé

2. Modale Ersatzformen für V_T mit direktiver Funktion + V_G (infinitif oder subjonctif)

2.1 V_{MOD} (ind.présent) + V_G (infinitif oder subjonctif)

Tu dois venir (A_1)

Il faut que vous veniez (A_1)

Vous avez à répondre de vos activités entre le ler août et le 15 septembre (jurid.) (A_1)

Votre culpabilité est à prouver (A_1)

Cette décision reste à approuver

2.2 V_{MOD} (futur) + V_G (infinitif)

Vous serez bien aimable de m'accompagner (A_1, S_1)

2.3 V_{MOD} (conditionnel) + V_G (infinitif oder subjonctif)

Il faudrait que vous soyez là à l'heure (A_1)

Tu ferais mieux de partir tout de suite (A_1)

Il serait très aimable de votre part de m'accompagner (A_1, S_1)

2.4 Frage

2.4.1. V_{MOD} (présent) + V_G (infinitif) + $Pros._{AUFF}$

Veux-tu te taire! (A_1)

Voulez-vous vous en aller! (A_1)

Ne peux-tu pas fermer la fenêtre! (A_1)

2.4.2. V_{MOD} (futur) + V_G (infinitif) + $Pros._{AUFF}$

Pourrez-vous, une fois, me dire la vérité! (A_1, S_1)

Allez-vous enfin vous décider! (A_1)

2.4.3. V_{MOD} (conditionnel) + V_G (infinitif) + $Pros._{AUFF}$ oder $Pros._{FRAGE}$

Pourriez-vous m'indiquer le chemin?!

Auriez-vous la bonté de m'aider à traverser la rue?!

Voudriez-vous m'apporter une chaise?!

2.5 V_{MOD} (impératif) + V_G (infinitif)
(Imperativische Verbumschreibung)

Veuillez passer le premier, Monsieur! (A_1)

N'oubliez pas de venir!

N'hésitez pas à nous contacter! (S_1)

Ayez la bonté de me téléphoner à dix-huit heures! (S_1)

Faites-moi le plaisir de venir au vernissage! (S_1)

2.6 V_{MOD} (infinitif) + V_G (infinitif)

Ne pas oublier de répondre tout de suite!

3. Sätze mit V_G als einzigem Verb

3.1 V_G (ind.présent)

Dans une poissonnière, vous faites cuire le turbot au court-bouillon ... vous faites revenir tous ensemble les légumes à l'huile d'olive ... (A_1)

Vous prenez la première rue à droite. Après vous continuez jusqu'au deuxième feu rouge, vous faites encore à peu près cent mètres ... (A_1)

3.2 V_G (futur oder futur proche)

Le poisson est moins frais. Vous ne l'achèterez sous aucun prétexte, car il peut être très nocif. (A_1)

Tu ne tueras point. (A_1)

Dupont, vous viendrez me voir demain dans mon bureau. (A_1)

Maintenant, vous allez me dire ce que vous avez fait hier soir entre dix-huit heures et minuit. (A_1, S_1)

3.3 V_G (subjonctif)

Qu'il me laisse tranquille! (S_1)

Qu'elle aille au diable! (S_1, A_1)

Que je ne te voie plus! (S_1, A_1)

3.4 Frage: V_G (futur) + $Pros._{AUFF}$

Me laisserez-vous enfin tranquille! (S_1, A_1)

3.5 Si + V_G (imparfait) + $Pros._{AUFF/FRAGE}$

Si on allait au restaurant ce soir!? (A_1)

3.6 V_G (impératif)

Versez 1 litre 1/2 d'eau dans la cocotte. Portez à ébullition. Lavez et coupez les légumes en dés.

3.7 V_G (infinitif)

Prendre le blanc des poireaux, les émincer finement.

Prendre la file de préselection!

Danger. Ralentir!

Ne pas donner de nourriture aux animaux!

Ne pas se pencher dehors!

Pour de plus amples informations, écrire à...

Voir page x

à noter

4. Interjektionen mit direktiver Funktion + $Pros._{AUFF}$
(Sowohl V_T wie V_G fehlt)

Au secours!

A l'aide!

En avant!

Courage!

Attention!

Patience!

Silence!

Paix!

Alarme!

Feu!

Doucement!

Plus vite!

Piano!

Encore!

Stop!

Chut!

Pst!

5. $Pros._{AUFF}$

Durch sie können sprachliche Äußerungen unterschiedlichster grammatischer Struktur zur direktiven Sprechhandlung werden, wenn die entsprechenden Voraussetzungsbedingungen gegeben sind.

Einen besonderen Typ der Aufforderungshandlung stellt die n i c h t - r h e t o r i s c h e F r a g e dar. Sie enthält stets die implizite Aufforderung an den Adressaten, die gestellte Frage zu beantworten, mit anderen Worten: eine bestimmte Sprechhandlung des Typs 'Antwort' zu vollziehen.[1]

Was für die Frage gilt, ist in einem weiteren Sinn für j e d e s p r a c h l i c h e Ä u ß e r u n g mit k o m m u n i k a t i v e r Intention gültig. Grundsätzlich läßt sich

---

1 Vgl. dazu auch Ross: "Influenced, probably, by the fact that grammarians treat the interrogative as coordinate with the indicative and imperative moods, 'questions' are often conceived as a semantic category on a par with 'indicatives' and 'directives'. In my opinion a genuine question is a directive, namely a request to give information. (There also occur rhetorical, pedagogical, ceremonial and possibly other kinds of spurious questions, whose semantic status I have not considered.)" (Ross 1968:77,Fußnote).

vom Anweisungs-Charakter jeglichen Sprechens ausgehen, da der Sender seine Mitteilung sprachlich kodiert in der Erwartung, daß ein bestimmter Adressat der von ihm geäußerten Lautkette erneut die Inhalte zuordnet, die er, der Sender, mithilfe akustischer Signale vermitteln wollte.

Allerdings geht der Anweisungs-Charakter des Sprechens darüber zunächst nicht hinaus. Ob der Adressat eine Reaktion zeigt, die auf eine Verarbeitung der empfangenen Nachricht hindeutet, oder nicht, ist für den Anweisungs-Charakter des Sprechens nicht konstitutiv, ebensowenig, ob der Adressat im Sinne der Sprechererwartung reagiert oder nicht. Normalerweise wird die Dekodierung der wahrgenommenen Sprechäußerung beim Adressaten mehr oder weniger spontan erfolgen. Erst anschließend wird die Entscheidung fallen, ob er der vom Sender gemeinte Adressat ist oder nicht, und wenn ja, ob er bereit ist, sich mit der ihm vom Sprecher zugedachten Adressaten-Rolle zu identifizieren oder nicht. Diese Entscheidungsprozesse hängen nicht zuletzt vom Inhalt der aufgenommenen Information ab.

Der Anweisungsgrad von mehrfach adressierten s c h r i f t l i c h e n Kommunikationsformen ist allgemein geringer als der der mündlichen Kommunikation, da bei diesen der Adressat leichter die Möglichkeit hat, sich der Rezeption zu entziehen bzw. die Übernahme der Adressatenrolle zu verweigern.

Wir kommen nun auf die Realisationsmöglichkeiten der direktiven Sprechhandlung im Französischen zurück.

Es muß betont werden, daß die oben aufgelisteten Strukturen nur p o t e n t i e l l e Realisierungen von Sprechhandlungen sind. Ob sie in einem gegebenen Kontext tatsächlich eine direktive Sprechhandlung ausdrücken, hängt, wie in Kap. 1.1.2.1. kurz angedeutet, von einer Reihe außersprachlicher Faktoren ab.

Das gilt auch für den Imperativ als eine der möglichen sprachlichen Realisationen einer Direktiv-Handlung: Erst, wenn bestimmte Situationsbedingungen erfüllt sind, kann er Ausdruck einer direktiven Sprechhandlung sein.

Beim Imperativ handelt es sich um eine relativ implizite Form, bei der weder der Sprechhandlungstyp V_T noch der Sender S_1 und der Adressat A_1 ausgedrückt sind. Das Imperativ-Verb V_G bezeichnet die Handlung, deren Realisation vom Sprecher gewünscht wird.

Wenn eine Imperativ-Äußerung tatsächlich eine direktive Sprechhandlung realisiert, so läßt sich der Imperativ-Satz in der Regel durch einen Satz mit performativem Verb paraphrasieren:

"Venez!" ⟶ "Je **veux** que vous veniez!"
"Je **désire** que vous veniez!"
"Je vous **demande** de venir!"

Imperativ und performatives Verb, das den mit seiner Beteiligung realisierten Sprechhandlungs-Typ metasprachlich präzisiert,[1] schließen sich gegenseitig aus; sie kommen niemals im selben Satz gleichzeitig vor. Sie sind kontextuell inkompatibel.
Die referentiellen Bezüge der Größen V_T, S_1 und A_1, die im performativen Satz alle explizit realisiert sind, müssen beim Imperativ-Satz erst unter Einbezug der Äußerungs-Situation erschlossen werden.[2]

1.1.3. Der Imperativ als sprachliche Realisation einer direktiven Sprechhandlung. Ein Beschreibungs-Modell

Nachdem wir den Imperativ in nicht-direktiver Ausdrucksfunktion[3] und anschließend die direktive Sprechhandlung mit ihren möglichen sprachlichen Realisationen behandelt haben,[4] sollen nun die Imperative untersucht werden, die potentieller Ausdruck einer direktiven Sprechhandlung sind.
Kap. 1.1.2.2. hat gezeigt, daß der Imperativ im Vergleich zu anderen Realisationsmöglichkeiten der direktiven Sprechhandlung im Französischen eine relativ implizite Form der Aufforderung darstellt. Weder der Sender S_1 noch der Adressat A_1 noch der Aufforderungstyp T sind im Imperativsatz sprachlich explizit vorhanden. Lediglich der Aufforderungsgehalt G ist im Imperativ realisiert: Der propositionale Gehalt des Imperativ-Satzes bezeichnet ein Verhalten oder eine Handlung, deren Realisierung durch den Adressaten A_1 der Sprecher S_1 begehrt. Die Sprecher- und Adressaten-Deixis macht den Imperativsatz zu einer Äußerung, die in besonderem Maße auf Faktoren der Sprechsituation Bezug nimmt und durch diese erst mit Bedeutung aufgefüllt wird.

---

1 Allerdings können die Sprecher-Kennzeichnung der Äußerung und die Bewertung ihrer illokutiven Funktion aufgrund komplementärer sprachlicher wie situativer Faktoren durchaus divergieren, so daß mit einer möglichen Diskrepanz gerechnet werden muß.

2 Bally (1965:56-75) unterscheidet in ähnlicher Weise bereits Satztypen nach dem Grad der Explizitheit von V_G und V_T. Er geht davon aus, daß in jeder vollständigen Äußerung zwei Informationen enthalten sind, die er als "modus" und "dictum" bezeichnet. Der "modus" ist der Ausdruck der Einstellung des Sorechers zu seiner Äußerung (hier: V_T), das "dictum" der eigentliche Gehalt seiner Äußerung (hier: V_G). Je nachdem, ob und inwieweit diese beiden Inhalte im Satz explizit ausgedrückt sind, ergeben sich drei Satztypen:
phrases coordonnées - z.B.: "Venez ce soir. Je le veux."
phrases segmentées - z.B.: "je veux que vous veniez ce soir."
phrase liée - z.B.: "Venez ce soir!"

3 Vgl. Kap.1.1.1.

4 Vgl. Kap.1.1.2.

Um die durch den Imperativ realisierte Sprechhandlung näher zu beschreiben, ist eine klare Trennung zwischen der Kommunikations-Situation Sit_1, in der die Sprechhandlung stattfindet, und der in der sprachlichen Mitteilung M gebundenen Situation Sit_2 notwendig.

Sit_1: Kommunikations-Situation, in der zu einem Zeitpunkt t_1 und an einem Ort l_1 ein Sprecher S_1 eine Mitteilung M an einen Adressaten A_1 richtet.

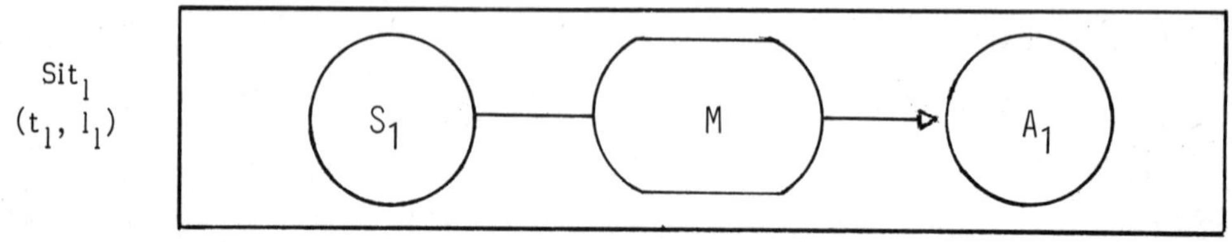

Sit_2: Die in M gebundene Situation.

Wenn M eine direktive Sprechhandlung ist, so bezeichnet Sit_2 die Realisationssituation, in der zu einem Zeitpunkt t_2 und an einem Ort l_2 der Adressat A_1 zum Handelnden H werden soll, der den Aufforderungsgehalt G realisiert.

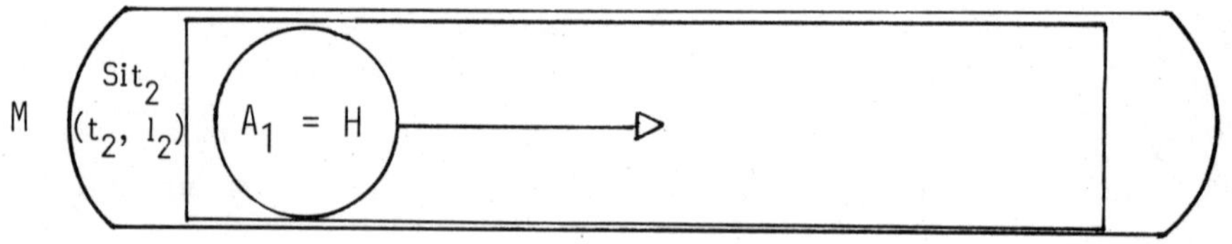

(Der Pfeil bezeichnet hier die von S_1 gewünschte Handlung, die der Handelnde H ausführt.)

Während Sit_1 zum Zeitpunkt der Kommunikation eine r e a l gegebene Situation ist, ist die Bezugs-Situation von M, Sit_2, im Augenblick der direktiven Sprechhandlung stets v i r t u e l l. Sie muß allerdings p o t e n t i e l l realisierbar sein. Sie wird erst in dem Augenblick r e a l, wo der Adressat die genannte Handlung tatsächlich ausführt.

Der Imperativ ist hinsichtlich seines Tempus, im Gegensatz zu anderen Flexionsformen des Verbparadigmas, neutral. Dennoch bindet er eine gewisse temporale Information über den Zeitpunkt t_2, zu dem der Aufforderungsinhalt realisiert werden soll: t_2 bezeichnet stets einen auf t_1 folgenden Zeitpunkt. Die Bezugs-Situation Sit_2 der Mitteilung M ist also im Falle der Aufforderungs-Handlung stets als n a c h - z e i t i g in bezug auf die Äußerungs-Situation Sit_1 zu denken.

Beispiel:

Eléonore dit à Marion: *"Mets la table."*

S_1: Eléonore;

A_1 (= H): Marion;

M: "Mets la table."

In der Mitteilung M können eine Reihe weiterer Informationen über Sit_2 sprachlich ausgedrückt sein.

Der Adressat und potentielle Handlungsausführende kann ausdrücklich genannt sein:[1]

*"**Marion**, mets la table!"*

Der Ort l_2 kann angegeben werden:

*"Mets la table **dans la pièce de séjour!**"*

Der Zeitpunkt t_2 kann präzisiert werden:

*"Mets **toute de suite** la table!"*

*"**Avant d'aller jouer**, mets la table!"*

Neben der einmalig auszuführenden Handlung kann der Imperativ auch eine mehrfach oder regelmäßig auszuführende Handlung bezeichnen (wobei auch hier t_2 präzisiert wird):

*"Mets la table **tous les soirs vers sept heures!**"*

Die Aufforderung zur Realisation des Handlungsinhalts kann an bestimmte Bedingungen geknüpft sein:

*"**Si tu veux arriver à temps chez ton amie**, mets rapidement la table!"*

Die Aufforderung kann begründet, Ziel und Zweck der auszuführenden Handlung können genannt werden:

*"Mets rapidement la table, puisqu' **on doit avoir fini de manger à deux heures!**"*

*"Mets la table **pour m'aider** pendant que je cherche le vin!"*

Alle diese Angaben sind f a k u l t a t i v. Darüber hinaus wird beim Imperativ aber auch die Füllung der durch die Verbvalenz geforderten Ergänzungen freier gehandhabt: Unterwertiger Gebrauch ist beim Imperativ häufiger zu beobachten als beim Aussagesatz.[2]

---

1 Eine nominale oder pronominale Referenz auf den Sender ist dagegen - ebenso wie das Performativ-Verb - mit dem Imperativsatz inkompatibel.

2 Dieser Aspekt wird in Kap. 3.4.1. eingehender behandelt.

Einen bemerkenswerten Sonderfall stellen die Imperative der Aufforderungs-Verben dar.

Beispiel:

Eléonore dit à Ruth: *"Ruth, demande à Marion de mettre la table!"*

Im propositionalen Gehalt der Mitteilung M_1 sind hier zwei virtuelle und in bezug auf die Außerungs-Situation Sit_1 nachzeitige Situationen gebunden:

Sit_2: Ruth demande à Marion: *"Mets la table."*

Die vom Adressaten A_1 ("Ruth") auszuführende Handlung ist diesmal eine Sprechhandlung. Damit wird A_1 $(=H_1)$ zum Sender S_2 in der Realisationssituation (Sit_2) der Imperativ-Aussage. Adressat A_2 dieser direktiven Sprechhandlung ("Marion") ist der zukünftige Handlungsausführende H_2 in einer wiederum nachzeitigen und virtuellen Situation Sit_3.

Sit_3: Marion met la table.

Sit_2 ist dabei nachzeitig in bezug auf Sit_1,
Sit_3 ist nachzeitig in bezug auf Sit_2 (und Sit_1).

Das Verhältnis zwischen der (realen) Kommunikations-Situation Sit_1 und den beiden in der Mitteilung M_1 gebundenen (virtuellen) Situationen Sit_2 und Sit_3 läßt sich in folgender Schemazeichnung darstellen:

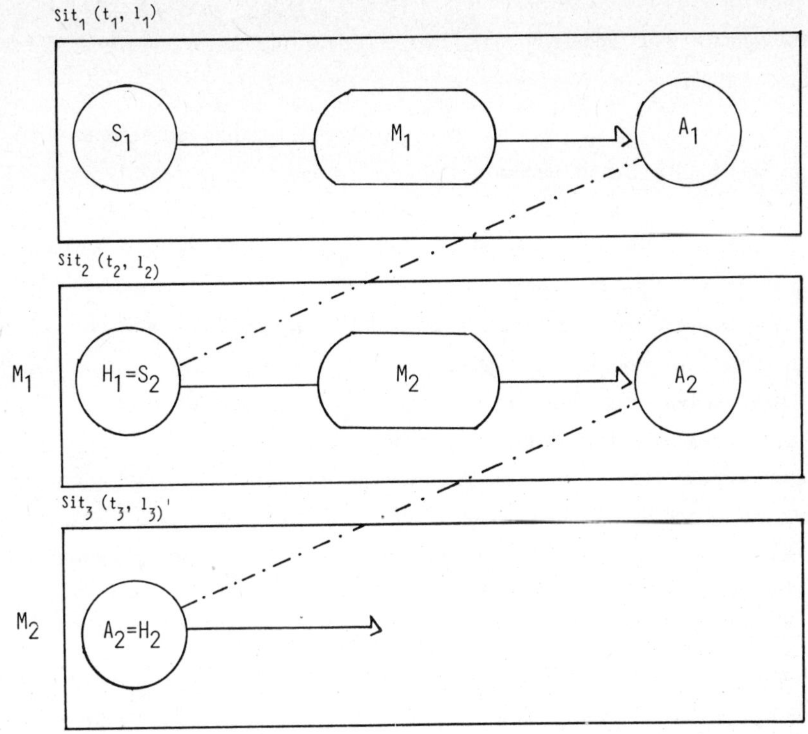

Sit_1: reale Kommunikations-Situation, in der die direktive Sprechhandlung stattfindet.

M_1: Mitteilung, die in Sit_1 geäußert wird (direktive Sprechhandlung).

S_1: Sender von M_1 ("Eléonore")

A_1: Adressat von M_1 ("Ruth")

Sit_2: die in M_1 gebundene virtuelle Realisations-Situation, in der A_1 die in der direktiven Sprechhandlung M_1 bezeichnete Handlung ausführen soll

M_2: Mitteilung, die in Sit_2 geäußert wird (direktive Sprechhandlung)

$H_1=S_2$: Handlungsausführender in dem situativen Handlungsrahmen Sit_2. Er ist identisch mit A_1. Da die von ihm auszuführende Handlung eine direktive Sprechhandlung ist, ist er zugleich S_2 dieser neuen Sprechhandlung ("Ruth")

$A_2=H_2$: Adressat von M_2 und potentieller Handlungsausführender in Sit_3 ("Marion")

Sit_3: die in M_2 gebundene virtuelle Realisations-Situation, in der A_2 die in der direktiven Sprechhandlung (M_2) bezeichnete Handlung ausführen soll.

Bei Verwendung eines direktiven Performativ-Verbs als Imperativ-Verb kommt somit eine besondere Form der R e k u r s i v i t ä t zustande.

Direktive Sprechhandlungen mit subjonctif werden in der sprachwissenschaftlichen Literatur häufig im Zusammenhang mit dem Imperativ behandelt, wobei die subjonctif-Formen als Ersatzformen für die Imperative der 3.Pers.Singular und Plural, z.T. sogar für die 1.Person Singular innerhalb eines als defektiv verstandenen Imperativ-Paradigmas eingesetzt werden.[1]

Anhand der hier entwickelten Darstellung läßt sich auch die Verwendung des subjonctif in direktiver Funktion erklären:

Der imperativischen Aufforderung "Demande à Marion de mettre la table!" entspricht die folgende Aufforderung mit subjonctif: "Que Marion mette la table!"

Der propositionale Gehalt der beiden Sätze ist derselbe.[2] Im Vergleich zum Imperativ ist die durch den subjonctif realisierte Aufforderung noch weniger explizit: Weder der Adressat A_2 noch das Aufforderungsverb V_T, das als Performativ-Verb für M_2 fungiert, sind beim subjonctif-Satz sprachlich manifest; sie können daher nur aus der Sprechsituation erschlossen werden.

1.2. Zusammenstellung wichtiger Aspekte einer Imperativgrammatik für die weitere Untersuchung

Wie sich bei der Erörterung der unterschiedlichen Subtypen direktiver Sprechhandlungen zeigte,[3] ist eine sprechakttheoretische Beschreibung für das hier vorliegende Korpus problematisch. Es wurde deutlich, daß diese anhand einer besonderen Sprechsituation entwickelt wurde, der mündlichen Spontankommunikation nämlich; die dabei ermittelten Beschreibungskategorien sind nur sehr bedingt auf schriftliche, noch dazu semiotisch komplexe Formen der Massenkommunikation mit anonymem Sender und unbestimmtem Adressatenkreis übertragbar. Hinzu kommt, daß bei dem texttypspezifischen Sprachmuster 'Werbeanzeige' mit vielfältigen Formen "indirekter" und

---

[1] So verfährt z.B. Cohen: "Le subjonctif présent ou passé avec **que** complète l'impératif simple ou composé pour les personnes qui lui manquent: 1re du singulier, 3e du singulier et du pluriel. Les emplois sont relativement rares: aussi bien n'est-ce pas sans cause que ces personnes manquent à l'impératif." (Cohen 1965:40).

[2] Von stilistischen Unterschieden muß hier abgesehen werden.

[3] Vgl. Kap. 1.1.2.1.

"impliziter" Sprechakte,[1] zudem überlagert von Formen "uneigentlichen Sprechens",[2] zu rechnen ist.

Für die Untersuchung des Imperativs in der Anzeigenwerbung soll daher die Frage, inwieweit es sich dabei um sprachliche Manifestationen direktiver Sprechakte handeln kann, zunächst ausgeklammert werden.

Ziel der Arbeit ist eine Bestandsaufnahme des Imperativs als morphologisch wie auch syntaktisch eindeutig bestimmbarer grammatischer Kategorie.[3] Erst im Anschluß daran wird nochmals auf die Frage einzugehen sein, inwieweit und bei welchen ermittelten Imperativen eine direktive Ausdrucksfunktion angenommen werden kann.

Angesichts der Vielzahl divergierender und widersprüchlicher Definitionen von 'Imperativ' in der sprachwissenschaftlichen Literatur[4] sollen an dieser Stelle summarisch wichtige Aspekte einer Imperativgrammatik zusammengestellt werden, die die Grundlage für die weitere Untersuchung bilden werden.

Als 'Imperative' werden hier drei F o r m e n   d e s   V e r b p a r a d i g m a s[5] bezeichnet, die im Normalfall morphologisch mit der

2.Pers.Singular
1.Pers.Plural } Präsens Indikativ Aktiv
2.Pers.Plural

identisch sind, wobei allerdings das Endungs-s der 2.Pers.Singular bei den Verben auf

---

1 In beiden Fällen handelt es sich um "nicht-direkte Sprechakte" im Sinne von Ehrich/Saile 1972:257-260.

2 Metonymie, Litotes, Ironie, rhetorische Frage, Hyperbel u.a. im Sinne von Berg 1978; Ehrich/-Saile 1972 rechnen diese ebenfalls zu den "nicht-direkten Sprechakten".

3 Die Fälle morphologisch-syntaktischer Ambiguität wie z.B. die Headline "Rendez-vous en Tunisie" (Jeunes sans Frontière, tourisme; E, 9.5.77, 131), die sowohl als Imperativ-Satz wie auch als Nominalsyntagma gelesen werden kann, sind extrem selten.

4 Diese Problematik wurde in Kap. 1.1. kurz angedeutet; eine ausführliche Zusammenstellung und Diskussion der Behandlung des Imperativs in der normativen und deskriptiven Grammatik-Schreibung, in den verschiedenen linguistischen Beschreibungs-Ansätzen der Gegenwart sowie in der deontischen Logik hätte den Rahmen dieser Untersuchung gesprengt.

5 Wir gehen also weder von einem "defektiven" noch von einem durch Ersatzformen aus dem subjonctif-Paradigma vervollständigten Imperativ-Paradigma aus, wie es z.B. Wagner/Pinchon tun, wenn sie einen "impératif indirect" der 3.Person ansetzen, der seine Formen aus dem subjonctif présent-Paradigma rekrutiert (1966: 330ff.); von einem Imperativ der 3.Person sprechen auch Gross (1968:161-169), die 'Grammaire Larousse' (1964:368), Weinrich (1964:283) und Weinrich (1974:361ff.).

'aller', ferner bei 'assaillir', 'cueillir', 'couvrir', 'défaillir', 'offrir', 'ouvrir', 'souffrir', tressaillir' und deren Zusammensetzungen entfällt. Es bleibt lediglich dann erhalten, wenn der Imperativform 'en' oder 'y' folgt und kein Infinitiv nachsteht.
Eine Ausnahme stellen die vier Verben 'avoir', 'être', 'vouloir' und 'savoir' dar, deren Imperativformen dem subjonctif-Paradigma entlehnt sind - wobei 'vouloir' und 'savoir' im Plural wiederum vom subjonctif abweichende eigene Imperativformen, 'veuillons, veuillez' und 'sachons', 'sachez', haben.
Bei den Verben auf -er sowie bei 'aller' stimmen die Imperative der 2.Pers.Plural im code phonique mit dem Infinitiv überein, was in mündlicher Kommunikation die Aussage mehrdeutig machen kann. In schriftlicher Kommunikation führt die lautliche Identität der beiden Formen nicht selten zu fehlerhaften Vertauschungen.
Beispiel:

"Pour ceux de mes confrères qui ont le pied sûr, ils pourront avec le concours des marins, ***allez*** *tenter leur chance loin du rivage."* (Poirier 1981:13)

Die Imperative der 2.Pers.Plural sind ferner mit dem participe passé dieser Verben phonetisch identisch.

Im Satzkontext unterscheiden sich die Imperativformen von den mit ihnen homophonen infiniten Formen des Verbparadigmas durch ihre syntaktische Autonomie. Die Imperativform strukturiert als Verbalknoten den gesamten Satz und stellt u.U. allein bereits einen syntaktisch vollständigen Satz dar.
Vom Aussagesatz gleichen propositionalen Gehalts unterscheidet sich der Imperativsatz morphosyntaktisch durch das Fehlen des Subjektpronomens.

Die Form und Position der Personalpronomina ist im Imperativsatz von der des Aussagesatzes verschieden: Im ersteren stehen sie nach, im zweiten vor dem flektierten Verb, und den unbetonten Dativ-Pronomina 'me', 'te' des Aussagesatzes entspricht im Imperativsatz die betonte Form 'moi' bzw. 'toi':

tu me le donnes - donne-le-moi!

Die Unterscheidung zwischen "einfachem Imperativ" ("Mets la table avant mon retour") und "zusammengesetztem Imperativ" ("Aie mis la table avant mon retour"), die gelegentlich zu finden ist,[1] erscheint für die Be-

---

1 Sie findet sich z.B. in der 'Grammaire Larousse' (1964:368), im 'Grand Larousse de la langue française' (Bd.3,1973: 2556), bei Imbs (1960), Gross (1968:161), Wagner/Pinchon (1962:331) und van Hout (Bd.3,1974:199f.); letzterer sieht in der sog. "forme achevée" eine Aspekt-Variante des einfachen Imperativs. Sensine behandelt sie dagegen als zwei unterschiedliche Tempora: "L'impératif a deux temps: l'impératif futur et l'impératif futur antérieur" (1935:59); ähnlich auch Mauger, der zwischen einem "impératif présent" und einem "imperatif passé" unterscheidet (1976: 257), und Grevisse (1980:714).

lange dieser Untersuchung entbehrlich, da die sog. "zusammengesetzten" Formen nicht nur in mündlicher, sondern auch in schriftlicher Kommunikation kaum mehr vorkommen; sie haben inzwischen in den meisten Registern des Französischen preziösen Charakter und stellen stets eine stilistisch auffällige Form dar. In unserem Korpus ist ein Imperativ dieses Typs nicht belegt.

Ebenfalls wird hier auf die Unterscheidung zwischen einem Imperativ A k t i v und einem Imperativ P a s s i v ("Soyez maudits") verzichtet.[1] Die in der Literatur angeführten Belege stammen - sofern es sich nicht um idiomatische Ausdrücke wie z.B. das pragmatische Idiom "Soyez les bienvenus" handelt - ausnahmslos aus älteren literarischen Quellen. Für das hier untersuchte Korpus erweist sich die Kategorie 'Passiv' als irrelevant.

Die Imperative haben kein morphologisch markiertes T e m p u s; sie lassen sich daher auch nicht als 'présent', 'futur', 'futur antérieur' etc. beschreiben.

Darüber hinaus fehlt ihnen auch eine Markierung hinsichtlich des A s p e k t s oder der A k t i o n s a r t der durch sie bezeichneten Handlung. Das führt im Falle der durch den Imperativ realisierten Aufforderung dazu, daß aus der Imperativform allein oft nicht zu entnehmen ist, ob es sich um eine "do-it-now"- oder um eine "do-it-always"-Aufforderung handelt.[2] In einigen Fällen ist diese Information in der Semstruktur des Imperativ-Verbs enthalten; häufiger werden aber Angaben wie Einmaligkeit bzw. Iterativität einer Handlung durch adverbiale Zusätze geleistet. Aspektuelle Informationen wie Beginn, Ende oder Andauern einer Tätigkeit können auch mit Hilfe einer Verbalperiphrase ausgedrückt werden: "Commencez à contrôler votre poids", "Arrêtez de manger des gâteaux", "Continuez à boire de l'eau". Wichtig ist, daß es sich in beiden Fällen um eine fakultative Präzisierung handelt, die je nach Kommunikationszweck ergänzt werden kann oder fehlt.

Ob eine bestimmte Handlung ausgeführt oder unterlassen werden soll, wird ebenfalls durch die Sem-Struktur des Verbs bestimmt; die N e g a t i o n des Imperativsatzes

---

1 Die beiden Genera verbi beim Imperativ unterscheiden z.B. van Hout (Bd.3, 1974:199f.), Le Galliot (1975:26) und der 'Grand Larousse de la langue française': "Quand l'impératif est à la voix passive, il demande à l'allocutaire non plus d'être agent, mais d'être patient" (!). (Bd.3,1973:2558)

2 Vgl. Rescher 1966:21 passim.

hat hierauf keinen Einfluß.[1] So fordert sowohl "Parle!" wie auch "N'attendez plus!" zum Handeln auf; "Tais-toi!" und "Ne faites plus la course!" fordern dagegen beide dazu auf, ein bestimmtes Verhalten nicht oder nicht mehr an den Tag zu legen. Ob eine Handlung ausgeführt oder unterlassen werden soll, hängt beim Vorliegen einer imperativischen Verbumschreibung zudem von der semantischen Struktur des periphrastisch verwendeten Verbs in Kombination mit einer evt. vorhandenen Satznegation ab: Vgl. "Arrêtez de faire la course!" oder "N'omettez pas de nous contacter!"

Die Valenzstruktur des Imperativ-Verbs wird durch das Fehlen des Subjektpronomens nicht tangiert; zwar bleibt der 1.Aktant unausgedrückt, doch sind alle anderen obligatorischen Ergänzungen, die die Verbvalenz fordert, auch im Imperativsatz zu erwarten:

tu viens	-	viens!
nous mangeons des pommes	-	mangeons des pommes!
vous me donnez le livre	-	donnez-moi le livre!

Allerdings läßt sich beobachten, daß die Füllung der Leerstellen beim Imperativ mit einer gewissen Freiheit gehandhabt wird: Das Fehlen an sich obligatorischer Ergänzungen im Imperativsatz beeinträchtigt dessen Akzeptabilität weniger als im entsprechenden Aussagesatz. Das mag mit der besonderen Situationsabhängigkeit des Imperativs zusammenhängen; wie wir gesehen hatten, ist der Imperativ in besonderem Maße darauf angewiesen, daß bestimmte Bezugsgrößen wie etwa Sender und Adressat aus der Mitteilungs-Situation erschließbar sind, um zur semantisch vollwertigen Äußerung zu werden.

Nicht alle Verben sind in gleicher Weise imperativfähig; hier bestehen eine Reihe syntaktischer, semantischer und pragmatischer Restriktionen, die die Grammatikalität bzw. Akzeptabilität von Imperativsätzen beeinträchtigen können.
Nullwertige Verben können keinen Imperativ bilden; sie enthalten kein Subjekt, das in einer Bezugs-Situation Sit_2 die Rolle des Handlungsausführenden H übernehmen könnte. Alle Verben dagegen, bei denen diese Handlungsrolle in der Valenzstruktur

---

[1] Anders sieht es der 'Grand Larousse de la langue française': "Marqué de la négation ne, l'impératif exprime sans autre modification la défense" (Bd.3,1973:2558).

angelegt ist, sind unter syntaktischem Gesichtspunkt zunächst einmal grundsätzlich imperativfähig.

Der erste Aktant muß darüber hinaus durch ein Lexem besetzbar sein, das das Merkmal [+ hum] aufweist, da die Adressaten-Deixis des Imperativs stets eine Referenzidentität zwischen dem - latenten - ersten Aktanten des Verbs und dem Adressaten der Imperativ-Äußerung herstellt. Allerdings wird diese Restriktion häufig durch vielfältige metaphorische und metonymische Bedeutungs-Erweiterungen durchbrochen: Die Notwendigkeit, das implizite Subjekt des Imperativ-Satzes mit der Bezeichnung eines personalen Handlungsträgers zu besetzen, ist so stark, daß allein durch die grammatische Form des Imperativs eine Bedeutungsverschiebung der semantischen Struktur des Imperativ-Verbs in diesem Sinne erreicht wird.

Neben handlungsbezeichnenden Verben kommen im Französischen durchaus auch zustands- und vorgangsbezeichnende Verben als Imperative vor. Auch hier wirkt sich die Imperativform dahingehend aus, daß der bezeichnete Zustand oder Vorgang metonymisch zu einer Handlung umgewandelt wird, wobei das Imperativ-Verb in aller Regel das Ergebnis einer selbst nicht thematisierten Handlung bezeichnet: "Sois bien reposé quand nous partons" steht für "Agis de façon d'être bien reposé au moment du départ", "devenez plus sûr de vous" für "agissez de manière d'être plus sûr de vous".

Ähnliches gilt für Bezeichnungen von Zuständen, Vorgängen, Handlungen, die nicht von einer Willensentscheidung des Adressaten abhängen oder die unsinnig erscheinen, weil in dem jeweiligen Kommunikationszusammenhang oder grundsätzlich unverzichtbare Voraussetzungs-Bedingungen für das Realwerden des Verb-Inhalts nicht gegeben sind. So wird das Verb "accoucher" in folgendem Beispiel:
"Passe la main, Méphisto, et ***accouche!*** *Quid novi?"* (San Antonio 1967:467)
als Synonym für "raconte", "mets-toi à table" verwendet, wobei die nicht-lexikalisierte Bedeutungs-Übertragung des Verbs in der imperativischen Verwendung spontan leicht verständlich ist. In allen genannten Fällen hat die Verwendung dieser Verben als Imperativ eine gewisse stilistische Wirkung, die umso mehr zum Tragen kommt, je weniger konventionell der imperativische Gebrauch ist. Er weist den Adressaten an, hinter der einfachen Satzbedeutung eine andere, übertragene Bedeutung zu suchen, die die Akzeptabilität der Imperativ-Äußerung wieder herstellt. Häufig impliziert die Verwendung dieser Verben im Imperativ zugleich die Behauptung bestimmter Voraussetzungs-Bedingungen als gegeben, ohne daß dies den Kommunikationspartnern, vor allem dem Adressaten bewußt wird. Imperative dieses Typs sind besonders wortspielgeeignet, da diese latente Aussage als konkurrierende Lesart zur primä-

ren Bedeutung aktiviert werden kann.

Modalverben sind in der Regel nicht imperativfähig; eine Ausnahme bildet "vouloir", das als höfliche Umschreibung einer Aufforderung idiomatisch erstarrt ist ("Veuillez nous faire savoir si vous viendrez"), und "savoir", das häufig als imperativische Verbperiphrase vorkommt ("Sachez vous en servir").

Schließlich kommen eine Reihe von Verben weitaus häufiger mit Satznegation als in nicht-negierter Form vor, wobei sich in der Häufigkeit sprachlicher Muster nichtsprachliche Verhaltensmuster und soziale Konventionen niederschlagen: "ne pleure pas", "ne t'inquiète pas", "n'hésitez pas", "ne vous résignez pas". Wenn diese entgegen dem üblichen Gebrauch nicht-negiert verwendet werden, so wird dadurch eine stilistische Auffälligkeit erreicht, die etwa in der Werbung mit ihrem großen sprachlichen Innovationsbedürfnis kommunikativ genutzt werden kann.

Eine zentrale Beschreibungs-Kategorie, die regelmäßig zur Unterscheidung der beiden Haupt-"Modi" Indikativ und Imperativ herangezogen wird, ist für unsere Zwecke brauchbar, auch wenn wir auf den Modus-Begriff hier verzichten: die Unterscheidung zwischem dem r e a l e n und dem v i r t u e l l e n Charakter der sprachlichen Äußerung nämlich.[1] Diese Unterscheidung betrifft die Bezugs-Situation Sit_2 der Proposition; diese ist im Falle des Imperativs stets virtuell.[2] Es spielt dabei zunächst keine Rolle, ob das Real-Werden von Sit_2 möglich oder wahrscheinlich ist oder von einem Kommunikationsbeteiligten als wünschenswert angesehen wird.

Die Virtualität der Imperativ-Proposition ist auch der Grund dafür, daß sich der Imperativsatz einer wahrheitswertfunktionalen Beschreibung entzieht: Er kann weder w a h r noch f a l s c h sein.[3] Diese Tatsache trägt, wie noch zu zeigen sein wird, wesentlich zur häufigen Verwendung von Imperativen in der Sprache der Werbung bei.

---

1 Diese Kategorien, "le réel" und "L'éventuel", finden sich bereits bei Brunot (1927:511ff.); Galichet unterscheidet mit ihrer Hilfe zwei Klassen von Modi: "les modes du certain" und "les modes de l'éventuel" (1971:106ff.); van Hout klassifiziert die syntaktischen Beziehungen von Sätzen nach dem Gesichtspunkt des "caractère actuel" bzw. des "caractère virtuel" ihrer Propositionen (Bd.3,1974:234f.).

2 Vgl. dazu Kap. 1.1.3.

3 Die Frage, inwieweit Imperative als wahr oder falsch beschreibbar sind, wird in der Deontik kontrovers diskutiert; vgl. dazu z.B. Dubislav (1937), Rescher (1966), Hare (1967), Ross (1968), Chellas (1971), Broadie (1972).

Der Imperativ kann als Ausdruck sprachlicher Ökonomie gelten. In der mündlichen Spontankommunikation läßt sich der sprachlich explizite Satz "Moi, Eléonore, je désire que toi, Marion, tu me donnes le livre qui se trouve sur mon bureau" ersetzen durch den grammatisch vollständigen Imperativ-Satz "Donne-moi ce livre", der seinerseits bis auf die - bei entsprechender situativer Einbettung - immer noch akzeptable Äußerung "Donne" reduziert werden kann. Der an sich in der Kode-Valenz[1] des Verbs geforderte obligatorische 2.Aktant wird durch die Präsenz des Buchs zum Zeitpunkt und am Ort der Kommunikation, durch entsprechende Zeigegestik, evt. auch durch das Vorkommen eines Lexems gleicher Referenz im vorangehenden sprachlichen Kontext substituiert. Die Bezeichnungen für den Sender und Adressaten sind vollends redundant und - was den Sender betrifft - gar nicht als sprachliche Ausdrucksmöglichkeit angelegt.
In schriftlichen Texten dagegen müssen fehlende Situationsparameter versprachlicht werden, um die deiktischen Kategorien des Imperativs aufzufüllen. Diese Funktion kann bei semiotisch komplexen Botschaften auch in gewissem Umfang vom visuellen Kontext übernommen werden. In allen Fällen steht der Imperativ in enger Beziehung zum sprachlichen oder bildlichen Kontext, auf den er mit der Situations-Deixis verweist. Wenn der sprachliche oder visuelle Kontext den Imperativ nicht mit Bedeutung auffüllt, wird die Imperativ-Aussage mehrdeutig oder vage; das kann sich kommunikationsstörend auswirken, kann aber bestimmten kommunikativen Interessen auch entgegenkommen und z.B. persuasiv genutzt werden.

Die Situations-Deixis des Imperativs besteht zum einen in der Sender-Deixis. Während der Sprecher in der face-to-face-Kommunikation normalerweise spontan identifizierbar ist, muß in schriftlichen Texten die Kennzeichnung dessen, auf den der Imperativ mit seiner Sender-Deixis referiert, durch den sprachlichen Kontext erfolgen. Sie besteht zum anderen in der Adressaten-Deixis. Selbst in der mündlichen Kommunikation ist der Adressat einer Imperativ-Äußerung u.U. schwerer identifizierbar als der Sender; sobald mehr als zwei potentielle Adressaten in einer Kommunikations-Situation anwesend sind, ist grundsätzlich eine Mehrdeutigkeit des Adressatenbezugs möglich. Im Gegensatz zur Sender-Deixis steht zur Monosemierung des Adressatenbezugs ein sprachliches Mittel zur Verfügung: die Apostrophé. Darüber hinaus enthält die Imperativform durch ihre morphologische Struktur ein Mehr

---

1 Wir übernehmen die Unterscheidung zwischen 'Kode-Valenz' und 'Text-Valenz' von Weinrich 1982:123.

an Information über den Adressaten: Der Imperativ der 2.Person Singular läßt sowohl Rückschlüsse hinsichtlich der Zahl der Adressaten (ein einziger) wie auch in gewisser Hinsicht hinsichtlich der Sozialbeziehung, die zwischen Adressat und Sender besteht (Verhältnis der Vertrautheit, Erwachsener - Kind etc.) zu. Die 2.Person Plural ist dagegen polysem. Zwar können honorative und nicht-honorative Adressatenansprache, Einzahl und Mehrzahl der Adressatenansprache, kollektive und distributive Adressatenansprache bei Mehrfachadressiertheit der Äußerung durch entsprechende Kontextelemente wie der Apostrophé, dem accord von Adjektiv und passé composé monosemiert werden, doch sie bleiben oft in ihrer Mehrdeutigkeit bestehen.
In schriftlichen Texten entsteht eine zusätzliche Unsicherheit hinsichtlich des Adressatenbezugs durch die zeitliche wie räumliche Distanz zwischen Produktion und Rezeption. Diese wird noch verstärkt, wenn es sich wie in unserem Fall um mehrfach adressierte Texte mit offenem Adressatenkreis handelt. Hier ist grundsätzlich eine Diskrepanz zwischen den vom Sender intendierten und den tatsächlich erreichten Adressaten zu erwarten; das Wissen um diese Diskrepanz hat auch der Leser, der zwischen Rezeption und eventueller Informations-Verarbeitung für sich die Frage zu klären hat, ob er der gemeinte Adressat ist oder ein Zufalls-Adressat.

Es bleibt festzuhalten, daß auch aus diesem Grund der Imperativ in schriftlichen Texten offensichtlich einen anderen Status hat als der Imperativ in der face-to-face-Kommunikation, und daß aufgrund der jeweils unterschiedlichen Kommunikations-Bedingungen mit einer anderen Frequenz, mit anderen Formen und mit anderen Funktionen des Imperativs zu rechnen ist.

Dem hat eine Imperativgrammatik durch die gesonderte Beschreibung des Imperativs in schriftlicher und in mündlicher Kommunikation Rechnung zu tragen; die unhinterfragte Übertragung der für die gesprochene Sprache gültigen Beobachtungen auf schriftliche Texte muß zu falschen Ergebnissen führen.

Der Imperativ ist als sprachliche Erscheinung in besonderer Weise geeignet, einen Text stilistisch, rhetorisch, textlinguistisch und pragmalinguistisch zu charakterisieren; neben den ausführlich behandelten Pronomina und der Tempus-Struktur etwa nimmt er eine privilegierte Stellung unter den textkonstituierenden sprachlichen Mitteln ein, die bislang u.Er.s nicht ausreichend gewürdigt worden ist.
Seine große Menge an potentieller Information, die durch den sprachlichen und situativen Kontext entfaltet werden kann, macht den Imperativ zu einem hervorragenden Mittel der Textkohäsion; er ist besonders eng in das Pronominal- und Tempus-Gefüge eines Textes eingebunden.

Seine Kontext-*Sensitivität* läßt sich aber auch als Kontext-*Abhängigkeit* auffassen. Die Häufung bzw. Häufbarkeit von Information auf eine minimale sprachliche Einheit erweist den Imperativ als hochgradig synthetische sprachliche Form; ein Maximum an Bedeutung ist in ihr gebunden und *kann* durch den Kontext entfaltet werden, *muß* es aber nicht.

Die potentielle Vagheit und Mehrdeutigkeit des Imperativs kann in vielfältiger Weise kommunikativ genutzt werden: seine Verwendung kann zur Unbestimmtheits-Struktur poetischer Texte beitragen, Wort- und Sprachspiele lassen sich mit seiner Hilfe realisieren, im Wechsel mit sprachlichen Aussagen von größerer Explizitheit dient er als Mittel der Reliefgebung und Fokusbildung innerhalb eines Textes; in besonderem Maße schließlich kommt er persuasiven Kommunikations-Absichten entgegen.

2. DIE FRANZÖSISCHE ANZEIGENWERBUNG

Der Untersuchung des Imperativs in der französischen Werbesprache liegt ein Korpus von Werbe a n z e i g e n zugrunde.

Dieser Gegenstandsbereich erscheint aus mehreren Gründen interessant:

- Die Anzeigenwerbung stellt nach wie vor in den Ländern Westeuropas den bedeutendsten Werbesektor dar.[1] In Frankreich flossen 1984 56 % aller Werbeausgaben in die Anzeigenwerbung.[2] Die große ökonomische und soziologische Bedeutung dieses Teilbereichs der Werbung macht ihn zu einem relevanten Objekt für sprachliche Untersuchungen.
- Im Vergleich zu anderen Werbeformen ist die Anzeigenwerbung einer linguistischen Analyse relativ gut zugänglich. Zwar handelt es sich auch hier bereits um ein komplexes Superzeichen, an dem zwei Zeichensysteme beteiligt und in ihrer Interaktion zu berücksichtigen sind; die Faktoren, die ihre situative Einbettung bestimmen, sind jedoch im Gegensatz zu anderen Formen wie etwa der Plakat-, der Leuchtmittel- oder gar der Display-Werbung recht gut zu beschreiben, da diese zu einem beträchtlichen Teil mit denen des jeweiligen Werbeträgers identisch sind.
- Die Beschreibung der Werbeanzeigen wird dadurch erleichtert, daß diese im Vergleich zu anderen Werbeformen einen relativ homogenen Texttyp darstellen, bei dem sich eine Reihe konzeptueller, darunter auch sprachlicher Konventionen herausgebildet hat.[3]
- Im Gegensatz zu anderen Formen der Werbung[4] spielt in der Anzeigenwerbung die Sprache bei der Übermittlung der Werbebotschaft die wichtigste Rolle. Das ist nicht zuletzt auf den Werbeträger "Zeitschrift" zurückzuführen, dessen Lektüre bei den Lesern eine erhöhte Bereitschaft auch zur Rezeption sprachlich vermittelter Werbebotschaften in verschrifteter Form erwarten läßt. Hinsichtlich der Appellativität und Suggestivität der vermittelten Werbebotschaft ist die Sprache den anderen beteiligten Zeichensystemen unterlegen; sie übernimmt daher komplementär zu diesen andere, und zwar eher referentielle und identifizierende Funktionen.

Die vorliegende Untersuchung beschränkt sich auf Werbeanzeigen in überregional verbreiteten französischsprachigen Periodika. Dabei darf nicht vergessen werden, daß die

---

1 Vgl. dazu Quid 1986:1010.

2 Quid 1986:1010. Dabei ist allerdings eine abnehmende Tendenz festzustellen, während die Fernsehwerbung in Frankreich wie auch in den anderen europäischen Ländern zunehmend an Bedeutung gewinnt.

3 Gestaltungskonventionen in der französischen Anzeigenwerbung unter Berücksichtigung von Bild-Text-Beziehungen und Lay-out untersucht Klenkler 1982.

4 Man denke etwa an die Fernseh- und Kinowerbung, in der visuelle Zeichen (Standbild, Film, verschriftete Sprache) und akustische Zeichen (Musik, Geräusche, gesprochene Sprache) in einer äußerst komplexen Gesamt-Werbebotschaft zusammenwirken und die Bedeutung der Sprache als Informationsträger relativieren.

isolierte Anzeige in der Regel Teil einer komplexen Werbestrategie ist, in der innerhalb eines überschaubaren Zeitraums mehrere Werbeträger in einer breiter angelegten Werbekampagne kombiniert werden. Neben der Presse sind es die bereits erwähnten anderen Massenmedien (Radio, Fernsehen, Kino mit Werbe-Dia und Werbe-Film), die als Werbeträger eingesetzt werden; ferner die Außenwerbung: die Plakatwerbung, zu der auch die Werbung auf den Métro-Bahnhöfen sowie die "abribus"-Werbung (Werbung an Bushaltestellen) gezählt werden, die Leuchtmittelwerbung, die Werbung auf Fahrzeugen sowie in öffentlichen Verkehrsmitteln; die Direktwerbung (Werbebriefe, Postwurfsendungen, Prospekte und Kataloge), Werbung durch Ausstellungen und Messen, durch die Verpackung des Produkts, durch Werbepreisausschreiben und nicht zuletzt die "P.L.V."-Werbung ("publicité sur le lieu de vente": Werbemaßnahmen im Geschäft), die aufgrund der Ergebnisse psychologischer Untersuchungen des Käuferverhaltens besonders in Supermärkten und Selbstbedienungsläden in letzter Zeit sehr an Bedeutung gewonnen hat.
Die verschiedenen Werbeträger werden komplementär verwendet: So wird etwa für die Einführungswerbung eines neuen Produkts vor allem die Fernseh- und Anschlagswerbung eingesetzt, während die Zeitschriftenwerbung oft eher späteren Phasen eines Werbefeldzugs vorbehalten bleibt.[1] Im Rahmen dieser Untersuchung kann die Rolle der Einzelanzeige innerhalb der langfristig angelegten Werbestrategie wegen der fehlenden Hintergrund-Information nur ausnahmsweise Berücksichtigung finden; die Beschreibung der sprachlichen Gestaltung wird sich hier im Regelfall auf die isolierte Anzeige beschränken.

Die verschiedenen Werbemittel sind für die einzelnen Produktbranchen unterschiedlich attraktiv. In der Fernsehwerbung dominieren die Branchen Lebensmittel, Haushaltgeräte, Waschmittel und Haushaltreiniger, während in den Periodika die große Zahl von Anzeigen für hochwertige Gebrauchsgüter auffällt: Fahrzeuge, Elektrogeräte, TV/Hi-fi, Immobilien-Objekte, Tourismus/Länderwerbung. Die wenigen Werbeanzeigen für Lebensmittel und Reinigungsprodukte des hier untersuchten Korpus stammen fast ausschließlich aus der "presse féminine".
In der Anzeigenwerbung muß unterschieden werden zwischen kommerzieller Werbung (Wirtschaftswerbung, Konsumwerbung) und nicht-kommerzieller Werbung. Letztere umfaßt die religiöse Werbung, die politische Werbung, die humanitäre und soziale Werbung, die wissenschaftliche, künstlerische und persönliche Werbung.[2] In

[1] Vgl. dazu z.B. Agostini/Hughes 1972:166.
[2] Vgl. z.B. Seyffert 1966.

unserem Untersuchungsmaterial ist die nicht-kommerzielle Werbung überwiegend in Form von Anzeigen humanitärer Organisationen vertreten (Terre des Hommes, Médecins Sans Frontières, SOS Amitié, Greenpeace). Die von der Konsumwerbung verschiedene T e x t i n t e n t i o n der nicht-kommerziellen Werbung hat eine andere Textgestaltung zur Folge, die sich auch bei einem Vergleich der jeweils typischen Imperative feststellen läßt. *"Envoyez-nous de l'argent"* lautet eine Zwischenüberschrift im Fließtext einer Anzeige des World Wildlife Fund. Imperative des Typs "aidez x", "soutenez x", "donnez-nous de l'argent pour x", die typisch für die Anzeigen dieser Organisationen sind, kommen in der Konsumwerbung bei aller sprachlichen Vielfalt gerade nicht vor. In ihr dominieren dagegen, wie noch zu zeigen sein wird, Imperative des Typs "découvrez x", "profitez de x", "prenez x". Ebenfalls im Gegensatz zur kommerziellen Werbung realisieren die Imperative der nicht-kommerziellen Anzeigen meist echte Direktiv-Handlungen, die sich als Bitten, Aufforderungen, Appelle zu sozialem Verhalten beschreiben lassen. Schließlich können sie als unmittelbare Entsprechung der Ausdrucks-Intention des Textes gelten - auch dies im Unterschied zu Imperativen in kommerziellen Anzeigen.
Aus Gründen der Homogenität beschränkt sich die weitere Untersuchung daher auf die k o m m e r z i e l l e A n z e i g e n w e r b u n g. Hier kann davon ausgegangen werden, daß allen Anzeigen dieses Typs eine gemeinsame Textintention zugrunde liegt: Ziel der Wirtschaftswerbung ist es, den Umsatz eines Unternehmens oder einer Hersteller- bzw. Anbietergemeinschaft zu erhöhen. Diese Textintention bedingt entscheidend die besondere sprachliche Realisierung, wie sie im weiteren Verlauf der Untersuchung am Beispiel des Imperativs zu beschreiben sein wird.

Dem Gesamtziel, den Umsatz eines Unternehmens oder einer Hersteller- bzw. Anbietergemeinschaft zu erhöhen, sind eine Reihe von Teilzielen untergeordnet, die in der Werbeanzeige zum Tragen kommen können:

- Information über den realen Grundnutzen und den Zusatznutzen des Werbeobjekts. Da sich der Grundnutzen bei Konkurrenzprodukten oft nur geringfügig unterscheidet, arbeitet die Werbung vor allem den Zusatznutzen heraus, indem sie das Werbeobjekt als Träger und Garant für Werte wie Prestige, Schönheit, Jugend, Macht, Einfluß, Glück, Erfolg, Gesundheit etc. beschreibt.
- Aufbau eines Marken-Images für das Werbeobjekt
- Schaffung, Erhaltung und u.U. Veränderung von Einstellungen (Wertsystemen) und Bedürfnis-Strukturen beim Verbraucher. Das kann im einzelnen heißen:
  - Bedarfsweckung : Schaffung eines vorher nicht vorhandenen Bedarfs
  - Bedarfsstimulierung : Vergrößerung und Absicherung eines bereits vorhandenen Bedarfs
  - Bedarfslenkung : Steuerung des Bedarfs zugunsten einer bestimmten Produktvariante.

Auch die sog. Repräsentationswerbung, die an die Präsenz eines als bekannt vorausgesetzten Produkts auf dem Markt erinnert und oft extrem textarm ist, sowie die Sympathie-Werbung für ein Unternehmen oder eine Unternehmensgruppe dienen letzlich dem übergeordneten Gesamtziel, den Umsatz zu erhöhen. Letztere ist in unserem Korpus vor allem durch Anzeigen der IBM, der "Industrie Française du Pétrole" (Slogan: *"Vous économisez l'énergie. Nous en cherchons")* und der Herstellergemeinschaft "Plastiques et Environnement" (Slogan: *"(...) on pourrait tous vivre comme à l'âge de pierre. Mais en avons-nous vraiment envie?")* vertreten.
Dem besonderen Teilziel der Sympathie-Werbung entspricht eine abweichende sprachliche Gestaltung. Mehr als bei den Produkt-Anzeigen ist ein Bezug zu gesellschaftlichen Gegenwartsfragen - hier Themen wie Umweltschutz, Energiesparen - zu beobachten. Das Werbeobjekt tritt zurück oder fehlt ganz; die Anzeigen sind deutlich senderbezogen. Sie enthalten dementsprechend mehr Aussagen über das werbende Unternehmen, was sich sprachlich z.B. in dem gehäuften Auftreten von Pronomina der 1.Pers. Plural auswirkt, während Imperative in Anzeigen dieses Typs sehr selten sind. Um diese Homogenität unseres Korpus zu wahren, bleiben hier auch die Anzeigen der Sympathie-Werbung unberücksichtigt.

Wir beschränken uns auf Anzeigen der Konsumgüter-, Investitionsgüter- und Dienstleistungs-Branche. Hier kann eine relativ einheitliche Textintention angesetzt werden, die durch zahlreiche Äußerungen von Werbefachleuten, den Textsendern also, belegbar ist.[1]
Die Kenntnis der Textintention, die bei allen Textsorten ein zentrales Kriterium für deren Verständnis und Klassifikation darstellt, ist für die adäquate Beschreibung der sprachlichen Anzeigengestaltung besonders wichtig; sie muß bei einer Untersuchung der Anzeigenwerbung stets bewußt bleiben, umso mehr, als sie nicht wie bei anderen Texten unmittelbar aus der sprachlichen und visuellen Gestaltung ablesbar ist, geschweige denn offen thematisiert wird.

---

1 Hier seien nur zwei Beispiele angeführt: Leduc definiert in seinem Standardwerk Werbung wie folgt: "(...) la publicité est l'ensemble des moyens destinés à informer le public et à le convaincre d'acheter un produit. Le premier point à retenir, c'est que la publicité est une information.(...) Mais ce premier aspect de la nature de la publicité doit être aussitôt corrigé par l'observation que cette information est communiquée avec une intention bien déterminée et avouée: vendre." (1966:XXf.). Bleustein-Blanchet, der langjährige Direktor der umsatzstärksten französischen Werbeagentur Publicis, schreibt in seiner Autobiographie: "Quelqu'un a dit de la publicité que c'était un vendeur qui parle, qui parle terriblement fort même. Vendre? Qu'est-ce que c'est? Pourquoi est-ce qu'on vend? Pour gagner de l'argent, bien sûr (...)" (1970:68).

2.1. Die besonderen Kommunikationsbedingungen der Anzeigenwerbung

Innerhalb der verschiedenen Formen der Werbung haben sich unterschiedliche Konventionen zur Realisierung der Sender-Intention herausgebildet, die von den jeweiligen Kommunikationsbedingungen des Werbetyps abhängen. Im Falle der Anzeigenwerbung sind das vor allem die folgenden:

- Der Anbieter ist nicht unmittelbar anwesend (im Gegensatz zum Verkaufsgespräch im Geschäft, wo der Verkäufer dem Kunden gegenüber die Rolle eines Hersteller-Vertreters einnimmt); er ist in der Regel durch ein Zeichen vertreten (Firmen-Signet, Adresse, Bezeichnung der Herstellerbranche)
- Das Werbeobjekt ist nicht unmittelbar gegenwärtig; es ist daher in der Anzeige immer durch ein Zeichen vertreten (Abbildung, Produkt-Name, Bezeichnung der Produktgattung, evt. Produkt- bzw. Firmen-Sigle.
- Der Leser kann - im Gegensatz etwa zur Außenwerbung und zur Display-Werbung - nicht unmittelbar nach der Rezeption der Werbebotschaft zum Kauf schreiten, selbst wenn diese sein Interesse geweckt oder bereits einen Kaufwunsch oder -Entschluß herbeigeführt haben sollte. Die Anzeige muß daher beim Leser vor allem auf die einen späteren Kaufentschluß begünstigende positive Einstellung zum Produkt wie auch zum Konsum überhaupt abzielen.
- Wie die meisten Formen der Werbung wird die Anzeigenwerbung mehr oder weniger zufällig rezipiert.[1] Ihr Adressat, der Zeitschriften-Leser, hat den Werbeträger um des redaktionellen Teils willen erworben; zu diesem steht die Anzeige daher stets in Konkurrenz.
- Der Leser einer Zeitschrift hat im Vergleich zur Werbung in den anderen Massenmedien eher die Möglichkeit, der Werbebotschaft auszuweichen. Seine Leseerfahrung ermöglicht ihm meist die rasche Identifikation eines Textes als Werbeanzeige, und er kann anschließend weiterblättern, ohne den Text der Anzeige ganz rezipiert zu haben.

Über diese Gesichtspunkte hinaus sind die meisten Faktoren, die die Rezeptions-Situation der Anzeige bestimmen, mit denen des Werbeträgers identisch.
Sie sollen im nächsten Kapitel eingehender dargestellt werden.

2.2. Pragmatische Beschreibung der Werbeanzeige

2.2.1. Beschreibung der Rahmenbedingungen des Kommunikationstyps

Die Anzeigenwerbung ist ein Phänomen der Massenkommunikation. In der Einleitung zur "Soziologie der Kommunikation" charakterisieren Badura/Gloy die Massenkom-

---

[1] Eine Ausnahme stellen Broschüren und Kataloge, Messen und Ausstellungen dar: Hier setzt sich der potentielle Kunde bewußt der Werbebotschaft aus. Die Rezeption dieser Werbeformen ist also intentionaler als die der Anzeigenwerbung.

munikation wie folgt:[1]

> "Sprecher- und Hörerrollen sind im vornherein als fest und auf verschiedene Personengruppen bezogen definiert; es gibt nur den Referenten X, den Kommentator Y, den Produzenten Z, und ihnen jeweils gegenüber die Menge der Hörer, die in bezug auf ihre Hörerrolle, d.h. in bezug auf ihr Interesse zu rezipieren, als Gruppe definiert werden kann. Aufgrund der Kanaleigenschaften (...) und/oder aufgrund spezifischer Interaktionsnormen ist dem Hörer ein Wechsel seiner Hörerrolle zur Sprecherrolle gar nicht möglich; selbst dort, wo ihm feedback-Möglichkeiten verbaler Art institutionell zugestanden werden (...) sieht er sich Interaktionsnormen konfrontiert, die ihm (sic!) hinsichtlich der Möglichkeiten zur Gesprächslenkung weiterhin in einem asymmetrischen Kommunikationsprozeß belassen. Zugleich haben die Hörer meist gar nicht die Gelegenheit, untereinander in kommunikative Beziehungen zu treten: sie bilden ein disperses Publikum."

Die Merkmale der Massenkommunikation werden zu denen der face-to-face-Kommunikation wie folgt in Beziehung gesetzt:[2]

A1 direkt/ personal	B1 gegenseitig/ symmetrisch	C1 privat	D1 Präsenz-publikum	A1, B1, C1, D1: dialogische/ face-to-face Kommunikation
A2 indirekt/ durch technisches Medium vermittelt	B2 einseitig/ asymmetrisch	C2 öffentlich	D2 disperses Publikum	A2,B2,C2,D2: Massen-Kommunikation

A2, B2, C2, D2: Massenkommunikation

Alle hier genannten Merkmale treffen auf den Texttyp 'Anzeigenwerbung' zu; sie sollen im folgenden hinsichtlich ihrer Auswirkungen auf die sprachliche Gestaltung charakterisiert werden.

2.2.1.1. Die Mehrfachadressiertheit als Hauptmerkmal der Massenkommunikation

Bei mehrfach adressierten Texten sind zwei Typen der Adressatenansprache möglich:

- die k o l l e k t i v e; sie setzt voraus, daß die Adressaten zueinander in Beziehung treten und ein gemeinsames Handlungskonzept realisieren können;

---

1 Badura/Gloy 1972:19.

2 Badura/Gloy 1972:20.

- die d i s t r i b u t i v e; sie ist die für die Massenkommunikation und daher auch für die Werbung typische Form. Bei ihr werden stets einzelne Adressaten innerhalb einer durch den Werbeträger vorgegebenen Adressaten-Gruppe erreicht. Wenn direktive Sprechhandlungen vorkommen, so ist das durch sie geforderte Handeln ein i n d i v i d u e l l e s Handeln.

Die distributive Leseransprache der Anzeigenwerbung, die sich an ein disperses Publikum wendet, spiegelt sich in der sprachlichen Gestaltung. Der Leser wird in der Regel als einzelner, als Individuum angesprochen; das mehrdeutige Pronomen "vous" ist, wie sich aus dem engeren Kontext z.T. erschließen läßt, meist im Singular verwendet. Selbst wenn die Headline Adressatenansprachen wie *"Amateurs de chocolat noir"* (Nestlé, chocolat) oder *"A toutes les femmes sensuelles"* (Lancaster, cosmétique) enthält, also tatsächlich oder scheinbar durch die Apostrophé eine Teilmenge aus dem Lesepublikum des Werbeträgers gezielt anspricht, erfolgt im nachfolgenden Fließtext die Leseransprache in der Regel wieder im Singular.

Hier sei noch angemerkt, daß die Zahl der Adressaten einer einzigen Werbeanzeige in der Regel sehr viel größer ist als die des jeweiligen Werbeträgers, da die gleiche Anzeige oft unverändert über mehrere Wochen hinweg erscheint, zudem oft gleichzeitig in mehreren verschiedenen Zeitschriften abgedruckt ist. Der Prozentsatz der durch die mehrfache Exposition erreichten Leser und potentiellen Käufer vergrößert sich dadurch erheblich.[1] Die im Vergleich zum redaktionellen Teil geringere Attraktivität der Anzeige für den Leser wird somit durch häufigere Exposition z.T. kompensiert.

2.2.1.2. **Fernkommunikation (an Medien gebunden)**

Bei der Anzeigenwerbung sind Textproduktion und Textrezeption sowohl räumlich wie auch zeitlich voneinander getrennt. Da ein gemeinsamer situativer Kontext fehlt, entfallen Mimik und Gestik als paralinguistische Informationsträger, und ein Einbezug situativer Größen in die Kommunikation ist nicht möglich; das hat einen entsprechend höheren Versprachlichungsgrad der Mitteilung zur Folge. Bis zu einem gewissen Grad ersetzt der Bildteil der Anzeige den fehlenden Situationskontext, während suprasegmentale Elemente der gesprochenen Sprache hier ihr Pendant in der Typographie und im Lay-out, aber auch in der oft sehr bewußten Verwendung von Satzzeichen finden, deren Gebrauch in Werbetexten z.T. erheblich von der sonst übli-

---

1 Daß der Bekanntheitsgrad einer Marke unmittelbar mit der Zahl der Expositionen korreliert, ist durch zahlreiche Tests belegt; vgl. z.B. Agostini/Hughes 1972:105ff.

chen Verwendung in schriftlichen Texten abweicht.

Bei der Gestaltung der Anzeige wird in vielfacher Weise versucht, das für die Realisierung des Kommunikationsziels störende Faktum fehlender Unmittelbarkeit in der Interaktion zu kompensieren. Die Appellativität soll z.B. durch die Verwendung von Sekundärsendern in Sprache und Bild und durch den Einsatz gesprochener Sprache (in verschrifteter Form) erhöht werden; aber auch die Bezugnahme auf aktuelle Themen (jahreszeitliche Bezüge, bevorstehende Feste, gesellschaftliche, ökonomische oder politische Ereignisse) trägt durch die Aktualisierung eines gemeinsamen raum-zeitlichen Kontexts zur Verringerung der Distanz zwischen dem anonymen Sender und dem (Zufalls-)Leser bei. Sprachlich entspricht dieser Kommunikationsstrategie auch die Häufung von Pronomina und Imperativen der 1.Person Plural.[1]
Die Bindung der Anzeige an das Medium 'Zeitschrift', mit deren Bild-Text-Angebot sie konkurrieren muß, läßt sich allerdings insofern positiv im Sinne der Sender-Intention nutzbar machen, als das redaktionelle Umfeld und die Anzeigeninhalte häufig eng aufeinander abgestimmt sind.

2.2.1.3. Optische Kommunikation (Schrift und Bild)

Die Kanaleigenschaften des Werbeträgers gelten auch für die Anzeige. Die Botschaft wird in visuell rezipierbarer Form dargestellt, wobei zwei Zeichensysteme beteiligt sind: das ikonische System (Bildzeichen) und das System der sprachlichen Zeichen, die in verschrifteter Form vorliegen.
Aufgrund der fehlenden Simultaneität von Produktion und Rezeption haben sich für die verschriftete Form der Sprache eine Reihe von Konventionen herausgebildet, die dem Fehlen des situativen Kontexts und paralinguistischer Verständigungsmittel wie Gestik und Mimik Rechnung tragen; diese Sprachform wird als "Schriftsprache" bezeichnet. Für sie sind der höhere Vertextungsgrad der Mitteilung, die größere Explizitheit der Aussage, aber auch eine höhere Komplexität im Satzbau und bestimmte Abweichungen im Lexikon typisch. Die Werbesprache ist zwar stets verschriftete Sprache, nicht aber immer "Schriftsprache": zum einen, weil sich neue referentielle Bezüge zum Bildteil herstellen lassen, wobei wie in der face-to-face-Kommunikation z.B. die Verwendung von elliptischen Ausdrücken und Deiktika möglich wird; zum anderen, weil in der Anzeigenwerbung recht häufig mündliche Rede vorkommt - entweder in als Zitaten kenntlich gemachten Textpassagen mit expliziter Kennzeich-

---

1 Vgl. dazu Kap. 3.3.2.

nung des sekundären Senders, oft aber auch mit einem lediglich im Bild vertretenen Sekundärsender-Angebot oder auch ohne jede Markierung des Sekundärsenders. Schließlich kommt mündliche Sprache in den gelegentlich in die Anzeige integrierten werbefremden Textsorten wie bande dessinée, foto-roman usw. vor. Man kann daher nicht davon ausgehen, daß die Bindung an die visuelle Manifestation von Sprache bei diesem Texttyp zu einer bevorzugten Verwendung von Schriftsprache geführt hätte. Die Werbeanzeigen zeichnen sich gerade durch eine weitgehende Offenheit hinsichtlich der Verwendung sprachlicher Varietäten aus.

Die zusätzlichen Kommunikationsmöglichkeiten, die sich aus der Verschriftung der Sprache ergeben, werden in der Anzeigenwerbung voll ausgeschöpft: Die Typographie und das Lay-out erlauben oft eine neue, zusätzliche Motivierung der Aussage, eine Verdichtung der Information sowie sprachspielerische Möglichkeiten. Wortspiele, die auf der Homophonie/Heterographie von Morphemen beruhen, vgl. *"**Hâlez** Roc!"* (Roc, produit de bronzage), *"L'eau Perrier, c'est l'**eauptimiste**"* (Perrier, eau minérale), sind ebenso vertreten wie die sekundäre Motivation durch den Einbezug von Graphie, Typographie und Lay-out, vgl.:

Brrr... Brrrrrr...
normale extra longue
deux 'Royale' terriblement mentholées"
(Royale, cigarettes)

Mit ihrer Hilfe wird hier die rhetorische Figur des Parallelismus in den visuellen Bereich übertragen.

In allen drei Fällen handelt es sich um Wortspiele, die wegen des Einbezugs der Graphie verschrifteten Texten vorbehalten sind.

2.2.1.4. Monologische Kommunikation

Es ist für Texte der Massenkommunikation typisch, daß die Richtung des Informationsflusses nicht umkehrbar ist.

Bei Zeitschriften, also dem Werbeträger für die Anzeigen, ist in engen Grenzen ein Leser-feedback vorgesehen: sei es in Form von Leserbriefen, durch die sich die aufgenommene Information kommentieren, ergänzen und in Frage stellen läßt, sei es durch redaktionelle Beiträge aus der Leserschaft, wie sie von manchen Publikums-Zeitschriften abgedruckt werden, sei es durch die Beteiligung an den mehr oder minder regelmäßig durchgeführten Leserumfragen, die dazu dienen, Meinungsbilder zu erstellen, die aber nicht zuletzt auch der inserierenden Werbebranche präzise Informationen über den durch den jeweiligen Werbeträger erreichten Leserkreis liefern.

In den Werbeanzeigen bestimmter Branchen gehört es zur Textkonvention, eine feedback-Möglichkeit in Form eines Rücksende-Coupons vorzusehen. Das darf jedoch nicht darüber hinwegtäuschen, daß dem Leser hier keine Bandbreite für eine echte Reaktion offenbleibt: Das Ausfüllen und Einsenden eines Coupons, sei es zum Anfordern zusätzlichen Informationsmaterials oder zum Bestellen (also: dem Erwerb) des Werbeobjekts, ist lediglich die Realisation eines bestimmten Aspekts der Textintention, was sich daran ablesen läßt, daß die Texte der Coupons vom Anzeigensender bereits vorformuliert und sprachlich alle außerordentlich gleichförmig sind.

Die Unsinnigkeit einer anderen Leser-Rückmeldung als die der Rücksendung des Coupons hat Januschek an mehreren Beispielen dargestellt, die die extrem monologische Kommunikationsform der Werbeanzeige illustrieren.[1]

2.2.1.5. Asymmetrische Kommunikation

Henne definiert die Voraussetzungen für das Vorliegen asymmetrischer Kommunikation wie folgt:[2]

> "Asymmetrische Kommunikation ergibt sich dort, wo der Wissensstand oder die sozial bedingten Anweisungsbefugnisse ungleich verteilt sind, wo aufgrund gesellschaftlicher Verhältnisse legitimierte oder nicht legitimierte Macht- oder Herrschaftspositionen ausgeübt werden."

Im Falle der Anzeigenwerbung ist zunächst einmal von einem Gefälle zwischen dem Informationsstand des Senders und dem des Empfängers auszugehen, das sich auf die Gestaltung der Anzeige auswirkt. Der Sender hat eine umfassende Kenntnis des von ihm hergestellten und angebotenen Produkts, die es ihm beispielsweise ermöglicht, dessen Eigenschaften in einem möglichst positiven Licht erscheinen zu lassen, ohne den gesetzlich festgelegten Spielraum zu überschreiten.[3]
Der Sender ist dem Adressaten auch in anderer Hinsicht an Wissen überlegen: Er kennt nicht nur die Vor- und Nachteile des Produkts, sondern auch dessen Position im Vergleich zu den Konkurrenzprodukten, er kennt die umfassende Markt-Situation, in der er seine Ware anbietet; er ist darüber hinaus über die potentielle Käuferschaft seines Produkts und deren Bedürfnisse und Wünsche, ihre Kaufmotivation und ihr Kaufverhalten wie auch ihre Konsumgewohnheiten durch Meinungsumfragen und Marktforschung besser informiert als der Leser der Anzeige selbst, der sein eigenes

---

1 Januschek 1974:246 passim.

2 Henne 1975:5f.

3 Dieser wird vor allem durch die Gesetze zur "publicité abusive et mensongère" geregelt; vgl. dazu Greffe/Greffe 1979:187-258.

Verhalten nur als individuelles erlebt. Seine ökonomische Macht ermöglicht es dem Hersteller, dieses Wissen durch Beauftragung der entsprechenden Meinungsforschungs-Unternehmen "einzukaufen"; sie ermöglicht ihm ferner, die angesichts all dieser Faktoren optimale Strategie durch Beauftragung einer Werbeagentur zu realisieren.

Die Anpassung der Argumentationsstrategie an diese dem Leser nicht immer bekannten Umstände spiegelt sich in einem Artikel der Zeitschrift "Stratégies", in dem ein Werbefachmann die Kampagne der Firma Schneider für ihr im Vergleich zur Konkurrenz sehr spät auf dem Markt erschienenes Farbfernsehgerät kommentiert. Die Anzeige hatte folgende Headline:

HL: *"Schneider couleur 110: quand tout le monde commençait la mise en vente, Schneider continuait la mise au point."*

Und der Slogan lautete:

SL: *"Schneider. Vous avez bien fait d'attendre."*
(Schneider, téléviseur-couleur).

Diese Argumentation wird in "Stratégies" folgendermaßen kommentiert:[1]

> "Schneider sort un 110 degrés couleur. Comme tout le monde. Mais après tout le monde, ou presque. Problème: comment annoncer cela sans avoir l'air du fabricant qui a du retard sur les autres? Réponse, classique dans sa démarche: dire qu'on a laissé les autres essuyer les plâtres, et qu'on a pris son temps pour bien faire les choses."

Das Ablenken von der grundsätzlich asymmetrischen Situation der Kommunikationsbeteiligten ist konstitutiv für die Gestaltung der Anzeige, die sich vom benachbarten redaktionellen Text hinsichlich ihres Reflexions- und Anweisungsgrades unterscheidet: Es handelt sich um direktives Sprechhandeln mit verdeckter Handlungsanweisung.

2.2.2. **Beschreibung der unmittelbar am Kommunikationsvorgang beteiligten Größen**

Nachdem oben kurz auf einige kommunikative Rahmenbedingungen von Werbeanzeigen eingegangen wurde, sollen nun die unmittelbar am Kommunikationsvorgang beteiligten Größen näher untersucht werden.

Wir gehen dabei von folgendem vereinfachten Kommunikationsschema aus:

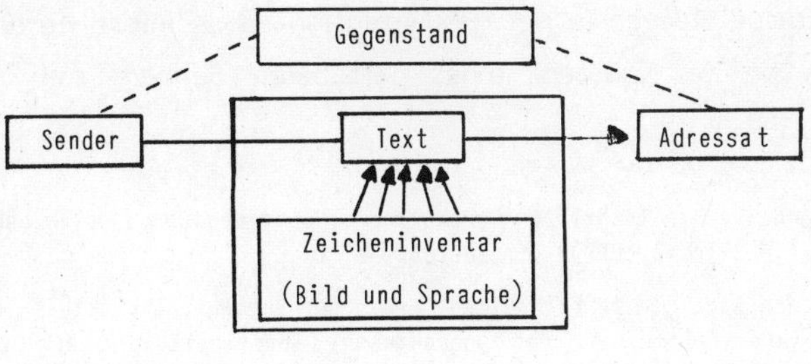

---

1 Anon.: "Et encore merci pour ces bons conseils...". Stratégies, 17.11.1975:18.

Wir behandeln zunächst die Größen Sender, Adressat und Gegenstand (hier: das Werbeobjekt.) Auf den Text als Aktualisierung eines Zeicheninventars zur Übermittlung einer bestimmten Botschaft wird anschließend in Kap. 2.2.3. eingegangen.

2.2.2.1. Sender

Das Wissen über den Sender des Textes stammt aus zwei verschiedenen Quellen: zum einen aus vom Einzeltext unabhängigen Hintergrund-Informationen, etwa aus der Fachpresse der französischen Werbebranche,[1] zum anderen aus dem vorliegenden Text selbst.
Den realen Sender bezeichnen wir im weiteren Verlauf als Sender S_1, um ihn von dem aus dem Text erschließbaren Sender S_2, der nicht unbedingt mit dem realen Sender übereinstimmen muß, unterscheiden zu können.
Nun ist allerdings zu fragen, ob im Falle der Anzeigenwerbung überhaupt von der Existenz eines personalen und individuellen Senders ausgegangen werden kann. Tatsächlich ist es so, daß ein produzierendes Unternehmen in der Regel eine Werbeagentur mit der Durchführung der Werbung für seine Produkte beauftragt. Diese also ist es, die die unserer Analyse zugänglichen Texte formuliert und gestaltet - und auch das wiederum meist im Team, also ohne individuellen und identifizierbaren Urheber. Der oder die tatsächlichen Autoren des Textes erscheinen in der Anzeige so gut wie nie.[2]
Die Werbeagentur formuliert also die Anzeige stellvertretend für einen Auftraggeber - der wiederum nicht unbedingt ein personaler und individueller sein muß. Sie formuliert die Anzeige im Interesse eines erhöhten Absatzes von Waren; sie macht sich zum Sprachrohr dessen oder derer, die ein Interesse am Verkauf des Produkts haben. Die Tatsache, daß ein realer, individueller oder kollektiver Sender bei diesem Texttyp kaum zu bestimmen ist, erweist sich besonders bei der Frage nach der Textintention und dem Vorkommen direktiver Sprechhandlungen als Problem; es zeigt sich, daß die wichtige Kategorie der Textintention so definiert werden muß, daß sie auch unabhängig von der Existenz eines personalen Senders zum Tragen kommen

---

1 Hier wurden folgende Fachzeitschriften herangezogen: Correspondance de la publicité, L'Echo de la presse et de la publicité (EPP), Stratégies.

2 Eine Ausnahme bilden Anzeigen in Fachzeitschriften der Werbebranche selbst, die aufgrund ihres besonderen Adressatenkreises und der angebotenen Dienstleistung stark vom sonstigen Anzeigenmaterial abweichen; sie sind in unserem Korpus nicht vertreten.

kann. Die sprechakttheoretischen Beschreibungs-Ansätze gehen dagegen zunächst von einem personalen Sender aus, wie es z.B. die Bedingung der Ernsthaftigkeit als Voraussetzungsbedingung für das Zustandekommen eines Sprechaktes zeigt. Es stellt sich die Frage, ob das Konzept des Sprechakts den Verzicht auf einen personalen Sender überhaupt erlaubt und inwieweit in einem Texttyp mit anonymem Sender direktive Sprechhandlungen überhaupt vorkommen können.
Für unser Korpus von Werbeanzeigen muß darauf verzichtet werden, den realen Sender der Anzeige genauer bestimmen zu wollen: Wir gehen im folgenden von der Anonymität des realen Senders S_1 aus.

In welcher Form manifestiert sich nun dieser anonyme Sender in der Anzeige?

Neben der Nennung des Hersteller- oder Anbieternamens sowie mit ihm referenzidentischer Nominalgruppen geschieht das vor allem durch die Pronomina der 1.Person Plural, die je nach Kontext als Sender-Deixis aufgefaßt werden sollen oder können.

Nicht selten tritt in der Werbeanzeige ein personalisierter Sender auf (S_2). Dieser kann den Anschein erwecken, als ob er mit dem realen Sender (S_1) der Anzeige identisch sei. Häufig erscheint aber anstelle des realen Senders ein Sekundärsender: Das sind vor allem Konsumentenvertreter, und zwar entweder Vertreter des Durchschnittskunden oder aber sog. "Prestigekunden" (Schauspieler, Sportler und andere bekannte Persönlichkeiten des öffentlichen Lebens). Oder aber es treten "Experten" i.w.S. auf: Wissenschaftler, Ärzte, Handwerker etc.
Sie nehmen in bezug auf den Kunden die Rolle einer Autorität ein, was aber noch wichtiger ist: Ihnen fällt die Rolle des am Kauf desinteressierten unbeteiligten Dritten zu, was ihre Glaubwürdigkeit als Sekundärsender erheblich erhöht. Teigeler umreißt die Funktion dieser Sekundärsender wie folgt:[1]

> "Häufig finden sich sogenannte Sekundärsender (...) als Verkünder der werblichen Mitteilung, welche die Anonymität und häufig subjektiv geringe Glaubwürdigkeit der Primärsender (...) überspielen sollen."

Als besonders günstig beurteilt er das Auftreten von Verbraucher-Vertretern, die für den Leser ein Identifikationsangebot darstellen:[2]

> "Der Sender muß so wirken, als habe er gemeinsame Gruppeneigenschaften mit den Empfängern, das heißt, sie müssen ihn als zu ihrer Gruppe gehörig betrachten, wenn der Persuasionseffekt größer sein soll. Die Absicht bzw. Tendenz eines Senders, die Empfänger zu beeinflussen, ist ebenfalls eine wichtige Variable, und zwar dann, wenn die Empfänger sich dieser Absicht bewußt sind. Nach den Untersuchungen von Hovland und anderen verringerte die wahrge-

---

1 Teigeler 1968:12f.

2 Teigeler 1968:86.

nommene Beeinflussungsabsicht des Senders signifikant seine Glaubwürdigkeit und damit seinen persuasiven Effekt."

Die Verwendung eines Senders S_2 in der Anzeige, der ausdrücklich vom Sender S_1 verschieden ist, trägt damit nach Teigeler zur Erhöhung der persuasiven Wirkung bei.

Am häufigsten ist in den Anzeigen unseres Korpus allerdings der Fall, daß keinerlei Aussagen über den Sender gemacht werden, so daß die Erschließung des Textsenders ganz dem Leser überlassen bleibt. Diese Unbestimmtheit hinsichtlich des Senders scheint uns ebenfalls ein wichtiger Zug der Werbestrategie zu sein. Sie läßt sich der allgemeinen Tendenz zur Vagheit und semantischen Unschärfe der Werbeaussage zuordnen.

Eine besondere Rolle für die Bestimmung des Senders S_2 des Anzeigentextes bzw. einer Textsequenz spielt der v i s u e l l e Teil der Anzeige. Oft ist im Bildteil der Anzeige eine Person abgebildet, die als Sekundärsender in Frage kommt. Sie kann durch bestimmte sprachliche Mittel ausdrücklich als Sender S_2 gekennzeichnet sein, wobei ikonische Ausdrucksmittel oft die sprachlichen unterstützen: der Blickkontakt mit dem Leser, ein zum Sprechen geöffneter Mund etc. Daneben sind alle Varianten der Unbestimmtheit des Sprecherbezugs vorhanden; im Extremfall bleibt offen, ob die abgebildete Person als Sprecher zu gelten hat oder ob über sie etwas ausgesagt wird - von einem unbekannten und ungenannten Dritten.

Schließlich ist der Fall zu erwähnen, daß in einer Anzeige mehrere identifizierbare Sender auftreten können. Die Bestimmung eines Senders S_2 kann jeweils nur für eine bestimmte Textsequenz, etwa für den Teiltext Headline, Slogan, Fließtext oder Coupon, erfolgen. Je komplexer die Anzeige ist, je größer die Zahl der in ihr enthaltenen sprachlichen Teiltexte und Bildeinheiten, desto größer ist auch die Wahrscheinlichkeit, daß unterschiedliche Sender S_2 vorkommen.

2.2.2.2. **Adressat**

Es wurde bereits darauf hingewiesen, daß die Werbeanzeige hinsichtlich ihres Adressatenkreises vom Werbeträger abhängig ist. Die Leserschaft der Zeitschrift, in der die Anzeige erscheint, ist zugleich die potentielle Leserschaft der Anzeige. Da das Interesse der Leser auf den redaktionellen Teil gerichtet ist, ist zu erwarten, daß ein gewisser Prozentsatz der Leser die Anzeigentexte überblättert, sobald er sie als Werbung identifiziert hat. Die Leser der Werbeanzeige stellen somit nur eine Teilmenge der Zeitschriftenleser dar.

Die Leseransprache in der französischen Werbung erfolgt im Gegensatz zur deutschen Werbung praktisch ausschließlich in der Höflichkeitsform "vous" - wobei allerdings auf die Mehrdeutigkeit dieses Pronomens hingewiesen werden muß.[1] In den meisten Anzeigen kann das "vous" aufgrund des sprachlichen Kontextes als Höflichkeitsform im Singular bestimmt werden.

Gelegentlich findet eine explizitere Leseransprache statt, nämlich in Form einer Apostrophé:

HL: *"**Champions du Master Mind**, décodez en groupe!"* (Master Mind, jeu)

Sie steht bevorzugt in der Headline. Sie kann dazu dienen, den vom Sender gewünschten Adressatenkreis gezielter anzusprechen.

Oft geschieht die Leseransprache aber auch in einer allgemeineren Form. So lautet die Headline einer Werbung für Tonband-Cassetten:

HL: *"Réservée aux **snobs**? / Ou aux **connaisseurs.**"*

Sie wird am Fließtext-Ende wieder aufgegriffen:

FT, Ende: *"(...) Il est naturellement indispensable d'utiliser la Carat sur un lecteur-enregistreur haut de gamme. Alors, snob ou connaisseur? Pourquoi pas les deux."*
(Agfa Carat, cassettes)

"Snob" und "connaisseur" sind sprachliche Identifikationsangebote für den Leser, nicht zuletzt aufgrund der visuellen Gestaltung (hier durch die Abbildung eines Konsumentenvertreters). Auch auf dieser Ebene läßt sich wieder zwischen dem realen Leser der Anzeige (Adressat A_1) und einem eventuell in der Anzeige sprachlich manifesten Adressaten A_2 unterscheiden.

Sekundäradressaten, die sich ausdrücklich von A_1 unterscheiden, sind wesentlich seltener als die oben beschriebenen Sekundärsender. Wenn überhaupt, so treten sie im längeren Fließtext auf, flankiert von anderen Textteilen, die sich direkt an den tatsächlichen Leser als Adressaten wenden. Am häufigsten ist das Auftreten von Sekundäradressaten in den Anzeigen unseres Korpus in werbefremden Textsorten zu beobachten (Brief, bande dessinée, photo-roman etc.). Diese sind meist in den Fließtext der Anzeige eingebettet - was nicht überrascht, da der Vertextungsaufwand für die Integration dieser Textsorten in die Argumentationsstrategie der Anzeige besonders hoch ist. Oft handelt es sich um eine durch den Bildteil unterstützte fiktionale Kommunikations-Situation; in diesem Fall ist neben dem Sekundäradressaten zugleich auch ein Sekundärsender vorhanden. Mit dem Vorkommen eines Sekundäradressaten ist stets ein Wechsel der Isotopie-Ebene des Textes verbunden.

---

1 Vgl. dazu im einzelnen Kap. 3.3.4.

2.2.2.3. **Werbeobjekt**

Aus der Fülle von Denotaten, auf die die Anzeige sprachlich wie visuell referieren kann, beschränken wir uns hier auf das Denotat 'Werbeobjekt'. Innerhalb der möglichen Denotate, zu denen auch die bereits behandelten Größen des Senders und des Empfängers gehören, ferner beliebige Objekte, Zustände, Vorgänge und Geschehen, Handlungen und Sachverhalte sowie die Sinnbeziehungen, die zwischen ihnen bestehen, hat natürlich das Werbeobjekt in der Konsumwerbung eine privilegierte Stellung. Das äußert sich bereits in der Tatsache, daß jede Anzeige in irgendeiner Form sprachlich und/oder visuell auf das Werbeobjekt Bezug nimmt. Der Werbegegenstand ist in der Überzahl der Anzeigen gleichzeitig sowohl im visuellen Bereich wie auch sprachlich präsent: In der Regel ist die Ware abgebildet (zumindest, soweit sie sich abbilden läßt!), und sie ist sprachlich zumindest in Form des Warennamens, oft auch in der Bezeichnung der Warengattung vertreten. Letztere ist praktisch immer vorhanden, wenn es sich um eine Einführungs-Werbung handelt, da diese die sprachliche Verknüpfung des noch nicht motivierten Nomen proprium an das entsprechende Nomen appellativum zu leisten hat. In späteren Phasen eines Werbefeldzugs und mit zunehmendem Bekanntheitsgrad des Markennamens und seines Denotats scheint die Nennung der Warengattung seltener zu werden.
In einigen Fällen ist ein Übergang vom Nomen proprium (hier: dem Marken- oder Firmennamen) zum Nomen appellativum zu beobachten: Man denke an "frigidaire", ursprünglich Markenname des von General Motors hergestellten Kühlschranks, oder an "scotch" als Bezeichnung für Klebeband überhaupt.

Um die Attraktivität des Produkts zu erhöhen, wird dieses stets so dargestellt, daß seine positiven Eigenschaften besonders zum Tragen kommen. Es wird in der Anzeige oft als Träger eines Meta-Werts dargestellt. Dies geschieht weniger im sprachlichen als im ikonischen Teil der Anzeige, wobei die Anreicherung mit positiven Zusatzbedeutungen besonders durch die unmittelbare Nachbarschaft von Werbeobjekt und von Denotaten, die die zur Übertragung auf das Produkt geeigneten positiven Eigenschaften besitzen, erzielt wird.[1] Max Bense bezeichnet dies als die "Überführung einer Ware in einen Wert" und stellt diesen Prozeß wie folgt dar:[2]

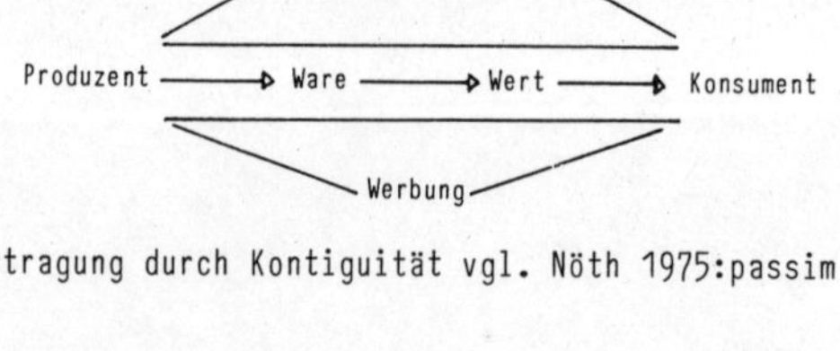

1 Zur Bedeutungsübertragung durch Kontiguität vgl. Nöth 1975:passim und Nöth 1977:91-103.

2 Bense 1965:305.

Die Eigenschaften, die auf das Produkt übertragen werden, sind abstrakte Befindlichkeiten, die sämtlich für den Leser positiv konnotiert sind und als erstrebenswert angesehen werden: Jugend, Sportlichkeit, Eleganz, Beliebtheit, Schönheit, Prestige, Ansehen, Attraktivität, Einfluß, Macht, Überlegenheit, Zufriedenheit, Glück, Wissen, Erfahrung, Wohlhabenheit/Reichtum, Unbeschwertheit, Erfolg, Achtung, Zuneigung, Sympathie, Liebe, Wohlbefinden, Gesundheit, Ruhm, sozialer Aufstieg, Sicherheit und vieles andere mehr. Indem diese mit der Ware verknüpft werden, wird suggeriert, sie könnten durch den Kauf der Ware miterworben werden, und sie sollen folglich beim Adressaten den Wunsch steigern, das Werbeobjekt zu besitzen.

Die Werbeanzeige unterscheidet sich vom expositorischen Text dadurch, daß sie den Gegenstand nicht "objektiv" darstellt,sondern unter dem Gesichtspunkt seiner Relevanz für den zukünftigen Benutzer. Sie soll ja einen späteren Kaufentschluß vorbereiten, indem sie den Leser und potentiellen Käufer mit dem Werbeobjekt konfrontiert und eine Beziehung zwischen beiden aufzubauen versucht.

In ihrem Aufsatz "Textsorten - Erarbeitung einer Typologie von Gebrauchstexten" nimmt Gniffke-Hubrig eine Klassifikation von Texten nach dem Gesichtspunkt der intendierten Beziehung zwischen den unmittelbar an der Kommunikation beteiligten Größen vor; für die 'werbenden Texte' postuliert sie eine Sender-Intention, die darauf abzielt, den Gegenstand des Textes (das Werbeobjekt) und seinen Adressaten zueinander in eine Beziehung zu bringen. Der Leser soll durch den Text zu einem auf den Gegenstand bezogenen Handeln veranlaßt werden:[1]

WERBENDE TEXTE

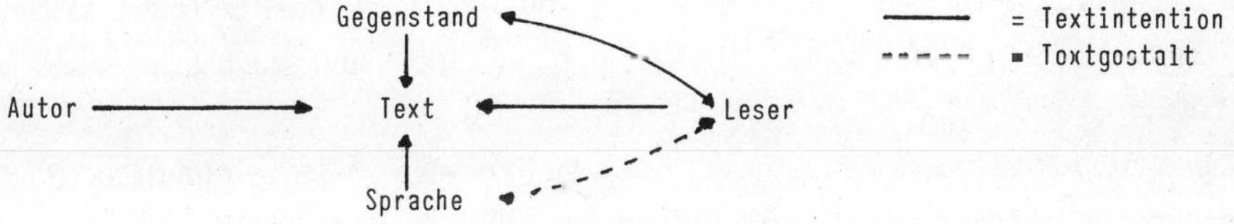

Textintention: Der Gegenstand und der Adressat des Textes sollen zueinander in Beziehung gebracht werden: Überredung des Lesers zu einem auf den Gegenstand des Textes bezogenen Handeln.
Textgestalt: Leserorientiert (enthält alle Formen der "überredenden" Sprache)
Textbeispiele: Wahlpropagandatext, Werbetext, politische Rede, Pamphlet, Kommentar (stilistische Zwischenform: sach- und leserorientiert)
Autor: Je nach Textart
Gegenstand: Politische Partei, Politiker, politische Meinung oder Sachverhalt, eine Ware, umstrittener Gegenstand von allgemeinem Interesse
Adressat: Gruppen
Intention des Adressaten: Überzeugung (und Information)

1 Gniffke-Hubrig 1972:44.

Der Sender realisiert seine Intention, zwischen Leser und Werbeobjekt einen Bezug herzustellen, durch die Wahl einer Textgestalt, die diese Absicht optimal realisiert; dies geschieht u.a. durch die bevorzugte Verwendung bestimmter Sprachformen, zu denen auch der Imperativ gehört. Er ist nicht nur eins der wichtigsten Mittel, um den Appellcharakter eines Textes zu realisieren. Durch seine Sender- und Adressaten-Deixis stellt er bereits eine Verbindung zwischen dem Anbieter und dem Leser her; darüber hinaus tritt, wie noch zu zeigen sein wird, in seiner unmittelbaren sprachlichen Umgebung häufig auch die Bezeichnung des Werbeobjekts auf, so daß der Imperativ als sprachliche Form gelten kann, die dieser Textintention in besonderem Maße gerecht wird.

Die drei Größen Sender, Empfänger und Werbeobjekt sind in den von uns untersuchten Anzeigen allerdings nicht immer alle drei zugleich vertreten.
Je nachdem, welche der drei Größen in der bildlichen und textlichen Botschaft der Anzeige dominiert, lassen sich drei Anzeigentypen unterscheiden:

- die herstellerbezogene Anzeige
- die käuferbezogene Anzeige
- die produktbezogene Anzeige

Herstellerbezogene Anzeigen sind in dem hier untersuchten Material wenig vertreten; zu ihnen gehören besonders die bereits erwähnten Sympathiewerbungs-Anzeigen, in denen sogar ein Werbeobjekt im eigentlichen Sinn meist fehlt.
Die käuferbezogene Anzeige ist zugleich die appellativste der drei Typen, indem sie darauf abzielt, die Beziehungsebene zwischen Anbieter und Leser oder zwischen Werbeobjekt und Leser zu aktivieren, was sich z.B. in der Abbildung von Personen, der Personifizierung von Objekten, der Darstellung von emotional positiv (oder seltener: negativ) stark besetzten Situationen manifestiert. In ihnen sind Imperative auch besonders häufig.
Überwiegend produktbezogene Anzeigen finden sich bevorzugt in bestimmten Warenbranchen wie z.B. in der Parfum-Werbung, ferner bei gut eingeführten Marken-Artikeln der oberen Preisklassen (Schuhe, Schmuck/Uhren, Stifte, Kleidung u.a.), die dann zugleich stark bilddominant und textarm sind. Hier sind Imperative kaum vertreten.

2.2.3. Beschreibung der Werbebotschaft: Die Gestaltung der Anzeige

Im folgenden soll die ikonische und sprachliche Gestaltung der Werbeanzeige näher untersucht werden. Zunächst wird sie als komplexes Zeichen betrachtet, an dem zwei verschiedene Zeichensysteme beteiligt sind: Sie stellt ein visuell-verbales Superzeichen dar. Anschließend konzentriert sich die Darstellung auf die Beschreibung der sprachlichen Textteile.

2.2.3.1. Die Werbeanzeige als visuell-verbales Superzeichen

Die Werbeanzeige gehört, wie oben dargestellt (vgl. Kap. 2.2.1.3.), zum Bereich der optischen Kommunikation; ihre gesamte Botschaft wird visuell rezipiert. An ihr sind zwei verschiedene Zeichensysteme beteiligt, die sich in ihrer Art und Weise, auf die Wirklichkeit zu referieren, in mehrfacher Hinsicht unterscheiden: die verschriftete Sprache auf der einen Seite und das Bild auf der anderen. Beide Zeichensysteme können auf der Performanz-Ebene des Superzeichens 'Anzeige' in einem Verhältnis der Parallelität und in einem Verhältnis der Komplementarität zueinander stehen. Diese beiden Relationen schließen sich nicht aus, sondern sind oft koexistent. Hinsichtlich der Objekte, auf die die Sprach- und Bildzeichen referieren, sollen nur die oben bereits näher beschriebenen Größen berücksichtigt werden: Sender, Empfänger und vor allem das Werbeobjekt selbst.

Alle drei Größen können sowohl im bildlichen wie im textlichen Bereich vorhanden sein. Sie stellen denotative Konstanten dar, die unabhängig von der jeweils verfolgten Argumentationsstrategie beschrieben werden können. Eine Klassifikation der untersuchten Anzeigen ließe sich danach vornehmen, welche der drei Größen im bildlichen Bereich, welche im textlichen Bereich und welche in beiden zugleich realisiert sind.

Wenn beide Zeichensysteme auf das gleiche Denotat Bezug nehmen, können wir von Parallelität sprechen, bei alternativer Realisation von Komplementarität der Aussage. Bedingt durch Unterschiede in der Struktur der beiden Zeichentypen und der unterschiedlichen Art und Weise, auf die außerhalb des Zeichens liegende Wirklichkeit zu referieren, sind Informationswert und -menge allerdings zwischen den beiden Zeichentypen bei konstantem Denotat verschieden, so daß diese sich in ihrer Aussage bei gleichem denotativem Bezug gegenseitig sowohl ergänzen wie in bestimmter Weise interpretieren. Das Bild gilt - im Gegensatz zum Text - als polysemer Informationsträger:[1]

> "L'image en soi n'est pas claire, mais polysémique (...) elle n'a pas un seul sens par elle-même (...) le texte oriente le récepteur vers une signification précise."

Beim Referieren der beiden verschiedenen Zeichensysteme auf das gleiche Denotat

---

1 Chebat/Henault 1974:108; sie beziehen sich dabei auf Barthes 1964:44passim.

kann zum einen eine Monosemierung der Aussage durch das andere Zeichensystem stattfinden; zugleich aber können die scheinbar parallelen Zusatzinformationen des jeweils anderen Zeichensystems zum gleichen Gegenstand als Dekodierungs-Anweisungen verstanden werden, die metalinguistische Funktion haben und unter Umständen eine scheinbar eindeutige Referenz mehrdeutig werden lassen können.
Neben der denotativen Referenz muß für beide Zeicheninventare eine weitere Inhaltsebene berücksichtigt werden: Beide können sowohl d e n o t a t i v e wie auch k o n n o t a t i v e Bedeutung übermitteln.

Wenden wir uns nun den beiden verschiedenen Zeichentypen, die an der Vermittlung der Werbebotschaft beteiligt sind, im einzelnen zu.

2.2.3.1.1. Die Bildkomponente der Werbeanzeige

In der überwiegenden Zahl der Anzeigen unseres Korpus ist ein Bildanteil vorhanden. Eine Ausnahme bilden einige Anzeigen, die in Typographie und Lay-out an den redaktionellen Teil des Werbeträgers angeglichen sind. Bei bestimmten Produktbranchen (z.B. Bücher, Zeitschriften) spielt das Bild eine untergeordnete Rolle und fehlt gelegentlich ganz.
Nicht selten sind mehrere Bild-Einheiten zugleich vorhanden, die allerdings meist durch unterschiedliches Format, Farb-Gestaltung (Vorhandensein oder Fehlen von Farbe) und andere aufmerksamkeitslenkende und fokusbildende Techniken im bildlichen Bereich hierarchisiert sind.
Auffällig ist die öfter zu beobachtende Montage von mehreren Bild-Elementen zu einer neuen visuellen Aussage: etwa die Montage eines Photos des Werbeobjekts vor einen Hintergrund, wobei ersteres oft durch seine im Verhältnis zur neuen visuellen Umgebung nicht maßstabgerechte Größe sowie durch seine Positionierung im Vordergrund der neuen Bild-Aussage wie auch durch eine Reihe weiterer Mittel hervorgehoben wird. Auffällig ist auch, daß die Abbildung des Produkts von allen evt. noch in der Anzeige vorkommenden Abbildungen in aller Regel die ikonischste ist. Dies ist deswegen nötig, weil eine leichte und spontane Identifizierbarkeit des Werbeobjekts gesichert sein muß. Diese hochgradig ikonische Botschaft ist im Bereich der Bildteile meist auch die denotativste, während der Hintergrund und die bildliche Umgebung überhaupt vor allem die Aufgabe hat, Konnotationen zu vermitteln. Wichtig ist ferner, ob das Werbeobjekt statisch, ruhend (wie im Schaufenster ausgestellt) oder "in Aktion" dargestellt wird; im zweiten Fall kann durch das Bild eine Beziehung zwischen einem Benutzer (oft einem Konsumentenvertreter) und dem Werbege-

genstand hergestellt werden.[1]

Die bildliche Komponente der Anzeige hat in bezug auf die Sprache häufig die Aufgabe, den fehlenden situativen Kontext einer Sprechäußerung in gewissen Grenzen zu ersetzen, was es ermöglicht, eine Reihe von situativen Faktoren nicht verbalisieren zu müssen.

Für die weitere Untersuchung ist es schließlich von besonderer Bedeutung, ob das Bild eine Personendarstellung enthält, die als Sender S_2 sprachlicher Aussagen fungiert oder als solcher gesehen werden kann. Die explizite Zuordnung einer Textpassage als Sekundärsender-Äußerung kann mit Hilfe verschiedener ikonischer Mittel geschehen: etwa durch Sprechblasen oder auch durch einfache räumliche Nähe zwischen dem Mund der abgebildeten Person und der Textsequenz, die ihr "in den Mund gelegt" wird. Beide Verfahren gehören zum Bereich der indexikalischen Zeichen, da eine Kontiguitätsbeziehung zwischen Sprache und einem Bildelement hergestellt wird. Eine besondere Rolle spielen Mimik, Gestik und Körperhaltung der als Sender S_2 in Frage kommenden Person; verallgemeinernd läßt sich sagen, daß es sprechaktbegleitendes nonverbales Verhalten (soweit im statischen Bild darstellbar) ist, das eine abgebildete Person als möglichen Sender S_2 einer Textsequenz ausweist.[2]

Verweise vom Bild auf den Text sind sehr selten; in der Regel läuft der Verweis in umgekehrter Richtung, nämlich vom Text aufs Bild, wobei vor allem sprachliche Deiktika wie "voici", "voilà", "regardez le tableau ci-contre / ci-dessus / ci-dessous" etc. den Bildbezug herstellen.

Das Firmen-Sigle stellt ein Zeichen besonderer Art dar: Es ist die visuelle Entsprechung des Nomen proprium. Oft besteht es aus einer Kombination von Bild- und Sprach-Zeichen.

Abschließend soll die Frage gestellt werden, ob die uns im weiteren Verlauf der Arbeit interessierende Appellfunktion der Sprache eine Entsprechung im bildlichen Bereich hat.

---

1 Diese Präsentation ist eine Realisierung der Textintention, einen Bezug zwischen dem Werbeobjekt und dem Adressaten als dem potentiellen Benutzer bzw. Nutznießer zu etablieren, mit ikonischen Mitteln.

2 Hier sind vor allem zu nennen: Augenkommunikation - Blickkontakt mit dem Leser, Blick auf einen Gegenstand im Bild (oft das Werbeobjekt) gerichtet; kommunikative Mimik - zum Sprechen geöffneter Mund, Lächeln, Ausdruck der Verärgerung (selten); kommunikative Gestik - ausgestreckter Zeigefinger, Hochheben, Zeigen, Reichen eines Gegenstands (oft das Werbeobjekt) u.v.a. Zur kommunikativen Funktion des Blickkontakts vgl. Ehlich/Rehbein 1982:66f. u.ö.

Hier sind vor allem zwei siglenartige Zeichen zu erwähnen: Das Handsymbol mit dem ausgestreckten Zeigefinger und das Scherensymbol.

Das Handzeichen ist heute selten geworden.[1] Es hat fokusbildende und aufmerksamkeitslenkende Funktion und entspricht damit Imperativen wie "regardez x", "voyez x", "lisez cela".

Das Scherenzeichen tritt meist neben oder innerhalb einer durchbrochenen Linie auf, die den Coupon von der restlichen Anzeige absetzt; es ist die unmittelbare bildliche Entsprechung eines sprachlichen Imperativs wie "découpez cela" oder "découpez ici". Beide können als ikonisch realisierte Aufforderungen gelten. Als Aufforderungshandlungen werden auch diejenigen Imperative zu werten sein, die diese Zeichen sprachlich substituieren können.

Darüber hinaus ist es kaum möglich, unmittelbare Handlungs-Aufforderungen im bildlichen Bereich nachzuweisen. Eine Imperativität scheint hier in erster Linie in Form eines allgemeinen Appellcharakters vorhanden zu sein, was sich mit der Hauptfunktion des Bildes deckt, das Interesse des Lesers zunächst einmal soweit zu erregen, daß dieser zur weiteren Rezeption der Werbebotschaft bereit ist. Daneben beschränkt sich Imperativität weitgehend auf aufmerksamkeitslenkende Fokussierungs-Strategien.

2.2.3.1.2. Die sprachliche Komponente der Werbeanzeige

Die sprachliche Komponente des Superzeichens "Werbeanzeige" soll hier unter dem Aspekt der Visualisierung von Sprache durch die Schrift berücksichtigt werden.

Eine Reihe von paralinguistischen Zeichen, die in der direkten Kommunikation die sprachliche Information ergänzen (melodischer und respiratorischer Wort- und Satzakzent, Gestik, Körperhaltung und -Bewegung des Sprechenden u.v.a.) sind innerhalb der ausschließlich optischen Kommunikation nicht bzw. nur begrenzt vorhanden. Die visuelle Realisation von Sprache eröffnet dagegen eine neue Kommunikations-Ebene mit einem anderen Inventar von Zeichen, die das Fehlen der oben genannten Aus-

---

1 Die Zeigehand war besonders in den Kleinanzeigen und Annoncen um die Jahrhundertwende recht häufig, wie die Beispiele bei Hohmeister 1981:140,141,218,221,222 u.ö. zeigen (Reproduktion von Kleinanzeigen aus dem "Gießener Anzeiger"). Aber auch in den "Fliegenden Blättern", einer Wochenzeitung also, findet sich die Zeigehand häufig. (Vgl. den Nachdruck: "Die schönsten Anzeigen in den Fliegenden Blättern", 1982.) Zur Funktion dieser Siglen vgl. auch Michligk 1967:59.

drucksmittel z.T. kompensieren können. Es handelt sich dabei zum einen um die S a t z z e i c h e n, zum anderen um T y p o g r a p h i e und L a y - o u t.

Satzzeichen

Die sprachwissenschaftlichen Beschreibungsansätze, die vom Primat mündlichen Sprechens ausgehen, sehen in der Schrift lediglich einen - notwendigerweise defizienten - Ersatz für die "eigentliche" Sprache. Die Satzzeichen haben bei diesem Verständnis lediglich die Rolle, einige der oben genannten suprasegmentalen Elemente der mündlichen Kommunikation zu ersetzen.
Der Untersuchung von Sprache in verschrifteter Form wird man eher gerecht, wenn man von der Gleichrangigkeit der beiden Realisationsformen ausgeht; so wird vermieden, daß die schriftlich wiedergegebene Sprache an der mündlichen gemessen wird. Es empfiehlt sich daher, diese als eigenes System zu behandeln. Der Unterschied zwischen akustisch und visuell realisierten Sprachzeichen besteht lediglich auf der Ebene des Signifiant; ihr Signifié bleibt gleich.
Zwischen den Phonemen und den Graphemen des Französischen besteht bekanntlich kein ein-eindeutiges Abbildungsverhältnis, im Gegenteil: Im Französischen ist der Abstand zwischen Lautkette und Orthographie besonders groß, da letztere sehr konservativ ist und mit der Enwicklung des Phonembestands nicht Schritt gehalten hat - im Unterschied zum Türkischen etwa, wo die Orthographie die lautliche Realisation sehr viel direkter abbildet.

Was für das Verhältnis von Graphemen und Phonemen gesagt wurde, gilt in weit stärkerem Maße für das Verhältnis zwischen suprasegmentalen Zeichen und deren visueller Fixierung durch Satzzeichen. Der Grund liegt zum einen darin, daß in der mündlichen Rede eine starke Differenzierung der Aussage durch graduelle Abstufungen der suprasegmentalen Faktoren erreicht wird, wodurch eine Differenzierung zustande kommt, die unmöglich durch das ohnehin sehr beschränkte Satzzeichen-Inventar wiedergegeben werden kann. Zum zweiten ist zu bedenken, daß die Regeln für den Gebrauch von Satzzeichen ähnlich erstarrte Normen sind wie die Orthographie-Regeln, die die Wiedergabe von Phonemen durch Grapheme z.T. willkürlich festlegen. Die Verwendung von Satzzeichen wird in der Werbung allerdings auffällig frei gehandhabt, so daß diese in z.T. überraschender Weise wieder als unmittelbare Abbildungen von Suprasegmentalia der mündlichen Rede auftreten. Hier ist besonders die häufige Setzung des Punkts zu nennen: Er wird oft dazu benutzt, kleinere Einheiten unterhalb der Satzebene auszugrenzen, so daß, wenn man von der am Satz als linguistischer Einheit orientierten Norm ausgeht, defiziente Sätze, "Ellipsen", entstehen. Innerhalb der verschrifteten Wiedergabe von Texten dient ihre Setzung jedoch vor allem dazu, die Lesegeschwindigkeit zu reduzieren, Schwerpunkte zu bilden, den Text zu gliedern und leichter rezipierbar zu machen.[1] Nicht selten werden so rhetorische Textstrukturen wie Wiederholungen, Parallelismen usw. erst als solche erkennbar.

Für unseren Untersuchungsgegenstand ist eine weitere Gruppe von Satzzeichen wichtig: die den Satztyp charakterisierenden Satzzeichen am Ende des Satzes, nämlich Fragezeichen, Ausrufezeichen und Punkt.

Fragesätze sind in verschrifteter Wiedergabe von Sprache in aller Regel neben Inversion, Fragepartikel, Umschreibung zusätzlich durch das Fragezeichen markiert; bei der schriftlichen Wiedergabe der sog. Intonationsfrage ist es im Französischen als einziges Kennzeichen der Frageform funktional besonders stark belastet.

Das Ausrufezeichen dient neben der Kennzeichnung von Exklamationen auch zur Markierung von Aufforderungen. In Verbindung mit Imperativen ist das Ausrufezeichen in französischen Werbetexten auffällig selten.[2] Nun realisieren zahlreiche der in der Werbung verwendeten Imperative keine Direktivhandlung; aber gerade bei solchen Imperativen, die als Ausdruck einer Direktivhandlung (welchen Typs auch immer) gelten können, kommen Ausrufezeichen praktisch nicht vor. Ein eventuell vorhandener Aufforderungs-Charakter wird also offensichtlich in diesem Texttyp nicht explizit notiert, keinesfalls betont. Die Verwendung des Ausrufezeichens scheint in der französischen Werbung ähnlich tabuisiert zu sein wie die Verwendung des Imperativs "achetez".[3]

Typographie und Lay-out

Die Möglichkeit, Satzzeichen expressiv zu verwenden, ist durch die Normierung und Kodifizierung ihrer Verwendung in Form von Orthographie-Regeln eingeschränkt. Daneben steht ein anderes Ausdrucksinventar in verschrifteten Texten zur Verfügung, das bei Ausschöpfung aller Möglichkeiten hinsichtlich seiner kommunikativen Leistung durchaus mit den suprasegmentalen Zeichen der mündlichen Rede konkurrieren kann:

---

[1] Auf die Funktion des Punktes, das Lesetempo herabzusetzen, geht auch Stave 1973:220 ein.

[2] Das Fehlen des Ausrufezeichens beobachtet Putschögl-Wild auch bei Imperativen in deutschsprachigen Ferienkatalogen (1978:153).

[3] Vgl. dazu Kap. 3.5.1.3.

nämlich Typographie und Lay-out. Man kann sie als suprasegmentales Zeicheninventar der Schriftsprache verstehen. In kaum einer anderen Textsorte werden sie so bewußt und produktiv eingesetzt wie in der Werbung.[1]
Die wichtigsten Mittel zur Hervorhebung und zur Textgliederung sind: Wechsel der Schrifttype, Farbwechsel, Wechsel des Buchstaben- und Zeilenabstands (Sperrung, Spationierung), Veränderung der Zeilenlänge, Veränderung der Zeilenrichtung (senkrechter oder diagonaler Zeilenverlauf, kreisförmige oder wellenförmige Anordnung u.a.), Zusammenfassung von Textpaketen und Abgrenzung von Teiltexten durch zusätzliche Spationierung, Einrücken, Veränderung der Zeilenlänge etc., Einfügen von Zwischenüberschriften, Einsetzen von Bildelementen, Siglen, Linien.
Das Lay-out beeinflußt nicht unwesentlich die Funktion einer Texteinheit und damit ihre Bedeutung: So kommt es häufiger vor, daß eine Zeile sowohl als Bilduntertitel wie auch als Überschrift einer anschließenden Textpassage aufgefaßt werden kann. Hier entsteht eine Mehrdeutigkeit, die u.U bewußt erzeugt und offengehalten wird.[2]

Durch die visuelle Realisation von Sprache kann eine sekundäre Motivierung des Sprachzeichens erfolgen: Farbe, Größe und zahlreiche andere paralinguistische Ausdrucksmöglichkeiten des schriftlichen Bereichs können zu Zeichen werden, die in einem ikonischen Abbildungsverhältnis zum bezeichneten Objekt stehen. Darüberhinaus finden sich, allerdings seltener, Kombinationen von Buchstaben mit Bild-Elementen[3] - eine Möglichkeit, von der besonders bei der Gestaltung der Firmensiglen und Markenzeichen häufig Gebrauch gemacht wird.
Das Ausschöpfen der Ausdrucksmöglichkeiten von Typographie und Lay-out trägt in den Werbeanzeigen neben dem Bild wesentlich zur Erhöhung der Appellfunktion bei. Mit ihrer Hilfe gelingt es in gewissem Maße, den geringeren Aufmerksamkeitswert der sprachlichen Texte gegenüber dem Bild zu kompensieren.

2.2.3.1.3. Klassifikation von Anzeigen als visuell-verbale Superzeichen

Aufgrund des quantitativen Verhältnisses von B i l d und T e x t lassen sich die Anzeigen in drei große Gruppen ordnen:

---

1 In "Le langage efficace" (1973) stellt Richaudeau die vielfältigen Einsatzmöglichkeiten dieser Mittel dar.

2 Ein gutes Beispiel dafür findet sich in Abb. 12 des Bildanhangs, wo mehrere unterschiedliche Lesarten möglich sind.

3 Vgl. etwa Abb. 7 des Bildanhangs, wo das Graphem O visuell als Kugel (Kanonenkugel?) reinterpretiert wird.

- textdominante Anzeigen
- bilddominante Anzeigen
- Anzeigen mit ausgeglichenem Bild-Text-Verhältnis.[1]

Dabei lassen sich Gestaltungstopoi für die einzelnen Branchen beobachten: Die Parfum-, Schmuck-, Alkoholika- und Zigarettenwerbung bevorzugt bilddominante Anzeigen, während Immobilien-, Scheckkarten-, Banken-, Bücher- und Zeitschriften-Werbung z.B. überwiegend textdominante Anzeigen verwenden.[2]

Ein weiterer Klassifikationsgesichtspunkt, der von der Zahl der ikonischen und sprachlichen Gestaltungselemente ausgeht, ist für die spätere Beschreibung der Anzeige wichtig: die K o m p l e x i t ä t der Anzeige. Je größer die Zahl der beteiligten Bildeinheiten ist, je mehr sprachliche Teiltexte vorkommen, desto komplexer ist die Anzeige; bilddominante Anzeigen sind meist weniger komplex als textdominante Anzeigen und Anzeigen mit ausgeglichenem Bild-Text-Verhältnis. Eine Berücksichtigung des Verhältnisses von Sprache und Bild in der Anzeige ist für die Untersuchung der sprachlichen Aussage, wie sie in dieser Arbeit angestrebt wird, wichtig; beide Zeichentypen sind in ihrer Aussage aufeinander bezogen und ergänzen sich. Die bildliche Information ist eher konnotativ, die sprachliche eher denotativ. Das Bild ist reich an Information: Die Auswahl aus der übermittelten Information und deren Interpretation wird z. T. durch den Text gesteuert, kann aber auch dem Leser überlassen bleiben.

Das Bild ist also im allgemeinen wesentlich polysemer als die Sprache. Andererseits ist das Bild aber auch ikonischer als die Sprache, und dadurch ist es leichter und schneller rezipierbar als der Text; eine bestimmte Reihenfolge in der Rezeption der einzelnen Anzeigenteile wird somit begünstigt und ist in gewissem Umfang vorhersagbar.

Der unterschiedliche Anteil von Text und Bild in der Anzeige und der unterschiedliche Komplexitätsgrad der Anzeigen entspricht verschiedenen kommunikativen Strategien. Hier lassen sich drei große T e c h n i k e n d e r B e e i n f l u s s u n g des Adressaten unterscheiden:

- Argumentation
- Seduktion
- Repetition

---

1 Eine Unterscheidung zwischen "textreichen" und "textarmen" Anzeigen nehmen auch Brandt 1973:273f. und Römer 1973:165 vor.

2 Hier sind regelrechte "Branchenstile" entstanden.

Die Argumentation ist weitgehend an die Sprache gebunden; die Seduktion erfolgt eher durch das Bild. Repetition kann sowohl im bildlichen wie im sprachlichen Bereich vorliegen; eine besondere Form der kombinierten Repetition ist die Referenz beider Zeichentypen auf das gleiche Denotat. In bilddominanten Anzeigen überwiegt der seduktive, in textdominanten Anzeigen der argumentative Typus. Je komplexer die Anzeige ist, desto eher sind Argumentation und anzeigeninterne Repetition[1] möglich.

2.2.3.2. **Nähere Beschreibung der sprachlichen Teiltexte der Werbeanzeige**

Im folgenden sollen die u.a. durch den Einsatz von Typographie und Lay-out zustande gekommenen kleineren Texteinheiten charakterisiert werden: die sprachlichen Teiltexte.

Bei dieser Untersuchung zum Imperativ wird die gesamte sprachliche Gestaltung der Anzeige erfaßt. Das geschieht vor allem aus zwei Gesichtspunkten: Zum einen ist nicht einzusehen, warum ein Textteil wie der Slogan, der in den Arbeiten zur Werbesprache mit Abstand am besten untersuchte Teiltext, für die Sprache der Anzeigenwerbung besonders typisch sein sollte; er ist nur leichter zu beschreiben, da er weniger eng mit dem Bild und den anderen Teiltexten der Anzeige verknüpft ist und daher leichter isoliert werden kann. Zum anderen erscheinen die Kriterien, nach denen ein Slogan als solcher bestimmt wird, oft recht zweifelhaft. Klotz weist auf die Schwierigkeit bei der Bestimmung dieser Texteinheit hin:[2]

> "(...) auch bei diesem Unternehmen stellt sich das Problem des hermeneutischen Zirkels. Müßte ich doch zunächst einmal beweisen, daß das Material aus Slogans besteht, ehe ich an ihm zeige, was ein Slogan ist".

Um diesem Dilemma so weit wie möglich zu entgehen, wird hier versucht, Konstanten hinsichtlich der Position, Typographie, Funktion und sprachlichen Gestaltung (Syntax, Semantik) von Textteilen zu ermitteln. Demnach lassen sich vier Haupttextteile unterscheiden: die Headline, der Slogan, der Fließtext und der Coupon.

---

1 Hier kann nur die a n z e i g e n i n t e r n e Repetition berücksichtigt werden; es sei aber daran erinnert, daß Repetition vor allem durch das Hintereinanderschalten mehrerer gleicher oder ähnlicher Anzeigen des gleichen Inserenten, durch thematische Abstimmung mit dem redaktionellen Teil des Werbeträgers, durch Anzeigenserien und Fortsetzungs-Anzeigen mit Variation eines Grundmotivs und schließlich durch thematische und gestalterische Parallelität im Media-Mix einer komplexen Werbekampagne zustande kommt.

2 Klotz 1963:546 (Anm.1).

2.2.3.2.1. **Die Headline (HL)**

In der Literatur finden sich zur Bezeichnung dieses Teiltexts eine Reihe anderer Termini: "Schlagzeile", "Kopfzeile", "Überschrift"; im Französischen wird meist von der "ligne d'accrochage" oder "accroche" gesprochen. Die Begriffe "Schlagzeile" und "Überschrift" sind insofern irreführend, als sie bereits auf andere sprachliche Erscheinungen festgelegt sind, die sich entweder hinsichtlich des Texttyps, in dem sie auftreten, oder hinsichtlich ihrer Funktion von dem hier zur Diskussion stehenden Teiltext unterscheiden. Die "Schlagzeile" ist auf den Texttyp "Zeitung" festgelegt; bereits in ihrer syntaktischen Struktur unterscheidet sie sich erheblich von der Headline. So kommt beispielsweise in dem von Sandig beschriebenen (deutschsprachigen) Korpus nicht eine einzige Schlagzeile mit Imperativ vor, während dieser in den Headlines der Werbeanzeigen relativ häufig ist.[1]

Die unterschiedliche syntaktische Struktur hat Entsprechungen im semantischen und im textlinguistischen Bereich. Das Verhältnis zwischen Schlagzeile und Artikel ist zweifellos von dem zwischen Headline und Fließtext unterschieden: Während z.B. die Schlagzeile oft schon den Kern der Information des Artikels enthält, ist dies bei der Headline selten der Fall.

Ähnliches gilt für den Begriff "Überschrift". Sie gibt das Thema eines längeren nachfolgenden Textes an. Mit der Headline hat sie allenfalls die Position in bezug auf eine anschließende größere Texteinheit gemeinsam. Während "Kopfzeile" lediglich eine nicht sehr glückliche Calque-Bildung des englischen Fachterminus ist, gibt der französische Begriff die zentrale Funktion dieses Teiltexts wieder: Er soll das Leser-Interesse, das als erstes normalerweise von der bildlichen Komponente angesprochen worden ist, fesseln und den Leser zur weiteren Rezeption der textuell kodierten Anzeigenbotschaft veranlassen.[2]

---

1 Vgl. Sandig 1971:48f.: "Die Reduzierung des Kommunikationsmodells läßt Frage- und Aufforderungssatz-Formen als Schlagzeilen nicht erwarten. (...) Die Aufforderungssatz-Form ist beschränkt auf die infinitivische Imperativform, damit auf die 3.Person".

2 In diesem Sinne äußert sich auch Hartwig 1974:108: "Die Schlagzeile oder Headline (Kopfzeile) ist keine Weiterentwicklung des Schlagwortes, sondern eine selbständige Erscheinung.(...) Eine Anzeige, der man ja auf den ersten Blick ansieht, für wen oder was sie wirbt, braucht für ihren Textteil keinen 'Titel'. Die Aufmerksamkeit muß sie mit graphischen Mitteln auf sich ziehen. Ist dies geschehen, muß das Interesse am Text durch eine klassische Schlagzeile geweckt werden".

- Position: im oberen Drittel der Anzeige; wenn mehrere Teiltexte vorhanden sind, an oberster Stelle, oft auf den Bildteil aufgesetzt.
- Typographie: Im Vergleich zu den anderen Teiltexten besonders auffällige Typographie.
- Funktion: Sekundärer Blickfang (nach dem Bild); Vermittlungsfunktion zwischen Bild und Fließtext; Appellfunktion: Erregung des Leserinteresses mit sprachlichen Mitteln; soll zum Weiterlesen vor allem des Fließtexts veranlassen.
- Sprachliche Gestaltung: oft wesentlich länger als der Slogan, dennoch selten länger als zwei Sätze, Grund: soll "auf einen Blick" rezipiert werden können; steht oft in engem Bezug zum Bild.[1] Semantisch eng verknüpft mit dem Fließtext, in dem sie nicht selten wiederholt und variiert wird (bevorzugt am Fließtext-Anfang oder -Ende); oft kataphorisch in bezug auf den nachfolgenden Fließtext; semantisch oft nicht aus sich heraus verständlich, bedarf der Auflösung durch den nachfolgenden Text; verhält sich zu diesem oft wie die Frage zur Antwort, das Rätsel zu seiner Lösung. Bleibt aber auch manchmal "enigmatisch", d.h., wird nicht durch den Fließtext aufgelöst.
  Im Gegensatz zum Slogan eher heterogene Textgruppe; kann Frage, Behauptung, Ausrufe, Aufforderungen enthalten, ferner auch Zitate kurzer werbefremder Textsequenzen, besonders Phraseologismen wie Sprichwörter, Redewendungen, bekannte Zitate (gelegentlich in abgewandelter Form).
  Manchmal fungiert die Headline zugleich als Bildkommentar oder Fließtext-Überschrift.

2.2.3.2.2. Der Slogan bzw. die signature line (SL)

Der Slogan ist, wie bereits erwähnt, der in der Literatur zur Werbesprache am besten beschriebene Teiltext. Der Terminus bezeichnet eine sprachliche Aussage, die meist unabhängig von der jeweiligen Anzeige unverändert mit dem Produkt verbunden ist. Ähnlich wie der Produktname dient er der Individualisierung der Marke, die er über längere Zeit und unabhängig vom jeweiligen Werbeträger begleiten soll. Er muß daher leicht memorisierbar sein.[2] In der Werbeanzeige spielt er eine geringere Rolle als in der Außenwerbung, wo er oft den einzigen Text darstellt.

---

1 Zwischen dem ikonischen Teil der Anzeige und der Headline besteht häufig ein Verhältnis der Parallelität oder der Komplementarität (vgl. Kap. 2.2.3.1.).

2 Auf diese Eigenschaften heben die meisten Slogan-Definitionen ab: "Ein guter Slogan soll einfach und treffend, gut merkbar sein.(...) Da er geradezu ein wesentliches Kennzeichen der Ware selbst sein soll, darf er wohl kaum in kurzer Zeit von einem neuen abgelöst werden." (Bergler 1965:113). In diesem Sinne auch schon Schmidt 1953:120: "Einheitlichkeit und Stetigkeit der Werbung geben dem Unternehmen und seiner Ware ein 'Gesicht'. Name und Marke werden zum Begriff für eine bestimmte kaufmännische 'Haltung' und Leistung, zum Symbol der öffentlichen Meinung und des allgemeinen Vertrauens. Diese Begriffs- und Meinungsbildung läßt sich beschleunigen, erleichtern und vertiefen, wenn man den Firmennamen oder die Marke mit einem Slogan verbindet, einem Merkwort oder Merkspruch, der ständig wiederholt wird, so daß er sich mit dem Namen des Geschäfts oder der Ware einprägt."

Anstelle des Slogans, dessen wichtigstes Merkmal seine über einen längeren Zeitraum unveränderte Aussage über ein Produkt bzw. einen Hersteller und seine Unabhängigkeit vom Werbeträger ist, steht in den Werbeanzeigen oft in der gleichen Position ein kurzer Text, der in dieser Form nur in der jeweiligen Anzeige erscheint: die "signature line". Dieser Text hat oft in bezug auf den vorangehenden Fließtext den Charakter einer Schlußfolgerung oder eines die vorangehende Argumentation abschließenden Urteils. Wir haben im folgenden auch für diese Textstücke den Terminus 'Slogan' beibehalten; eine Unterscheidung zwischen den beiden scheint für die Anzeigenwerbung nicht sinnvoll.

- Position: Am unteren Rand der Anzeige
- Typographie: Oft relativ unauffällig; größere Type als der Fließtext, aber oft kleinere als die Headline. Gelegentlich ist die Headline so formuliert, daß sie vom Slogan aufgegriffen und thematisch weitergeführt wird; ist das der Fall, dann ist der Slogan oft in der gleichen Type wie die Headline gesetzt, um die enge Verbindung zwischen beiden optisch zu unterstützen.
- Funktion: Festigung eines Marken-Images durch Repetition; Verbindung zu anderen Werbeformen in anderen Werbeträgern als sprachliche Konstante im Media-Mix einer komplexeren Werbekampagne.
- Sprachliche Gestaltung: Meist sehr kurz; oft zweigliedrig: enthält den Namen des Produkts oder den Firmennamen (Nomination) und macht eine Aussage (Prädikation) über ihn. Seine Einprägsamkeit kann durch Reim, Rhythmus, Verwendung rhetorischer Figuren, Phraseologismen etc. unterstützt werden. In bezug auf die anderen Textteile der Anzeige relativ autonom, in seiner Aussage abgeschlossen; kein unmittelbarer Bezug zum Bild; enthält häufig nicht-verzeitete Verbformen.

2.2.3.2.3. **Fließtext (FT)**

Der Begriff "body copy" oder "Fließtext" bezeichnet lediglich die Art des Druck-Satzes. Gemeint ist damit die meist umfangreichere Texteinheit, die detaillierte Angaben über das Werbeobjekt enthält oder eine fiktionale Rahmen-Situation sprachlich entfaltet, in der das Werbeobjekt situiert wird.

- Position: Verschieden; hängt stark von der Gesamtgestaltung ab. Normalerweise im Mittelpunkt der Anzeige, bei großem Bildteil unter diesem; kann, wenn er kurz ist, auch die Funktion eines Bildkommentars erfüllen. Gelegentlich, besonders bei Anzeigen von hoher Komplexität, in mehrere kleine Einheiten aufgeteilt, die wiederum z.B. als Bilduntertitel fungieren können.
- Typographie: Meist unauffällig; im Gegensatz zur Gestaltung der kürzeren Teiltexte Headline und Slogan oft einfach fortlaufend gesetzt, ohne besondere Unterstützung syntaktischer und semantischer Zusammenhänge durch Typographie und Lay-out. Zwischenüberschriften,

soweit vorhanden, in der Regel durch eine andere, auffälligere Type abgesetzt.

- Funktion: Macht Aussagen über den Werbegegenstand; liefert Argumente für dessen Gebrauch, unterstützt die positive Konnotierung des Produkts, die bereits durch das Bild wesentlich geleistet wird; bettet das Werbeobjekt in einen Situations- oder Handlungszusammenhang ein; oft Bildkommentar.

- Sprachliche Gestaltung: Uneinheitlich; syntaktisch oft nicht wesentlich von anderen schriftlichen Texten unterschieden, von der stärkeren Segmentation der Aussage durch häufige Setzung des Punkts abgesehen. Enthält oft werbefremde Texte: Kochrezepte, Gebrauchsanleitungen, Zitate, auch romanartige Passagen, Erlebnisberichte, Statistiken u.a.; ist im Prinzip für alles offen, was sich in irgendeiner Weise für die Werbeargumentation fruchtbar machen läßt.
Fließtext-Anfang: oft besonders starker Appell-Charakter; Einleitung des Fließtextes z.B. durch rhetorische Fragen und andere kataphorische sprachliche Mittel.
Fließtext-Ende: hat wie der Slogan gelegentlich den Charakter einer Conclusio; typisch dafür ist der Abschluß einer längeren Argumentationskette durch einen mit "alors..." eingeleiteten Satz, oft ein Imperativ-Satz. Häufig wird die Headline am Ende des Fließtextes nochmals aufgegriffen. Das Fließtext-Ende kann auch in den Coupon übergehen.

2.2.3.2.4. **Coupon**

Der Coupon, der in der Literatur zur Werbesprache völlig vernachlässigt wird, erweist sich hinsichtlich des Imperativs in der Werbesprache als besonders interessanter Teiltext; er wird daher in dieser Untersuchung gleichberechtigt neben Headline, Fließtext und Slogan berücksichtigt.[1] Er ist in mehrfacher Hinsicht von den anderen Textteilen verschieden. Er erscheint nur bei bestimmten Branchen, und zwar überwiegend bei hochwertigen Gebrauchsgütern und Investitionsgütern, solchen Artikeln jedenfalls, die nicht durch Spontankauf erworben werden, sondern bei denen davon ausgegangen wird, daß der spätere Käufer sich zunächst ausführlicher informieren will, als dies durch die Angaben in der Anzeige möglich ist. Neben diesen Coupons, die zur Anforderung von Informationsmaterial dienen, gibt es andere, deren Einsendung den Erwerb der Ware bedeutet (Bestellcoupons).

- Position: Meist in der rechten unteren Ecke (sogar bei linksseitigen Anzeigen, was völlig disfunktional ist!), öfter auch über die ganze Breite der Seite, am unteren Rand.

---

1 Vgl. etwa Leech (1966:59): Er schlägt den Coupon den "standing details" zu, die er nicht weiter untersucht.

- Typographie: Unauffällig, oft die kleinste Type der ganzen Anzeige; durch einen Strich, eine gestrichelte oder gepunktete Linie meist vom Rest der Anzeige abgeteilt.

- Funktion: Soll dem Anzeigenleser eine erste Gelegenheit zum auf die Ware bezogenen Handeln geben, indem dieser weiteres Material anfordert; dient der Festigung eines durch die Anzeige bereits geweckten Interesses; für den Werbesender (S_1) dient er dazu, Angaben über potentielle Kunden zu bekommen, sowie Rückschlüsse auf die Werbewirkung der Anzeige zu ziehen. Suggeriert das Vorhandensein einer dialogischen Kommunikation mit feedback-Möglichkeit und personalisiert damit in gewisser Hinsicht den meist anonymen Sender der Anzeige.

- Sprachliche Gestaltung: Im Vergleich zu anderen Textteilen extrem denotativ und funktional: enthält Namen, Adressenangaben, Telefon-Nummern, ferner mehrere Leerzeilen zum Einsetzen der Leser-Adresse. Er enthält oft auch die Bezeichnung des Typs von Informationsmaterial, das zugesandt wird ("prospectus", "catalogue", "brochure"). Syntaktisch ist dieser Teiltext stark reduziert. Sehr homogene Textgruppe mit geringer sprachlicher Variation; enthält einen hohen Prozentsatz von Imperativen.

2.2.3.2.5. **Verschiedenes**

Neben den bisher beschriebenen vier Teiltexten kommen gelegentlich andere Textteile vor, die sich keiner der oben aufgeführten Gruppen zuordnen lassen.
Da dies oft Textsequenzen sind, die vom restlichen Text weitgehend isoliert stehen, haben wir diese als "hors texte" bezeichnet; so etwa die in der Autowerbung häufigen Zusätze des Typs: "Triumph préfère Total", "Simca a choisi Shell" oder auch ergänzende Zusätze wie: "Bedford, c'est General Motors."
Eine weitere Gruppe von Textzusätzen stellen die isoliert stehenden Angaben von Händlern und Vertriebsadressen dar, ferner Angaben zum Werbegegenstand wie Preisangaben, Gewichts- und Größenangaben u.a.
Der Vollständigkeit halber muß in diesem Zusammenhang noch der Name der Werbeagentur erwähnt werden, der in zahlreichen Anzeigen am linken, oberen oder rechten Rand vermerkt ist - meist in sehr kleiner, kaum lesbarer Schrift. Sie wird vom Anzeigenleser vermutlich meist gar nicht wahrgenommen.
Alle bisher erwähnten "hors texte" sind hinsichtlich ihrer Position und ihrer Schrifttype sehr unauffällig und werden wohl oft gar nicht rezipiert, umso mehr, als sie in unmittelbarer Nachbarschaft mit starken Aufmerksamkeitsappellen stehen.

Schlüter[1] sieht in der Abfolge von Headline, Fließtext und Slogan die von Cicero

---

1 Schlüter 1974:65.

entwickelte Dreiteilung der überzeugenden Rede verwirklicht:
- CONCILIARI
- DOCERE
- PERMOVERE

Während die Funktion des "Conciliari" sowohl dem ikonischen Teil der Anzeige wie auch der Headline zufällt, läßt sich die Funktion des "Docere" eindeutig dem Fließtext zuordnen, wenn er Argumentation, sachliche Beweisführung oder die sprachliche Entfaltung einer fiktionalen Situation zum Zwecke der Illustration enthält. Die Belehrung besteht in der Information über die Ware und deren Möglichkeiten; er ist eine Spezifizierung des "Gebrauchswertversprechens".[1] Die Funktion des "Permovere" schließlich ist außer im Slogan bzw. der signature line auch am Fließtext-Ende lokalisierbar, worauf bereits die hier zu beobachtende auffällige Häufung von Imperativen hindeutet.

1 Vgl. Haug 1977:passim.

3. DER IMPERATIV IN DER FRANZÖSISCHEN ANZEIGENWERBUNG

Werbetexte sind Texte, die vor dem ökonomischen Hintergrund der Massenproduktion von Waren und den dadurch erzeugten Absatz- und Distributions-Erfordernissen zu sehen sind. Wie die Diskussion einiger relevanter Randbedingungen des Texttyps 'Anzeigenwerbung' in Kap. 2 gezeigt hat, ist ihr erklärtes Ziel letztlich immer eine Umsatz-Steigerung, die durch erhöhte Verkaufszahlen des angebotenen Produkts bzw. durch vermehrte Inanspruchnahme einer angebotenen Dienstleistung erreicht wird. Werbung strebt also eine Beeinflussung des Kauf- und Konsumverhaltens ihrer Adressaten an; die Anzeigenwerbung gehört damit unstrittig zu den direktiven Textsorten.[1]

Der Imperativ wird nun wiederum, wie in Kap. 1 der Untersuchung ausgeführt worden ist, durchgängig als sprachliche Realisationsform par excellence für direktive Sprechhandlungen angesehen, dem allenfalls einige sekundäre nicht-direktive Nebenfunktionen auf der Satz- oder der Textebene zuerkannt werden.[2] Dementsprechend ist zu erwarten, daß der Imperativ in der Werbung eine privilegierte Stellung innehat und Werbesprache in besonderer Weise repräsentiert.

Diese Auffassung findet sich in der Literatur zur Werbesprache durchgängig bestätigt. Die H ä u f i g k e i t des Imperativ-Vorkommens wird dabei unseres Erachtens oft überschätzt. Dies wird bei Galliot besonders deutlich:[3]

> "L'impératif est, de toutes les formes verbales, celle qui revient le plus souvent, et il n'est guère d'annonce 'rédigée' qui n'en présente un ou plusieurs exemples."

Bieri dagegen stellt in nur 22 % der von ihm untersuchten Beispiele einen Imperativ fest.[4] Bei Hamel sind 25 % der von ihm ausgezählten unabhängigen Sätze in der englischen Werbesprache Imperativsätze,[5] während Römer wiederum im Hinblick auf den gesamten Anzeigentext zu dem Schluß kommt:[6]

> "Selbst wenn der Slogan kein Imperativ ist, so fehlt doch tatsächlich in kaum einer Anzeige ein Imperativ."

---

1 In zahlreichen texttypologischen Arbeiten wird sie als Textsorte behandelt, in der der direktive Charakter und die Dominanz des perlokutiven Effekts besonders deutlich realisiert sei; vgl. z.B. Werlich 1975, Gülich/Raible (ed.) 1972, Gniffke-Hubrig 1972, Große 1976.

2 Vgl. hierzu bes. Kap. 1.1.1. der Arbeit.

3 Galliot 1955:406.

4 Bieri 1952:248.

5 Hamel 1970:228.

6 Römer 1973:179. Sie handelt zwar den Imperativ unter dem Aspekt "Befehl", also einer inhaltlich bestimmten Kategorie ab, doch sind alle ihre Beispiele bis auf zwei Ausnahmen Imperativsätze.

Hamels und Römers Ergebnisse sind allerdings, da sie sich auf das Englische bzw. Deutsche beziehen, nur bedingt auf die französische Werbesprache übertragbar. Tatilon hält den Imperativsatz in französischen Werbetexten immerhin für eine der zentralen Formen von Slogan bzw. ligne d'accrochage (die er leider gleichsetzt!):[1]

> "Les slogans publicitaires sont des 'lignes d'accrochage' rédigées dans la perspective d'une communication instantanée. En général, ils prennent soit la forme de phrases impératives visant le conditionnement des lecteurs (...) soit la forme d'énoncés plus élaborés (...)".

Hronová stellt in seinem nicht genauer beschriebenen Korpus in 16 % der Anzeigen einen Imperativ fest. Trotz des überraschend geringen Prozentsatzes hält er ihn für eine zentrale Kategorie bei der Untersuchung der Werbesprache:[2]

> "L'impératif mérite d'être étudié d'une manière un peu plus approfondie. Dans notre subconscient, il est lié aux buts les plus propres de la réclame: il aide à exprimer d'une manière claire presque tout ce que les agents publicitaires veulent exprimer".

Auch in der - eher präskriptiv-empfehlenden - Fachliteratur der Werbebranche nimmt die Diskussion um den Imperativ eine zentrale Rolle ein, wobei sein Nutzen oder Schaden hinsichtlich des Kommunikationsziels durchaus widersprüchlich beurteilt wird. Schmidt etwa warnt vor der Verwendung des Imperativs, wobei er bezeichnenderweise auch an den Imperativ als Kauf-Aufforderung denkt:[3]

> "Befehle und weise Belehrungen lösen leicht einen inneren Widerstand aus. Man will ja schließlich aus eigener freier Entscheidung handeln und nicht nach dem Willen anderer. Man kauft eine Ware nicht dem Verkäufer zuliebe, sondern um des eigenen Vorteils willen. Der Egoismus des Werbenden verträgt sich nicht mit dem Egoismus dem Umworbenen, wenn er in solcher kategorischen Form zum Ausdruck kommt. Niemand will sich bevormunden lassen, am wenigsten in der Werbung. Forderndes Mahnen und Belehren wie 'Kaufen Sie dies, tun Sie das!' reizt unwillkürlich zum Widerspruch, man empfindet eine gewisse Mißachtung des eigenen Urteilsvermögens. (...) Darum sind kategorische Imperative und gouvernantenhafte Belehrungen im Werbetext gefährlich."

Noch kategorischer in seinem negativen Urteil ist Michligk:[4]

> "Der Imperativ gehört mit der drohend geschwungenen Keule des Ausrufezeichens nicht zur Werbesprache."

Bei diesen beiden Autoren wie auch bei jenen, die sich von ihm eine werbepsychologisch positive Wirkung versprechen,[5] wird 'Imperativ' praktisch immer undefiniert mit 'Befehl' oder 'Aufforderung' gleichgesetzt.

Diese wenigen Äußerungen zum Imperativ in der sprachwissenschaftlichen wie werbewirtschaftlichen Literatur zeichnen bereits ein sehr heterogenes und durchaus wi-

---

1 Tatilon 1978:76.

2 Hronová 1971:107.

3 Schmidt 1953:109.

4 Michligk 1967:122.

5 Vgl. etwa Haese 1956:110f. u.ö., Schwab 1965:123, Hartwig 1974:73.

dersprüchliches Bild. Den meisten von ihnen ist gemeinsam, daß der Imperativ für eine zentrale und beschreibenswerte sprachliche Kategorie gehalten wird; bei näherem Hinsehen zeigt sich jedoch schnell, daß keine einheitliche Vorstellung von dem besteht, was unter 'Imperativ' und 'Werbesprache' verstanden wird. Abgesehen davon, daß die grammatische Kategorie 'Imperativ' lediglich einzelsprachlich sinnvoll beschreibbar ist[1] und sich daher sprachübergreifende Urteile hinsichtlich seiner Häufigkeit und Funktion verbieten, muß klar sein, ob die rein grammatische Form, die Ausdrucksfunktion 'Aufforderung' oder die Kopplung von Form und Funktion gemeint ist. Diese Frage wird aber nur in den seltensten Fällen thematisiert, so daß die Füllung des Begriffs 'Imperativ' oft aus dem Kontext oder den Beispielen erschlossen werden muß; erschwerend können noch offensichtliche Widersprüche zwischen Definitionen und metasprachlichen Angaben und den verwendeten Beispielen bzw. dem Kontext hinzukommen.

Von zentraler Bedeutung ist ferner die genaue Kenntnis des Korpus, auf das sich die gemachten Beobachtungen beziehen; so ist mit unterschiedlichen Ergebnissen in der sprachlichen Gestaltung der Radio-, Fernseh-, Anzeigen- und Außenwerbung zu rechnen, und sogar innerhalb der Werbeanzeige ist es nicht unwichtig zu wissen, ob ihre gesamte Sprachgestaltung oder nur Teiltexte wie Slogan, Headline oder Fließtext untersucht wurden.

Es fällt auf, daß der Imperativ durchgängig isolierend betrachtet wird: Die Satzgrenze wird nicht überschritten, ein Bezug zum Gesamtkontext der Anzeige wird in der Regel nicht hergestellt - unabhängig davon, ob mit 'Imperativ' die morphologische Einheit, der durch sie strukturierte Satz oder die Ausdrucksfunktion 'Aufforderung' gemeint ist.

Schließlich zeigt sich, daß fast ausschließlich eine bestimmte Gruppe von Imperativen behandelt wird: Jene nämlich, die mehr oder weniger direkt die unterstellte Textintention der Gesamtanzeige bzw. der Werbung überhaupt realisieren. Diese Imperative aber sind schon deshalb eher selten, weil es sich ja hier um einen p e r s u a s i v e n Texttyp handelt, für den indirekte Sprechakte geradezu konstitutiv sind.

Das übergeordnete Ziel von Werbung und - im Falle der Anzeigenwerbung - darüber hinaus auch großer Teile des redaktionellen Umfelds bestimmter Werbeträger läßt sich als S c h a f f u n g e i n e s g ü n s t i g e n K o n s u m k l i m a s charakterisieren; dieses sehr allgemeine Ziel konkretisiert sich z.B. in der Verbreitung und Festigung der Überzeugung, daß jedes individuelle Problem, jede Unzufriedenheit auf dem Weg über den Konsum zu beheben seien und ferner, daß für jede gewünschte

---

1 Hier sei nur an das Italienische mit seinem morphologisch "defektiven" Imperativ-Paradigma erinnert, bei dem die Negation mit der Infinitiv-Form gebildet wird.

Problemlösung ein Produkt X zur Verfügung stehe. Die recht allgemeinen Gesichtspunkte der Bedarfsweckung und Bedarfslenkung lassen sich als Rahmen-Ziel einer Werbeanzeige z.B. konkretisieren als:

- Schaffung eines Konsum-Bedürfnisses oder Wachhalten von vorhandenen Konsum-Bedürfnissen
- Angebot von Objekten zur Befriedigung dieser Bedürfnisse
- Empfehlung eines bestimmten Fabrikats X der jeweiligen Objektbranche
- Darstellung seiner Vorzüge
- Bekanntmachen der Marke X oder Erinnerung an die Existenz dieser (als bekannt vorausgesetzten) Marke
- Schaffung eines Marken-Images
- Herstellung einer Beziehung zwischen dem Produkt der jeweiligen Marke und dem Adressaten.

Darüber hinaus ist die Anzeige in ganz unterschiedliche T e i l z i e l e zerlegbar, die gleichzeitig, alternativ oder sukzessiv zum Tragen kommen.

Um auf den Adressaten wirken zu können, muß die Anzeige die "schweifende Aufmerksamkeit des Lesers"[1] zunächst auf sich ziehen und dann fesseln, so daß er möglichst den gesamten Inhalt der Anzeige aufnimmt; außerdem soll die Botschaft einen bleibenden Eindruck hinterlassen, der sich zu einem späteren Zeitpunkt positiv auf das Kaufverhalten des Lesers und potentiellen Käufers auswirkt. Teilziele in diesem Sinne sind etwa die Erregung, die Fesselung und der Erhalt des Leserinteresses, das Memorieren von Werbeaussagen oder die Rücksendung des Coupons durch den Adressaten; sie umfassen schließlich als Feinziele auf der untersten Ebene spezifische Verhaltensweisen des Lesers bei der Textrezeption wie die lange Verweildauer bei der Anzeige, die möglichst vollständige Lektüre und die intensive Beschäftigung mit der Werbeaussage (Nachvollzug von Argumentationsketten, emotionale Anteilnahme u.v.m.). Die Feinziele auf dieser Ebene sind nun nicht mehr werbespezifisch; es ist demnach keineswegs so, daß sich die Direktivität der gesamten Sprechhandlung 'Anzeige' in jedem ihrer isolierbaren Teile wiederfände.

Die Frage nach der Funktion des Imperativs in der Anzeigenwerbung ist also untrennbar verknüpft mit der Frage nach den Gesamt- und Teilzielen der Anzeige, die er zu realisieren hilft. Angesichts der oben geschilderten Schwierigkeiten erhebt sich für die vorliegende Untersuchung die Notwendigkeit, a l l e vorkommenden, morphologisch eindeutig bestimmbaren Imperative in der Anzeigensprache hinsichtlich ihrer Häufigkeit, Position, Form, Funktion und Einbettung in den Gesamtkontext zu berücksichtigen.

---

1 Schlüter 1974:63.

Im einzelnen werden die folgenden Fragen zu untersuchen sein:

1. Welche der drei zu erwartenden Formen treten auf und mit welcher Häufigkeit?
2. Wie verhalten sich die tatsächlichen Kommunikationsbeteiligten der Werbe-Kommunikation zu den in der Sprecher- und Adressatendeixis der Imperativform gebundenen Größen?
3. Wie sind die beobachteten Imperativformen in ihren engeren sprachlichen Kontext eingebaut, und welche sprachliche Einheit kann zulässig zu Beschreibungszwecken isoliert werden?
4. Wie lassen sich die Imperativ-Verben semantisch beschreiben?
5. Welche Rolle spielt der verneinte Imperativ?
6. Wie können die Imperative hinsichtlich ihrer Bedeutung und ihres situativen Bezugs klassifiziert werden?
7. Läßt sich zwischen werbetypischen und für Werbung unspezifischen Imperativen unterscheiden?
8. Gibt es a n z e i g e n werbungstypische Imperative?
9. Lassen sich Beziehungen zwischen den verschiedenen Anzeigentypen und dem Vorkommen von Imperativen - in quantitativer wie in qualitativer Hinsicht - beobachten?
10. Welche Imperative treten in welchem der vier Teiltexte bevorzugt auf?

3.1. Der Einfluß außersprachlicher Faktoren auf die Imperativ-Häufigkeit in Werbetexten

3.1.1. Die Imperativ-Häufigkeit in verschiedenen Formen der Werbung: Plakat-, Radio-, Fernseh- und Kino-Werbung im Vergleich mit der Anzeigenwerbung

Neben der Anzeigenwerbung, die wir im folgenden untersuchen wollen, bedienen sich auch alle anderen Erscheinungsformen der Werbung der Sprache. Welche Zeichentypen auch immer miteinander kombiniert sein mögen - allen Werbemitteln ist gemeinsam, daß ein Teil der Botschaft durch akustisch oder visuell aufnehmbare Sprache vermittelt wird. Das gilt für die Außenwerbung (Plakatwerbung, Leuchtmittel- und Neonwerbung)[1] und für die Rundfunk-, Fernseh- und Kinowerbung ebenso wie für die Verpackungs- und Display-Werbung.[2] Allerdings ist die Interdependenz zwischen den verschiedenen Zeichensystemen in den meisten Werbemitteln sehr viel

---

1 Zur Außenwerbung allgemein vgl. etwa Potthast 1967.

2 Die Display-Werbung umfaßt "alle Hilfsmittel, die am Verkaufsort auf den Verbraucher einwirken sollen, um bei ihm den Kaufentschluß auszulösen." (Paszkowiak 1970:581). Zur französischen Display-Werbung ("P.L.V."-Werbung, d.h. "publicité sur le lieu de vente") vgl. Louey 1971: 127-136.

komplexer als in der Anzeigenwerbung und daher noch schwerer angemessen zu beschreiben.[1]

Vergleicht man die sprachliche Gestaltung verschiedener Werbeformen unter dem Gesichtspunkt der Häufigkeit des Imperativs, so scheint er in der Anzeigenwerbung am häufigsten zu sein.[2] Dieser Eindruck - der wegen der mangelnden Vergleichbarkeit der einzelnen Werbeformen allerdings kaum statistisch belegbar ist - soll im folgenden an einigen Beispielen diskutiert werden.

Die P l a k a t w e r b u n g[3] steht aus mehreren Gründen der Anzeigenwerbung nahe. Wie bei jener handelt es sich hier um komplexe Zeichen, die aus visuell realisierten Texten und einem Bildteil bestehen.[4] Da aufgrund dieser Gemeinsamkeit beide gut miteinander vergleichbar sind, fällt der unterschiedliche Anteil an Imperativen hier besonders auf: Während in der Anzeigenwerbung etwa ein Drittel der untersuchten Anzeigen einen oder mehrere Imperative enthält, sind es in der Plakatwerbung nur etwa ein Sechstel der erfaßten Plakate.[5]
Diese beiden Werbemittel haben eine sehr unterschiedliche Rezeptions-Situation. Adressat der Außenwerbung an Landstraßen ist der Autofahrer (und der oder die Beifahrer). Es steht nur eine extrem kurze Zeitspanne zur Aufnahme der Werbebot-

---

1 Die Verpackungs-Werbung hat insofern eine Sonderstellung, als bei ihr wegen des hohen Anteils an werbefremden Textsorten des Typs 'Anweisung' (Gebrauchsanleitungen, Rezepte, Montageanleitungen etc.) ein recht hoher Prozentsatz von Imperativen vorkommt; sie wurde hier aus diesem Grund ausgeklammert, ebenso wie die Display-Werbung, die sich wegen der Heterogenität der in ihr zusammengefaßten Werbemittel und der Komplexität der beteiligten Zeichensysteme nicht für eine Gegenüberstellung mit der Anzeigenwerbung eignet.

2 Dieser Eindruck wird dadurch verstärkt, daß der Imperativ in der Werbeanzeige in besonders auffälligen Positionen gehäuft vorkommt (Headline, Zwischenüberschriften im Fließtext, Fließtext-Anfang und -Ende).

3 Zur französischen Plakatwerbung vgl. Enel 1971 (städtische Plakatwerbung) und Genzel 1976 (Métro-Werbung).

4 Enel stellt in ihrer Untersuchung Anzeigenwerbung und Plakatwerbung vergleichend gegenüber (1971:13-16).

5 Diese Zahl beruht auf der Auszählung eines Teilkorpus von 100 Werbeanzeigen und einem kleinen Korpus von 35 Werbeplakaten, wie sie im März 1975 und Februar 1976 beiderseits der routes nationales RN 3 (Metz-Paris) und RN 4 (Strasbourg-Paris) auf freistehenden Plakatträgern oder an Hauswänden angebracht waren. Dabei wurden die Plakate der 'Prévention routière' ausgeklammert, um die Homogenität des auf Konsumwerbung festgelegten Untersuchungs-Gegenstands zu wahren; ferner blieben die bei der Landstraßen-Plakatierung häufigen Werbeanschläge für lokale Unternehmen (vor allem Supermärkte, Autowerkstätten, Hotels und Restaurants) unberücksichtigt, da diese sich durch einen extrem hohen Prozentsatz von denotativen Textteilen (Namen, Adresse, Telefonnummer, Entfernungs-Angaben, Beschreibung der Zufahrtswege etc.) von den Werbeplakaten überregionaler Unternehmen deutlich abgrenzen.

schaft zur Verfügung. Die Aufmerksamkeit des Autofahrers ist ferner auf die Wahrnehmung zahlreicher anderer Zeichen und Signale gerichtet. Um dieser Rezeptions-Situation Rechnung zu tragen, muß das Plakat einfach aufgebaut sein, um schnell rezipiert werden zu können; es muß ferner stark appellativ sein, um in der Konkurrenz mit den anderen Zeichen zu bestehen.

Vom Gesichtspunkt der Appellativität ist bereits das Format der Plakate sowie ihr Aufstellungswinkel zur Straße bestimmt, die innerhalb des gesetzlich eng festgelegten Spielraums[1] die optimalen Wirkungsbedingungen für die Rezeption ausschöpfen. Typisch für diese Form der Plakatwerbung gerade in Frankreich ist auch die häufige Wiederkehr des gleichen Plakats. Die Mehrfachaufstellung dient einmal dazu, die vollständige Rezeption zu sichern, die bei der ersten Konfrontation mit der Anzeige nicht immer möglich ist; ferner erleichtert der Wiedererkennungs-Effekt die Selektion des Plakats aus der Vielzahl der Außenreize.

In der Plakat-Gestaltung dominiert in der Regel das visuelle Element; meist ist nur ein Hauptmotiv dargestellt, oft das Produkt, für das geworben wird. Im Vergleich mit der Anzeige ist das Plakat in seinem Aufbau daher meist weniger komplex.

Der Text des Plakats ist auf ein Minimum reduziert: Oft beschränkt er sich auf die Nennung des Produkt- oder Herstellernamens (Nomination), an die sich eine Prädikation anschließen kann. Nach diesem Prinzip sind zahlreiche Slogans aufgebaut, die dann als konstitutiver Bestandteil des Produkt-Images auch unverändert in anderen Werbemitteln erscheinen und daher bei gut eingeführten Produkten oft als bekannt vorausgesetzt werden können, was wiederum ihre schnelle Identifikation und Erlernung begünstigt.[2]

Bei der Text-Strategie dieser Plakate handelt es sich eher um p r o d u k t - als k ä u f e r bezogene Darstellung; Argumentation und plakatinterne Repetition, die beide eine umfangreichere Versprachlichung verlangen, kommen so gut wie nicht vor. Die genannten Faktoren sind, wie noch zu zeigen sein wird, für das Vorkommen von Imperativen ungünstig und erklären so u.a. deren geringe Zahl in der Außenwerbung überhaupt und in der Plakatwerbung im besonderen.

---

1 Vgl. dazu die "Loi du 12 avril 1943" sowie vor allem das "Décret N° 60-1151 du 29 octobre 1960" und das "Décret N° 67-458 du 12 juin 1967".

2 Beispiele:
Renault 16 - l'espace en plus.
Volvic - la vie à l'état pur.
Monsieur Meuble - pour la qualité de la vie.
Oasis - une orange par verre.
Simca 1100 - l'original.

Auch in der Radio-, Fernseh- und Kino-Werbung scheint der Anteil an Imperativen geringer zu sein als in der Anzeigenwerbung. Der Grund dürfte darin liegen, daß es sich in allen drei Fällem um sehr komplexe Superzeichen handelt, bei denen die Appellfunktion der Werbebotschaft eher bei den nichtsprachlichen Komponenten liegen dürfte.
Bei der Radio-Werbung[1] liegt die Expressivität der Aussage zum einen in den suprasegmentalen Merkmalen wie Stimmlage, Sprechgeschwindigkeit, melodische und respiratorische Akzentuierung, Verlauf der Satzmelodie; diese werden ergänzt durch musikalische Untermalung sowie durch andere akustische Zeichen - Weckerklingeln, Meeresrauschen, Motorgeräusche von Autos oder Motorrädern. Dabei darf nicht vergessen werden, daß es sich hier ja ebenfalls um hochgradig ikonische Zeichen handelt, die für den Hörer leicht identifizierbar sind. Wie das Bild stehen sie andererseits aber nicht nur für sich selbst, sondern können indexikalisch auf bestimmte Situationen verweisen (Weckerklingeln für 'frühen Morgen', 'Aufstehen' etc.). Die sprachliche Aussage kann hier in ihrer Bedeutung gegenüber diesen stark appellativen Zeichen zurücktreten.
Die Fernsehwerbung[2] ist noch komplexer als die Radio-Werbung. Sie vereinigt die akustische Komponente, die beim Radio die einzige Ebene darstellt, mit der visuellen, wobei zudem der Film, als "bewegtes Bild", dem "Standbild" des Dias oder dem gedruckten Bild noch einmal an Ikonizität und Appellativität weit überlegen ist. Sprache kann dabei in mehrfacher Form vorhanden sein: zum einen akustisch, zum anderen optisch realisiert, und zwar als Schrift wiederum statisch (wie beim gedruckten Bild) oder dynamisch (vor dem Auge des Betrachters vorbeilaufend).
Der Appellcharakter dieses Werbetyps liegt ebenfalls überwiegend bei den nichtsprachlichen Komponenten und wird wesentlich gesteigert durch den parallelen und komplementären Einsatz der verschiedenen Zeichenarten.

Aus den hier gemachten Beobachtungen lassen sich folgende Hypothesen ableiten:

- Je textreicher die Werbung ist, desto größer ist die Wahrscheinlichkeit, daß Imperative vorkommen.
- Wenn mehrere Zeichensysteme an der Vermittlung der Werbebotschaft beteiligt sind, so wird der Appellcharakter eher durch die nichtsprachlichen Komponenten

[1] Zur Radiowerbung vgl. de la Motte-Haber 1972, Hauswaldt-Windmüller 1977.

[2] Zur französischen Fernseh-Werbung vgl. z.B. Agostini/Hughes 1972.

realisiert, während die Sprache komplementär andere Funktionen, Kommentar und Argumentation etwa, übernimmt. Damit verringert sich auch die Zahl der Imperative.

Die Anzeigenwerbung ist im Gegensatz zu den anderen Werbemitteln, die hier zum Vergleich herangezogen wurden, verhältnismäßig wenig appellativ; ihre - relative - Armut an expressiven Ausdrucksmitteln weist ihr komplementäre Aufgaben innerhalb einer komplexeren Werbestrategie zu, an der mehrere Werbemittel beteiligt sind. Die Anzeigenwerbung ist das textreichste Werbemittel; neben dem Bildteil spielt der Text bei der Übermittlung der Werbebotschaft eine zentrale Rolle, was sich allein an der Ausdifferenzierung unterschiedlicher Teiltexte und sehr ausgeprägter sprachlicher Gestaltungskonventionen ablesen läßt. Dieser Textreichtum erlaubt eine differenzierte und informationsreiche Präsentation des Werbeobjekts; sie begünstigt A r g u m e n t a t i o n und - anzeigeninterne - R e p e t i t i o n. Schließlich muß auch die Sprache neben dem Bild in besonderer Weise die Appellativität der Anzeige mittragen, um den Leser zu gewinnen.

3.1.2. Einflüsse außersprachlicher Faktoren auf die Häufigkeit von Imperativen in der französischen Anzeigenwerbung

Die Werbeanzeige ist das Realisat umfangreicher Voruntersuchungen, die vor allem eine detaillierte Markt-, Zielgruppen-, Werbemedien- und Werbeobjekt-Analyse umfaßt. Die letztendliche Konzeption der Anzeige trägt den Ergebnissen dieser Analysen in höchstem Maße Rechnung; ihre Gestaltung ist sehr bewußt auf eine optimale Entfaltung ihrer Wirkung angelegt. So verwundert es nicht, daß sich bei der Untersuchung eines ausreichend großen Korpus von Anzeigen deutliche Zusammenhänge zwischen Einzelheiten der sprachlichen Gestaltung - hier: dem Imperativ - und Faktoren wie Produktbranche, Werbeträger, Leserschaft und Käuferkreis, Bildgestaltung, Überzeugungsstrategien und anderem abzeichnen.

Die Gestaltung der Anzeige unterliegt gewissen "contraintes légales",[1] gesetzlichen Vorschriften, die die Freiheit des Werbegestalters einschränken. Sie betreffen in Frankreich neben der Werbung für Arzneimittel besonders die Werbung für Zigaretten und alkoholische Getränke. Letztere sind entsprechend ihrem Alkoholgehalt in fünf Kategorien eingeteilt; für die Alkohole der 5. Kategorie[2] darf überhaupt nicht

---

1 Zu den "contraintes légales" vgl. Greffe/Greffe 1979.

2 Zu ihnen gehören vor allem "apéritifs anisés, whisky, vodka".

geworben werden, für Alkoholika der 3. Gruppe[1] darf der Anzeigentext über die Nennung von Produktgattung, Namen und Adressen des Herstellers und von Vertriebsstellen sowie Angaben zur Zusammensetzung des Produkts nicht hinausgehen. Die Anzeigen für diese Produkte sind daher extrem textarm und enthalten natürlich auch keine Imperative.

Anzeigen, die für ein auf dem Markt gut eingeführtes Produkt werben, beschränken sich häufig auf die sog. "Repräsentationswerbung"; sie verzichten auf neue Informationen über bzw. Argumente für ihr Werbeobjekt und bringen dieses nur von Zeit zu Zeit in Erinnerung, indem sie auf das einmal aufgebaute Produktimage zurückgreifen. Im Gegensatz zur Einführungswerbung oder der Änderung des Produktprofils begnügen sich Anzeigen dieses Typs häufig mit der Abbildung ihres Werbeobjekts und der Nennung des Markennamens bzw. des Hersteller-Signets. Auch in diesen Fällen fast ausschließlich visuell gestalteter Werbebotschaft kommen keine Imperative vor. Allerdings ist für den Laien schwer zu beurteilen, in welcher Phase der Werbestrategie eine einzelne Anzeige angesiedelt ist; inwieweit diese Faktoren in die Anzeigengestaltung eingehen, läßt sich daher nicht entscheiden.

Im folgenden sollen einige weitere wichtige außersprachliche Faktoren, die die Anzeigengestaltung beeinflussen, beschrieben werden.

3.1.2.1. **Die Produktbranche**

Die Gestaltung der Werbeanzeige ist in allerersten Linie natürlich vom Werbegegenstand abhängig, für den geworben wird: Handelt es sich um Konsumgüter, Investitionsgüter oder Dienstleistungen? Sind es Waren des täglichen Bedarfs oder Luxusgüter?

Das Produkt bestimmt den K a u f t y p: Wird es einmalig erworben oder in bestimmten zeitlichen Intervallen regelmäßig gekauft? Handelt es sich um Spontankauf oder einen langfristig geplanten, gut überlegten Kauf, ist die Kaufentscheidung eher rational oder emotional begründet?

Von Bedeutung ist auch, ob es sich um ein Produkt handelt, das der Käufer für sich selbst oder für einen anderen erwirbt, also auch, ob der Leser der Anzeige identisch ist mit dem potentiellen Käufer oder ob der Leser zukünftiger Adressat eines ge-

---

1 Zu ihnen gehören "Vins doux naturels autres que ceux appartenant au groupe 2, vins de liqueur, apéritifs à base de vin et liqueurs de fraises, framboises, cassis ou cerises, ne titrant pas plus de 18 degrés d'alcool pur". (Code des débits de boissons; Ord.n°59-107 du 7 janv.1959 mod.par Ord.29 nov.1960).

kauften Produkts (Beschenkter) sein könnte.
Es versteht sich von selbst, daß alle bisher aufgeführten Kriterien in engem Zusammenhang mit dem P r e i s des Produkts stehen.
Ein anderer Gesichtspunkt ist die Frage nach der Stellung des Artikels in bezug auf eine gegebene M a r k t - S i t u a t i o n: Steht er in einer Konkurrenz-Situation, in der er sich zu behaupten hat? Hat er ein gut eingeführtes und dem Käufer bekanntes Markenbild, das ihn von der Konkurrenz abhebt, oder muß ein die Ware individualisierendes Produkt-Image erst aufgebaut werden (Repräsentations- und Einführungswerbung)? Handelt es sich um die Fortführung einer längerfristigen Werbestrategie, oder soll das Produkt-Image verändert werden?

Das Zusammenwirken dieser i.w.S. produktabhängigen Faktoren mit der Gestaltung der Anzeige läßt sich besonders gut am Beispiel der P a r f u m - und E a u d e t o i l e t t e -Produktgruppe zeigen.
Ein produktbedingtes Dilemma dieser Branche ist die Schwierigkeit, den oft zitierten Leitsatz für die Anzeigengestaltung "Verkaufe die Wirkung!"[1] in die Tat umzusetzen. Das Produkt selbst ist 'in Aktion' und ohne seine Verpackung nicht visuell darstellbar, geschweige denn von den Konkurrenzprodukten unterscheidbar. Die bildliche Darstellung der Wirkung bedarf daher komplizierter Übersetzungstechniken, die die Aufladung der dargestellten Gegenstände, Landschaften, Personen mit Konnotationen erreicht. Jede Abbildung eines Gegenstands denotiert zunächst einmal nur ebendiesen Gegenstand. Inwieweit die Abbildung eine Vielzahl des gleichen Gegenstands bezeichnet, inwieweit sie metonymisch auf andere Gegenstände, Zustände, Situationen, Befindlichkeiten verweist (Teil-Ganzes-Relation, Konkretum-Abstraktum-Relation), hängt entscheidend von der durch die Gestaltung der Anzeige hergestellten Bild-Text-Beziehung und den Beziehungen der einzelnen visuellen Elemente zueinander ab.

Die Werbeanzeigen dieser Branche sind sich alle sehr ähnlich: Sie haben alle einen dominierenden Bildteil, und sie gehen alle eher seduktiv als argumentativ vor. Es fällt auf, daß in den Werbeanzeigen dieser Branche Imperative extrem selten sind.
Die große Übereinstimmung in der Anzeigengestaltung ist bereits produktbedingt: Hinsichtlich ihrer Erscheinung, ihrer Konsistenz, ihres Gebrauchs bzw. Verwendungszwecks, ihrer Produktion, Distribution und ihrer Käufer unterscheiden sich die Produkte dieser Branche nur wenig. Es ist also eine Hauptaufgabe der Anzeige, die Ab-

---

1 So zitiert bei Mackensen 1973:161.

grenzung zum Konkurrenzprodukt zu leisten, mit anderen Worten: das jeweilige Parfum eines Herstellers gegenüber den anderen zu individualisieren. Da diese Individualisierung weder durch Argumentation noch durch Repetition möglich ist, übernimmt das Bild die dominierende Rolle, und der Textanteil ist in allen Anzeigen der Branche folglich äußerst gering.

Die Individualisierung des Parfums findet zum einem im Bildteil statt. In allen von uns untersuchten Anzeigen war der Flacon abgebildet. Die Gestaltung des Flacons, die in den Bereich der Verpackungs-Werbung fällt, ist in dieser Branche besonders wichtig: Durch auffällig und phantasievoll gestaltete Flaschen sollen die Parfums der einzelnen Hersteller auch optisch identifizierbar und leichter unterscheidbar werden. Die Abbildung des Flacons in der Anzeige ist stets hochgradig ikonisch und somit stark denotativ, dies oft im Gegensatz zum sonstigen Bildteil. In sprachlicher Hinsicht wird das Parfum vor allem durch den P r o d u k t - N a m e n individualisiert. Dieser steht daher in allen Anzeigen im Vordergrund; er ist oft durch eine ganz besondere Typographie zusätzlich individualisiert und hervorgehoben. Neben dem Produktnamen spielt der Name des Herstellers eine wichtige Rolle. Diese Branche wird von relativ wenigen großen Herstellern dominiert; ihre Namen können wohl beim französischen Durchschnittsleser als bekannt vorausgesetzt werden. Diese Namen sind mehr als in anderen Branchen Prestigeträger. Nun wird, ähnlich wie bei den bekannten Modeschöpfern, jährlich eine neue Kollektion von Parfums entwickelt und der Öffentlichkeit vorgestellt; die Namen der Parfums sind also weniger bekannt als die des Herstellers und müssen durch die Werbung eingeführt werden. Aufgabe der Anzeige ist es daher auch, den weniger bekannten Produkt-Namen mit dem des Herstellers in Verbindung zu bringen und das Prestige seines Namens auf die neue Kreation zu übertragen. Aus diesem Grund ist der Name des Parfums oft sprachlich unmittelbar aus dem Namen des Herstellers abgeleitet.

Beispiele:

Parfum-Name	Hersteller-Name
Eau de Roche	*Rochas*
Weil de Weil	*Weil*
Monsieur Lanvin	*Lanvin*
Dior-Dior	*Dior*
Cardin	*Pierre Cardin*
eau de patou	*Jean Patou*
Givenchy III	*Givenchy*
L	*Lubin*
Y	*Yves Saint Laurent*

Sprachlich läßt sich dieser Prozeß als Motivierung eines bisher unbekannten Zeichens durch Ableitung aus einem bereits bekannten Wort beschreiben.

Oft stellen diese beiden Namen den einzigen Anzeigentext dar. Ist darüber hinaus weiterer Text vorhanden, so hat dieser ebenso wie alle visuelle Zusatzinformation, die über die Abbildung des Parfum-Flacons hinausgeht, in erster Linie die Aufgabe, das Produkt mit zusätzlichen Qualitäten anzureichern, die ihrerseits wieder einem überschaubaren, für die Produktbranche spezifischen Inventar von Kauf-Motivationen entsprechen.

In der Parfum-Branche stehen dabei an erster Stelle:

- Der Wunsch, die Anziehung auf einen Partner zu erhöhen; er schlägt sich bei der Gestaltung der Anzeige vor allem in einer auffällig starken Betonung von Feminität oder Maskulinität nieder. Auch dieses Phänomen, die starke Betonung der Geschlechterrolle sowohl des potentiellen Verbrauchers wie auch des - nicht selten personifizierend dargestellten - Parfums, spiegelt sich bereits in den Parfum-Namen:

Herren-Parfum -Eau de toilette	Frauen-Parfum -Eau de toilette
Captain Molyneux	*Amazone*
H pour Homme	*Everêve*
Eminence	*Babe*
Brut for men	*Femme*
Drakkar pour homme	*Chloé*
Pour Monsieur	*Estivalia*
Monsieur Lanvin	
Men's Club	
Pour un homme	
Moustache	
Balafre	

- Der Wunsch, der Banalität des Alltags zu entfliehen. Das Motiv der "évasion" konkretisiert sich in der Darstellung von fiktionalen Motiven und Traum-Motiven in Text und Bild.

Gelegentlich ist ein fast noch als denotativ zu bezeichnender Textteil vorhanden, in dem die besondere Duftnote des jeweiligen Parfums beschrieben wird: "doux" oder "brut". Namen wie "English Lavender", "Coriandre", "Piment", "Sandlewood" oder gar Attribute wie "Composition fleurie et boisée sur fond fruité" können wegen ihrer starken Metaphorik kaum mehr als denotativ angesehen werden, obwohl auch sie als Aussage über die Duftnote des Parfums zu gelten haben. Da jedoch der Charakter eines Parfums nicht zuletzt erst durch den sprachlichen Zugriff herausgearbeitet wird, wobei die Sprache die Aufgabe erhält, die Wahrnehmung zu beeinflussen und zu lenken, sind die Texte der Parfum-Werbung durch die Häufung von Attribut-Reihungen gekennzeichnet, deren Bezug zum Objekt oft ebenso willkürlich erscheint wie die durch den Bildteil hergestellte Assoziation zwischen dem Objekt und dem von ihm symbolisierten Versprechen.

Beispiele:

001 *"Eau de Roche, de Rochas / Eau du matin, matin mâtiné d'églantine, de narcisse des montagnes. Citron vert. Verveine. Et mystère... A découvrir. A s'inonder (...)"*
(Eau de Roche, Rochas)

002 *"Tendre et Fougueuse Amazone.../ ...Elle est la vie, l'instinct, la féminité. Elle fascine. A son image, Hermès a créé un parfum tendre et fougueux. (Composition fleurie et boisée sur fond fruité.) Amazone / Parfum d'Hermès."*
(Amazone, Hermès)

003 *"Un Parfum aux secrètes splendeurs... /'farouche' le nouveau parfum de Nina Ricci."*
(Farouche, Nina Ricci)

004 *"Vivre sa vie avec Charlie... il est sensuel, charmeur, plein de surprises. (...)"*
(Charlie, Revlon)

005 *"Charlie / Un parfum très original / Charlie / Le parfum charmeur, sensuel de Revlon. / Eau de toilette et Parfum en atomiseur."*
(Charlie, Revlon)

006 *"'Dior-Dior'/ le très nouveau parfum de Christian Dior ... doublement Dior"*
(Dior-Dior, Dior)

007 *"Ce Parfum qui fait rêver... / L'Air du Temps / Parfum de Nina Ricci / Les flacons de luxe sont en cristal de Lalique."*
(Air du Temps, Nina Ricci)

008 *"Une création Avon / Unspoken / un parfum qui se passe de mots / ...une certaine facon d'être complice"*
(Unspoken, Avon)

009 *"Estivalia / eau de toilette / jeune, féminine, légère, vaporeuse / Puig / Paris/New York/Barcelone"*
(Estivalia, Puig)

010 *"Femme / Femme, de Rochas. Séduisant, sensible, envoûtant présent, le plus femme des parfums. / Parfums Rochas / Paris."*
(Femme, Rochas)

011 *"Mieux que des mots... / Cardin / de pierre cardin"*
(Cardin, Pierre Cardin)

012 *"Cabochard / Grès / Paris / Des foulards d'aujourd'hui, le parfum d'une vie. / Grès"*
(Cabochard, Grès)

013 *"Revillon collection / detchema / parfum rayonnant et mystérieux, comme la déesse dont il porte le nom."*
(Detchma, Revillon)

014 *"La femme est une île. Fidji est son parfum. / Parfums Guy Laroche Paris."*
(Fidji, Guy Laroche)

015 *"Devenez Chloé. / 'Une femme ne porte pas mon parfum... elle devient Chloé.' Karl Lagerfeld / Un nouveau parfum aussi raffiné et intense que son créateur. Aussi unique que la femme qui l'adoptera. / Parfums Lagerfeld / Paris."*
(Chloé, Lagerfeld)

016 *"Ho Hang: comme un baiser qui n'en finirait pas./ Balenciaga / Paris / Ho Hang: eau de toilette pour homme et pour femme."*
(Ho Hang, Balenciaga)

017 *"Moustache / Moustache, de Rochas. Piquante, légère et gaie, une eau de toilette au masculin. / parfums Rochas / Paris."*
(Moustache, Rochas)

018 *"Un visage d'homme, intrépide et noble... La rapidité de la flèche qui part et talonne l'espace... Un corps sachant se vaincre... Une sève nouvelle, Vétiver... /*

Vétiver de Guerlain."
(Vétiver, Guerlain)

Da der Textteil dieser Anzeigen stark reduziert ist, lassen sich im Gegensatz zu anderen Branchen hier Teiltexte wie Headline, Fließtext, Slogan nicht unterscheiden; der einzige kurze Text ist oft zugleich Bilduntertitel und body copy, begleitet von kurzen 'hors texte'-Angaben. Ein expliziter Verweis auf den Bildteil kommt praktisch nicht vor.

Die Anzeigen sind stark p r o d u k t b e z o g e n: So ist das Werbeobjekt - hier die Parfum- bzw. Eau de toilette-Flasche - immer im Bild vertreten, während der "Konsumentenvertreter", der in anderen Branchen häufig erscheint, hier seltener ist. Wenn Personen abgebildet sind, so sind sie eher Teil der im Bild aufgebauten Atmosphäre - ästhetische Objekte, die den adäquaten Rahmen für das dargestellte Produkt bilden. Kennzeichnend dafür ist, daß die Personen den Leser meist nicht ansehen, sondern im Profil oder Halbprofil abgebildet sind. Dem entspricht ferner die isolierte Darstellung des Parfum-Flacons: Zwischen der Person und dem Parfum wird eine Beziehung allein durch die Kontiguität der Abbildung hergestellt, während bei Körpersprays, Kosmetika und den (leichter visualisierbaren) Haarwaschmitteln und Schaumbädern, die nicht selten vom gleichen Hersteller angeboten werden, eine Person beim Benutzen des entsprechenden Produkts dargestellt wird; hier kann die Ware "in Aktion" gezeigt werden.
Auf sprachlicher Seite entspricht dem, daß in diesen Anzeigen kaum eine direkte Ansprache des Lesers durch die im Bild dargestellte Person stattfindet. Die Produktbezogenheit manifestiert sich sprachlich auch in der Seltenheit von Pronomina der 1. und 2. Person. Die Texte bestehen zu einem großen Teil aus Attribut-Reihungen, darunter zahlreiche Vergleiche, Metaphern, Metonymien, die als assoziative Ketten ebenfalls auf das Produkt bezogen sind. Da Nomen und Nominalsyntagmen dominieren und Infinitive häufiger sind als flektierte Verbformen, wirken diese Texte sehr statisch. Syntaktisch handelt es sich oft um parataktische Reihungen unvollständiger Sätze, Ellipsen; kausale oder konsekutive Verknüpfungen (donc, car, alors) und subordinierende Konjunktionen treten kaum auf. Der Vertextungsgrad dieser Texte ist äußerst gering.
Die Parfum-Werbung ist zugleich eine h e r s t e l l e r b e z o g e n e Werbung. Das wird z.B. deutlich bei der Werbung für Chloé von K. Lagerfeld (vgl. oben Nr. 015), wo die Personalisierung des Herstellers besonders stark ist: volle Namensnennung, wörtliches Zitat, Personalpronomen der 1.Pers.Singular, die Referenzidentität von "Karl Lagerfeld" und "créateur" (wobei das Attribut "créateur" wiederum auf eine enge Beziehung zwischen dem individuellen Hersteller und seinem Produkt verweist).

Die Textstrategie ist stark s e d u k t i v , niemals argumentativ; Repetition kommt allenfalls in der mehrfachen Wiederholung von Produkt- und Herstellernamen zum Tragen, wobei diese häufig mindestens einmal als Teil der visuellen Botschaft, nämlich als sichtbare Aufschrift auf dem Flacon, vorkommen.
Es erstaunt angesichts dieser Charakteristika daher nicht, wenn Imperative in Anzeigen dieser Produktbranche praktisch nicht vorhanden sind.

Auch in einigen anderen Warengattungen ähnelt die Anzeigengestaltung gelegentlich der hier ausführlich behandelten Parfum-Werbung: bei Produkten der Haute Couture und der anspruchsvollen Bekleidungs-Industrie, wertvollem Geschirr, exklusiven Möbeln, Luxus-Feuerzeugen, Luxus-Füllhaltern, Armbanduhren - allerdings immer nur für die Erzeugnisse der oberen Preisklassen jener Produkt-Branchen. Diese werden durch ihre Ausführung - wertvolle Leder und Stoffe, Vergoldung, Chinalack-Auftrag, Edelstein-Besatz etc. - vom Gebrauchsgut zum Luxusgut hochstilisiert. Sie werden, obwohl es sich de facto natürlich um eine Serien-Produktion handelt, in der Regel wie Einzelanfertigungen angepriesen; visuell drückt sich das darin aus, daß stets nur ein einziges Exemplar abgebildet ist, oft überdimensional groß und durch besondere graphische Mittel überhöht und in Szene gesetzt (extrem ikonische Abbildung, geringe Komplexität des visuellen Teils, so daß die Aufmerksamkeit ungebrochen auf das Werbe-Objekt fokussiert wird; auch hier selten Darstellung "in Aktion"). Die intendierte Gleichsetzung mit dem in einem einzigen Exemplar existierenden Kunstwerk, dessen Authentizität durch die Signatur seines (individuellen!) Herstellers bestätigt wird, ist bei zahlreichen Anzeigen dieses Typs offensichtlich. Wie in der Parfum-Werbung dominiert hier das Bild; der Textteil ist auch hier extrem reduziert, oft ist nur der Name des Herstellers genannt. Auch hier handelt es sich um eindeutig produktbezogene und z.T. herstellerbezogene Werbung. Imperative tauchen wie bei der Parfum-Werbung in Anzeigen für diese Produkte so gut wie nicht auf.

Deutlich unterschieden von diesen Produktbranchen sind die Anzeigen aus dem Bereich der R e i s e - , T o u r i s m u s - u n d L ä n d e r w e r b u n g , ferner auch der I m m o b i l i e n - W e r b u n g . Es sind in der Regel Anzeigen mit ausgeglichenem Bild-Text-Verhältnis von hoher Komplexität. Sie sind meist reich gegliedert: Sowohl im visuellen wie im textuellen Bereich enthalten sie mehrere kleinere Einheiten. Da in ihnen eine große Menge an Information vermittelt werden soll, ist ein gewisser sprachlicher Aufwand nötig. Ihre Argumentation ist produkt- wie auch oft deutlich käuferbezogen. Indiz für eine käuferbezogene Argumentation ist immer das Auftreten von Pronomina in der zweiten Person; in deren Nachbarschaft ist nun ebenfalls eine erhöhte Auftretenswahrscheinlichkeit für den Imperativ vorhanden. Tatsächlich gehören die Anzeigen dieser Branchen durchweg zu den imperativhaltigsten - und zwar in allen Teiltexten.

Beispiele:

019 HL: *"**Rêvivez à** Calor-en-Real"*
(Calor-en-Real, städt. Tourismus-Werbung)

020 HL: *"**Venez vivre** les nouvelles stations du Languedoc-Roussillon"*
(Tourismus-Werbung mehrer Städte)

021 HL: *"**Ouvrez. Lisez.** Partez en Afrique Noire."*
(Air Afrique, compagnie aérienne + Länderwerbung)

022 HL: *"Cet été, **louez** Maeva."*
(Club Méditerranée, tourisme)

023 HL: *"aux Arcs **achetez** 15 jours d'été en studio '3 étoiles' et **profitez-en** quand vous voulez"*
(Les Arcs, immobilier)

(Vgl. auch die Anzeigen Nr. 5, 16 und 17 des Bildanhangs.)

Anzeigen dieser Branchen enthalten praktisch immer einen Coupon zur Anforderung weiterführender Information; da dieser Teiltext in der überwiegenden Mehrzahl der Fälle einen oder mehrere Imperative enthält (also auch in Anzeigen, deren Argumentations-Strategie ansonsten nicht "imperativ-freundlich" angelegt ist), ist die Wahrscheinlichkeit für das Vorkommen imperativhaltiger Anzeigen hier sehr groß.
Die "Werbe-Objekte" der Tourismus-Werbung sind Dienstleistungsgüter; in der Immobilienbranche handelt es sich um Investitionsgüter. Beides sind Artikel außerhalb der unmittelbaren Bedarfszone; bei beiden sind größere Summen anzulegen. Spontankäufe sind hier nicht zu erwarten. Das Vorhandensein eines Rücksende-Coupons ist im allgemeinen ein Indiz dafür, daß bei dem entsprechenden Werbe-Objekt nicht mit einem Spontan-Kauf gerechnet wird.

Einen dritten Gestaltungstyp stellen die Anzeigen für B ü c h e r und Z e i t s c h r i f t e n dar. Bei ihnen ist der Bildteil stark reduziert, z.T. gar nicht vorhanden. Sie vermitteln ihre Botschaft also überwiegend oder ausschließlich durch Sprache, wobei der Textteil reich gegliedert ist: Er enthält zahlreiche unterschiedliche Teiltexte und Paragraphen, Kapitelüberschriften, Coupons zum Anfordern einer Ansichtssendung oder auch direkt zum Bestellen, also zum Erwerb der Ware - eine Besonderheit, die weitgehend dieser Branche vorbehalten ist. Im Vergleich zur Tourismus-Werbung etwa spielt die Headline hier eine untergeordnete Rolle. Innerhalb dieser Branche enthalten nicht nur praktisch alle Anzeigen einen Imperativ (und zwar nicht nur auf dem Bestellcoupon!), sondern darüber hinaus sind hier auch besonders viele Imperative pro Anzeige zu finden. Das rührt nicht zuletzt daher, weil in diesen textreichen Annoncen neben der Argumentation auch die anzeigeninterne Repetition eine wichtige Rolle spielt. Sprachlich äußert sich dies in der häufigen Verwendung rhetorischer Wiederholungs-Figuren: Parallelismus, Dreierfigur, Asyndeton, Anapher. Anzeigen dieses Produktzweigs treten in Frauenzeitschriften kaum auf, wohl aber in Periodika wie 'L'Express', 'Le Point' und 'Le Nouvel Observateur'. Durch ihre Gestaltung wird eine bestimmte, als potentieller Kundenkreis interessante Zielgruppe aus der Gesamt-Leserschaft des Werbeträgers selektiert.

3.1.2.2. Der Werbeträger und seine Leserschaft

Der Werbeträger stellt den Kanal dar, über den die Botschaft (hier: die Werbe-Anzeige) transportiert wird; entsprechend ist dessen Leserschaft auch die potentielle Leserschaft der Anzeige. Es erscheint daher sinnvoll, diese Faktoren gemeinsam zu behandeln.

Dem Inserenten sind bestimmte Größen für die Gestaltung der Anzeige vorgegeben: Formate, Drucktechnik (Farbgebung, Rasterung etc.), Papierqualität u.a.; ferner muß auch der redaktionelle Teil berücksichtigt werden, zu dem die Anzeige nicht in Widerspruch stehen darf. Angleichungen an Typographie und Lay-out des redaktionellen Teils finden sich gelegentlich bei Anzeigen der Hi-fi- und Photobranche; diese müssen durch den Zusatz "publicité" oder "communiqué" als Werbung kenntlich gemacht sein. Anzeigen dieser Art sind immer sehr textreich.

Wichtigster Gesichtspunkt für die Wahl des Werbeträgers ist natürlich dessen Leserschaft. Es ist ein wesentlicher Bestandteil der Planung eines Werbefeldzugs, die Werbeträger ("supports") für eine Anzeigenserie auszuwählen und die Gestaltung der Anzeigen von den unterschiedlichen soziologischen Faktoren des Lesepublikums abhängig zu machen (Alter, Geschlecht, Bildung, Beruf, Freizeit-Interessen, Kaufkraft, Konsumgewohnheiten, Kaufmotivation etc.).

Die Streuung der Anzeigenwerbung ist, im Gegensatz zu anderen Werbeträgern, relativ gezielt, da sich durch den Werbeträger bereits ein mehr oder weniger homogenes Zielpublikum herausgebildet hat. Darauf weist auch Cohen hin:[1]

> "Il reste possible de pousser plus avant la personnalisation publicitaire - par une sélection 'fine' des supports de publicité. On peut, de la sorte, opter pour des titres qui sont typés par l'existence d'une couche importante de lecteurs (...) On pourra, à chaque fois, adapter son message aux caractéristiques de la clientèle dominante du journal".

Das gilt natürlich besonders für die "presse spécialisée": Frauenzeitschriften, Jugendzeitschriften, Fachzeitschriften (Elle, Marie-Claire, Salut les Copains, Vogue,

---

1 Cohen 1973:70.

Lui, Modes & Travaux, Art & Décoration, L'Action automobile et touristique, Voiles et Voiliers - um nur einige zu nennen). Allerdings hat dies für den Inserenten auch den Nachteil, daß sich seine Anzeige stets in unmittelbarer Nachbarschaft mit Konkurrenten der gleichen Produktbranche befindet.

Als Beispiele für die Konzentration bestimmter Produktgruppen in den einzelnen Werbeträgern lassen sich nennen:

- Frauenzeitschriften: Kosmetika, Parfums, Kleidung, ferner Haushaltsgeräte und Geschirr;
- Jugendzeitschrift 'Salut les Copains': Blue Jeans, Mofas, Süßigkeiten, Coca-Cola, (billige) Plattenspieler und Kofferradios;
- Fachzeitschrift 'Art & Decoration': Möbel, Kamine, Bodenbeläge, Kacheln, Tapeten, Geschirr;
- Fachzeitschrift 'Action automobile et touristique': Autos, Motorräder, Reifen, Bremsflüssigkeit und Schmieröl, Autozubehör aller Art, Wohnwagen.

Die 'presse spécialisée' ist auch insofern ein besonders geeigneter Werbeträger, als der redaktionelle Teil das Interesse der Leser stimuliert und lenkt. Das Bemühen der Werbefachleute, die Werbung zu personalisieren, wird dadurch erleichtert: Die Anzeige kommt den - zumindest momentanen - Interessen des Lesers entgegen und wird daher mit größerer Wahrscheinlichkeit gelesen; sie wird z.T. sogar intentionaler wahrgenommen werden.

Durch die aufgrund der oben genannten Faktoren begünstigte Konzentration einzelner Produktbranchen in bestimmten Werbeträgern ergibt sich auch eine Beziehung zwischen der Zeitschrift und der Häufigkeit der Imperative: In dem hier ausgewerteten Exemplar der Kunstzeitschrift 'L'Œil' beispielsweise enthält keine einzige Anzeige einen Imperativ, in 'Vogue' nur sehr wenige, obwohl auch "unspezifische" Inserenten vertreten sind (Olivetti-Schreibmaschinen, S.T.Dupont-Luxusfüllfederhalter, Dunhill-Zigaretten). In beiden Werbeträgern herrscht eine produktbezogene Werbung vor, mit klarer Bild-Dominanz und wenig Text. Trotz ihrer Produktbezogenheit sind die hier vertretenen Anzeigen seduktiv: Sie sind auf die ästhetische Überhöhung des Werbegegenstands angelegt, zugunsten der "Lust am schönen Schein" treten praktische oder funktionale Argumente zurück. Für die Armut an Imperativen ist hier nicht nur die Selektion der inserierenden Produktbranchen verantwortlich, sondern es findet offenbar auch eine Angleichung der Anzeigengestaltung an die Leseerfahrung und an den Erwartungshorizont des Vogue- oder Œil-Lesers statt.

3.1.2.3. **Die Bild-Text-Relation der Anzeige**

In den beiden ersten Abschnitten wurde bereits der Zusammenhang zwischen der Auftretenswahrscheinlichkeit von Imperativ und der Bild-Text-Verteilung innerhalb der

Anzeige sichtbar: In b i l d d o m i n a n t e n Anzeigen sind Imperative seltener als in t e x t d o m i n a n t e n Anzeigen.

Diese Korrelation ist aus verschiedenen Gründen einleuchtend. Zum einen stehen die beiden Zeichentypen meist in einem komplementären Verhältnis: Entweder hat das Bild die wichtigste Funktion bei der Vermittlung der Werbebotschaft, und dann ist der Text knapp gehalten, schon, um die Wirkung des Bildes nicht zu mindern; oder aber die Anzeige ist textreich, und dann ordnet sich das Bild, wenn vorhanden, der sprachlich vermittelten Botschaft unter.

Diese Beobachtung bestätigt sich, wenn man den hier untersuchten ganz- und doppelseitigen Anzeigen die unauffälligeren kleinen Werbeanzeigen im Randspalten- oder 'encadré'-Format gegenüberstellt. Aus Platzgründen haben diese, wenn überhaupt, nur einen geringen Bildanteil, der zudem auf die Farbe ganz verzichten muß. Sie stehen in starker Konkurrenz zum räumlich benachbarten redaktionellen Text und zu den anderen Werbeanzeigen, die über weitaus stärkere Appellträger verfügen. Offensichtlich kompensieren diese kleineren Anzeigen ihre geringere Auffälligkeit im bildlichen Bereich durch eine besonders starke Nutzung sprachlicher Aufmerksamkeitsappelle: Headlines mit Imperativ sind bei ihnen im Vergleich zu den großformatigen Anzeigen überdurchschnittlich häufig. (Vgl. dazu Abb. 1a, 1b und 1c.)

Über den rein quantitativen Gesichtspunkt hinaus lassen sich auch inhaltliche Bezüge zwischen dem Bild und der Vorkommenswahrscheinlichkeit des Imperativs im Text feststellen.

Hier sei nur auf eine Konstante hingewiesen: Wenn der Bildteil eine Person enthält, die als Kommunikator einer Textsequenz der Anzeige in Frage kommt, und wenn diese durch Mimik,[1] Gestik oder gar sprachlich explizit als Sprecher ausgewiesen ist, so begünstigt dies das Vorkommen von Imperativen. (Vgl. dazu die Abb. 2, 3 und 4 des Bildanhangs). Hier wird mit visuellen Mitteln eine Kommunikations-Situation zwischen der abgebildeten Person als potentiellem Sekundärsender und dem Anzeigenleser suggeriert. Das hat auch Auswirkungen auf den Typ der hier zu beobachtenden Imperative: Es sind nämlich vor allem solche, die als Gliederungssignale, phatische oder rhetorische Elemente besonders der mündlichen Rede vorkommen. (Abb. 2: "Tenez", Abb. 4: "Ajoutez à cela", "Permettez-moi de".) Dies sind zugleich Imperative, die bevorzugt in umfangreicheren Textpassagen stehen und als Mittel der Aufmerksamkeitssicherung und der Textgliederung und -strukturierung eine wichtige Rolle spielen. Sie tragen ferner zur Erhöhung der Textkohäsion bei. Sie sind sehr

---

1 Auf die besondere Bedeutung des Blickkontakts mit dem Leser wurde bereits hingewiesen; vgl. Kap. 2.2.3.1.1.

häufig in unserem Korpus vertreten, können aber nicht als werbetypische Imperative im Sinne einer unmittelbaren Umsetzung der Textintention gelten.

3.1.2.4. Die Copy-Strategie der Anzeige

Aus der Vielzahl möglicher Umsetzungen von Werbestrategien in die verbale und visuelle Konzeption der Anzeige seien hier nur einige herausgegriffen, an denen exemplarisch die Auswirkung auf die sprachliche Gestaltung und im besonderen auf das Vorkommen des Imperativs gezeigt werden kann.

So ist es für die sprachliche Ausgestaltung des Anzeigentexts entscheidend, ob eine eher p r o d u k t b e z o g e n e oder aber k ä u f e r b e z o g e n e Präsentation gewählt wird, wobei im zweiten Fall, wie bereits gezeigt, Imperative häufiger sind. Käuferbezogenheit manifestiert sich auch in anderen sprachlichen Erscheinungen, die daher stets in der gleichen textuellen Umgebung wie der Imperativ zu finden sind: Personal- und Possessivpronomen der 2. Person; Pronomina der 1.Person Plural, sofern sie den Adressaten mit einbeziehen; 'on', 'se', 'il faut' etc., wenn sie durch ein Pronomen der 2.Person substituierbar sind; die Leseransprache durch die Apostrophé; Nomina und Nominalsyntagmen, die sich auf den Leser beziehen; Fragen und Ausrufe und schließlich Ausdrücke mit expressivem Gehalt.

Beispiele:

024 SL: "***Votre*** *Déléguée Avon est quelqu'un de précieux.* ***Faites****-lui bon accueil.*"
(Abb. 2)

025 FT, Ende: "*(...)* ***Ensemble, multiplions nos*** *échanges.*"
(Abb. 8)

026 FT: "*(...)* ***On*** *ne sait comment s'y prendre,* ***on*** *ne sait combien mettre de côté, ni pendant combien de temps. Pourtant* ***Il*** *ne* ***faut*** *pas attendre, car aujourd'hui* ***vous connaissez vos*** *besoins (...)*"
(Abb. 12)

027 HL: "***Constipés, passez*** *au vert.*"
(Herbesan, tisane; Pt, 12.10.81, 12/13)

028 FT: "*(...) Air France aide* ***les Français*** *à être présents sur tous les marchés du monde. (...)*"
(Abb. 8)

029 FT: "*(...) La formule exclusive de Pierre et Vacances* ***vous*** *permet de devenir* ***propriétaire*** *(...)*"
(Abb. 16)

030 FT: "*(...) Et* ***pour ceux qui*** *n'ont pas la nécessité d'un équipement trop important, qui représente un investissement parfois trop lourd,* ***commerçants, particuliers,*** *(...)*
(Abb. 18)

031 HL/FT: "*(...)* ***un homme d'affaires*** *(...)*"
(Abb. 21)

032 HL: "***Attention!***"
(Abb. 1a, Abb. 1c)

033 hors texte: "***Attention***: *Pour avoir la garantie de qualité* ***exigez*** *le Karting véritable (...)*"
(Karting, vêtements; No, 29.4.78, 96/97)

034 1.HL: "*Ecrire et dessiner sans avancer la mine,* ***qui*** *peut le faire?*"
(Abb. 19)

035 1.HL: "*Appel à* ***tous les fumeurs***"
2.HL: "*le Centre de Propagande Anti-Tabac* ***vous*** *invite à essayer gratuitement un échantillon de la dragée qui peut enlever l'envie de fumer*"
(Nico-Cortyl, traitement anti-tabac; ChF, Okt.76, 45)

An anderer Stelle wurde bereits unterschieden zwischen s e d u k t i v e n Verfahren, bei denen der Leser eher emotional angesprochen wird, und a r g u m e n t a t i v e n Verfahren, die auf den rationalen Nachvollzug durch den Leser abzielen. Letztere sind die wesentlich komplexeren Überzeugungsstrategien, die auch einen umfangreicheren Text zur Durchführung benötigen.

Die wesentlichen argumentativen Grundstrukturen, auf die sich die werbliche Argumentation zurückführen läßt, sind die folgenden:

Problemstellung - Problemlösung
Behauptung - Beweis
These - Antithese - Synthese
Sollzustand - (Ist-Zustand) - Weg zum Erreichen des Ziels
Vorher - Nachher
Rätsel - Lösung

Argumentationsfolgen dieses Typs werden oft im Zusammenspiel von Headline und Fließtext realisiert. Ihr Ziel ist in allen Fällen das Produktlob. Sie münden in der Regel in eine Conclusio, die am Ende des Fließtexts steht und mit einer Handlungsaufforderung abschließt. Auffällig häufig stehen in dieser Position Imperative, die mit 'alors' oder 'donc' an den vorangehenden Fließtext anschließen.

Aber auch innerhalb dieser dialektischen Argumentationsstrukturen haben Imperative ihren Platz: Sie stehen bevorzugt in der Headline und erhöhen deren Appellativität, sind aber zugleich so angelegt, daß sie paradox, verrätselt, widersinnig oder in ihrer Aussage unabgeschlossen erscheinen. Das geschieht durch Wortspiel, dunkle Metapher, Metonymie oder Synekdoche, nicht zuletzt aber auch durch die in ihnen gebundenen Präsuppositionen, die als implizite These oder Behauptung fungieren können. So wird z.B. in Abb. 18 die metonymisch "verrätselte" Headline "Achetez vous des yeux" durch den letzten Satz des Fließtexts "**Alors** pour votre sécurité et votre rendement, **achetez-vous des yeux Panasonic**" variierend wiederaufgegriffen, nachdem der Fließtext das Paradoxon der Headline unter Einbezug des Werbeobjekts aufgelöst hat. Die Präsupposition der Headline "Vous pouvez vous acheter des yeux" wird durch die Beweisführung im Fließtext in ein Argument zugunsten des Werbeobjekts

überführt:
"Vous pouvez faire a [+] grâce à x. Faites-le!".[1]
Dies ist eine Grundstruktur, auf die sich ein großer Teil der w e r b e t y p i s c h e n Imperative zurückführen läßt.

3.2. Klassifikation der Imperative nach dem Kriterium der Kommunikationsbeteiligten

Nach traditionellem Grammatik-Verständnis strukturiert die Imperativ-Form eine vollständige sprachliche Äußerung, nämlich einen Satz; seinen Sinn erhält der Imperativ-Satz jedoch mehr als andere Äußerungen durch die Situation, in die er eingebettet ist. Ohne die Kenntnis des Hic-et-nunc der Sprechsituation und ohne die Kenntnis der Kommunikationsbeteiligten bleibt der Imperativ-Satz aussagelos.
Ein besonderes Merkmal des Imperativs ist seine Sender- und Adressaten-Deixis.
In der face-to-face-Kommunikation, bei der die Gesprächspartner zum gleichen Zeitpunkt unter gleichen situativen Bedingungen mündlich miteinander kommunizieren, ist der Imperativ zu Hause.[2] Das Risiko von Mißverständnissen ist gering, zumal die Kommunikation dabei durch zusätzliche paralinguistische Mittel wie Mimik, Gestik, Körperhaltung und -Bewegung ergänzt wird; die sprachliche Gestaltung kann sich daher ein Höchstmaß an Implizitheit erlauben.
Bei der schriftlichen Massenkommunikation, zu der die Anzeigenwerbung gehört, fehlen diese situationsgebundenen Informationen. Sie sind zum Teil durch eine umfangreiche Versprachlichung außersprachlicher Parameter ersetzt; daneben fungiert oft der Bildteil der Anzeige als Bezugsrahmen für Origo-Deiktika. Um die Sender- und Adressaten-Deixis von Imperativen festzustellen, muß auf ko- und kontextuelle Zusatz-Information zurückgegriffen werden.

Der S e n d e r der Anzeige (S_1) ist in der Werbeanzeige im Gegensatz zu anderen schriftlichen Textsorten in der Regel nicht ausdrücklich genannt. Er stellt daher für den Leser eine anonyme Größe dar, der sich vor allem in der Text-I n t e n t i o n manifestiert, wobei diese aber, wie bereits festgestellt, nicht unmittelbar aus der sprachlichen Gestaltung erschlossen werden kann. Sie gehört zum Leserwissen über die Funktion des Texttyps 'Werbung', wobei dieses Wissen nicht immer im Augenblick der Textrezeption aktualisiert sein muß.

---

1 "a" steht für ein beliebiges direktes Objekt, "+" bezeichnet eine positive Konnotation, "x" steht für das Werbeobjekt.

2 Guillaume (1970:48) bezeichnet ihn daher im Unterschied zu den anderen Modi als "mode de la parole".

Vom realen Sender (S_1) ist der in der Anzeige sprachlich manifeste Sender (S_2) zu unterscheiden. Dadurch ergeben sich hinsichtlich des Senderbezugs zwei Möglichkeiten:

- Der in der Anzeige sprachlich manifeste Sender S_2 ist explizit vom realen Sender (S_1) unterschieden. ($S_1 \neq S_2$)
- Der Sender S_2 eines Anzeigentextes oder eines Teiltextes bleibt unbestimmt, kann aber mit dem realen Sender S_1 identifiziert werden. ($S_1 = S_2$).

Sprachliche Manifestationen des Senders in der Anzeige sind:

Herstellernamen:

036 cf. Abb. 6: "***Interflora***"

Nomina oder Nominalsyntagmen, die sich anaphorisch auf den Herstellernamen beziehen, so vor allem Bezeichnungen der Hersteller- oder Anbieterbranche:

037 cf. Abb. 6: "***fleuriste***"

Personal- und Possessivpronomen der 1.Person Plural oder (seltener) der 1.Person Singular:

038 cf. Abb. 17: "***Nous*** *vous proposons 30 programmes (...)*"

039 cf. Abb. 4: "*(...)* ***je*** *faisais un pari sur vos réactions et* ***j'engageais mon*** *nom (...)*"

Personal- und Possessivpronomen der 3.Person, die mit dem Hersteller oder Anbieter referenzidentisch sind:

040 cf. Abb. 12: "*Les spécialistes de l'UAP vous pouvez* ***les*** *contacter. Chiffres en main,* ***ils*** *commenceront par faire avec vous une analyse (...)*"

Werbeanzeigen stehen in vielfacher Hinsicht fiktionalen Texten nahe; umso mehr muß zwischen dem realen Sender (S_1) und Adressaten (A_1) und dem aus dem Text erschließbaren Sender (S_2) und Adressaten (A_2) unterschieden werden. Selbst dann, wenn in der Anzeige kein Sekundärsender vorkommt, der ausdrücklich vom eigentlichen Sender unterschieden ist, wenn also der reale Sender als Textsender angenommen werden muß, ist davon auszugehen, daß dieser ein bestimmtes Bild von sich zu vermitteln bestrebt ist, das der Realisierung der Sender-Intention nützt. Hierzu gehört vor allem das Bestreben des Senders, seine Glaubwürdigkeit und sein Prestige zu erhöhen, was durch die Verwendung bestimmter werbespezifischer Topoi erreicht werden kann: Hinweise auf

- die Größe des Unternehmens
- die Tradition des Unternehmens und die Erfahrung in der Herstellung des Produkts
- den Verkaufserfolg, der quasi als Verbrauchervotum die Qualität des Produkts bestätigen soll
- die Individualität der Ware
- die Leistungsfähigkeit des Service u.v.a.

Die Selektion der Informationen über den Sender ist für den Leser unüberprüfbar.
Der Adressatenkreis der Anzeige ist, wie in Kap. 2.2.2.2. ausgeführt wurde, zunächst einmal mit der Leserschaft des Organs, in dem er erscheint, identisch; die tatsächliche Leserschaft der Annonce stellt jedoch nur eine Teilmenge der potentiellen Leser dar. Um diese Teilmenge möglichst groß zu machen, berücksichtigt die Anzeigengestaltung die Lebensgewohnheiten, Interessen, Bedürfnisse und ökonomischen Möglichkeiten der Leserschaft des Werbeträgers. Andererseits sind für den Inserenten u.U. nur bestimmte Gruppen innerhalb der Leserschaft interessant, die er durch die bildliche und sprachliche Gestaltung der Anzeige besonders anzusprechen versucht. Die Leserselektion kommt in erster Linie durch das Werbeobjekt selbst zustande; in der Regel sind ja für den Inserenten nur jene Leser interessant, die als potentielle Käufer in Frage kommen. So wird eine Anzeige für Rasenmäher sich besonders an Gartenbesitzer wenden, die Werbung für eine Air-conditioning-Anlage setzt beim eventuellen Käufer den Besitz eines entsprechenden Gebäudes voraus usw. Da das Werbeobjekt ja, soweit möglich, optisch in der Anzeige repräsentiert ist und die visuelle Information normalerweise als erstes rezipiert wird, ist hierin das vorrangige Mittel zur Leserselektion zu sehen.
Ein weiteres Mittel ist die gesamte Gestaltung und das Lay-out der Anzeige: Ein typisches Beispiel ist der besondere Textreichtum der Buch-Werbung, bei der offenbar beim potentiellen Interessenten und Käufer bereits eine größere Bereitschaft zum Lesen auch längerer und in weniger auffälliger Type gesetzter Texte vorausgesetzt wird.

Die gezielte Ansprache bestimmter Adressatengruppen läßt sich auch sprachlich festmachen.
Die expliziteste Form ist die Apostrophé, die bezeichnenderweise besonders in der Headline auftritt:

041 HL: "***Ohé les jeunes de moins de 26 ans...*** / *Inter Rail '83 / un libre parcours total pour 19 pays européens + le Maroc."*
(Inter Rail, chemins de fer; Tm, 2.6.83, 42)

Der Text steht in einer Sprechblase, die einem Konsumentenvertreter (einem jungen Mann mit Rucksack und Jeans) zugeordnet ist.

042 FT, Anfang: "***Dirigeants de petites entreprises****, pour reproduire sur papier non traité, achetez un petit copieur extraordinaire (...)"*
(Rank Xerox, fotocopieur; NO, 14.11.77, 10/11)

043 HL: *"Ouvrez une vitrine à Beaubourg... un bail avec l'avenir qu'il faut signer tout de suite"*
FT, Ende: *(...)* ***Commerçants****, votre avenir est ici (...) N'hésitez pas, vous risqueriez de dire demain 'si j'avais su...'"*
(Cogédim, immobilier; Pt, 5.10.81, 62)

Natürlich bedeutet die Leseransprache durch eine Apostrophé keineswegs immer eine echte Eingrenzung des Adressatenkreises; sie kann auch als stilistisches Mittel zur Erhöhung des Appellcharakters der Headline und des Imperativs, mit dem sie oft zusammen auftritt, dienen, ohne ein reales Identifikationsangebot für den Leser darzustellen.

044 HL: "***Bébés de 1949***, *ne comptez pas trop sur les bébés de 1979 pour payer votre retraite.*"
(UAP, assurance-vie; NO, 22.10.79, 148/149)

045 HL: "***Don Juans***, *prenez vos vacances au meilleur moment.*"
(Club Méditerranée, tourisme; E, 17.4.78, 46)

Die Anzeige ist in 'Elle', also in einer Zeitschrift mit überwiegend weiblicher Leserschaft erschienen; der Bildteil enthält im Gegensatz zum Text der Headline und zum adressatenneutralen Fließtext Konsumentenvertreter beiderlei Geschlechts. Die Diskrepanz zwischen der Apostrophé und dem realen Adressatenkreis des Werbeträgers ist ein Hinweis darauf, daß hier eine Form uneigentlichen Sprechens vorliegt.

Häufig findet sich auch eine Präzisierung der intendierten Zielgruppe im Text. Das personaldeiktische Pronomen 'vous' kann durch einen Relativsatz determiniert werden:

046 HL: "***Vous*** *qui allez construire, chauffez votre maison en valorisant l'énergie solaire.*"
(Masser, immobilier; VM, Juni/Juli 83, LXXI)

047 FT: "*(...) aux dimensions de* ***votre entreprise***, *grande, petite ou moyenne. (...)*"
(Olivetti, informatique; NO, 15.12.75, 84)

Neben der berufsgruppenspezifischen Leseransprache ist vor allem die geschlechtsspezifische Leserselektion festzustellen. Auch sie findet bereits zum erheblichen Teil durch das angebotene Produkt statt:

048 FT,Anfang: "***Vous*** *savez comment ça se passe, surtout si* ***votre*** *barbe est dure! Le matin, quand* ***vous vous*** *levez,* ***vos*** *poils, eux, restent couchés... Alors,* ***votre*** *rasoir les attaque, (...)*"
(Palmolive, mousse à raser; LUI, Juli 74, 127)

Das genusneutrale "vous" ist in diesem Fall an einen individuellen männlichen Adressaten gerichtet, wie sich aus dem Text erschließen läßt. Die Zielgruppe der Werbeanzeige ist bei der Zeitschrift 'Lui', also einem Werbeträger mit fast ausschließlich männlicher Leserschaft, mit dieser praktisch identisch.
In den folgenden Fällen lassen Accord und Genus der adressatenbezeichnenden Nomina Rückschlüsse auf das Geschlecht des angesprochenen Lesers zu:

049 FT: "*(...) C'est tellement bon d'être* ***gourmande***. *(...)*"
(Fée Liégeoise, dessert; E, 25.4.77, 134)

050 HL: "***Soyez belle***, *tout simplement, avec Babyliss.*"
(Babyliss, peigne soufflant; MF, Febr.75, 106)

051 HL: "***Prisonnières*** *de l'ombre, libérez-vous."*
(Bergasol, produit de bronzage; Tm, 5.5.83, 160)

052 FT: *"Payot vient de créer un nouveau fond de teint: Luminat. Découvrez-le(...) Vous êtes* ***prête****? Sortez! Vivez votre journée. (...)"*
(Payot, cosmétique; MCl, Mai 76, 70)

053 FT,Ende: *"(...) Alors, essayez vous aussi plusieurs soutiens-gorge. Puis essayez Fête de Chantelle. Et soyez* ***belle*** *et bien. 15 heures par jour."*
(Chantelle, soutiens-gorge; MCl, April 75, 196)

054 FT,Anfang: *"La douceur est la qualité féminine par excellence. Alors soyez* ***attentive*** *à la douceur de votre peau (...)"*
(René Guinot, cosmétique; E, 25.4.77, 68)

Auch in diesem Fall wird die geschlechtsspezifische Vorselektion der - diesmal weiblichen - Zielgruppe bereits durch den Werbeträger erreicht.
Natürlich läßt der Accord von Adjektiv und Partizip II nur bei einem ausschließlich weiblichen Adressatenkreis Rückschlüsse auf das Geschlecht der Zielgruppe zu; er enthält dagegen eine präzise Numerus-Information, an der abzulesen ist, ob der Leser als Individuum angesprochen wird oder ob sich die Anzeige an ein gedachtes Kollektivum wendet. Die Pronomina der 2.Person Plural sind dagegen hinsichtlich des Geschlechts des Adressaten wie auch hinsichtlich des Numerus neutral.
Wenn eine geschlechtsspezifische Eingrenzung des Adressatenkreises angestrebt ist, wird diese oft durch die Abbildung eines entsprechenden männlichen oder weiblichen Konsumentenvertreters unterstützt.

Die Zielgruppe der Werbeanzeige kann auch eine bestimmte Altersgruppe sein, wie Beispiel (041) zeigt.
In Ausnahmefällen wechselt die Leseransprache zum vertraulichen "tu", wenn die Anzeige sich an Jugendliche wendet:[1]

055 FT,Anfang: *"Du 1er au 30 avril '83: à tout achat d'un jean denim Lee Cooper* ***tu*** *recevras 1 billet de tombola + 1 cadeau gratuit"*
(Lee Cooper, jeans; Tm, 21.4.83, 11)

Gelegentlich kommt es vor, daß in eingebetteten Textsequenzen ein anderer Adressat als der Leser angesprochen ist. ($A_1 \neq A_2$.) Das kann ausdrücklich sprachlich gekennzeichnet sein, doch läßt sich auch hier - ähnlich wie beim Sender - oft eine Unbestimmtheit oder Mehrdeutigkeit des Adressatenbezugs feststellen, die durch den sprachlichen und visuellen Kontext nicht aufgelöst wird.

---

1 Vgl. dazu ausführlicher Kap. 3.1.1.

Für die weitere Beschreibung legen wir folgendes Schema zugrunde:

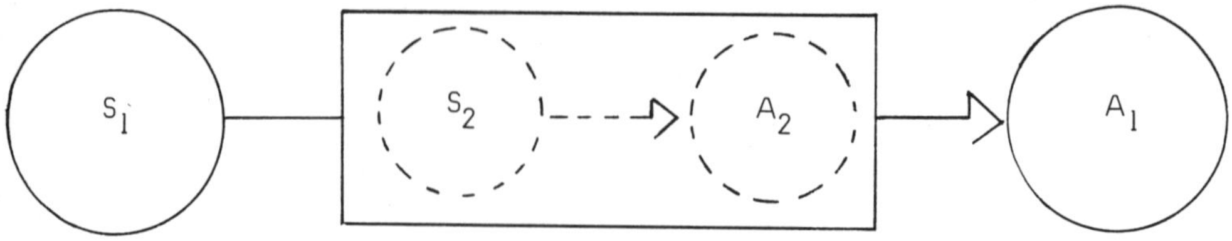

S_1, A_1: realer Sender, realer Adressat (nicht aus dem Text erschließbar)
S_2, A_2: der sprachlich manifeste Sender und Adressat eines Anzeigentextes.

Wenn keine sprachlichen oder sonstigen Indikatoren für einen abweichenden Sender- oder Adressaten-Bezug vorliegen, werden S_1 mit S_2 und A_1 mit A_2 gleichgesetzt. Die Sender- und Adressaten-Deixis der Imperative bezieht sich stets auf S_2 und A_2, also die ggf. aus dem unmittelbaren Kontext erschließbaren Kommunikationsbeteiligten. Aus der Art und Weise, wie sich S_1 zu S_2 und A_1 zu A_2 verhalten, lassen sich verschiedene Imperativ-Gruppen unterscheiden. Diese sollen im folgenden näher untersucht werden, wobei die Imperative der 1.Person Plural wegen ihres oft diffusen Sender-Adressaten-Bezugs vorerst ausgeklammert bleiben müssen.[1]

3.2.1. **Sender$_1$ = Sender$_2$, Adressat$_1$ = Adressat$_2$**

Der überwiegende Teil aller in unserem Korpus vorkommenden Imperative steht in Textsequenzen, bei denen der tatsächliche Sender (S_1) mit dem aus dem Text erschließbaren (S_2) und der tatsächliche Adressat (A_1) mit dem angesprochenen Leser (A_2) gleichgesetzt werden können.
Dies belegt auch der Bildanhang, der in dieser Hinsicht als repräsentativ für unser Korpus gelten kann; der weitaus größte Teil der hier vertretenen Imperative ist der einfachen Sender-Adressaten-Konstellation zuzuordnen. Diese Imperative kommen in allen Textteilen vor.

---

1 Sie werden in Kap. 3.3.2. behandelt.

Beispiele:

056 HL: "***Emmenez*** *vos enfants au pays des enfants."*
(Abb. 5)

057 FT,Anfang: "***Imaginez*** *sur votre peau une douce brise scandinave (...)"*
(Abb. 15)

058 SL: "**Offrez-vous un vélo** *qui n'a pas été fait pour vous."*
(Abb. 20)

059 Coupon: "***Remplissez*** *ce bon et* ***renvoyez-le*** *à (...)"*
(Abb. 12)

Die Imperative der 2.Person Plural kommen ausnahmslos in honorativer Funktion vor; sie können einfach oder mehrfach adressiert sein.

E i n f a c h a d r e s s i e r t (distributive Leseransprache):

060 FT: "*Parfois les hommes sont merveilleusement prévisibles.* **Observez-les** *quand une femme leur parle d'automobile. L'œil devient sceptique, la lèvre boudeuse ou ironique. Moralité, si vous avez le coup de foudre pour l'Innocenti, ne dites surtout pas qu'elle est jolie (...)* ***soyez modérée, pratique, rassurante.*** *(...)"*
(Innocenti, voiture; FMag, Mai 79, 22/23)

061 HL: "**Montez** *vous-***même** *votre bibliothèque à colonnades"*
(Paringer, meubles; CA, Febr.71, 115)

062 FT,Ende: *"(...)* ***venez juger*** *vous-***même** *en prenant l'ascenseur panoramique."*
(Sinvim le Trident, immobilier; NO, 14.11.77, 138)

M e h r f a c h a d r e s s i e r t (kollektive Leseransprache):

063 HL: "***Fumeurs, ne laissez pas jaunir vos*** *dents"*
(Teelak, dentifrice; Exp, 4.10.76, 48)

064 FT,Anfang: "***Allez les hommes,*** *un peu de fantaisie! C'est la première impression qui compte, soignez l'accessoire.* ***Faites vous remarquer*** *avec les 'imprimés' de Sauvagnat.(...)"*
(Sauvagnat, parapluies; NO, 21.4.80, 73)

065 HL: *"A* ***toutes les femmes sensuelles."***
FT,Anfang: "***Aimez-vous*** *avec Lancaster.* ***Aimez-vous*** *tous les jours. (...)"*
(Lancaster, produits de soins corporels; E, 25.4.77, 122/123)

066 FT: *"(...) En choisissant le Fujica Zoom, vous ne vous êtes pas* ***trompés*** *(...) Par ces lignes,* ***permettez-moi*** *tout simplement de vous remercier de ce succès (...)"*
(Abb. 4)

Wie die Beispiele zeigen, läßt sich die Adressaten-Konstellation nicht aus der Imperativform allein bestimmen. Die Art der Leseransprache wie auch die Manifestation der Senderseite muß aus anderen Indikatoren des sprachlichen Kontexts erschlossen werden. Personaldeiktische Pronomina der 1. und 2.Person und die Apostrophé sind die expliziteste Form der Leseransprache; ferner läßt auch der Accord von Adjektiven und Partizipien, soweit sie sich auf den Textadressaten beziehen, Rückschlüsse auf die Referenzstruktur der Imperative zu. Manchmal wird die einmal gewählte Form der Leseransprache nicht durchgehalten: Einfach und mehrfach adressierte Formen wechseln sich ab, und gelegentlich wechseln personaldeiktische Formen

(2.Person) mit Pronomen der 3.Person ab.

Auf der Senderseite besteht Referenz-Identität zwischen dem (impliziten) Sender des Imperativs, der 1.Person Singular oder Plural und Substantiven, die den Produkt-Hersteller bzw. -Anbieter oder metonymisch das Werbeobjekt bezeichnen und auf die auch hier wieder Pronomina der 3.Person verweisen können - eine Pronominalisierungs-Konstellation, die als Spezifikum für Werbetexte gelten kann.

In Abb. 13 referieren "Melitta", "notre" und "nous" auf den gleichen Sender wie die Sender-Deixis des Imperativs:

067 FT: *"(...) chez* ***Melitta, nous*** *broyons* ***notre*** *café d'une manière toute particulière (...)"*

Ähnliche Pronominalisierungsketten enthält der Text in Abb. 20, wo ebenfalls die in nicht-werblichen Texten eher ungewöhnliche Referenzidentität von 1.Person Plural und 3.Person Singular auftritt. Da die oben erwähnten Determinierungs-Hilfen im sprachlichen Kontext nicht immer verfügbar sind, muß als wichtigster Indikator für die einfache Sender-Adressaten-Konstellation das Fehlen von Texteinbettungs-Anzeichen genannt werden.[1] Auch wenn wegen des Fehlens von Texteinbettungs-Signalen zunächst einmal von einer einfachen Sender-Adressaten-Konstellation ausgegangen werden muß, ist doch die Referenz auf die Kommunikationsbeteiligten oft diffus, manchmal mehrdeutig.

In der Abb. 7 enthält der Slogan einen Imperativ der 2.Person Singular, also einer Form, die - wie noch zu zeigen sein wird - im Gegensatz zum Deutschen in französischen Werbetexten kaum Verwendung findet.[2] Im Fließtext wird der Leser in gewohnter Weise mit dem honorativen 'vous' angesprochen. Als Erklärung bietet sich die besondere Textstruktur des Slogans an. Er variiert das bekannte Sprichwort "Aide-toi, le ciel t'aidera", indem er den Produktnamen als Agens in die Subjektposition des zweiten Satzes einsetzt. Offensichtlich wird durch die Allgemeinheit des Sprichworts eine andere Textebene eingeführt, die die Verwendung der 2.Person Singular entschärft. Sprichwörter sind hinsichtlich ihrer Personen- und Tempus-Struktur insofern neutral, als ihre Aussage erst durch die Einbettung in einen konkreten Text aktualisiert wird. Der überzeitlichen Gültigkeit der impliziten konditionalen Beziehung ("si tu t'aides toi-même, le ciel t'aidera"), entspricht das personale Indefinitpronomen 'on' als Indikator für eine überindividuelle Gültigkeit der Aussage. Da 'on' nun aber, im Gegensatz zu den Personalpronomen, kein vollständiges Paradigma hat, treten für die fehlenden Formen des Dativs und des Akkusativs die entspre-

---

1 Wir gehen darauf näher in den folgenden Abschnitten 3.2.2., 3.2.3. und 3.2.4. ein.

2 Vgl. dazu Kaeppel 1985:141f.

chenden Formen der Personal-, Possessiv-, Reflexivpronomen ein. So lassen sich die Pronomen der 2.Person Singular hier auch als Ersatzformen für fehlende Formen von 'on' verstehen.

Allgemein läßt sich beobachten, daß die Nicht-Markiertheit des Kontextes hinsichtlich seiner Tempusstruktur (Verwendung des Präsens) und seiner Modusstruktur (Verwendung des Indikativs) auch die Diffusität des Sender- und Adressatenbezugs des Imperativs erhöht.

Eine erhöhte Vagheit hinsichtlich der Sender-Adressaten-Struktur ist auch bei den zahlreichen "rhetorischen" Imperativen mit phatischer oder metakommunikativer Funktion zu konstatieren, die mit dem Verlust der vollen semantischen Struktur des Verbs einhergeht:

068 FT: *"(...) Côté technique,* ***notez*** *qu'Opalia a une ampoule en silice de premier choix qui transmet toute la lumière (...)"*
(Opalia, ampoules; NO, 23.10.78, 33)

069 FT: *"(...)* ***Ajoutez*** *à cela la mémoire électronique (...)"*
(Abb. 4)

070 FT: *"Il y a quelques cadeaux dont le Père Noël aura bien du mal à se séparer cette année.* ***Prenez*** *le magnétophone de poche Sony TC 55 par exemple.(...)"*
(Sony, magnétophone; Exp, 4.10.75, 45)

Diese Imperative lassen sich meist ohne weiteres durch die entsprechende Imperativform der 1.Person Plural ersetzen; gelegentlich alternieren auch beide Formen im gleichen Text.

3.2.2. Sender$_1$ ≠ Sender$_2$, Adressat$_1$ = Adressat$_2$

In einer Reihe von Anzeigen ist ein Textsender vorhanden, der ausdrücklich vom realen Sender (S_1) der Werbebotschaft verschieden ist, wenngleich er oft als dessen 'porte-parole' fungiert.

Dieser Sekundärsender (S_2) ist mit sprachlichen oder visuellen Mitteln als Sender einer Textsequenz gekennzeichnet.

Beispiele:

Abb. 2: Hier sollen die Headline und der Fließtext - im Unterschied zu den übrigen Teiltexten, die der einfachen Sender-Adressaten-Konstellation angehören - als Äußerungen eines Sekundärsenders gelten, der durch Namensnennung und Funktionsbezeichnung sprachlich explizit ausgewiesen wird:

071 *"Jacqueline Lambert, Déléguée Avon";*

die ihr zugeordneten Textteile sind durch Anführungsstriche als Zitate ausgewiesen. Die unmittelbare räumliche Nähe zwischen den Zitatpassagen und der Namensnennung einerseits und dem großen Foto links oben andererseits legen die Identifikation der darauf abgebildeten Frau mit dem Textsender nahe, was noch unterstützt wird durch mimische und gestische Mittel: Blickkontakt, Lächeln, zum Sprechen geöffneter Mund, Zuwendung von Kopf und Körper zum Leser, der damit fiktiver Gesprächspartner wird. Eine explizite Zuordnung der eingebetteten Äußerung zur abgebildeten Person erfolgt allerdings hier wie in den meisten Fällen nicht; die Referenzidentität wird lediglich durch Kontiguität, also mit Mitteln des Lay-outs, hergestellt. Die Sekundärsender-Textteile enthalten das personaldeiktische Pronomen der 1.Person Singular sowie als typisch sprechsprachliches Element den rhetorischen Imperativ

"tenez";

Bild und sprachliche Gestaltung unterstützen die Illusion einer mündlichen face-to-face-Kommunikation. Auffällig ist in diesem Fließtext die - zumindest potentielle - Referenzidentität zwischen dem Sprecher-Ich und der Form

"Si vous commandez maintenant vos cadeaux à ***votre Déléguée****"*

statt des eher zu erwartenden "chez moi"; eingebettet in die Sekundärsender-Äußerung hat dieser Ausdruck einen anderen Status als dessen wörtliche Wiederholung im Slogan, in dem eine Referenz-Identität zwischen dem Sprecher S_1 und der "Déléguée Avon" ausgeschlossen ist. Auch hier erweist sich der pronominale Rahmen des unmittelbaren Kontexts als unentbehrlich für die Erschließung der Sender- und Adressaten-Deixis der Imperative. Der Imperativ "tenez" ist allerdings weitgehend semantisch reduziert und daher als Textgliederungssignal mit vor allem phatischer Funktion im Kontext relativ isoliert; er kann ohne Schaden für die Textstruktur wegfallen oder durch andere Formen mit ähnlicher Funktion (etwa "regardez") ersetzt werden. Er dient vor allem der Reliefbildung, indem er kataphorisch den Mitteilungswert des nachfolgenden "maintenant" erhöht.

Der zweite Imperativ dagegen, der, wie so oft, an exponierter Stelle, nämlich als Abschluß der längeren argumentativen Fließtextpassage steht, ist sehr viel stärker in den sprachlichen Kontext eingebunden. Das "y" verweist auf den gesamten vorangehenden Fließtext; im engeren Sinn aktiviert es die im unmittelbar vorangehenden konditionalen Nebensatz genannte Handlung "commander maintenant les cadeaux" und die dafür angeführten Gründe. Im Vergleich zum Imperativ des Slogans, der einen abstrakten Kommunikator als Sender hat, erhält der von einem personalen Sender geäußerte Imperativ ein größeres Gewicht und tendenziell eine größere Verbindlichkeit für den Adressaten. Allein durch seine hervorgehobene Position am Fließtext-Ende gewinnt er an appellativer Kraft. Abschließend sei darauf hingewiesen, daß der Wechsel der Textebene im Slogan wiederum durch das pronominale Umfeld des Imperativs sichtbar wird: "lui" ist referenzidentisch mit den Pronomina der 1.Person Singular der beiden anderen Teiltexte.

Abb. 3 weist einen ähnlichen Aufbau wie Abb. 2 auf. Auch hier wird der Sekundärsender, der zweimal im visuellen Teil der Anzeige erscheint, sprachlich explizit mit Namensnennung und weiteren Attributen dem Leser vorgestellt; die Referenzidentität zwischen der im Bild dargestellten Person und den Sender-Verweisen des Textes

072 *(je, mon, un passionné de bateau, Paul Prentice, Plaisancier, Air Canadien, moi, mon, me, nos, nous)*

ist durch die Wiederholung des Namens in der Position eines Bilduntertitels expliziter als in Abb. 1. Der Zitatcharakter des gesamten Textes ist allerdings diesmal nicht durch die konventionelle Zeichensetzung (Anführungszeichen) markiert, sondern muß aus dem Vorkommen vor allem der personaldeiktischen Pronomina der 1.Person Singular erschlossen werden. Der einzige Imperativ des Anzeigentexts steht wiederum am Ende des Fließtexts, in der Position der Conclusio. Er steht mit dem Zusatz "vous verrez" in einer latent konditionalen Beziehung: "si vous venez avec nous, vous verrez."[1] Ein anaphorischer Verweis auf die Argumentation des vorangehenden Textes liegt in der leicht zu erschließenden Ellipse des zweiten Aktanten ("vous verrez **que tout ce que je vous ai dit est vrai**"); sein Fehlen könnte wiederum als Annäherung an mündliche Kommunikationsformen interpretiert werden.

Auch in Abb. 4 schließlich ist der für den Fließtext anzusetzende Sekundärsender S_2 durch Namens- und Funktionsnennung explizit gemacht, die Zuordnung zum Bild erfolgt wiederum durch indexikalische Mittel sowie Mimik und Gestik der abgebildeten Person: Blickkontakt, Sprechmund, Zeigegestik (Hochhalten des Werbeobjekts).
Während in der Headline die einfache Sender-Adressaten-Konstellation vorliegt, handelt es sich bei dem Fließtext um einen eingebetteten Text, der mehrere Merkmale eines Briefes aufweist: Pronomina der 1.Person Singular (je, mon, moi), das in Verbindung mit dem lokaldeiktischen "ces" metasprachliche "lignes", die in der textsortenspezifischen Position für die Unterschrift stehende Namens- und Funktionsnennung sowie schließlich die Kennzeichnung des Anschlußtextes als "P.S.". Die in diesem Text vorkommenden Imperative gehören zu den rhetorischen Imperativen; ähnlich wie bei "tenez" in Abb. 2 ist auch bei diesen Imperativen die semantische Struktur des Verbs reduziert, was sie leicht substituierbar macht: "ajoutez à cela" kann ersetzt werden durch "ajoutons à cela", "n'oublions pas", "n'oubliez pas" oder durch nicht-imperativische Äquivalente wie "en plus/à part cela, il y a...". "Permettez-moi", ein für den mündlichen Vortrag typisches Versatzstück, das rhetorisch die Funktion der Licentia hat, ließe sich etwa durch "je me permets" ersetzen.

---

1 Vgl. dazu im einzelnen die Beschreibung der satzübergreifenden Bezüge des Imperativs in Kap.3.4. der Arbeit.

In einer Werbung für Rivesaltes-Weine ist die ganze Anzeige als Wettbewerb aufgezogen: Eine im Foto abgebildete, aber teilweise verdeckte Schauspielerin soll erraten werden. Längere Textpassagen, die durch Anführungsstriche kenntlich gemacht sind, werden der abgebildeten Person als Äußerung zugeordnet.

073 HL: *"**Devinez** qui je suis, et **partez** à l'aventure en traction avant 15 CV Citroën."*
FT: *"Si je bois des Rivesaltes à l'apéritif c'est un peu normal, je suis née en plein cœur du terroir des Rivesaltes, dans le Roussillon. (...) Maintenant **laissez-moi** vous **parler** des Rivesaltes. Vous savez les Rivesaltes, c'est un tout petit morceau du Roussillon, en grisé sur la carte (...) Alors, à l'apéritif **buvez** plutôt un Rivesaltes. (...) Maintenant, si vous avez trouvé qui je suis, **regardez** le prix que vous pouvez gagner: (...)"*
(Rivesaltes, vins; E, 1.11.76, 86/87/89)

Hier fungiert ein "Prestigekunde" als Sekundärsender für umfangreiche Passagen des Anzeigentextes; die Imperative fügen sich in eine fiktive Gesprächskonstellation zwischen der Schauspielerin und dem Leser ein.

Diese Beispiele mögen genügen, um einige Sekundärsendertypen zu illustrieren.

Als Sekundärsender kommen vor:

- unmittelbare Vertreter des Anbieters oder Herstellers:
  Firmenangehörige im weitesten Sinn, so der P.D.G. (président-directeur-général) in Abb. 4, der Pilot für die Fluggesellschaft in Abb. 3, der Weinbauer für die Winzergenossenschaft; ferner Angehörige des Vertriebs- und Service-Systems (Vertreter, Verkäufer, Kundenberater, Kundendienst-Angehörige) wie in Abb. 2.
- die Gruppe der "Unabhängigen":
  Wissenschaftler, Techniker, Fachleute und Spezialisten, Tester und Kritiker. Sie treten in der Rolle des neutralen Dritten auf, und das von ihnen ausgesprochene positive Urteil über den Werbegegenstand soll umso glaubwürdiger sein, als ihnen der Leser aufgrund ihrer Ausbildung und Erfahrung einen Informationsvorsprung zubilligen muß. Da bei ihnen das Verkaufsinteresse des Produktherstellers nicht unmittelbar einsichtig ist, können sie umso leichter als Garant für die Objektivität des Urteils eingesetzt werden. Oft werden sie auch zugleich als Konsumentenvertreter ausgewiesen.
- die Stellvertreter des Konsumenten:
  vor allem der stets als positiv dargestellte Vertreter des Durchschnittskunden, der als Angehöriger der eigenen "in-group" für den Leser umso vertrauenswürdiger ist, als er sich selbst, sein Wertsystem und seine Wunschvorstellungen, in ihm wiederfindet; in der gleichen Rolle treten "Prestigekunden" auf, meist bekannte und beliebte Persönlichkeiten des öffentlichen Lebens (besonders Schauspieler und Sportler), die Idol- und Leitbildcharakter haben. Zwischen den von ihnen vertretenen positiven Eigenschaften - Schönheit, Charme, Eleganz, Selbstsicherheit, Reichtum, Einfluß, Erfolg, Kraft etc. - und dem Konsum des Werbeobjekts soll sich für den Leser eine latente Kausalbeziehung herstellen, die zur Aufwertung des Werbeobjekts beiträgt.
- Bei Produktgruppen, wo Käufer und Konsumenten mit großer Wahrscheinlichkeit nicht identisch sind (typische Geschenkartikel, Artikel für Kinder, Haustiere etc.), kann als Identifikationsangebot für den Leser entweder die Rolle des Schenkenden oder die des Beschenkten herausgearbeitet werden.

- In selteneren Fällen fungiert das Werbeobjekt durch Personifikation selbst als Sekundärsender, ferner andere Gegenstände, Maskottchen, Tiere, Pflanzen, Phantasiegestalten aller Art, wobei explizite Sprechermarkierungen (oft Sprechblasen) erforderlich werden.

Der letztgenannte Fall macht besonders evident, daß mit der Einführung eines Sekundärsenders eine neue funktionale Ebene eröffnet wird: Sie besteht vor allem in der Simulation einer unmittelbaren face-to-face-Kommunikation, in die der Leser als (meist individuell angesprochener) Adressat einbezogen ist. Zwar ist die Identität des ausgewiesenen Senders für den Leser weder überprüfbar noch sonderlich relevant; ein wichtiger Effekt liegt vor allem in der scheinbaren Aufhebung der für die Massenkommunikation stets gegebenen und im Falle der Werbung besonders störenden Sender-Anonymität durch die Konkretisierung und Individualisierung des Textsenders.[1]

Mit der Präsentation eines personalen Senders gewinnt die Anzeige einen "human interest"-Charakter, der ihren Aufmerksamkeitswert für den Leser wesentlich erhöht. Daneben bietet sich die Übertragung der vom Sekundärsender repräsentierten positiven Eigenschaften auf die Ware an, indem durch die Kontiguität zwischen Sekundärsender und Produkt eine Bedeutungsrelation zwischen beiden entsteht.[2] Der Ersatz des anonymen Senders durch den konkreten sekundären Kommunikator bringt eine Erhöhung der Sender-Glaubwürdigkeit durch die Anreicherung mit positiven Sender-Eigenschaften - Kompetenz, Vertrauenswürdigkeit, Uneigennützigkeit des gegebenen Rats u.v.a. - mit sich.

Dieses rhetorische Grundprinzip der Erhöhung der Senderglaubwürdigkeit wird in der Werbeliteratur immer wieder betont:[3]

> "Autant le public admet les affirmations de leaders d'opinion, autant il a du mal à accepter les messages publicitaires. Ceux-ci créés par le producteur lui-même qui paye pour être présent dans la presse ou à la télévision, sont purement subjectifs. Il est donc normal que le consommateur soit moins ouvert à des affirmations, la plupart du temps incontrôlables, qui sont diffusées par les marques elles-mêmes."

---

1 Die Parallelen zwischen der Verwendung von Ersatzsendern in Werbeanzeigen und dem literarischen Verfahren der "mise en abîme" weist Fresnault-Deruelle in seinem Aufsatz "la communication abîmée" (1982:102-115) unter Einbezug semiotischer Beschreibungsmittel eindrucksvoll nach.

2 Vgl. dazu Nöth (1977:94): "Dieser Vorgang der M e r k m a l s ü b e r t r a g u n g wird durch ein einfaches semiotisches Mittel realisiert, nämlich durch indexikalischen Zeichengebrauch: Die berühmte Schauspielerin und das Massenprodukt haben zunächst nur eins gemeinsam. Sie stehen in Kontiguität."

3 Cohen 1973:18.

Nicht immer sind die Texte hinsichtlich ihrer Textebene - d.h. auch: hinsichtlich ihrer Sender-Adressaten-Struktur - so eindeutig bestimmbar wie in den oben behandelten Anzeigen.
Explizite Merkmale der Kennzeichnung einer Textsequenz als Sekundärsender-Zitat sind vor allem im sprachlichen Bereich: die Nennung des Sprechhandelnden (Name, Funktion, Beruf, sonstige Attribute), das Auftreten eines performativen Verbs, die Verwendung der konventionellen Texteinbettungs-Indikatoren (Doppelpunkt und Anführungszeichen zur Kennzeichnung der direkten Rede). Der eingebettete Text unterscheidet sich vom Rahmentext durch eine abweichende Pronominalstruktur (vor allem der personaldeiktischen Pronomina), u.U. durch andere Tempora, Merkmale mündlicher Sprachverwendung, schließlich durch Verwendung stilistischer Besonderheiten gegenüber dem Rahmentext, der in aller Regel sprachlich weniger markiert ist als der eingebettete Text.
Durch die ergänzenden Möglichkeiten von Bild, Lay-out und Typographie sind allerdings selten alle genannten sprachlichen Einbettungs-Markierungen vorhanden. Die Satzzeichen z.B. können ohne Informationsverlust durch einen Wechsel der Schrift (größer/kleiner, andere Type, andere Schriftfarbe, anderer Buchstaben- oder Zeilenabstand) erreicht werden. Der Sekundärsender, der in den meisten Fällen im Bildteil vertreten ist, kann durch Mimik, Gestik, Blickkontakt zum Leser, zum Sprechen geöffneten Mund, Lächeln als Redehandelnder ausgewiesen sein; schließlich können indexikalische Mittel wie Sprechblasen und räumliche Nähe eines Textteils zum Mund der abgebildeten Person die Zuordnung einer Textsequenz zum Sekundärsender herstellen. Sobald aber auch diese Kennzeichnungen fehlen oder gar Bild und Text zueinander in Widerspruch treten, läßt sich der Sender oft nicht mehr bestimmen. Das ist besonders bei Bild-Text-Kombinationen der Fall, wo im visuellen Teil der Anzeige wohl eine als Textsender in Frage kommende Person abgebildet ist, sonstige Sprecher-Merkmale aber fehlen. Die Textpassagen, die von ihrer sprachlichen Gestaltung her das Vorhandensein einer konkreten Sprecherpersönlichkeit erwarten lassen, können nicht selten als "Ausdrücke der 'inneren Sprache'"[1] angesehen werden. In solchen Passagen, die dem "inneren Monolog" nahekommen, sind Imperative selten; an ihre Stelle treten sprachliche Formen, die kein Sprecher-Subjekt implizieren (vor allem Infinitiv-Konstruktionen). Kommen Imperative vor, so haben sie allein dadurch einen anderen Stellenwert als in der unmittelbaren Kommunikations-Situation, weil bei ihnen Sprecher und Adressat identisch sind; sie verlieren dadurch für den Leser alle Verbindlichkeit. Das heißt allerdings nicht, daß auch der Auffäl-

---

1 Flader 1974:110-114 u.ö.

ligkeitswert, den Imperative haben, verlorenginge: Jeder Imperativ verlangt vom Leser die Rekonstruktion eines personalen Senders. Das führt oft auch dazu, daß dieser ein entsprechendes visuelles Angebot auch bei geringer oder fehlender Sprechermarkiertheit leicht annimmt. (Vgl. Abb. 4, wo außer Blickkontakt und Sprechmund, also mimischen Anzeichen für Kommunikation, keine weiteren Indikatoren für die Sprecherrolle vorhanden sind.)

Welche Imperative kommen nun in Anzeigen mit konkretem Senderangebot vor, und wo stehen sie?
Da sich diese Imperative immer an den Anzeigenleser A_1 als Adressaten wenden, finden sich ausschließlich Imperative der 2.Person Plural; die 2.Person Singular wird nicht verwendet.
Oft haben nur bestimmte Teiltexte der Anzeige einen Sekundärsender; Texteinbettungen dieses Typs sind fast ausschließlich im längeren Fließtext zu beobachten.
Der Grund dafür liegt vor allem im größeren Versprachlichungsaufwand gegenüber der einfachen Sender-Adressaten-Konstellation, die im umfangreichen Fließtext leichter zu realisieren ist. Die Identifikation der sprachlich weniger ausgebauten Headline als eingebetteter Text erfolgt bezeichnenderweise meist erst durch den nachfolgenden Fließtext, mit dem sie ja in engem kataphorischem Bezug steht, oder aber auch durch den Bildteil der Anzeige, mit dem sie ebenfalls in engem Wechselbezug steht.[1]
In keinem Fall des untersuchten Korpus tritt diese Sender-Adressaten-Konstellation zusammen mit dem im folgenden Abschnitt untersuchten Einbettungs-Typ auf, bei dem neben dem Sekundärsender auch ein Sekundäradressat anzusetzen ist. Vermutlich ist dieser zusätzliche Komplexitätsgrad mit dem Zeicheninventar und -umfang einer Werbeanzeige nicht mehr sinnvoll und effektiv zu realisieren.

3.2.3. Sender$_1$ ≠ Sender$_2$, Adressat$_1$ ≠ Adressat$_2$

Neben der im letzten Abschnitt behandelten Sender-Adressaten-Konstellation ist in einigen Fällen ein anderer Einbettungstyp zu beobachten, bei dem werbefremde Textsorten in die Anzeige integriert worden sind: bandes dessinées und photoromans, Witzzeichnungen, Briefe, Wiedergabe von Telefongesprächen und Unterhaltungen, Zitate von Textpassagen aus anderen Kontexten.

---

1 Vgl. dazu Kap. 2.2.3.2.1. der Untersuchung.

Wenn Imperative, die in diesen eingebetteten Texten vorkommen, hinsichtlich ihrer Sender-Adressaten-Deixis zu beschreiben sind, zeigt sich, daß weder der aus dem Text erschließbare Sender S_2 mit dem Sender S_1 der ersten Kommunikationsebene noch der aus dem Text erschließbare Adressat A_2 mit dem tatsächlichen Adressaten A_1 der werblichen Kommunikation identisch sind. Diese Imperative lassen sich daher zunächst nur zu ihrem unmittelbaren Kontext in Beziehung setzen; dieser kann nur als Ganzes hinsichtlich seiner Funktion für die nächsthöhere Kommunikationsebene beschrieben werden.

Der einfachste Fall von Texteinbettung liegt vor, wenn Passagen direkter Rede oder sonstige Text-Zitate argumentativ eingesetzt werden. In den Werbeanzeigen handelt es sich dabei in der Regel um Textausschnitte, deren ursprüngliche Äußerungs-Situation nicht mehr rekonstruierbar ist. Im Gegensatz zum Textzitat im redaktionellen Teil der als Werbeträger fungierenden Zeitschrift beansprucht das Zitat im werblichen Kontext keine Authentizität. Der ursprüngliche Äußerungs-Zusammenhang des zitierten Textteils ist daher meist nicht mehr rekonstruierbar, Orts-, Zeit-Angaben und sonstige Parameter der authentischen Äußerungs-Situation fehlen in der Regel völlig.

In Abb. 5 liegt eine Anzeige des "erzählenden" Typs vor, in der eine fiktionale Situation durch das Zusammenwirken von Wort und Bild entfaltet wird. Es handelt sich dabei meist um die Schilderung einer "Konsum-Situation", die die positive Wirkung des Werbeobjekts illustriert. Gegenstand der "Fabel" in dieser Anzeige ist die Evokation einer Urlaubssituation, wobei die Headline, die der einfachen Sender-Adressaten-Konstellation angehört, das Thema formuliert: "le pays des enfants". Dieses Motiv wird sowohl im Bildteil als auch im gesamten Fließtext ausgebaut, wobei der Bildteil die Aufgabe hat, die Fiktions-Ebene des Textes zu aktualisieren. Sie ist zugleich die Äußerungs-Situation der direkten Rede:

074 FT: *"**Tiens**, bonjour, P'pa, t'as été faire de la voile? Bon, salut, je rejoins les copains..."*

Der eingebettete Text unterscheidet sich vom Rahmentext nicht nur durch den Sprecher- und Adressatenwechsel, sondern auch durch den Wechsel der Sprachebene vom relativ unmarkierten Text zum stark sprechsprachlich markierten Text. Der Imperativ "tiens" ist ein typischer Imperativ der mündlichen Rede mit vor allem textgliedernder und phatischer Funktion.[1] Seine Funktion ist nur innerhalb des Redezitats zu bestimmen, das seinerseits als Ganzes zur Verlebendigung und Beglaubigung

1 Gülich zählt ihn zu den "Eröffnungssignalen". (1970:141-144 u.ö.)

der dargestellten Urlaubssituation, also einer Konsumsituation i.w.S., dient.

Weitere Zitate finden sich vor allem in der Buch- und Zeitschriften-Werbung, die ja stets einen hohen Versprachlichungsgrad der Werbebotschaft aufweist. In der Werbeanzeige für eine Wirtschafts-Zeitschrift ist ein Artikel von J.K.Galbraith in Auszügen zitiert:

075 *"(...) En toutes circonstances,* ***mettez en doute****, et ne* ***tenez*** *même aucun* ***compte*** *de toutes les prévisions officielles sur la politique économique américaine (...)* ***Mettez en doute*** *de la même façon les prévisions des économistes (...)* ***Gardez*** *toujours à l'esprit que la valeur d'une proposition en matière économique est inversement proportionnelle à l'approbation qu'elle suscite (...)* ***Souvenez-vous*** *que ce qui est bon pour la marche des affaires est presque toujours mauvais pour la santé de l'économie (...)"*
(La presse économique, journal; Exp, 4.10.76, 61)

Der Autor dieses Textes ist ausdrücklich genannt; seine eigentlichen und ursprünglichen Adressaten sind die Leser der Zeitschrift "La presse économique", in der der zitierte Artikel erschienen ist. Durch die Integration in die Anzeige bekommt der Text eine neue Dimension: Er dient hier dazu, das Werbeobjekt durch das Prestige des bekannten Wirtschaftswissenschaftlers aufzuwerten. Eine Besonderheit dieses Textes liegt zudem darin, daß es sich bei dem Artikel um eine Art "Leitfaden für Geschäftsleute" handelt, mit konkreten Ratschlägen, die auf der Kommunikationsebene des Ursprungstextes wohl durchaus als direktive Sprechhandlungen des Typs "conseil" angesehen werden können. Für den Leser der Werbeanzeige (A_1) enthält die Konfrontation mit dem Textzitat das Angebot, sich mit dem ursprünglichen Adressaten (hier: A_2) zu identifizieren, d.h. probehalber Leser der Zeitschrift zu sein, für die geworben wird ("Probekonsum").

Gelegentlich werden auch Textstellen aus literarischen Werken übernommen und zitiert.

076 HL: *"'Je suis jeune,* ***tendez-moi la main****', clame Rimbaud à Verlaine."*
(Jean de Bonnot, vente de livres par correspondance; Exp, 27.9.80, 81)

Hier dient das durch die Nennung von Sender und Adressat, die Setzung von Anführungszeichen und die Verwendung des sprechhandlungsbezeichnenden Verbs "clamer" sprachlich voll integrierte Zitat als zusätzlicher Aufmerksamkeits-Faktor, der zum Weiterlesen des umfangreichen anschließenden Fließtexts veranlassen soll - zumal dieser das Zitat sprachlich sofort aufgreift und weiterführt:

FT,Anfang: *"Il est jeune, il est vrai. 'J'ai dix-sept ans', écrit-il. Il n'en a pas seize.(...)"*

Der weitgehend reduzierte Bildteil enthält neben dem Werbeobjekt selbst, dem angepriesenen Buch, lediglich eine Darstellung des jungen Rimbaud; das Textzitat ist vom Lay-out her so angeordnet, daß es unmittelbar an die visuelle Darstellung des Autors (und Textsenders S_2!) anschließt.

Ein Zitat ganz anderer Art liegt in der folgenden Anzeige vor: Ihr Bildteil zeigt ein kleines Kind, das im Schatten von Hochhäusern spielt. An die Headline

077 *"Cet enfant grandit dans l'ombre de la ville"*

schließt sich folgender Fließtext an:

> FT, Anfang: *"Il est évident que ses aieuls n'ont pas pris à cœur la devise: '**Désertez** les villes, **peuplez** les villages!' Quand il sera grand, quelle sera l'importance de la population citadine (...)"*
> (Von Roll, usines d'incinération et stations d'épuration; R, Juni 72, 149)

Das Zitat, metasprachlich als "devise" gekennzeichnet, läßt sich keinem realen Äußerungszusammenhang mehr zuordnen, falls es je einen gehabt haben sollte. Es nähert sich damit den Sprichwörtern, Redensarten, Maximen, Sentenzen an, deren Aussage durch die Einbettung in einen (neuen) Kontext erst aktualisiert und konkretisiert wird. Die Sender- und Adressaten-Deixis des Imperativs, der in diesen festen Fügungen häufig vorkommt, bleibt unbestimmt, solange diese isolierte Einheiten der Langue sind, und erst der neue Kontext bestimmt darüber, ob ein potentieller Aufforderungs-Charakter entfaltet wird oder nicht. Im vorliegenden Fall wird das Zitat als Ganzes zur Beschreibung eines Ist-Zustands verwendet, der sich aus der Nichtbefolgung der zitierten Aufforderung ergeben hat. Das Zitat erweist sich damit als Teil eines übergeordneten Argumentationszugs: Der Text wird mit der Behauptung eingeleitet, daß die Bevölkerungsdichte der großen Städte immer mehr zunehme und daß sich daraus immer größere Probleme der Abfallbeseitigung ergäben. Die Anzeige folgt damit einem häufigen Argumentationstopos, indem sie zunächst ein Problem aufwirft, um dann eine Lösungsstrategie anzubieten, in die das Werbeobjekt als conditio sine qua non eingebaut ist.

In den meisten Fällen, in denen ein eingebetteter Imperativ mit abweichender Sender-Adressaten-Konstellation vorkommt, tritt er in werbefremden Textsorten auf, die gerne eingesetzt werden, um den Aufmerksamkeitswert der Anzeige zu erhöhen. Diese nicht-werblichen Texte können außerdem dazu beitragen, die Identifikation der Anzeige als Werbung zu erschweren bzw. zu verzögern. Das ist besonders dann der Fall, wenn die Anzeige sich dem redaktionellen Umfeld des Werbeträgers angleicht: als "communiqué", aber auch durch die Verwendung von bandes dessinées, photo-romans u.a. Ferner ist die Verwendung möglichst unerwarteter und noch nicht allzu abgedroschener Textsorten eine Antwort auf den starken Innovationszwang, mit dem sich die einzelne Anzeige innerhalb der Konkurrenz anderer Werbeanzeigen behaupten muß. Stark konventionalisiert sind die folgenden Textsorten in der Anzeigenwerbung: Kochrezepte (vgl. Abb. 10), Gebrauchsanleitungen, Preisausschreiben, Dankbriefe, Tests (vgl. Abb. 14). Eine etwas originellere Textsorte findet in Abb. 6 Verwendung, wo die Headline einen Telegramm-Text wiedergibt. Hier liegt wieder der Typ der "human interest"-Anzeige vor: Ein "Fall" aus dem Alltagsleben, mit Vorliebe eine besonders private Situation, wird erzählt, für die im Leser ein quasi voyeuristisches Interesse geweckt wird. Im vorliegenden Fall ist die Situation, auf die der Telegramm-Text Bezug nimmt, unschwer zu rekonstruieren; allerdings ist die Mitteilung unvollständig genug, um dem Leser eine aktive Beschäftigung mit dem Text abzuverlangen. Die Kennzeichnung, daß der Text der Headline einer anderen Kommunikationsebene als die restliche Anzeige angehört, ist diesmal nicht mit metasprachlichen Mitteln auf der Ebene des Rahmentextes durchgeführt, sondern ist in den Bildteil verlagert: Angaben über den Sekundärsender S_2 ("Thierry") wie auch vor allem über den Sekundäradressaten A_2 (Foto, dazu Name und volle Adresse auf dem Telegrammbogen im Vordergrund) sind dem visuellen Teil der Anzeige zu entnehmen. Da die Imperative der Headline an besonders exponierter Stelle stehen und daher schnell aufgenommen werden, dürften sie trotz ihrer Einbettung für den Leser einen hohen Aufmerksamkeitswert haben - zumindest, bis er sich deren Adressatenbezug klar gemacht hat. Sie erfüllen also unter gewissen Umständen trotz der abweichenden Kommunikationsebene des eingebetteten Textes ihre Appellfunktion.

Da die Arbeit von der Zielsetzung ausgeht, die gesamte sprachliche Gestaltung der Werbeanzeige zu untersuchen, nicht nur die einiger privilegierter Teiltexte, soll der Vollständigkeit halber noch kurz auf eine Text-Gruppe eingegangen werden, die bisher nicht berücksichtigt wurde: die Texte nämlich, die Teil der visuellen Botschaft der Anzeige sind.

In allen Anzeigen, die für ein optisch darstellbares Produkt werben, ist dieses normalerweise abgebildet. Da die Ware selbst oder ihre Verpackung in der Regel zumindest den Markennamen trägt, den sichtbar zu machen sich kaum ein Werbegrafiker versagt, kommt hier oft zusätzlicher Text ins Bild.

Wenn in solch einem "Text im Bild" Imperative vorkommen, so fallen diese natürlich noch in weit höherem Maße als die oben behandelten aus der einfachen Werbe-Kommunikation heraus. Sie sind auf einer völlig anderen Textebene angesiedelt und können nur in bezug auf ihren engeren Kontext, wie er sich als visuell-verbales Superzeichen auf der Ware oder ihrer Verpackung präsentiert, beurteilt werden. Das folgende Beispiel arbeitet nach diesem Prinzip des "Textes im Bild":

078 SL: *"**Laissez-vous hâler** / avec / Orobronze / sans risque et même sans soleil";*

der gleiche Slogan findet sich leicht variiert auf der abgebildeten Verpackung:

> *"**Laissez-vous hâler**! / pour bronzer sûrement, même sans soleil, une seule boîte suffit."*
> (Orobronze, produit de bronzage; E, 25.4.77, 102/103)

Die Anzeige wirbt für eine Bräunungscreme, wobei die Abbildung der Packung das wichtigste Element des Bildteils ist. Der Slogan, der in diesem Fall ein unveränder-

licher sprachlicher Begleiter des Produkts ist,[1] erscheint hier zweifach: einmal auf der Verpackung des Produkts, zum anderen am unteren Ende des gesamten Anzeigentextes, in der für den Slogan typischen Position.
Während sich der Slogan des Anzeigentextes in die einfache Kommunikations-Konstellation des ersten Typs einfügt (vgl. Kap.3.2.1.), handelt es sich beim visuell abgebildeten Textteil um ein optisches Zitat. Die beiden Textteile liegen daher auf verschiedenen Kommunikationsebenen. Auch bei diesem Verfahren handelt es sich um eine Form der "mise en abîme".

Als weiteres Beispiel sei eine Anzeige für Euroscheck-Karten angeführt. Der Scheck ist überdimensional groß abgebildet (25,5 x 14,5 cm statt 15 x 8,9 cm Originalgröße), und zwar im Zentrum der Anzeige; der umgebende Fließtext ist in kleiner und unauffälliger Type gesetzt, so daß der Scheck selbst und damit sein Aufdruck stark ins Auge fällt:

079 *"**Payez** contre ce chèque / zahlen Sie gegen diesen Scheck (...)"*
(Eurochèque, Crédit Mutuel/Banque Populaire; E, 2.5.77, 108/109)

Der Aufdruck ist ein unabdingbarer Bestandteil des abgebildeten Gegenstands; wird die Scheckkarte ihrer Bestimmung entsprechend eingesetzt, so ist der Imperativ Teil einer wirklichen Aufforderungshandlung. Innerhalb der Anzeige bürgt er lediglich für die Authentizität des visuell dargestellten Objekts. Dieses steht seinerseits metonymisch für das eigentliche Werbeobjekt, das selbst visuell nicht darstellbar ist: das Scheck-Service-System nämlich, das die bargeldlose Abwicklung von Geschäften erlaubt - eine Dienstleistung der Banken also.

Wie verhalten sich die hier beschriebenen Imperative zu dem Texttyp "Anzeigenwerbung", und inwieweit realisieren sie dessen Kommunikations-Intention?
Wie die Beispiele gezeigt haben, handelt es sich bei diesen Imperativen um eine sehr heterogene Gruppe. In allen Fällen waren sie auf einer anderen Kommunikationsebene angesiedelt, die als "Einbettung"[2] in einen Rahmentext beschrieben werden kann. Diese Einbettung wurde sprachlich vor allem durch die von der einfachen Sender-Adressaten-Konstellation abweichende pronominale Verweisstruktur und durch die im Imperativ gebundene Sender- und Adressaten-Deixis manifest. Oft war der eingebettete Text auch gegenüber dem Rahmentext zusätzlich sprachlich markiert: Er hatte andere Tempora, Modi, stilistische Unterschiede verschiedenster Art. Da es sich in

---

1 Gleichzeitig mit der Anzeigenkampagne wurde im Frühjahr/Sommer 1977 eine Plakatwerbung durchgeführt, bei der ebendieser Slogan neben einem dominierenden Bildteil den einzigen Text darstellte.

2 Vgl. Scherner 1979.

der Mehrzahl der Fälle um werbefremde Textsorten handelte, erklärten sich die sprachlichen Abweichungen auch zum Teil aus den spezifischen sprachlichen Konventionen dieser Textsorten.
Alle Imperative - 2.Person Singular, 1.Person Plural und 2.Person Plural - kommen hier vor; es bleibt festzuhalten, daß diese Sender-Adressaten-Konstellation mit Abstand die wichtigste für das Vorkommen von Imperativen der 2.Person Singular ist, was sich aus der Divergenz zwischen dem normalerweise mit dem honorativen "vous" angesprochenen Leser A_1 der Anzeige und dem Sekundäradressaten A_2 des eingebetteten Textes erklärt.
Die Texteinbettung dieses Typs kommt praktisch ausschließlich in Anzeigen mit hohem Komplexitätsgrad vor; innerhalb der Anzeige findet sie sich in erster Linie im Fließtext, da dieser die textreichste Passage ist.
Liegt eine Einbettung vor, so ist immer auch die einfache Kommunikationsebene in anderen Teiltexten vertreten; sie fungiert als Textrahmen. Wenn es sich um die Wiedergabe von mündlichen Äußerungen handelt, fällt hier auch wieder die Häufigkeit von rhetorischen Imperativen auf, die einen Großteil der überhaupt vorkommenden Imperative (auf allen Kommunikationsebenen!) ausmachen. Was die Funktion der eingebetteten Passagen betrifft, so lassen sich diese nur als Ganzes in bezug auf den Argumentationsgang der Anzeige beschreiben. Der Imperativ erweist sich dabei als eine für die Werbeintention mehr oder weniger beliebige sprachliche Erscheinung.

3.2.4. Sender$_1$ = Adressat$_2$, Adressat$_1$ = Sender$_2$

Innerhalb der Werbeanzeige fällt der Coupon durch eine besondere Sender-Adressaten-Konstellation auf, die ausschließlich in diesem Teiltext zu finden ist: Die Kommunikationspartner der ersten Kommunikationsebene bleiben erhalten, aber ihre Sender- und Adressaten-Rolle sind im Text vertauscht. Wie nicht anders zu erwarten, finden sich hier ausschließlich Imperative der 2.Person Plural.

Beispiele:

080 Coupon: "***Envoyez-moi*** *par retour (...)*
Trouvez *ci-joint* ***mon*** *règlement(...)*"
(Abb. 1a)

081 Coupon: "***Veuillez m'adresser****, sans engagement de* ***ma*** *part,* ***votre*** *documentation en couleur 704(...)*"
(Abb. 9)

082 Coupon: "*Oui,* ***informez-moi*** *sur le Keraion de Buchtal*"
(Buchtal, céramique; VM, Juni/Juli 83, XXII/XXIII)

083 Coupon: "*Sans engagement de* ***ma*** *part,* ***envoyez-moi*** *pour un examen de 10 jours le (les) ouvrage(s) choisi(s) (...)*"
(Jean de Bonnot, livres par correspondance; Exn, Dez. 75, 45)

084 Coupon: "***Envoyez-moi*** *immédiatement* ***votre*** *documentation RP/4"*
(Ricoh, appareils de photo; Ph, April 73, 13)

085 Coupon: "***Faites-moi parvenir votre*** *documentation lave-vaisselle"*
(Bosch, lave-vaisselle; CA, März 71, 18)

In einigen Fällen finden sich etwas originellere sprachliche Fassungen des immer gleichen Zwecks:

086 Coupon: "***Tentez-moi*** *davantage"*
(Office National Indien de Tourisme; CA, März 71, 20)

087 Coupon: "***Dites-moi*** *comment gagner beaucoup d'argent sans payer d'impôts.* ***Adressez-moi*** *sans engagement de* ***ma*** *part votre documentation sur le 'couplé' de la Société Générale. Merci."*
(Société Générale, banque; CA, Juli 71, 10)

088 Coupon: *"D'accord,* ***Monsieur Carey, envoyez-moi*** *tous les détails concernant* ***votre*** *offre d'essai ainsi qu'un dépliant en couleur afin que* ***je*** *puisse choisir - la pipe que* ***j****'essayerai sans engagement pendant 30 jours."*
(Markal Sarl.E.A.Carey, pipes; NO, 27.10.80, 137)

Diese Beispiele zeigen, daß auch hier eine Anreicherung des Coupontextes mit zusätzlicher Information oder eine Verdichtung und Aufwertung der Aussage durch den Einsatz rhetorischer Figuren und Tropen möglich ist; in der Regel wird in diesem Text aber weitgehend auf persuasive Textstrategien verzichtet.

Der Coupon hat - unabhängig von der Argumentationsstrategie der restlichen Anzeige - eine einzige Aufgabe: Er dient der Anforderung von weiterem Informationsmaterial und stellt somit die einzige vom Sender S_1 vorgesehene feedback-Möglichkeit dar.[1] In einigen wenigen Fällen, z.B. beim Versandhandel, wird mit der Rücksendung des Coupons bereits der - letztlich intendierte - Kaufakt vollzogen (vgl. Abb. 1a). Da andere Reaktionen des Lesers nicht vorgesehen sind, investieren die Texter offensichtlich geringe Mühe in die Formulierung des Coupons, was neben zahlreichen Satz- und Orthographiefehlern (z.B. dem Ersatz des Imperativs der 2.Person Plural durch den homophonen Infinitiv) zu einer ausgeprägten Monotonie führt, bei der die einzelnen sprachlichen Formen weitestgehend gegeneinander austauschbar sind. Im Gegensatz zu den in den beiden vorangehenden Abschnitten beschriebenen Fällen sind Sekundärsender und Sekundäradressat hier nicht in persuasiver Absicht eingesetzt.

Eigentlicher Urheber des Textes ist natürlich nach wie vor der tatsächliche Sender der Werbeanzeige (S_1), und gelesen wird dieser Teiltext vom eigentlichen Adressaten (A_1). Die Umkehrung der kommunikativen Rollen findet erst dann wirklich statt, wenn der Leser den Coupon ausfüllt und zurückschickt. Dies wird ihm dadurch er-

---

1 Natürlich dient die Rücksendung dem Inserenten auch zum Aufbau einer Adressen-Kartei von Interessenten, d.h. potentiellen Kunden - ein Nebeneffekt, der natürlich in der Werbeanzeige niemals thematisiert wird.

leichtert, daß der gesamte Text für seine Rückantwort bereits vorformuliert ist und er nur noch ein Minimum an 'Angaben zur Person' einzusetzen braucht. In dem Augenblick, wo der Leser den Coupon ausgefüllt zurücksendet, realisiert er eine direktive Sprechhandlung: die der A n f o r d e r u n g.

Innerhalb der Anzeige hat der Coupon in mehrfacher Hinsicht eine Sonderstellung. Nicht nur in typographischer Hinsicht ist er von der restlichen Anzeige meist klar abgetrennt; auch sprachlich ist er weitgehend unabhängig, und zwar sowohl vom visuellen Teil der Anzeige als auch von den anderen sprachlichen Teiltexten. Auffällig ist, daß mit der Umkehrung der Sender-Adressaten-Konstellation fast immer auch eine stilistische Veränderung einhergeht: Die Formulierungen sind meist in der Form der höflichen Bitte gehalten, was sich in der häufigen imperativischen Umschreibung mit "veuillez" spiegelt (vgl. Abb. 9). Noch deutlicher wird dies, wenn man die konkurrierenden nicht-imperativischen Formulierungen mitberücksichtigt, die hier öfter noch als der Imperativ vorkommen:

089 Abb. 16: *"**Je désire** recevoir des informations sur la location."*

090 Abb. 17: *"**Je désire** recevoir une documentation gratuite concernant les programmes de la région de: (...)"*

091 Abb. 18: *"**Je** suis intéressé par la 'mini-vidéo surveillance' Panasonic, et **désire** recevoir, sans engagement, votre documentation."*

092 Coupon: *"**J'aimerais** tout savoir sur (...)"*
(Les Arcs, immobilier; NO, 9.2.81, 58/59)

093 Coupon: *"**Merci de m'envoyer** des informations complémentaires"*
(Pierre & Vacances, immobilier; NO, 27.10.80, 73)

094 Coupon: *"**Je suis curieux de voir**, sans engagement de ma part, le premier volume de la 'Révolution Française' de Jules Michelet.(...)"*
(Jean de Bonnot, vente de livres par correspondance; Pt, 17.10.77, 17)

095 Coupon: *"Sans aucun engagement de ma part, **je souhaite que** vous me présentiez la Canon NP 50 en démonstration (...)"*
(Canon, fotocopieur; NO, 29.4.78, 101)

096 Coupon: *"**Pouvez-vous me faire parvenir** une documentation plus complète sur la gamme Metabo. Envoyez ce bon à (...)"*
(Metabo, perceuse; Tm, 19.5.83, 47)

Offensichtlich versucht der Texter, die dem Adressaten vertraute Formulierung, die er selber beim individuell entworfenen Brief wählen würde, anzubieten. Besonders auffällig wird der stilistische Unterschied, wenn man Fließtext-Ende und Coupon, die oft im Lay-out aneinander anschließen, vergleicht:

097 FT,Ende: *"(...) **Ecrivez-nous** à: Comarco-18, rue d'Armenonville 92, Neuilly."*
Coupon: *"**Veuillez** sans engagement et gratuitement **m'adresser** votre catalogue couleur sur les 40 cuisines par éléments Zeyko"*
(Zeyko, cuisines; JM, April 74, 214)

Auch in Abb. 1c kommen Imperative der einfachen Sender-Adressaten-Konstellation im unmittelbaren Kontext einer Ersatzform mit umgekehrter Sender-Adressaten-Konstellation vor:

098 Coupon: "*Ecrivez* ici / ***Recopiez*** *simplement cette phrase: '**Je désire** recevoir, sans engagement de ma part un diagnostic gratuit de mon écriture' / (**N'oubliez pas** de signer)*"

Im folgenden Beispiel ist der Coupon ein "bon de commande":

099 HL: "*Aussi robustes que les basques / les torchons Maïder*"
2.HL: "***Commandez*** *les directement aux tissages Maïder*"
Coupon: "***Je désire*** *recevoir ____ torchons ____ à F____* / ***Je vous prie de bien vouloir*** *trouver mon règlement joint par: (...)*"
(Maïder, tissage, vente par correspondance; JM, April 74, 217)

Selbst wenn der Coupon ausnahmsweise das Leitmotiv der Anzeigen-Argumentation noch einmal aufgreift, wird der Imperativ des unmittelbar vorangehenden Fließtexts bei umgekehrter Sender-Adressaten-Konstellation durch eine verbindlichere Formulierung ersetzt:

100 HL: "***Faites*** *la différence*
FT,Ende: "*(...) Alors, avant de partir avec nous,* ***demandez****-nous notre catalogue et* ***faites*** *déjà la différence.*"
Coupon: "*Pour faire la différence,* ***je voudrais*** *recevoir votre catalogue Vacances 2000 Hiver-Printemps 75-76*"
(Vacances 2000, tourisme; NO, 10.11.75, 117)

Noch deutlicher ist der stilistische Kontrast zwischen einem mit 'à' angeschlossenen Infinitiv, dessen Aufforderungscharakter besonders stark ist, und dem unmittelbar anschließenden Coupon-Text mit umgekehrter Sender-Adressaten-Konstellation:

101 hors texte: "*Bon* ***à découper*** *ou* ***à recopier*** *et* ***à envoyer*** *à:(...)*"
Coupon: "*Sans engagement de ma part,* ***je désire*** *recevoir l'adresse des esthéticiennes agréées Propil proches de mon domicile.*"
(Propil-at-home, traitement d'épilation; E, 19.1.76, 68)

Besonders in Frauenzeitschriften ist die Ersetzung des Imperativs durch eine Ersatzform mit einem performativen Verb des Wünschens in Texten mit umgekehrter Sender-Adressaten-Konstellation die Regel. Dabei erscheint der Sender S_2 bei umgekehrter Sender-Adressaten-Konstellation immer als 1.Person Singular.

Der Sprecher-Adressaten-Wechsel im Coupon ist an eine klare typographische Abgrenzung des Rücksende-Bons gebunden. Wenn, was gelegentlich zu beobachten ist, Fließtext-Ende und Bestellcoupon ineinander übergehen, behält letzterer die einfache Sender-Adressaten-Konstellation der Anzeige bei, während in sämtlichen oben aufgelisteten Fällen der Coupon-Text klar durch eine Linie von der restlichen Anzeige abgesetzt sowie durch Spationierung und Wechsel der Schrifttype als eigenständige Texteinheit gekennzeichnet ist. Bezeichnenderweise ist in der Regel eine sehr kleine, unauffällige Type gewählt; auch das weist wie die knappe und funktionale sprachliche Gestaltung des Coupons darauf hin, daß er im Gegensatz zu anderen Teiltexten keine Appellfunktion zu erfüllen hat und nicht in die Persuasionsstrategie der Anzeige einbezogen ist.

Wie die Darstellung in Kap. 1.1.3. der Arbeit zeigte, werden der Imperativ und der performative Ausdruck, der eine direktive Sprechhandlung benennt, nur alternativ realisiert; sie können nicht im gleichen Satz vorkommen. Wenn andererseits ein Imperativ in einem gegebenen Kontext durch einen entsprechenden Performativsatz paraphrasiert werden kann, so ist er mit einiger Wahrscheinlichkeit die Realisation einer direktiven Sprechhandlung. Die Tatsache, daß im Coupon unter weitgehend gleichen Bedingungen neben Imperativen auch Formen mit einem direktiven Sprechhandlungsverb oder mit Verben der Willensäußerung vorkommen bzw. die dort stehenden Imperative ohne weiteres durch solche substituiert werden können, deutet darauf hin, daß der Imperativ hier als Realisat einer direktiven Sprechhandlung steht - genauer gesagt: einer p o t e n t i e l l e n direktiven Sprechhandlung. Dagegen ist die Substitution von Imperativen der Headline und des Fließtextes durch Performativsätze in der Regel nicht sinnvoll und läßt daher die Beschreibung dieser Äußerungen als Aufforderungshandlungen zweifelhaft erscheinen.

3.2.5. Sender$_1$ = Sender$_2$, Adressat$_1$ ≠ Adressat$_2$

Neben den oben aufgeführten Fällen ist ein weiterer Typ der Sender-Adressaten-Konstellation logisch möglich: Der, bei dem sich ein mit dem tatsächlichen Sender S_1 identifizierbarer Sender S_2 an einen Sekundär-Adressaten wendet:

$$S_1 = S_2,\ A_1 \neq A_2$$

Diese Konstellation ist äußerst selten. In allen untersuchten Anzeigen war dieser Fall nur ein einziges Mal vertreten, allerdings ohne Imperativ: In der Werbeanzeige für eine Geschirrspülmaschine ist der Dialog zwischen einer im Bild dargestellten Waschfrau ("Mère Denis") und dem Hersteller ("nous", "Vedette") wiedergegeben.

102 HL: *"...et qui* ***leur*** *a appris / chez* ***Vedette*** */ à bien faire la vaisselle?"*
FT,Anfang: *"Personne,* ***Mère Denis****! (...)"*
FT,Ende: *"(...)****Vous*** *le voyez,* ***Mère Denis****, le lave-vaisselle Vedette c'est non seulement une grande corvée en moins, mais aussi de grands résultats en plus!"*
(Vedette, lave-vaisselle; MCl, Mai 76, 214/215)

Während der gesamte Fließtext diese Sender-Adressaten-Konstellation durchhält, wechselt der Slogan zur einfachen Sender-Adressaten-Konstellation: (S_1 = S_2, A_1 = A_2):

SL: *"pour la vaisselle comme pour le linge, Vedette mérite* ***votre*** *confiance."*

Im weiteren Verlauf der Beschreibung des Imperativs in der Anzeigenwerbung konzentriert sich die Untersuchung auf die einfache Sender-Adressaten-Konstellation $S_1 = S_2$, $A_1 = A_2$, wie sie in Abschnitt 3.2.1. dargestellt worden ist.[1]

---

1 Lediglich in den Kap. 3.3.1. und 3.3.2. wird noch einmal kurz auf diesen Imperativtyp eingegangen.

3.3. Die drei Imperativformen 2.Person Singular, 1.Person Plural und 2.Person Plural

In der Anzeigenwerbung sind die drei Imperativformen sehr unterschiedlich verteilt. Die mit Abstand häufigsten sind die der 2.Person Plural; wenn in der Literatur verallgemeinernd von "dem werblichen Imperativ" gesprochen wird, handelt es sich, wie die Beispiele zeigen, immer um Formen dieses Typs ("profitez de x", "utilisez x").

3.3.1. 2.Person Singular

Imperative der 2.Person Singular sind in der französischen Anzeigenwerbung äußerst selten. Im allgemeinen ist mit diesen Imperativen nur in solchen Textsequenzen zu rechnen, deren Adressat A_2 nicht mit dem Anzeigenleser A_1 identisch ist. (Vgl. Abschnitt 3.2.3.) Eine der wenigen Ausnahmen in unserem Korpus ist eine kleinformatige Anzeige für ein Heimtrainer-Gerät, die einen muskulösen jungen Mann zeigt; der Text lautet:

103 1.HL: *"**Fais** comme moi / **forge-toi** un corps musclé"*
2.HL: *"**Essaie** le Bullworker gratuitement. Si d'ici 15 jours tu ne peux pas déjà voir des résultats / l'essai ne te coûtera rien"*
(Bullworker, appareil de culturisme; AAT, Jan. 77, 65)

Auch ohne explizite Sender-Kennzeichnung wird der Leser die abgebildete Person als Sekundärsender für die beiden Headlines ansehen; hier liegt der Sekundärsendertyp 'Konsumentenvertreter' vor. Im nachfolgenden Fließtext findet dann ein Wechsel des S_2 statt:

FT: *"(...) Ce que le Bullworker a fait pour Jacques et des dizaines de milliers d'hommes, il peut le faire pour vous. **Faites**-en la preuve à nos frais. (...) **Postez** le bon maintenant (...)"*

Hier liegt nun die einfache Sender-Adressaten-Konstellation ($S_1 = S_2$, $A_1 = A_2$) vor, und die Leseransprache geht vom vertraulichen "tu" zum "vous" über, das allerdings ebensogut als Plural zu "tu" wie als Höflichkeitsform Singular oder Plural gelesen werden kann.

In der folgenden Anzeige für Jeans ist die Leseransprache in der 2.Person Singular ganz durchgehalten:

104 2.HL: *"**Gagne** un de 40 raids en tout terrain et à dos de chameau dans les sables du désert tunisien."*
FT: *"(...) Mais **fais** vite car il n'y a que 50.000 billets de tombola à distribuer.*
FT,Ende: *(...) Ton 'ticket de départ' t'attend chez les distributeurs Lee Cooper. **Prépare-toi** et à bientôt pour ce baroud!"*
(Lee Cooper, jeans; Tm, 21.4.83, 11)

Offensichtlich dient diese überaus seltene Form der Leseransprache hier der Selektion des Adressatenkreises, nämlich Jugendlicher; sie sind die wichtigsten Konsumenten des Werbeobjekts 'Jeans'.

In der dritten Anzeige dieser Art hat das 'tu' dagegen eine ganz andere stilistische Funktion. Sie wendet sich durchaus an den erwachsenen Leser der Zeitschrift 'Le Point'; die Übereinstimmung zwischen A_1 und A_2 wird durch die Apostrophé sogar ausdrücklich betont:

105 FT,Anfang: *"Ami lecteur, si tu ne veux pas connaître les affres du désir,* ***ne regarde pas*** *cette voiture. Sa force d'attraction est irrésistible.* ***Ne cherche pas*** *en vain à la comparer à une autre. La nouvelle Opel Kadett est toutes les autres et ne ressemble à aucune autre.* ***Passe*** *plutôt ton chemin pour ne pas succomber à l'attraction de son allure volontaire. (...) Et si, malgré mes conseils, tu te laisses aller dans le confort douillet de son habitacle, à jouer des instruments des pilotage, ami lecteur,* ***ne t'étonne pas****, pour le plaisir reçu, de trouver son prix aussi attractif.(...)"*
(Opel Kadett, voitures; Pt, 19.10.81, 98/99)

Die Anzeige vereint mehrere sprachliche Merkmale mit hohem Aufmerksamkeitswert: zum einen eine Apostrophé mit distributiver Leseransprache, die zudem an einer Eindrucksstelle des Textes, dem Fließtext-Anfang, steht; zum zweiten die in Werbetexten ungewöhnliche Folge verneinter Imperative, die, wie noch zu zeigen sein wird, sonst vor allem als Litotes oder aber als Kontrast zu einem nachfolgenden positiv formulierten Imperativ vorkommen; schließlich ist der gesamte Fließtext die Entfaltung eines auf Homophonie beruhenden Wortspiels zwischen der Headline "L'attraction avant" und dem Slogan bzw. der signature line "La traction avant". Der gesamte Sprachduktus des Fließtextes ist eine Form des "uneigentlichen Sprechens".[1]
Was hier wie eine Warnung vor der Beschäftigung mit dem Werbeobjekt formuliert ist, entpuppt sich bei näherem Hinsehen als die aus anderen Anzeigen der gleichen Produktbranche bekannte Empfehlung, sich eingehender mit dem Werbegegenstand zu befassen, wobei "regarder x", "comparer x à y", "se laisser aller dans le confort douillet de son habitacle", "jouer des instruments de pilotage", "trouver son prix attractif" alle auf die Phase zwei des intendierten Leserverhaltens, das Einholen weitergehender Information bis hin zum Probekonsum, bezogen sind.[2] Die hier vorliegende Sprechhandlung ist metasprachlich als "conseil" gekennzeichnet; negierte Imperative drücken meist die Sprechhandlung 'Warnung' aus, was aber der eigentlichen Intention des Texttyps, nämlich der Empfehlung des Werbeobjekts, diametral

---

1 Berg 1978:9.

2 Vgl. hierzu Abschnitt 3.5.1.2. der Arbeit.

entgegengesetzt ist. Dies wie auch die ungewöhnliche Leseransprache mit dem Imperativ der 2.Person Singular sind eine Umsetzung der Textstrategie, der Anzeige durch besondere sprachliche Originalität einen höheren Aufmerksamkeitswert zu verleihen.

Wesentlich häufiger als in der direkten Leseransprache findet sich der Imperativ der 2.Person Singular in e i n g e b e t t e t e n T e x t e n ($S_1 \neq S_2$, $A_1 \neq A_2$). Oft handelt es sich dabei um werbefremde Textsorten. Da bereits mehrere Fälle von Texteinbettung behandelt worden sind,[1] mögen hier drei Beispiele genügen.
Eine Anzeige für Herrenunterwäsche ist als bande dessinée (Comic) gestaltet. Der Ort der Handlung ist ein kleines Hotel im Wilden Westen; ein soeben eingetroffener Hotelgast erteilt dem Zimmerjungen folgende Anweisungen:

106 "***Prépare*** *moi rapidement un bon bain chaud dans ma chambre, mon gars!!!"*
"***Depêche toi*** *garçon! J'ai rendez vous, ici même, dans moins d'une heure, avec une dame du monde!!..."*
(Orly, sous-vêtements d'homme; E, 1.11.76, 23)

Die Zuordnung der Äußerung zum Sprecher (S_2) erfolgt, wie in dieser Textsorte üblich, durch Sprechblasen; der Adressat (A_2) ist neben der Anrede "mon gars", "garçon" durch Mimik, Gestik, Blickkontakt als solcher kenntlich gemacht. Auf der Ebene der dargestellten Kommunikations-Situation realisieren beide Imperative direktive Sprechhandlungen.

Im nächsten Beispiel unterhalten sich zwei Freunde (Konsumentenvertreter) über den Werbegegenstand:

107 A: *"Super ta chaîne... c'est une quoi?*
B: *Hitachi... si tu savais combien je l'ai payée...*
A: *Quoi t'as encore eu une combine:*
B: *Ouais, une super-combine... ça t'intéresse? Jusqu'au 30 novembre, les revendeurs Hitachi font des superprix sur 3 chaînes hifi...* ***Fonce!"***
(Hitachi, chaîne hi-fi; NO, 27.10.80, 103)

Die Zuordnung zum jeweiligen Sprecher (S_2) erfolgt durch Sprechblasen, also mit indexikalischen Mitteln, unterstützt durch Mimik, Gestik, Körperhaltung des abgebildeten Sekundärsenders. Der anschließende Text wechselt wieder zur einfachen Kommunikations-Konstellation und damit auch zur 2.Person Plural:

FT: *"Vous aussi* ***profitez*** *des super prix Hitachi! (...)".*

Auf der Ebene des eingebetteten Texts realisiert der Imperativ der 2.Person Singular eine direktive Sprechhandlung des Typs "Ratschlag".

---

1 Vgl. Kap. 3.2.3.

In der Anzeige für eine Filmkamera und einen Film-Projektor besteht der Bildteil neben der Abbildung der beiden Werbeobjekte vor allem aus einem Projektionsbild, das ein kleines Mädchen mit einem Kaninchen zeigt. Der dazugehörige Text gibt Ausschnitte aus einem die Projektion kommentierenden Gespräch zwischen zwei Personen wieder, die aber selbst nicht im Bildteil vertreten sind:

108 HL: *"**Souviens-toi**: l'instant d'après, le lapin a éternué!"*
(Eumig, caméra et projecteur; Pt, 10.10.77, 18)

Der Fließtext setzt die fiktive Kommunikations-Situation, die man sich als Gespräch zwischen Eltern beim Ansehen selbstgefilmter Familienszenen denken soll, bruchlos fort:

FT,Anfang: *"**Regarde** bien: Sophie se penche sur la caisse des petits lapins, choisit le plus doux et le plus calin. (...)"*

Der Slogan *"Filmer facile, filmez Eumig"* dagegen, der - zusammen mit der Variante *"Filmez facile, filmez Eumig"* - jahrelang unverändert die ansonsten unterschiedlich gestalteten Anzeigen der Firma begleitete, kehrt zu der für den Slogan typischen einfachen Sender-Adressaten-Konstellation zurück, die gegenüber den anderen Textebenen die stilistisch unmarkierte Form darstellt.

Ansonsten kommen Imperative der 2.Person Singular in verschiedenen Textsequenzen mit u n b e s t i m m t e m A d r e s s a t e n - B e z u g vor.

Die Vagheit der Adressatenansprache wird in der folgenden Anzeige einer Kosmetikfirma deutlich, deren Bildteil ein geschminktes Frauengesicht in Nahaufnahme zeigt; die dazugehörige Headline lautet:

109 HL: *"**Embrasse**-moi."*
(Chen Yu, cosmétique; MCl, Mai 76, 128/129)

Das Pronomen der 1.Person Singular verlangt einen konkreten Sekundärsender, den der Leser in dem entsprechenden visuellen Angebot auch vorfindet. Zugleich impliziert die Adressaten-Deixis des Imperativs aber auch einen Ansprechpartner, der nun allerdings der Phantasie des Lesers überlassen bleibt. Hier findet sich ein weiteres Mal die von Iser für fiktionale Texte beschriebene Schaffung einer Unbestimmtheits-Struktur, die den Leser zur Beteiligung an der Sinnkonstitution des Textes führen soll, indem dieser die nicht verfügbare Information durch eigene Vorstellungen ersetzt.[1] Das Ziel ist, den Leser dadurch zu einer eingehenderen Auseinandersetzung mit der Botschaft der Anzeige zu veranlassen.

---

1 Vgl. Iser 1970:11f.

Ein weiterer Typ von Imperativen der 2.Person Singular ist in Phraseologismen, vor allem Sprichwörtern und Redensarten, enthalten. Diese werden in der Werbung häufig verwendet.[1] In Abb. 1 besteht die Headline

110 HL: *"prête-moi ta plume, je te dirai qui tu es"*

aus der Montage zweier Zitate: zum einen einer Zeile des bekannten Lieds "Au clair de la lune", zum anderen der zweiten Hälfte des Sprichworts "Dis-moi qui tu hantes, je te dirai qui tu es". Die Verwendung der 2.Person Singular ist hier keine unmittelbare Ansprache des Adressaten A_1 der Anzeige; sie wird dadurch akzeptabler, daß sie in einer "forme figée" vorkommt, die als Äußerung mit unbestimmtem Sender und Adressaten auf einem anderen Textniveau als der restliche Text steht. Anführungsstriche sind hier nicht gesetzt; es ist aber anzunehmen, daß der Typenwechsel der Headline sowie die Bekanntheit der beiden Zitate zur Identifikation als eingebettete Textsequenz ausreichen. Die anderen Imperative der Anzeige sind wieder die üblichen Formen honorativer Leseransprache.

In Abb. 7 variiert der Slogan ein bekanntes Sprichwort, in das der Produktname eingebaut worden ist:

111 SL: *"**Aide-toi**, Contrex t'aidera!"*

In beiden Fällen liegt der parataktischen Abfolge von Imperativsatz und Aussagesatz ein latenter konditionaler Bezug zugrunde, wobei der Imperativsatz eine Bedingung für die Gültigkeit der anschließenden Behauptung formuliert - eine Funktion, die der Imperativ zumindest in schriftsprachlichen Texten häufig erfüllt.[2]
Sprichwörter und Maximen, Redensarten und Gemeinplätze sind Ausdruck von allgemein gültigen Lebensregeln, die orts-, zeit- und personenunabhängige Gültigkeit beanspruchen. Wenn diese in einem Text zitiert werden, so findet ein Wechsel der Textebene statt; der zitierte feste Ausdruck ist ein eingebetteter Text, dessen ursprünglicher Äußerungszusammenhang, falls er jemals bestanden hat, oft nicht mehr festzustellen ist.

---

1 Zur Funktion von Sprichwörtern und Redensarten in der Sprache der Werbung vgl. z.B.: Galliot 1955:523 u.ö.; Klotz 1963:541; Herles 1966:67-80; Elgozy 1969:155-161; Möckelmann/Zander 1970:75-86; Reboul 1975:54f u. 132 ff.; Koller 1977:176ff.; Hohmeister 1981:76-79.

2 Vgl. dazu Kap. 1.1.1. und Kap. 3.4.2.

Viele dieser Sprichwörter, Sentenzen, Maximen enthalten Imperative der 2.Person Singular - vgl.:

N'attelle pas ensemble l'âne et le cheval
Va où tu veux, meurs où tu dois
Fais ce que dois, advienne que pourra
Nourris un serpent dans ton sein, il te mordra
Ne fais pas à autrui ce que tu ne voudrais pas qu'on te fît
ne pleure pas ce que tu n'eus jamais
Ne remets pas à demain ce que tu peux faire aujourd'hui
Ne mets pas ton doigt entre l'écorce et l'arbre
Aide-toi, le ciel t'aidera
Dis-moi qui tu hantes, je te dirai qui tu es

Der Imperativ scheint dabei eine ähnliche Funktion wie die Allquantoren zur Bezeichnung der Person (on, chacun, tout homme), der generalisierende Singular, die unpersönliche Wendung "il faut" u.a. zu haben; wie bei diesen ist seine Referenzleistung sehr unspezifisch.

Zusammenfassend läßt sich sagen, daß der Imperativ der 2.Person Singular in Phraseologismen zu der ansonsten als Leseransprache üblichen honorativen Form nicht in Widerspruch steht - vermutlich wegen der abweichenden Isotopie-Ebene, bei der A_1 und A_2 zwar potentiell identisch sind, sich aber nicht unbedingt decken. Durch die Offenheit und Vagheit des Adressatenbezugs gerät der Imperativ in diesen Phraseologismen in die Nähe von Indefinita und unpersönlichen Wendungen. Oft hat der Imperativ dabei auch die syntaktische Funktion, zwei aufeinanderfolgende Hauptsätze zum Konditionalgefüge zu verbinden, was im übrigen die appellative Funktion der Form noch zusätzlich abschwächt.

3.3.2. 1.Person Plural

Die Imperative der 1.Person Plural sind in Werbetexten häufiger, als es zunächst den Anschein hat. In der Literatur zur Werbesprache sind sie bisher völlig vernachlässigt worden. Wir haben sie zunächst bei der Untersuchung der Sender-Adressaten-Konstellation des Imperativs (Kap.3.2.) ausgespart, da sie in ihrer Personen-Deixis meist hochgradig ambig sind und sich somit einer Klassifikation hinsichtlich ihrer Bezugnahme auf die Kommunikationsbeteiligten entziehen.

Ein Teil der Imperative der 1.Person Plural steht in werbefremden Textsorten; hierzu gehören Volkslieder, Kinderlieder, vor allem aber Trinklieder. Sie gehören zur Sender-Adressaten-Konstellation $S_1 \neq S_2$, $A_1 \neq A_2$.

Beispiel:

In einer Werbeanzeige für Rum wird das Seeräuberlied aus R.L.Stevensons "Schatzinsel" verwendet:

112 hors texte: *"Quinze hommes sur le coffre Yo, ho, yo, ho, ho et une bouteille de rhum.* ***Buvons****, et que le diable emporte le reste."*
(Duquesne, rhum; Pt, 17.10.77, 118/119)

Auch die für die Anzeigenserie einer Biermarke neu verfaßten Liedtexte übernehmen die sprachlichen Konventionen verbreiteter Trinklieder:

113 FT: *"(...)* ***Ouvrons*** *encore un tonneau*
De la bonne Kanterbräu
Pour fêter le renouveau
il n'y en aura jamais trop
(...)"
(Kanterbräu, bière; SV, März 74, 84)

Imperative der 1.Person Plural kommen natürlich auch in eingebetteten Textsequenzen mit ausgewiesenem Sekundärsender vor ($S_1 \neq S_2$, $A_1 \neq A_2$). Im folgenden Beispiel, einer Anzeige für Tefal-beschichtetes Koch-Geschirr, besteht der Fließtext aus der werbefremden Textsorte 'Kochrezept'. Im visuellen Teil der Anzeige ist ein Koch beim Zubereiten eines Gerichts abgebildet; zu Beginn des Fließtextes wird er kurz vorgestellt und dabei explizit als Sender des nachfolgenden Textteils ausgewiesen. Die Zwischenüberschrift "La Sole à la Meunière de Gérard Boyer" leitet die Fließtext-Passage ein, in der der Koch als Sekundärsender auftritt:

114 FT: *"****Prenons*** *notre poêle à poisson Tefal.* ***Faisons chauffer*** *50 g de beurre dans la poêle, quand il est fondu et bien chaud, mais sans excès,* ***posons*** *notre sole farinée et assaisonnée dans la poêle et* ***réduisons*** *légèrement la puissance. Au bout de 5 minutes* ***retournons*** *notre sole et* ***laissons cuire*** *encore 5 minutes.* ***Dressons*** *notre sole dans un plat chaud, quelques gouttes de jus de citron, du persil concassé (...)"*
(Tefal, casserolles; E, 9.5.77, 67)

Für die Textsorte 'Kochrezept' sind Imperativ-Reihungen, in der Regel allerdings Imperative der 2.Person Plural, oder Infinitiv-Reihungen typisch; gelegentlich stehen auch Folgen von einfachen indikativischen Aussagesätzen. Im großen und ganzen folgt der Anzeigentext den für diese Textsorte üblichen Textstrukturen, bis auf die Nennung des Artikelnamens Tefal; auffällig ist auch das mehrfache Vorkommen von "poêle". Die Verwendung der 1.Person Plural ist in Rezepten ungewöhnlich; sie wird dagegen regelmäßig benutzt, wenn im Fernsehen die Zubereitung eines Gerichts vorgeführt wird, d.h. der Sprecher zugleich die entsprechende Handlung ausführt. Lehnt sich dieses Rezept bewußt an die "Fernsehkoch"-Sendungen und deren sprachliche Gestaltung an? Liegt hier ein "nous de modestie" vor? Handelt es sich um eine Ersatzform für die entsprechende Satzaussage mit personaldeiktischem Pronomen der 1.Person Singular ("Je prends ma poêle à poisson"), der gegenüber es den Vorteil der größeren Kürze hätte und zugleich über den rein deskriptiven Anspruch hinaus auch stärker appellativ wirken würde, indem es nicht nur als senderbezogene Aussage, sondern auch als Aufforderung an den Leser ("Faites comme moi") verstanden werden kann?

Im nächsten Beispiel spricht ebenfalls ein Sekundärsender, der allerdings weder im Bildteil noch sprachlich eingeführt ist; lediglich das Pronomen der 1.Person Singular deutet auf einen personalisierten Sender hin, und die Argumentation weist ihn als Konsumentenvertreter aus. Bei den Imperativen der 1.Person Plural handelt es sich um rhetorische Imperative:

115 FT: *"(...) Oui, j'ai une chaîne hi-fi Pioneer dans ma voiture. Luxe insensé? Rassurez-vous: elle a les dimensions raisonnables d'une autoradio ordinaire. Quant au prix...* ***disons*** *que je me suis fait un joli cadeau et* ***n'****en* ***parlons plus*** *(...)"*
(Pioneer, auto-radio; Exp, 12.4.76, 54)

Der fiktive Einbezug der Leserin als Gesprächspartner ist ganz offensichtlich im folgenden Beispiel, einer Anzeige für Damenbinden, mit der Headline

116 HL: *"'****Parlons*** *des règles abondantes.'"*
(Juvenia, serviettes adhésives; MCl, März 75, 24)

Die Senderdeixis verweist auf das Foto einer Frau im weißen Kittel, die als "votre conseillère Juvenia" vorgestellt wird. Trotz der notwendig monologischen Kommunikation der Anzeige wird eine intime Dialog-Situation simuliert, die einen singulären Sender, eben den explizit eingeführten Sekundärsender, und einen singulären Adressaten, die jeweilige Leserin der Frauenzeitschrift Marie Claire (vgl. den FT-Anfang: "Vous avez des règles abondantes") impliziert und so das vertrauliche Gespräch unter vier Augen ("von Frau zu Frau") nachstellt.

In Sekundärsender-Passagen kommen auch zahlreiche r h e t o r i s c h e Imperative der 1.Person Plural vor:

117 FT: *"(...) Certains maris font semblant de s'interésser à la mécanique, mais en réalité, ils sont aussi séduits par l'esthétique de la voiture.* ***Entendons-nous bien****: je ne veux pas dire que la mécanique n'ait pas d'importance, mais Mazda avait déjà acquis une solide réputation technique.(...)"*
(Mazda, voitures; Tm, 24.2.83, 42/43)

Sekundärsender ist hier ein Mazda-Händler. Während bei diesem rhetorischen Imperativ mit überwiegend phatischer und reliefbildender Funktion durch die Verbsemantik Sender und Adressat zusammengefaßt werden und noch gut bestimmbar sind, ist bei den meisten rhetorischen Imperativen der 1.Person Plural nicht nur die Aufforderungs-Qualität des Imperativs, sondern auch der Sender-Adressatenbezug weitgehend verblaßt. Auch bei den folgenden Beispielen handelt es sich um Sekundärsender-Äußerungen:

118 FT: *"(...)* ***Allons****-y. Lavez-vous les cheveux, enroulez les bigoudis spécialement conçus pour cet usage (...)"*
(Poly Style, mousse à permanenter; Tm, 2.6.83, 158)

119 FT: "*(...) Elle est confortable. Installez-vous au volant, ou même à l'arrière. (...)* ***Allons****, en route.(...)*"
(Tercel, Toyota, voiture; Tm, 26.5.83, 138/139)

Wie diese letzten Beispiele deutlich machen, ist es für die Beschreibung der Imperative der 1.Person Plural weniger entscheidend, auf welcher Einbettungs-Ebene sie angesiedelt sind; es ist ohnehin die Ausnahme, wenn eine genauere Bestimmung des grundsätzlich sehr vagen Sender-Adressaten-Bezugs möglich ist.

Im folgenden wenden wir uns daher wieder der einfachen Sender-Adressaten-Konstellation zu, um zu sehen, inwieweit hier mit werbetypischen Imperativen der 1.Person Plural zu rechnen ist.
Beginnen wir mit dem Fall, in dem der Imperativ der 1.Person Plural als Substituens für den Imperativ der 2.Person fungiert, wie es in der Kommunikation von Erwachsenen mit Kindern oder auch im Arzt-Patient-Gespräch gelegentlich zu beobachten ist. Er findet sich bezeichnenderweise in der Arzneimittel-Werbung:

120 HL: "*75 % des Français transforment leur table de nuit en armoire de pharmacie.*"
FT: "*Et vous en faites probablement partie.* ***Regardez*** *sur votre table de nuit s'il n'y a pas par hasard une ou même deux petites boîtes de comprimés jaunes et bleus. Les Français ont tendance à abuser des médicaments et c'est dommage. Surtout pour eux.*
(...) Alors ***soyons raisonnables****. Quand vous avez une légère migraine ou une dent qui vous fait mal, pourquoi recourir immédiatement aux grands moyens?* ***Prenez*** *donc Aspro. (...)*"
(Aspro, médicament analgésique; Exp, 24.11.75, 153)

Der Adressat A_2 des Imperativs ist hier mit dem Anzeigenleser (A_1) identisch. Daß es sich bei "soyons raisonnables" um die abmildernde Ersatzform für einen Imperativ der 2.Person Plural handelt, läßt sich aus dem engeren Kontext erschließen: Zum einen ist die Imperativform zwischen zwei Imperative der 2.Person Plural eingebettet; zweitens wird der Leser mit dem personaldeiktischen Pronomen 'vous' direkt angesprochen, während der Sender im ganzen ersten Teil des Fließtextes sprachlich nicht vertreten ist. Erst am Ende des Anzeigentextes findet sich eine 1.Person Plural:

"*(...) Aussi* ***avons-nous*** *édité le Livre Blanc de l'Aspirine. (...)*"

Dieser Imperativ entspricht der gesamten Argumentationsstrategie des Textes: Er reproduziert den sprachlichen Duktus des verantwortungsbewußten Arztes, der vor Medikamenten-Mißbrauch warnt.

Auch im folgenden Beispiel kann die Imperativform als abschwächende Ersatzform für einen Imperativ der 2.Person Plural erklärt werden:

121 HL: "***Ne bradons pas*** *l'écriture. Voilà les Mixy de Parker.*"
(Parker, stylos de luxe; NO, 22.10.79, 33)

Dies ist umso wahrscheinlicher, als es sich um eine negative Aussage handelt;[1] ein Imperativ der 2.Person Plural birgt durch die in seiner Präsupposition enthaltene Behauptung ("Vous bradez l'écriture") das Risiko einer ablehnenden Reaktion des Anzeigenlesers.

Der umgekehrte Fall, bei dem sich der Imperativ ausschließlich oder in erster Linie an den Sender wendet ($A_2 = S_1$) und sich damit der Selbstaufforderung im inneren Monolog annähert, ist ebenfalls zu beobachten. In einer Anzeige für Elektro-Küchengeräte beginnt der Fließtext mit einer Selbstdarstellung des Herstellers:

122 FT,Anfang: *"**Ne soyons pas modestes.** Il est toujours bon de rappeler ses exploits...(...)"*
(Rosières, cuisinières; NO, 10.3.80, 110/111)

Auch im folgenden Fall steht ein Imperativ dieses Typs in einer Textpassage, die als Senderaufwertung fungiert:

123 FT: *"(...) C'est la qualité Saba; une technique élaborée avec soin mais éprouvée sans délicatesse. **Avouons** que cette qualité doit beaucoup à notre nationalité. C'est sans doute pourquoi certains de nos concurrents rêvent parfois d'être Allemands."*
(Saba, hi-fi; NO, 11.12.78, 113)

Allerdings ist der Senderbezug bei formelhaften gesprächsspezifischen Imperativen dieses Typs verblaßt; die Gleichsetzung der Adressaten-Deixis des Imperativs mit dem Sender S_1 der Anzeige beruht hier vor allem auf der durchgehend herstellerbezogenen Gesamtkonzeption, deren Fließtext ausschließlich das durch die Headline gesetzte Thema

HL: *"Notre qualité, nous la devons à tous nos défauts"*

argumentativ entfaltet. Sprachlich entspricht dem die Häufung von Referenzen auf den Sender: "Saba" (5x), "nous" (5x), "notre, nos" (5x), "on" für "nous" (2x), "à l'allemande/allemand" (4x), ferner agenslose Formen mit implizitem Subjekt "Saba" (4x).

Als senderbezogen können ferner die zahlreichen Imperative der 1.Person Plural gelten, die sich auf Vorgänge der Textplanung, Textproduktion und der Textartikulation beziehen oder sich durch solche Ausdrücke substituieren lassen. Es handelt sich dabei oft um sprechaktbezeichnende Verben, die den "äußerungskommentierenden Ge-

---

1 Hier liegt die Kombination von Satzverneinung und negativ konnotiertem Verb vor;zu diesem Typ gehören viele der (im übrigen seltenen) verneinten Imperative. Vgl. dazu im einzelnen Kap. 3.4.3. der Arbeit.

prächsformeln"[1] zuzurechnen sind. Sie sind weitgehend schriftsprachlichen Texten vorbehalten, haben aber auch einiges mit den Gliederungssignalen der gesprochenen Sprache gemein. So markieren sie z.B. innerhalb des Textes, in dem sie stehen, die Position eines Textteils innerhalb des Textganzen und sind damit den Eröffnungs- und Schlußsignalen vergleichbar. Das Register dieser eher schriftsprachlichen metakommunikativen Ausdrücke ist wesentlich reichhaltiger und differenzierter als das der spontanen gesprochenen Sprache.

Beispiele:

124 FT: *"(...) Or jamais un appareil n'avait été conçu et programmé pour résoudre autant de problèmes techniques (...). Complexe?* ***Disons*** *plutôt que c'est un appareil techniquement tout en nuances.(...)"*
(Canon, appareil de photo; NO, 13.10.80, 32/33)

125 FT: *"(...)* ***Disons****-le tout net: (...)"*
(Blend-a-Myl, dentifrice; E, 2.5.77, 52/53)

Sie führen ein Thema ein oder kündigen einen Themenwechsel an:

126 FT: *"(...)* ***Passons*** *au 6ch Johnson.(...)"*
(Johnson, moteur hors-bord; VV, Juni 75, 11)

Hier markiert der Imperativ den Übergang von der objektbezogenen Darstellung zur benutzerbezogenen Argumentation.

127 HL: *"****Parlons*** *voitures..."*
(Milleville, location de voitures; NO, 14.4.80, 62)

128 FT,Anfang: *"Les vacances, c'est une question de climat. Pas seulement celui, banal, dû au soleil et à la latitude.* ***Parlons*** *plutôt d'atmosphère (...)"*
(Portugal, tourisme; Exp, 21.4.75, 133)

129 FT,Anfang: *"Ne* ***parlons*** *ni de cours ni d'école. Car, avec cette nouvelle activité (...) la Fnac a plutôt voulu donner des 'modes d'emploi'.(...)"*
(Fnac, hi-fi; NO, 31.3.80, 72/73)

130 HL: *"****Parlons*** *Style..."*
(Styles de France, meubles; AD, Mai/Juni 77, 50/51)

131 FT: *"(...) Alors* ***parlons*** *un peu de ces objectifs.(...)"*
(Canon, appareil de photo; NO, 27.10.80, 118/119)

132 FT (Beginn eines Textabschnitts): *"(...) Bon.* ***Parlons*** *de votre visage. Il fait des creux et des bosses. (...)"*
(Braun, rasoir; Ph, April 73, 40)

133 FT: *"(...) là encore,* ***laissons*** *la parole à l'expérimentation et aux chiffres ci-contre. (...)"*
(Para, produit contre les poux; NO, 6.11.78, 124/125)

'Parlons x' und 'parlons de x' kommen besonders häufig vor. Sie suggerieren mehr als die anderen Verba dicendi das Gespräch zweier gleichberechtigter Gesprächspartner

---

1 Hindelang 1975:253.

und schließen damit scheinbar den Leser in den Adressatenkreis des Imperativs mit ein.

Andere redebezeichnende Verben greifen eine bereits gegebene Information auf oder knüpfen an ein als bekannt vorausgesetzes gemeinsames Wissen an:

134 FT: *"(...) **Rappelons**-le: Orobronze est en vente chez votre pharmacien. (...)"*
(Orobronze, pilules de bronzage; E, 25.4.77, 102/103)

135 FT, Ende: *"**Rappelons** d'ailleurs que l'Association Française de l'Automobile a décerné son prix de la sécurité 1972 à Mercedes-Benz (...)"*
(Mercedes-Benz, voitures; Lui, Sept. 73, 155)

136 FT,Anfang: *"Collagène, c'est un mot qui semble familier quand on parle de produits de soins. **Rappelons** cependant en quelques mots ce qu'il est. (...)"*
(Klytia, cosmétique; MCl, Mai 76, 251)

"Ajouter" wird, wenn es sich metasprachlich auf den Text bezieht, in dem es steht, ebenfalls zum Sprechhandlungsverb:

137 FT: *"(...) A cela, **ajoutons** une gamme de 5 caméras!"*
(Sharp, vidéo; Tm, 16.6.83, 161)

138 FT: *"(...) Si les chiffres vous intéressent, consultez le tableau ci-contre. Il parle de lui-même. Si vous êtes curieux d'anecdotes, sachez que les tests ont été faits en laboratoire sur des élevages de poux nourris sur des lapins, car **rappelons**-le, les poux ont besoin de se gorger chaque jour de sang frais pour survivre. (...)"*
(Para, produit contre les poux; NO, 6.11.78, 124/125)

Hier fungiert der Imperativ u.a. als Textverweis innerhalb der Anzeige.

Metasprachlichen Charakter haben auch die Imperative des Typs "soyons francs", "soyons sincères", die die nachfolgende Äußerung in einer bestimmten Weise interpretieren:

Beispiele:

139 FT,Anfang: *"**Soyons francs**, la pêche en France, ce n'est pas fabuleux et c'est hors de prix. (...)"*
(Office du Tourisme du Canada; NO, 22.1.79, 22)

140 FT,Anfang: *"**Soyons sérieux.** Maintenant que les copieurs modernes reproduisent sur papier non traité, ce n'est pas en réduisant vos copies au format d'un timbre poste que vous ferez des économies. (...)"*
(Agfa-Gevaert, réprographie; Exp, 10.11.75, 55)

141 FT,Anfang: *"Ne nous y **trompons** pas. (...)"*
(Bang&Olufsen, hi-fi; NO, 14.11.77, 26)

An die Korrektursignale der spontanen gesprochenen Sprache erinnert der folgende Imperativ:

142 1.HL: *"Finalement, dans une Timex Electric, à quoi sert le remontoir?"*
2.HL: *"A rien."*
FT,Anfang: *"**Soyons précis**: à presque rien. (...)"*
(Timex, montre électrique; Pt, 10.11.75, 186)

Im Unterschied zur mündlichen Sprache entfällt in schriftlichen Textsorten eine sprecherbezogene Funktion des Gliederungssignals, nämlich die, Hilfestellung bei der

Redeplanung und Redeorganisation der Äußerung zu geben. Da der Stil des vorliegenden Beispiels allerdings, wie so häufig, an gesprochene Sprache angenähert ist, um vom Faktum der monologischen Kommunikation abzulenken, könnte in diesem Fall auch das metakommunikative Element dazu beitragen, spontanes Sprechen nachzubilden.

Zahlreiche weitere Imperative sagen etwas über den Inhalt und die Funktion des jeweils durch sie eingeleiteten Textstücks aus. Sie kündigen z.B. die Einführung eines Beispiels innerhalb eines Argumentationsgangs an:

143 FT: *"(...) **Prenons quelques exemples** des possibilités que vous offre Air Canada:(...)"*
(Air Canada, compagnie aérienne; NO, 23.2.76, 18)

144 FT: *"(...) **Prenons l'exemple** du dernier appareil reflex 24x36. Le Ricoh XR 7 bénéficie des tout derniers progrès de l'électronique.(...)"*
(Ricoh, appareils de photo; Ph, April 73, 13)

Sie kennzeichnen eine nachfolgende Textsequenz als Zitat:

145 FT: *"(...) Parmi les projets déjà sérieusement avancés, **citons** les 'Dossiers Economica':(...)"*
(Armagnac; NO, 6.11.78, 116)

Neben den sprechaktbezeichnenden Verben gehören hierher natürlich auch Verbumschreibungen performativer Verben:

146 FT: *"(...) Et puis, **osons le dire**, parmi tous ses avantages Bronica offre en exclusivité: (...)"*
(Bronica, appareil de photo; Ph, Jan. 78, 161)

Ferner zählen hierzu auch diejenigen Fälle, bei denen das Verb als Verkürzung einer solchen Verbumschreibung fungiert. So findet sich innerhalb von Aufzählungen neben "ajoutons..." öfter auch "n'oublions pas...", die beide neben der Koordination auch zur Hervorhebung dienen können:

147 FT: *"(...) Suspense, aventure amoureuse (**ne l'oublions pas**) et traditions: c'est toute l'Angleterre.(...)"*
(Seghers, livres; NO, 17.3.80, 116)

148 FT: *"(...) Pour ces trois types de permanentes, il vous faut le set Poly Style composé de ses deux mousses: l'une qui permanente, l'autre qui fixe. **N'oublions pas** les bigoudis, spécialement conçus et adaptés à votre choix.(...)"*
(Poly Style, mousse à permanenter; Tm, 5.5.83, 159)

Dieser Imperativ ist ambig: Er läßt sich sowohl als Verkürzung von "n'oublions pas de mentionner" und damit als äußerungskommentierende Formel erklären (ein recht häufig vorkommender rhetorischer Imperativ), aber auch als Ersatzform für einen Imperativ der 2.Person Plural, was umso wahrscheinlicher ist, als in unmittelbarer textueller Umgebung dieser Form allein neunzehn Imperative der 2.Person Plural vorkommen (es handelt sich um die Textsorte 'Gebrauchsanweisung').

Darüber hinaus fungieren eine Reihe nicht-performativer Verben als unmittelbare

Ersatzformen für Verba dicendi:

149 FT: "*(...) Mais* ***venons-en*** *au Brut de chez Veuve Clicquot. (...)*"
(Veuve Cliquot, Champagne; Exn, Dez. 75, 18)

150 FT: "*(...)* ***Commençons*** *l'exploration par la radio. Un commutateur permet la sélection rapide des 4 gammes d'ondes (...)*"
(Continental Edison, radio-lecteur/enregistreur de cassettes; NO, 10.11.75, 96/97)

Hier eröffnet der Imperativ eine umfangreiche expositorische Textpassage, in der das Werbeobjekt detailliert, unter ständiger Bezugnahme auf die hochgradig ikonische Abbildung und eine technische Konstruktionszeichnung, beschrieben wird.

151 FT(Beginn eines Textabschnitts): "*(...)****Examinons*** *ces chiffres à notre aise. Si vous épargnez 2.500 F par mois (...)*"
(Crédit communal, banque; Tm, 10.6.83, 18/19)

152 FT,Anfang: "***Voyons*** *froidement les choses. Quand vous aurez examiné un frigo Philips jusque dans les détails, son prix vous étonnera. (...) Alors,* ***revoyons*** *froidement les choses. (...)*"
(Philips, frigidaires; Tm, 17.11.83, 55)

153 FT: "*(...)freinage brutal ou de choc.* ***Voyons*** *dans ces cas-là ce qui se passe: (...)*"
(Kidchoc, siège de sécurité pour enfants; E, 25.10.76, 148)

154 FT,Ende: "*(...) Mais* ***arrêtons*** *là. Venez plutôt la voir et l'essayer.*"
(Opel, voiture; R, Juni 72, 126)

Hier schließt der Imperativ den gesamten Fließtext ab, der, wie im ersten Beispiel, ausschließlich die Vorzüge des Produkts beschrieben hatte. Er markiert somit den Übergang von einer deskriptiven Passage zum appellativen Text-Abschluß. An ihn schließt, wie so oft am Fließtext-Ende, ein handlungsauffordernder Imperativ der 2.Person Plural an.

Der Übergang zu Imperativen der 1.Person Plural, die den Leser mit einbeziehen ($A_2 = S_1 + A_1$), ist fließend. Gelegentlich ist der Einbezug des Adressaten durch Zusätze wie 'ensemble' oder ähnliches ausdrücklich markiert:

155 HL: "***préparons ensemble*** *votre avenir...*"
(Unieco Formation, établissement privé d'enseignement; Tm, 17.2.83, 119)

Der Bildteil unterstützt das "ensemble" der Headline: Sie zeigt eine Beraterin der Schule für Fernstudien (also einen Vertreter des inserierenden Unternehmens) und eine Konsumentenvertreterin im Beratungsgespräch.

156 HL: "***Restons ensemble*** *après les vacances.*"
(Europ Assistance, assurance; NO, 15.6.81, 42/43)

157 HL: "***Faisons mûrir*** *les projets.*"
FT,Ende: "*(...)* ***Ensemble****, nous pouvons faire de grandes choses.*"
(Crédit Agricole, banque; Exp, 8.10.82, 218/219)

158 HL: "***Irriguons*** *le patrimoine commun.*"
FT,Ende: "*(...)****Ensemble****, nous pouvons faire de grandes choses.*"
(Crédit Agricole, banque; NO, 9.10.82, 76/77)

159 SL: "*Ensemble, participions.*"
(Bayer, entreprise chimique; 19.10.81, 36/37)

Meist aber bleibt der Adressatenkreis vage.

Imperative der 1.Person Plural haben oft die rhetorische Funktion, die Teilhabe des Lesers am Prozeß der Textproduktion oder seine Beteiligung am im Text beschriebenen Geschehen zu suggerieren:

160 FT,Anfang: "*Parmi les 5 nouveaux amplis Sansui,* ***prenons*** *le AU-317. (...)* ***Auscultons*** *et* ***mesurons*** *ses performances en termes de musicalité.(...)*"
(Sansui, hi-fi; NO, 6.11.78, 92/93)

Hier lehnt sich der Fließtext an die Textsorte 'Testbericht' an.

Im nächsten Beispiel gehört der Fließtext zur großen Gruppe der Beschreibung einer "Probekonsum"-Szene:[1]

161 FT: "*C'est vrai qu'elle a tout pour elle, la Tercel.(...) Elle est confortable. Installez-vous au volant, ou même à l'arrière.(...) Le coffre?* ***Ouvrons*** *le large hayon - il va jusqu'au plancher, c'est pratique (...)*"
(Toyota, voiture; Tm, 13.5.83, 22/23)

Hier fällt wieder die Nähe zu fiktionalen Texten auf: Ein bestimmter situativer Rahmen wird hergestellt (explizit oder nicht), und auf diesen beziehen sich die hier zu beobachtenden Imperative mit ihrer Situations-Deixis.

In vielen Fällen wird die Fiktionalität einer Textsequenz durch einen einleitenden Imperativ wie "rêvons/rêvez", "imaginons/imaginez", "supposons/supposez" markiert:[2]

162 FT,Anfang: "***Supposons que*** *vous terminiez tardivement dans la soirée vos conversations avec votre partenaire allemand ou italien (...)*"
(TEN, SNCF, voiture-lits; NO, 23.10.78, 108)

163 FT: "*(...)* ***Supposons,*** *par exemple, que l'on équipe le boîtier d'un objectif de 50 mm f/1/4 (...)*"
(Minolta, appareil de photo; NO, 23.10.78, 116/117)

In anderen Fällen ist die Fiktionalität einer Textpassage nur aus der Gesamtgestaltung der Anzeige zu erschließen. Dies wird in Abb. 9 sehr deutlich, wo ein gemeinsamer Gang von Autor und Leser durch das oben abgebildete Puppenhaus den fiktionalen Bezugsrahmen für die im Fließtext vorkommenden Imperative abgibt:

164 FT: "*(...)* ***Entrez avec nous*** *pour visiter. (...)* ***Passons*** *à droite, et voici 'Trianon' un escalier droit livré avec sa rampe.* ***Prenons****-le pour monter au 1er étage.(...) Maintenant* ***visitons*** *le grenier. Pour y accéder* ***prenons*** *'Yseron'.(...)*"

Die Adressaten-Deixis (A_2) der Imperative der 1.Person Plural ist hier ausnahms-

[1] Vgl. dazu ausführlicher Kap. 3.5.2.

[2] Vgl. dazu ausführlicher Kap. 3.5.1.

weise sprachlich explizit ausgedrückt: Sie umfaßt S_1 und A_1, wie das einleitende "Entrez avec nous" deutlich macht.

Wie die hier aufgeführten Beispiele zeigen, kommen sowohl die rhetorischen und metakommunikativen Imperative wie auch diejenigen innerhalb eines fiktionalen Bezugsrahmens stets nur im Fließtext vor; sie stehen in Textsequenzen, deren Argumentationstyp eine umfangreichere Versprachlichung verlangt, und diese ist nur im Fließtext möglich.

Ein ganz anderer Imperativtyp der 1.Person Plural ist dagegen vorwiegend in der Headline zu beobachten. Hier hat das Verb seinen semantischen Wert voll bewahrt; es bezieht sich auch nicht metakommunikativ auf den eigenen Kontext, sondern ist Ausdruck einer Maxime, Verhaltensregel, Lebensregel, im allgemeinen mit normativ-direktivem Anspruch. Dabei wird z.T. auf phraseologisch gebundene Formeln zurückgegriffen.

Beispiele:

165 HL: *"**Donnons** au dessinateur industriel la place qui lui revient."*
(Unic, tables à dessiner; Exp, 10.11.75, 199)

166 FT: *"(...) **Rendons** à César ce qui appartient à César.(...)"*
(Delhaize le Lion, vin; Tm, 13.5.83, 64)

Dieses Zitat findet sich auch folgendermaßen variiert:

167 FT,Anfang: *"**Rendons** à Rudolph ce qui est à Diesel. C'est l'ingénieur allemand Rudolph Diesel qui inventa le moteur qui porte son nom.(...)"*
(Peugeot, voitures; NO, 24.3.80, 16)

168 FT: *"(...) mais alors, **cessons** de confondre l'homme qui bâtit et celui qui gère une épicerie.(...)"*
(Philippe Greppo, construction de maisons; NO, 15.1.73, 16)

169 HL: *"**Multiplions** nos échanges."*
FT,Ende: *"(...)**Ensemble, multiplions** nos échanges."*
(Abb. 8)

170 HL: *"Il ne suffit pas de rêver... / **Défendons** nous-mêmes le cadre de notre vie."*
(Touring Club de France; Exp, 4.10.76, 10)

Diese Imperative formulieren oft den Aufruf zu einem bestimmten Verhalten auf der Basis eines hochgradig konsensfähigen Bon Sens-Urteils, dem sich der Anzeigenleser anschließen kann oder in dem er eigene Erfahrungen und Einstellungen bestätigt findet. Im folgenden Beispiel greift der Fließtext-Anfang Prinzipien der Kindererziehung auf, um daran seine Argumentation für das Werbeobjekt aufzuhängen:

171 FT,Anfang: *"**N'en faisons pas** un drame: pipi au lit, même quand on est un 'grand' de trois ans, ce sont des petits accidents qui arrivent.(...)"*
(La Croix, eau de javel; Tm, 21.4.83, 37)

Meist wird allerdings auf Normen und Urteile allgemeinerer Art zurückgegriffen. Dabei finden sich einige Argumentationstopoi besonders häufig: die Aufforderung zur Rückbesinnung auf verlorengegangene Werte, zur Wiederherstellung eines gestörten Gleichgewichts etc.:

172 HL: "***Revenons** aux origines / Slavia, la bière pur malt houblon.*"
(Slavia, bière; Lui, Juli 74, 125)

Hier wird ein sprachliches Klischee zum Ausdruck des "bon sens" gebraucht, das, abgesehen von seiner positiven Konnotation, inhaltlich recht vage ist; es suggeriert gemeinsame Interessen, etwa die Wiederherstellung einer gestörten Harmonie. Die werbliche Argumentation zielt im weiteren darauf ab, das Produkt als Mittel zur Erreichung dieses Ziels zu propagieren. Eine ähnliche Wendung findet sich in folgender Anzeige:

173 HL: "***Remettons** la photocopie à sa place: près de vous.*"
(Agfa-Gevaert, photocopieur; NO, 2.5.77, 11)

Diesmal wird der Idiomatismus "Remettons les choses à leur place" durch ein Wortspiel variiert: Indem "choses" durch "photocopie" paradigmatisch ersetzt, "leur place" syntagmatisch durch "près de vous" spezifiziert wird, wird die Allgemeinheit der Wendung aufgehoben; zwischen Werbeobjekt und Leser stellt sich ein Bezug her, und das im Fließtext der Anzeige angepriesene Produkt erscheint als Mittel zur Realisierung des Aufforderungsinhalts. Eine Verdichtung der Aussage kommt zustande, indem über das Vehikel des Gemeinplatzes zugleich suggeriert wird: "C'est la place qui lui convient".

Die Funktion dieser Imperative der 1.Person Plural lassen sich wie folgt zusammenfassen: Die Distanz zwischen Sender und Adressat, die in der schriftlichen Kommunikation viel größer ist als in der face-to-face-Kommunikation, wird durch den Imperativ der 1.Person Plural überspielt; er trägt zur Personalisierung des anonymen Senders bei. Er faßt ferner Sender und Adressat zu einer Gruppe zusammen. Er suggeriert das Vorhandensein gleicher Gruppenmerkmale und eines gemeinsamen Interesses zwischen dem Sender (also dem Hersteller/Anbieter einer Ware oder Dienstleistung) und dem Adressaten (also dem Leser und potentiellen Konsumenten der angebotenen Ware oder Dienstleistung): nämlich das Streben nach optimaler Erfüllung von Verbraucherwünschen und -bedürfnissen. Die Verwendung des Imperativs der 1.Person Plural hat konsensstiftende Funktion; sie realisiert somit in nuce ein Grundprinzip der Werberhetorik.

3.3.3. 2.Person Plural

Die Imperative der 2.Person Plural sind die mit Abstand häufigsten der drei Imperativformen in der Sprache der französischen Anzeigenwerbung. Sie kommen in allen Teiltexten vor. Sie sind auch in allen vier Sender-Adressaten-Konstellationen zu beobachten, die wir oben dargestellt haben (Kap.3.2.); die Imperative mit Umkehrung der Sender-Adressaten-Konstellation ($S_1 = A_2$, $S_2 = A_1$) sind ausschließlich Imperative der 2.Person Plural. Innerhalb des Fließtextes fällt eine Häufung dieser Imperative am Beginn und am Ende der Fließtext-Passage auf. Besonders häufig stehen sie ferner in Zwischenüberschriften des Fließtextes und am Beginn kleinerer Fließtext-Abschnitte (nach einer Fließtext-Überschrift).
An dieser Stelle beschränken wir uns auf diese wenigen allgemeinen Bemerkungen, da sich die ganze weitere Untersuchung auf diesen Imperativ der 2.Person Plural konzentrieren wird.

3.3.4. Kontrastive Überlegungen zur Verwendung der drei Imperativformen in deutschen und in französischen Werbeanzeigen

Vergleicht man deutsche Werbeanzeigen mit französischen hinsichtlich der in ihnen verwendeten Imperative, so fällt vor allem auf, daß der Imperativ der 2.Person Singular im Deutschen wesentlich häufiger zu finden ist als im Französischen.
Das läßt sich an zwei bekannten Werbeslogans verdeutlichen: Dem deutschen Slogan "**Pack**' den Tiger in den Tank" steht der französische Slogan *"**Mettez** un tigre dans votre moteur"* (Esso), dem deutschen "**Sag** es mit Blumen durch Fleurop" französisch *"**Dites**-le avec des fleurs"* (Fleurop) gegenüber. In deutschen Werbeanzeigen steht die 2.Person Singular überwiegend in Slogans,[1] während die Fließtexte wie im Französischen normalerweise die honorative Leseransprache verwenden:

"**Nimm** Eidran und du schaffst es!" (Eidran, Stärkungsmittel)
"**Nimm** Vim!" (Vim, Haushaltsreinigungsmittel)
"**Frühstücke** täglich wie ein König!" (Rama, Margarine)
"**Mach** mal Pause ... Coca Cola" (Coca Cola, Erfrischungsgetränk)
"**Komm mit** zur Pall Mall" (Pall Mall, Zigaretten)

Auch in einigen Headlines kommen sie vor:

"**Ruf'** doch mal an!" (Deutsche Bundespost)
"**Komm'** rüber." (Kanadisches Fremdenverkehrsamt; der Rest der Anzeige gebraucht die Höflichkeitsform.)

---

1 Die hier aufgeführten deutschen Beispiele sind von Klotz 1963, Möckelmann/Zander 1970, Römer 1973 und Flader 1973 übernommen und durch einige neuere Slogans ergänzt. Von den bei Möckelmann/Zander aufgeführten 36 deutschen Slogans mit personaldeiktischem Pronomen der 2.Person sind 26 mit 'du', 10 mit 'Sie' gebildet.

In einigen wenigen Fällen erklärt sich die Leseransprache in der 2.Person Singular durch die jugendliche Zielgruppe des Werbeträgers bzw. der Anzeige:

HL: "**Dreh** dir die Würze in den Alltag."
(Schwarze Hand, Tabak; Konkret, März 83, 35)

HL: "**Fahr** ab auf Transalpino"
(Transalpino, Deutsche Bundesbahn, ermäßigte Fahrkarte für junge Leute bis 26; Jugendherberge, Januar 82, 37)

Im Gegensatz dazu wird aber in französischen Jugendzeitschriften durchgängig das polyfunktionale "vous" und der Imperativ der 2.Person Plural verwendet. Die deutlich unterschiedliche Verwendung der Imperative in den beiden Sprachen hat u.a. morphologische Gründe, die bei einer Gegenüberstellung der Imperativ-Paradigmen des Deutschen und Französischen sichtbar werden:

	Deutsch	Französisch
2.Pers.Sing.	sprich(!)	parle(!)
1.Pers.Plural	sprechen wir(!) laß(t) uns sprechen(!)	parlons(!)
2.Pers.Plural	sprecht(!)	parlez(!)
Höflichkeitsform Sg.	sprechen Sie(!)	parlez(!)
Höflichkeitsform Pl.	sprechen Sie(!)	parlez(!)

Der auffälligste Unterschied zwischen den beiden Paradigmen ist im Französischen das Fehlen des Personalpronomens in allen Formen, das dagegen im Deutschen bei der 1.Person Plural wie auch bei den beiden Höflichkeitsformen obligatorisch ist.

Der zweite wichtige Unterschied liegt in den morphologischen Polysemien. Während bei den nicht-honorativen Formen Singular und Plural in beiden Sprachen in Opposition stehen, besteht bei den honorativen Formen in beiden Sprachen kein Unterschied zwischen der einfach und mehrfach adressierten Anrede. Im Gegensatz zum Deutschen fallen allerdings im Französischen außerdem noch die nicht-honorative mehrfache Leseransprache und die honorative einfache wie mehrfache Leseransprache zusammen, so daß der Unterschied zwischen einfacher Form und Höflichkeitsform beim Imperativ neutralisiert ist.[1] Hier kann allenfalls die sprachliche Umgebung (z.B. die Apostrophé, der Accord von Adjektiv und Partizipien) eine Disambigu-

---

[1] Die Polysemie des Personalpronomens "you" im Englischen ist noch umfassender als die der entsprechenden Pronomina im Deutschen und Französischen. Spitzer weist darauf hin, daß sich die amerikanische Werbung diese Mehrdeutigkeit zunutze macht (Spitzer 1964:951-973). Gleiches gilt für den englischen Imperativ, der für die 2.Person Singular wie Plural, honorative wie nicht-honorative Anrede nur eine einzige Form hat.

ierung der polysemen Form leisten. Umgekehrt kommt diese Form bestimmten Kommunikationsintentionen insofern entgegen, als deren Monosemierung ohne Schwierigkeiten vermieden werden kann, wenn die Mehrdeutigkeit des Adressatenbezugs erhalten bleiben soll. Damit ist in der Anzeigenwerbung durchaus zu rechnen.

Wichtiger noch als die paradigmeninternen morphologischen Homonymien sind die Übereinstimmungen mit anderen grammatischen Formen. Der deutsche honorative Imperativ ist vom Fragesatz in schriftlichen Texten oft lediglich durch die Interpunktion, nämlich die Setzung des Fragezeichens, unterschieden, das damit funktional hoch belastet ist. Darüber hinaus fällt in schriftlichen Texten der - mit Abstand häufigste - honorative Imperativ völlig mit dem Aussagesatz zusammen, sobald dieser Subjekt-Objekt-Inversion aufweist. So entscheidet also im Deutschen oft - wenn überhaupt! - nur der unmittelbare Kontext darüber, ob ein Imperativ vorliegt oder nicht.

Vgl.: "Entdecken Sie x" (Imperativ)
"Entdecken Sie x?" (Frage)
"Jetzt entdecken Sie x" (Aussage)
"Wenn a, dann entdecken Sie x" (Aussage)

Beispiele:

FT: "Ilvico.(...) Stärkt insgesamt die Infektabwehr, senkt das Fieber und stillt Schmerzen. Im Zweifelsfall **fragen Sie** Ihren Arzt."
(Ilvico, Arzneimittel; Stern, 4.1.79, 4).

FT: "(...) Wenn Sie sich genauer über den Telefax-Dienst der Deutschen Bundespost informieren wollen, **wenden Sie sich** bitte an Ihr Fernmeldeamt.(...)"
(Deutsche Bundespost; Spiegel, 19.2.79, 140).

FT,Ende: "(...) Wenn Sie aber Vorschläge haben, wie wir Avis-Autos noch persönlicher machen können, **schreiben Sie uns** einfach mal, denn wir möchten wirklich alles tun, damit Sie sich bei uns wohlfühlen."
(Avis, Autovermietung; Stern, 4.1.79, 66/67).

FT: "(...) Und wenn Sie nun glauben, Sie können sich das nicht leisten, dann **lassen Sie** sich von uns das Gegenteil ausrechnen.(...)"
(Nova, private Krankenversicherung; Spiegel, 14.3.83, 180)

FT: "(...) Deshalb: Wenn Sie preiswert kaufen wollen, **kaufen Sie** gleich die Leica R4.(...)"
(Leica, Fotoapparat; Stern, 3.3.83, 201)

hors texte: "Für Sheraton-Reservierungen in Europa, Afrika, Nahost und weltweit **rufen Sie** (oder Ihr Reisebüro) das nächste Sheraton-Hotel oder Sheraton-Verkaufsbüro an."
(Sheraton, Hotelkette; Spiegel, 19.2.79, 80).

FT,Ende: "(...) Möchten Sie mehr darüber wissen, was der japanische Marktführer alles zu bieten hat? Dann **schicken Sie** uns diesen Coupon."
(Tamron, Kamera-Objektive; Spiegel, 14.3.83, 89).

Im folgenden Beispiel weist erst der zweite Teil der Hypotaxe den ersten Satz als verkürzten Konditionalsatz aus:

FT: "(...) **Nehmen Sie** dagegen ein Leitz-Fernglas Trinovid B/BA zur Hand, brauchen Sie sich um diesen Streß keine Sorgen zu machen.(...)"
(Leitz, Fernglas; Spiegel, 14.3.83, 99).

Eine ergänzende Determinations-Möglichkeit für die im Deutschen mehrdeutige grammatische Struktur ist in Form von Partikeln gegeben, die zusätzlich appellativ wirken ('lieber', 'doch', 'einfach', 'mal'):

HL: "**Reisen Sie mal** mit Chauffeur."
(Deutsche Bundesbahn; Spiegel, 19.2.79, 66).

FT, Ende: "(...) Mehr über den Santana GX erzählt Ihnen gerne Ihr V.A.G. Partner. **Verabreden Sie** mit ihm **doch gleich einmal** eine Probefahrt. Da genießen Sie den Santana GX mit allem Komfort und zurück."
(Santana, PKW; Spiegel, 14.3.83, 64/65).

Da, wo der Imperativ eine direktive Sprechhandlung - z.B. des Typs 'Anforderung' - realisiert, was auch in den deutschen Anzeigen häufig im Coupon und auch hier meist mit umgekehrter Sender-Adressaten-Konstellation vorkommt, wird der Imperativ fast immer durch "bitte" ergänzt:

Bitte senden Sie mir kostenlos den Ferienwohnungsführer"
(Swiss Chalets/Interhome, Vermietung von Ferienwohnungen; Stern, 4.1.79, 63)

Coupon: "**Bitte schicken Sie** mir kostenlos ausführliches Informationsmaterial!"
(Tamron, Objektive; Spiegel, 14.3.83, 89)

In den französischen Anzeigen wird stattdessen, wie bereits erwähnt (vgl. Kap. 3.2.4.), eher eine nicht-imperativische Verbalperiphrase mit performativem Verb ("je souhaite recevoir") oder die höfliche Umschreibung mit "veuillez" gewählt.
Ansonsten ist die Identifikation des Imperativs im Deutschen nur dann gesichert, wenn er am Satzanfang steht; an dieser Eindrucksstelle des Satzes hat er zugleich die größte Chance, ein gewisses Maß an Appellativität zu entfalten.

Im Französischen fehlt bei allen drei Imperativformen das adressatenbezeichnende Personalpronomen; dadurch sind die Imperative von den Frage- und Aussagesätzen klar geschieden, weil diese stets ein explizites Subjektpronomen verlangen:

"parlez!" (Imperativ)
"parlez-vous?" (Inversionsfrage)
"vous parlez" (Aussage)

Eine wichtige Homophonie des Imperativs der 2.Person Plural ergibt sich dagegen im Französischen in der mündlichen Kommunikation durch die lautliche Identität mit dem Partizip II sowie vor allem mit den Infinitiven der Verben auf -er, also der stärksten und produktivsten Verbklasse des Neufranzösischen. Die Homophonie des Infinitivs mit der 2.Person Plural findet in schriftlichen Texten ihren Niederschlag in Form zahlreicher Orthographie-Fehler, bei der die beiden Formen vertauscht werden.[1] Vgl.:

174 FT,Ende: *"(...) Vous voulez, cet été, changer le style de vos vacances?* ***Changer*** *le style de vos cartes!"*
(Bi-Carte, Nouvel Observateur; NO, 5.8.78, 63)

175 FT: *"(...) Pour payer,* ***présenter*** *la Carte et signez. C'est tout.(...)"*
(American Express, carte de crédit; R, Juni 72, 140/141)

Eine fehlerhafte analogische Angleichung an die Verben auf -er kann sogar die morphologisch abweichend gebildete Imperativform von "vouloir" betreffen:

176 Coupon: *"****Veuiller*** *m'adresser sans aucun engagement de ma part:(...)"*
(Innorec S.A., équipement sanitaire; JM, April 74, 162)

Fehlerhafte Analogiebildungen sind auch in umgekehrter Richtung - also Imperativform statt des Infinitivs - zu beobachten:

177 SL: *"Irlande / Allez loin sans* ***allez*** *loin."*
(Irlande, tourisme; NO, 10.3.80, 15)

178 FT: *"(...)* ***Ramenez*** *Frogger à la maison est d'ailleurs le but du jeu. (...)"*
(Frogger, jeu vidéo; Tm, 17.2.83, 110)

Der Slogan

179 SL: "***Filmez*** *facile,* ***filmez*** *Eumig"*
(Eumig, caméras; NO, 14.11.77, 145 u.ö.)

wechselt mit

180 SL: "***Filmer*** *facile,* ***filmez*** *Eumig"*
(Eumig, caméras; NO, 16.10.78, 120 u.ö.)

ab.

Im Coupon vor allem tritt neben dem Imperativ der Infinitiv oft als alternative Realisierung der Aufforderung, weitere Informationen anzufordern, auf. Vgl.:

181 Coupon: "***Découper*** *et* ***retourner*** *ce bon à l'adresse la plus proche de votre domicile, pour recevoir sans engagement de votre part, la brochure gratuite sur (...)"*
(Le Clair Logis, immobilier; VM, Juni/Juli 1983, I)

Beide Formen haben Appellcharakter, beide erfüllen in diesem Teiltext die Funktion, eine direktive Sprechhandlung zu realisieren. Sicher trägt die funktionale Ähnlichkeit der beiden Formen in ihrer Austauschbarkeit zu der auffälligen Fehlerhäufigkeit bei.

Im Vergleich mit dem Deutschen läßt sich der Imperativ in der französischen Werbesprache aus kontrastiver Sicht wie folgt charakterisieren: Die im Französischen

---

1 In unserem Korpus finden sich allein 32 Belege für eindeutig fehlerhafte Verschriftung sowie zahlreiche Fälle, wo im Text Imperative und (homophone) Infinitive abwechselnd vorkommen.

mit Abstand am häufigsten vertretene Imperativform, die der 2.Person Plural ("parlez"), ist eine polyseme Form, die zugleich den einfachen Imperativ der 2.Person Plural wie auch die honorativen Imperative Singular und Plural darstellt. Sie ist durch das Fehlen des Personalpronomens im Text leicht zu identifizieren, und sie hat daher auch im Fließtext einen wesentlich höheren Aufmerksamkeitswert als die entsprechende deutsche Form ("sprechen Sie"). Diese ist nicht nur hinsichtlich des Numerus ihrer Adressaten mehrdeutig - wie die französische auch -, sondern außerdem unter bestimmten Bedingungen nur schwer von der Frage oder vom Aussagesatz mit Subjekt-Prädikat-Inversion zu unterscheiden. Ihre Appellfunktion ist somit recht gering, wenn sie in einer längeren Textsequenz steht. Erwartungsgemäß ist daher die Häufung von Imperativen am Fließtext-Anfang und -Ende, wie sie in den französischen Anzeigen auffällt, in den deutschen Anzeigen weit weniger ausgeprägt. Wesentlich auffälliger als die honorativen Imperative sind dagegen die nicht-honorativen Formen ("sprich", "sprecht"), die morphologisch dem französischen Imperativ näherstehen. Sie werden offenbar dann eingesetzt, wenn die appellative Kraft des Imperativs expressiv ausgenutzt werden soll - was eben besonders in kürzeren Teiltexten, dem Slogan bzw. der signature line und der Headline, möglich ist, wo sie tatsächlich auch fast ausschließlich vorkommen.

Aus unserer These, daß der französische Imperativ wesentlich auffälliger und damit appellativer ist als der deutsche, lassen sich einige weitere Unterschiede zwischen der sprachlichen Gestaltung deutscher und französischer Werbeanzeigen erklären.

Auf den ersten Blick fällt bereits auf, daß das Ausrufezeichen im Französischen[1] nach Imperativen wesentlich seltener steht als im Deutschen, wo es offensichtlich als zusätzliches Kennzeichen für den Imperativ verwendet wird. Wie oben gezeigt, kann es eine echte monosemierende Funktion haben; in allen Fällen aber verstärkt es die Appellativität des Imperativs.

Beispiele:

HL: **"Denken Sie** weiter**!"**

FT,Ende: "(...) Denken Sie weiter - wie wir für Sie. **Fordern Sie** den Beweis**!** Schicken Sie uns den Coupon."

(SEL, Mikrocomputer; Spiegel, 14.3.83, 102/103)

2.HL/Überschrift: **"Montieren Sie** Ihre Heizung selbst**!"**

(KH-Zentral-Heizanlagen; Wohne im eigenen Heim, Januar 83, 19)

FT: "(...) Darum **sichern Sie** sich jetzt preiswert Ihren Anspruch auf gesetzliche Rentenleistungen**!** (...)"

(Deutsche Beamten-Versicherung, Renten-Kapitalversicherung; Wohne im eigenen Heim, Januar 83, 18).

---

1 Von den 79 Imperativen unseres Bildanhangs haben nur 4 ein Ausrufezeichen.

Die leichtere Identifizierbarkeit der Imperativform im Französischen könnte auch mit ein Grund dafür sein, daß viel häufiger als im Deutschen Imperative gebildet werden, die nicht das Sem [+AGERE] enthalten. (Vgl. dazu Kap. 3.4.3.2.)

Beispiele:

182 Hors texte: *"**Obtenez** votre Guide de Sommeil Simmons en envoyant votre demande (...)"*
(Simmons, literie; E, 25.4.77, 34)

183 HL: *"**Soyez** du pays!"*
(Phénix, maisons; MMC, April 77, 22/23)

184 HL: *"**Soyez** l'une des rares privilégiées à posséder un service en porcelaine de Limoges (...)"*
(les Maîtres Porcelainiers Limogeauds, porcelaine; E, 1.11.76, XVII)

185 2.HL: *"**Recevez** gratuitement Roméo et Juliette, richement relié en pleine peau véritable."*
(Editions du Cap, vente de livres par correspondance; NO, 15.1.73, 71)

186 HL: *"**Recevez** un cadeau"*
(Le Monde de l'Education, mensuel; ME, Dez. 78, 50)

187 FT: *"(...) **Ayez** l'œil d'un peintre (...)"*
(Ardoisières d'Angers, ardoise; NO, 22.3.77, 60/61)

Offenbar wird das Fehlen des Sems [+AGERE] im Französischen durch die morphologisch eindeutige Struktur des Imperativs kompensiert, so daß es in der semantischen Struktur des Imperativ-Verbs nicht enthalten sein muß. Diese Vermutung wird dadurch bestätigt, daß in der Regel eine Umformung dieser Imperativsätze nach folgendem Muster möglich ist:

"Soyez a" → "agissez de façon que vous soyez a"

Wesentlich seltener als im Französischen ist im Deutschen der Imperativ der 1.Person Plural - und zwar keineswegs nur in der Werbesprache. Er verlangt im Gegensatz zum Französischen das Personalpronomen 'wir'. Durch seine Inversion von Prädikat und Subjekt unterscheidet er sich lediglich durch entsprechende Interpunktion von der Frage ("gehen wir?"), und er fällt mit dem Aussagesatz mit Subjekt-Prädikat-Inversion zusammen ("jetzt gehen wir"). Das dürfte mit dazu beitragen, daß stattdessen häufiger die Ersatzformen "laß' uns gehen", "laßt uns gehen" oder "lassen Sie uns gehen" gewählt werden, wobei die Verb-Periphrase mit 'lassen' zusätzlich noch eine Präzisierung der Adressatenansprache ermöglicht.

Beispiel:

FT: "(...) **Laß uns** den Film wieder **ansehen** und schalte unseren Eumig R 2000 ein. (...)"
(Eumig, Filmprojektor; Spiegel, 31.10.77, 247)

Hier liegt mit großer Wahrscheinlichkeit die Übersetzung einer französischen Vorlage vor, da der deutsche Anzeigentext mehrere stilistische Auffälligkeiten und sogar

Fehler enthält, die als französische Interferenzen erklärt werden können. Es handelt sich, ebenso wie bei der entsprechenden französischen Anzeige, um eine fiktive Dialog-Situation zwischen zwei Personen, also um einen Imperativ in eingebetteter Textsequenz.[1] Die im Französischen öfter beobachtete metasprachliche und textgliedernde Verwendung rhetorischer Imperative ist im Deutschen viel seltener; immerhin fand sich ein Pendant für das in französischen Anzeigen mehrfach belegte "commençons" am Fließtext-Beginn:

FT,Anfang: "**Fangen wir** mit der Klärung einer wichtigen Frage **an**: Wie nehmen Sie Ihren Tee, bitte?(...)"
(British Tourist Authority, Tourismus-Werbung; Stern, 3.3.83, 119)

Vielleicht erklärt sich diese etwas ungewöhnliche Form ebenfalls durch die Übersetzung eines englischen Anzeigentexts ins Deutsche.

Ansonsten entspricht den französischen rhetorischen Imperativen im Deutschen oft eine nicht-imperativische Passiv-, Modalverb- oder unpersönliche Konstruktion: "n'oublions pas que..." kann statt mit "vergessen wir nicht, daß..." auch mit "es sollte nicht vergessen werden, daß...", "man darf nicht vergessen, daß...", "wir sollten nicht vergessen, daß..." übersetzt werden.

Ein letztes Beispiel für einen der wenigen Imperative der 1.Person Plural in der deutschen Werbung sei zum Schluß noch vermerkt:

SL: "Es gibt viel zu tun. **Packen wir's an!**"
(Esso, Benzin)

Er entspricht in Form und Funktion weitgehend dem Slogan

188 SL: *"Ensemble, participons"*
(Bayer, entreprise chimique; Pt, 19.10.81, 36/37)

In beiden Fällen handelt es sich um die imagebildende Sympathiewerbung für ein Großunternehmen, also eher um Public Relations als um Konsumwerbung im eigentlichen Sinn.

3.4. Beobachtungen zur Syntax und Semantik der Imperative

3.4.1. Das Imperativ-Verb und seine Ergänzungen

Die Imperativform eines Verbs strukturiert einen vollständigen Satz, dessen Komplexität zunächst einmal von der Valenz des Verbs abhängt. Die Valenz ist eine Größe der langue und somit eine kontextunabhängige Größe; wir nennen sie im folgenden in Anlehnung an die bei Weinrich (1982) vorgeschlagene Terminologie 'Kode-Valenz'. Die Kode-Valenz gibt die Anzahl der möglichen Ergänzungen an; die Valenz eines Verbs in der parole weicht allerdings häufig davon ab. Die konkret zu beobachtende 'Text-Valenz' kann sich von der Kode-Valenz durch okkasionelle Überwertigkeit oder Unterwertigkeit unterscheiden.[1] Bei der Analyse des hier untersuchten Korpus fällt eine bestimmte Abweichung von der Kode-Valenz durch besondere Häufigkeit auf: Die Verben sind gerade im Imperativ oft in ihrer Valenz vermindert. Dieses Phänomen wird besonders deutlich in den Headlines:

189 1.HL: "***Entrez***"
2.HL: "*Pour entrer dans l'été: films Kodachrome.*"
(Kodak, pellicules/films; CA, Juli 71, 6)

Abgebildet ist eine Sommerlandschaft unter einem Gewitterhimmel.

190 HL(im Bildteil): "***Isolez***: *Isover vous aide à passer de l'idée à la réalité.*"
(Isover, isolation de bâtiments; Pt, 17.10.77, 180/181)

191 HL: "**Osez.** *Avec Calgonit.*"
(Calgonit, produit de vaisselle; MCl, Mai 76, 232)

192 HL: "***Visionnez***"
(Prestinox, visionneuse; PhR, Okt. 78, XXVII)

193 HL: "***Pilotez***"
(Lancia, voitures; NO, 21.4.80, 23)

194 HL: "**Chargez.** *La GSA garde sa tenue. D'autres s'inclinent.*"
(Citroën, voitures; Pt, 28.9.81, 178/179)

195 HL: "**Prospérez.** *Vous êtes dans le bon sens.*"
(Crédit Agricole, banque; Pt, 28.9.81, 108/109)

196 HL: "**Echangez.** *Vous êtes dans le bon sens.*"
(Crédit Agricole, banque, Pt, 5.10.81, 182/183)

197 HL: "**Equipez.** *Vous êtes dans le bon sens.*"
(Crédit Agricole, banque; Pt, 19.10.81, 182/183)

198 HL: "**Composez.**"
FT: "*(...)* ***Choisissez,*** *et nous composerons avec vous une harmonie chaleureuse (...)*"
(MD, meubles; Pt, 28.9.81, 177)

---

[1] Weinrich 1982:123-128.

199 1.FT,Ende: *"(...) Gégé (...) a imaginé un jeu sous forme de test qui peut vous permettre de déceler certaines tendances.* ***Essayez!****"*
(Abb. 14)

Wie die beiden letzten Beispiele zeigen, ist diese okkasionelle Valenz-Verminderung keineswegs nur der Headline vorbehalten, sondern auch im Fließtext und vor allem in Bilduntertiteln geläufig. Der folgende Text hat einen engen Bildbezug:

200 FT: *"(...)* **Appuyez**: *8000 volts éclatent entre les électrodes. Le jet de gaz s'enflamme. A coup sûr.* **Appuyez** *encore. Et encore...(...)"*
(Colibri Electronic, briquet; Pb, Nov. 73, 18)

Der Bildteil zeigt hier in Großaufnahme das Feuerzeug, für das geworben wird. Offensichtlich auf den Bildteil bezogen sind auch die folgenden Imperative, wobei das jeweilige Bild visuell eine konkrete Füllung für die offene Valenz anbietet:

201 Bilduntertitel: "***Tondez***"
"***Ramassez***"
"***Cultivez***"
"***Transportez***"
(Fenwick, mini-tracteurs; MJMM, Mai 78, 29)

In vier Bildern werden jeweils die Möglichkeiten gezeigt, wie ein Kleintraktor bei der Gartenarbeit eingesetzt werden kann.

202 Bilduntertitel/FT-Zwischenüberschriften: "***Coupez*** *l'herbe.*"
"***Eclairez.***"
"***Aspirez.***"
"***Taillez.***"
"***Percez.***"
(Black & Decker, outils; MMC, Mai 77, 87)

Auch hier werden in einer Bildfolge Geräte und deren Einsatzmöglichkeiten vorgeführt, wobei das Werbeobjekt z.T. isoliert, z.T. "in Aktion" abgebildet ist.
In der Headline

203 HL: *"Pour rentrer chez vous,* ***appuyez.****"*
(PTT Télécommunications, répondeur interrogeable à distance; NO, 9.10.82, 112/113)

läßt sich der valenzverminderte Imperativ entweder um ein präpositionales Objekt ("sur ce bouton") oder um ein lokaldeiktisches "ici" ergänzen, wobei beide deiktischen Elemente auf den Bildteil verweisen: Zwei Hände sind in Großaufnahme zu sehen; die rechte hält einen Telefon-Hörer, und sie zeigt zugleich mit dem Zeigefinger auf ein kleines Zusatzgerät in der linken Hand.

204 HL: *"seul, d'une main, /* ***levez****, /* ***arrachez****, /* ***tirez*** *et... / tirez-vous d'embarras avec Jockey"*
(Jockey, treuil-palan; ChF, Dez. 75, 27)

Das Bild zeigt ein auf schlammigem Waldweg festgefahrenes Fahrzeug, das mit Hilfe des Werbeobjekts, einer Winde, ohne fremden Beistand wieder flott gemacht werden kann.

In allen genannten Fällen handelt es sich um Textteile mit engem Bildbezug. Dabei lassen sich mindestens drei verschiedene Typen von Komplementarität zwischen Sprache und Bild beobachten:

- Der visuelle Teil bietet eine konkrete Füllung für eine sprachlich nicht realisierte obligatorische Ergänzung an; dabei handelt es sich oft um das Werbeobjekt selbst, das entweder als direktes, indirektes oder präpositionales Objekt oder aber als freie Ergänzung "grâce à x" oder "avec x" anschließbar ist.

Beispiel:

205 HL: "***Chaussez** dans deux heures.*"
(Air Alpes, transports aériens; NO, 27.11.78, 36)

Das Bild zeigt in Großaufnahme ein paar Skier, die offenbar für den zweiten Aktanten des Verbs eintreten. Durch das Fehlen des direkten Objekts kommt hier ein stilistischer Effekt zustande: die Betonung der temporalen Ergänzung "dans deux heures" nämlich, was der Gesamt-Argumentation der Anzeige ("Dank Air Alpes können Sie in kürzester Zeit an Ihrem Urlaubsort sein") entspricht.

- Das Bild steht metonymisch für einen visuell nicht abbildbaren Sachverhalt (konkret für abstrakt); das ist z.B. dann der Fall, wenn wie oben eine Sommerlandschaft für die Jahreszeit 'Sommer' steht oder wenn ein Wohnzimmer abstrakte Befindlichkeiten wie 'Bequemlichkeit, Eleganz' repräsentieren soll.

Beispiel:

206 FT/Bilduntertitel: "*(...)* ***Regardez...***"
(Roche-Bobois, meubles; MMC, April 77, 3)

Hier zeigt das Foto ein mit einer Leder-Sitzgarnitur möbliertes Wohnzimmer.

- Der Bildteil der Anzeige bietet keine Anhaltspunkte für die inhaltliche Füllung einer offenen Valenz. Die dadurch entstehende gezielte Diffusität und Vagheit der Aussage hat stilistische Qualitäten, die bei bestimmten inhaltlichen Argumentationstypen bevorzugt auftreten[1], etwa im Zusammenhang mit Imperativen wie 'imaginez', 'songez', 'rêvez'.

Beispiel:

207 HL: "*Roulez vite la tête ailleurs.*"
FT: "*Si vous préférez le rêve à la concentration, la détente à l'énervement, alors, confiez-nous votre conduite. Prenez le train. Asseyez-vous... étendez vos jambes. Les sièges, avec appuie-tête incorporé, sont bien dessinés.* ***Regardez...*** *A travers les vitres panoramiques, la vue est superbe.* ***Ecoutez...*** *Ici, ce n'est pas le bruit qui vous dérangera (...) Et maintenant, rêvez...(...)*"
(SNCF; NO, 4.12.78, 170/171)

Es handelt sich hier um einen typischen Verwendungsbereich für die Ellipse. Daß sie stilistisch bewußt eingesetzt ist, zeigen auch die drei Auslassungspunkte hinter den Imperativen. Die so erzielte Diffusität wird in der Werbung häufig persuasiv genutzt,

---

1 Vgl. dazu im einzelnen Kap.3.5.1.

und zwar bevorzugt dann, wenn die Anzeige insgesamt oder auch nur eine bestimmte Textsequenz innerhalb der Anzeige s e d u k t i v vorgeht.

Bei einer weiteren Gruppe von Imperativen läßt sich die Valenzverminderung innersprachlich begründen. Häufig finden sich Imperative an sich zweiwertiger Verben, die auf die sprachliche Realisierung des direkten oder indirekten Objekts verzichten, da dieses unmittelbar aus dem Kontext oder dem Thema der Textsequenz erschlossen werden kann bzw. bereits in der semantischen Struktur des Verbs angelegt ist; es nähert sich dann dem 'inneren Objekt' an. Das ist z.B. bei "téléphonez" der Fall, das auch im normalen Sprachgebrauch häufig unterwertig verwendet wird, wobei die fehlende Valenz in der Regel durch ein personaldeiktisches Pronomen der 1.Person zu füllen ist.

So kommt es auch in den Anzeigen vor:

208 FT: *"(...) Juin, c'est le mois des vacances les plus intéressantes.* ***Téléphonez:*** *un renseignement ne coûte rien."*
(Club Méditerranée, tourisme; NO, 17.3.80, 121)

209 SL: *"**Téléphonez. Signez.** Et prenez le volant."*
(Hertz, location de voitures; Exp, 4.10.76, 83)

Ähnliches gilt auch für andere Verben:

210 FT: *"(...)Vous avez besoin d'une voiture? Avec la carte Super Service Europcar, c'est facile.* ***Réservez*** *et venez.(...)"*
(Europcar, location de voitures; Exp, 4.10.76, 90)

211 FT,Ende: *"(...)* ***Décrochez...*** *composez le numéro...* ***laissez sonner...*** *vous êtes arrivé."*
(PTT; NO, 10.3.80, 22/23)

Hier ist "le téléphone" inneres Objekt der beiden valenzreduzierten Imperative.

212 HL: *"**Investissez...**"*
(Abb. 1)

Inneres Objekt bei diesem Verb, das ebenfalls sehr oft valenzvermindert verwendet wird, ist "des capitaux" oder "de l'argent". Der Fließtext-Anfang ergänzt den Imperativ durch eine adverbiale Bestimmung des Ortes, wodurch zwar keine Sättigung einer unbesetzten Valenz erfolgt, dennoch aber der Satz akzeptabler wird:

FT,Anfang: *"...dans la meilleure valeur refuge: la pierre.(...)"*

In Abb. 16 wird die erste Headline nach einer Unterbrechung durch den Bildteil, der das Werbeobjekt 'Immobilienbesitz' abbildet, mit einer Verlängerung der Lokalergänzung fortgesetzt:

213 1.HL: *"Pour 219.000F /* ***achetez à Chamonix-Sud****"*
2.HL: *"plutôt qu'à... Bécons-les-Neiges".*

Unterwertiger Gebrauch von Verben ist auch ein Spezifikum fachsprachlicher Syntax. Das liegt u.a. daran, daß in fachsprachlicher Kommunikation der situative und thematische Rahmen enger eingegrenzt ist als in der Alltagskommunikation; die Lexeme sind präziser definiert, und die sprachliche Kreativität, etwa die Bildung spontaner Metaphern, ist gegenüber der Alltagssprache stark reduziert, so daß die Vorhersagbarkeit von fehlenden Satzelementen - in unserem Fall: Verbergänzungen - wesentlich größer wird. Dies ist einer der Gründe für die Häufigkeit der Ellipse in Fachsprachen im allgemeinen und der Valenzverminderung von Verben im besonderen. In zahlreichen Anzeigen, die spezialisierte Themen behandeln, sind sowohl in der Terminologie wie auch in syntaktischer Hinsicht fachsprachliche Erscheinungen beobachtbar (so etwa bei Anzeigen aus dem Bereich Banken, Versicherungen, Geldhandel, Anlagengeschäfte). Auch in den beiden oben behandelten Immobilien-Anzeigen könnte eine Angleichung an fachsprachliche Syntax vorliegen.

In Abb. 12 sind Headline und Fließtext wiederum sprachlich eng miteinander verknüpft, wobei mehrere Lesarten möglich sind: Die erste Headline

214 1.HL: *"Pour savoir comment se construire un solide capital, /*

wird syntaktisch fortgesetzt in der zweiten Headline

2.HL: *"Lisez";*

oder die zweite Headline "Lisez" wird syntaktisch fortgesetzt im Fließtext-Anfang

FT, Anfang: *"Comment se construire un solide capital.(...)".*

Im ersten Fall fehlt dem Imperativ das direkte Objekt; es ist insofern ergänzbar, als der gesamte anschließende Fließtext als typographische Einheit diese Funktion erfüllen kann. Eine Pronominalisierung durch ein lokaldeiktisches "ceci" wäre ebenfalls denkbar. Das Spiel mit der sprachlichen Mehrdeutigkeit setzt sich in der rechten Spalte der Anzeige fort:

"Découpez"

ist als Fortführung der 1.Headline "Pour savoir comment se construire un solide capital" lesbar, zumal es durch die gleiche Typographie wie "lisez" zu diesem in Parallele gesetzt wird. Die 1.Headline (vgl. oben) ist als Infinitiv-Nebensatz ohnehin ergänzungsbedürftig; daß sie nicht als Ellipse gedacht ist, wird durch das Komma deutlich, das hier als Anweisung für den Leser fungiert, den Satz weiterzuführen. Eine dritte und mit den beiden Imperativen konkurrierende Ergänzung, die sich durch die räumliche Nähe und durch die gleiche Farbgebung wie die 1.Headline anbietet, ist die Nennung des Firmennamens und der Branche *"Assurance Vie UAP".* Schließlich ist "découpez" auch als isoliert stehender Imperativ zu lesen, wobei entweder als direktes Objekt "votre bilan de protection individuelle et sociale" in Frage kommt oder aber der durch eine gestrichelte Linie typographisch abgesetzte Coupon als Ganzes - wodurch wieder ein visuelles Element zur Füllung einer ungesättigten Valenz einträte.

Einige Verben werden in den Werbeanzeigen vorwiegend ohne Ergänzung verwendet, nämlich "comparez" (das Vergleichsobjekt wird nicht genannt), "choisissez" (es bezieht sich vor allem auf die Wahl zwischen den konkurrierenden Artikeln oder auf die Wahl innerhalb des Herstellerangebots; was im einzelnen gemeint ist, kann sprachlich oder visuell präzisiert sein, ist es jedoch sehr oft nicht); "essayez" (das aus dem Bild oder dem sprachlichen Kontext erschließbare direkte Objekt ist in der Regel der Werbegegenstand) und schließlich vor allem "regardez" (das meist als Bildverweis fungiert).

Beispiele:

215 FT: *"(...) Véritable réservoir de vos économies, le Livret A vous rapporte un intérêt totalement exonéré d'impôt. Faites le calcul et* ***comparez.****(...)"*
(Caisse d'Epargne, banque; Exp, 27.9.80, 90/91)

216 FT,Anfang: *"La nature offre des gammes de rouge tellement variées que beaucoup de bandes vidéo sont incapables de les reproduire dans toute leur richesse.* ***Comparez****, vous connaîtrez la vérité sur les performances d'une cassette lorsqu'elle reproduit sur votre écran un rouge flamboyant. Sans pour autant saturer les autres couleurs qui perdent alors en contraste. (...)"*
(Maxell, cassettes vidéo; Tm, 5.5.83, 170)

217 HL: *"6 conseils pour l'achat de votre nouvelle cuisine par éléments"*
FT,Zwischenüberschrift: *"****Comparez*** *soigneusement"*
(Zeyko, cuisines; JM, April 74, 214)

218 FT: *"(...) Zanussi vous propose, par rapport à sa qualité, des prix imbattables en Belgique. D'ailleurs,* ***comparez****!"*
(Zanussi, électroménager; Tm, 2.6.83, 34/35)

219 FT: *"(...) Ne pensez plus à rien d'autre qu'à la musique.* ***Choisissez****, c'est tout (...)"*
(Aiwa & Bose, hi-fi; Tm, 6.1.83, 98/99)

220 FT: *"(...) Ne courez plus. Ouvrez le catalogue Printemps-Eté 76 de La Redoute. Et* ***choisissez.****(...)"*
(La Redoute, vente par correspondance; MCl, Mai 76, 200)

221 FT: *"(...)* ***Choisissez*** *et regardez comme votre ouvrage avance vite grâce au point lancé.(...)"*
(DMC, tapisserie; MCl, Okt. 76, 63)

222 FT: *"Avec Glad&Net, le linge se repasse plus vite et plus facilement car votre fer 'glisse' comme il ne l'a jamais fait! (...) C'est tout simple.* ***Essayez****, vous verrez."*
(Johnson Wax, produit pour repassage; Tm, 17.11.83, 147)

223 HL: *"Preuve de clarté."*
FT: *"Vous lisez ce texte au travers d'un verre lavé en machine avec Sun.* ***Regardez****: parfaitement dégraissé, sans tache ni trace. Preuve éclatante de l'efficacité de Sun."*
(Sun, produit pour lave-vaisselle; Tm, 13.5.83, 176)

224 FT,Anfang: *"****Regardez****, malgré l'obscurité, on lit le nom de l'hôtel. (...)le photographe professionnel qui a réalisé pour nous cette photo en a été le premier surpris. Et vous, étonnez-vous."*
(Agfa, pellicules; NO, 7.4.80, 90/91)

Bei diesen Verben dürfte - im Unterschied zu den auch gemeinsprachlich oft valenzreduzierten Imperativen wie "téléphonez", "investissez" usf. - eine besondere werbesprachentypische Verwendung vorliegen.

Ein weiterer Imperativ kommt aufgrund der besonderen Gestaltungskonventionen der Anzeige vorwiegend objektlos vor: nämlich "découpez" bzw. "coupez". In der folgenden Anzeige steht der Imperativ "coupez" auf der gepunkteten Linie, die den Coupon, wie üblich, vom Rest der Anzeige optisch abgrenzt (wie z.B. in Abb. 12). Er läßt sich einmal durch das direkte Objekt "ce bon" ergänzen, was durch die unmittelbare räumliche Nähe zwischen dem Schriftzug und dem entsprechenden Textteil naheliegt - zumal der Coupontext diese Ergänzung häufig explizit enthält:

225 Coupon: "***Coupez ce bon.*** *Choisissez les produits qui vous intéressent. Joignez un chèque(...)*"
(Arugel, cosmétique; NO, 3.3.80, 53)

Ferner wäre aber auch eine Ergänzung durch ein lokaldeiktisches Adverb denkbar ("coupez ici"), das zwar nicht die Unterwertigkeit der Textvalenz aufhebt, dennoch aber die Akzeptabilität des Imperativsatzes erhöht. Dies ist ein oft zu beobachtendes Phänomen: Eine Unterwertigkeit des Imperativs wird durch die Hinzufügung eines Adverbs oder einer adverbialen Bestimmung bzw. im Falle der Prädikationsverben eines Prädikaments (Prädikats-Nomen oder -Adjektiv) kompensiert. Weinrich weist darauf hin, daß 'être' sowie zahlreiche Prädikationsverben zur kontextuellen Erweiterung durch Junktionen, Adverbien und Prädikamente (Prädikats-Nomen und -Adjektive) neigen;[1] diese Feststellung läßt sich dahingehend ergänzen, daß gerade unterwertig gebrauchte Verben im Imperativ dazu neigen, das durch die offene Valenz geschaffene semantische Vakuum durch die Anlagerung von Adverbien und Junktionen zu füllen.

Beispiele:

226 HL: "*Relevez le défi:* ***Trouvez moins cher!***"
(Show-Center Madison, magasin; NO, 22.1.79, 91)

227 FT,Ende: "*(...)* ***Choisissez sans indulgence.*** *Choisissez Océ.*"
(Océ, réprographie; Exp, 4.10.76, 205)

228 HL: "*A bas la vitesse goulue.* ***Conduisez gourmet.***"
(Matra Simca, voitures; CA, April 71, 26)

229 HL: "*En vacances, pour dépenser plus,* ***consommez moins.***"
(VW Golf, voitures; NO, 7.3.79, 89)

230 HL: "*Les formules bleues Black & Decker.* ***Découpez net,*** *payez au prix juste.*"
FT,Anfang: "***Sciez net.*** *Avec un moteur puissant de 300 watts (...),* ***sciez bien et rapidement*** *(...)*"
(Black & Decker, scie électrique; NO, 21.1.80, 84)

---

[1] Weinrich 1982:109.

231 FT,Anfang: *"Il suffit de petits détails pour se faire remarquer.* ***Regardez bien:*** *(...)"*
(Lou, soutien-gorge; MCl, Okt. 76, 219)

232 HL: *"La Plagne /* ***achetez*** *ou* ***louez mieux!****"*
(La Plagne, tourisme; NO, 23.10.78, 115)

Dieser Fall ist besonders interessant, da er eine für die Werbesprache typische Erscheinung enthält. "Achetez" - ein Imperativ, der in der Werbesprache recht selten ist - steht meist ohne direktes Objekt; wenn er ein direktes Objekt hat, dann praktisch nie den Produktnamen, sondern Abstrakta wie "le soleil", "votre bonheur" etc. (Vgl. dazu ausführlicher Kap. 3.5.3. der Arbeit). Er kommt aber mehrfach in Verbindung mit einem Komparativ ohne Bezugsgröße vor, so wie hier. Es handelt sich dabei um einen werbesprachlichen Topos, der nicht zuletzt dazu dienen kann, das Verbot der vergleichenden Werbung zu umgehen.[1] Das vorangesetzte "La Plagne" könnte in bezug auf den Imperativsatz satzsemantisch als adverbiale Bestimmung des Ortes fungieren; diese Beziehung wird aber sprachlich nicht explizit gemacht.

In einer Reihe weiterer Fälle läßt sich die Füllung einer offenen Valenz aus dem engeren sprachlichen Kontext erklären.

Beispiele:

233 hors texte: *"Dites-le avec cette page.* ***Découpez*** *selon le pointillé et laissez traîner négligemment."*
FT,Ende: *"(...) Si vous n'osez pas le dire, découpez cette page et laissez-la traîner négligemment... quelqu'un qui vous aime comprendra."*
(Minolta, appareils de photo; NO, 20.12.71, 13)

Die Verwendung von "découper" ist hier die gleiche wie in Beispiel 214. Für den zweiten Imperativ "laissez traîner négligemment" kommt als einziges direktes Objekt das im Vorgängersatz stehende "cette page" in Frage; bei der Wiederaufnahme dieses Imperativs am Fließtext-Ende, wo es dem Leser nicht mehr unmittelbar präsent ist, ist es explizit als Ergänzung des Imperativs eingebaut.

Ähnliches gilt auch für die folgenden Fälle:

234 FT: *"(...)la prochaine fois que vous irez chez un revendeur, demandez-lui qu'il vous montre les DSX Mamiya. Prenez votre temps.* ***Examinez. Comparez.*** *Posez des questions.(...)"*
(Mamiya, appareils de photo; SV, Dez. 74, 3)

Hier bietet sich das vor den Imperativen stehende "DSX Mamiya", also der Werbegegenstand, als direktes Objekt für die beiden valenzverminderten Imperative an. Im nächsten Beispiel ist es "votre téléviseur":

---

1 Zur gesetzlichen Grundlage der "publicité comparative" vgl. etwa Greffe/Greffe 1979:152-171.

235 FT: *"(...)Pour visionner vos réalisations, branchez votre magnétoscope (...) et raccordez-le à votre téléviseur (...)* ***Mettez en marche...*** *et regardez votre émission! (...)"*
(JVC, système vidéo; Z, Sept./Okt. 79, 2)

Hier wäre jeweils eine Wiederaufnahme des Nomens durch ein anaphorisches Pronomen möglich; so auch in den nächsten Beispielen:

236 FT: *"(...)Ouvrez le catalogue de La Redoute (...) et* ***regardez. Regardez*** *et* ***lisez.*** *(...)"*
(La Redoute, vente par correspondance; MCl, Okt. 76, 178/179)

237 FT: *"(...)La superbe musicalité d'un AU-317:* ***écoutez,*** *c'est LE test de vérité. (...)"*
(Sansui, hi-fi; NO, 6.11.78, 92/93)

238 HL: *"Ne tournez plus la page... /* ***Enroulez****"*
(Lectovisuel, tableau de papier à défilement; Pt, 17.10.77, 165)

Im folgenden Fall ist sowohl sprachlich ("un savoureux dessert...") wie auch visuell (Großaufnahme einer Schokoladencreme) ein Angebot zur Füllung der offenen Valenz des Imperativs vorhanden:

239 HL: *"Fée Liégeoise. Ne résistez pas à la tentation."*
FT,Anfang: *"Un savoureux dessert au chocolat, et par dessus, une crème toute blanche, toute légère.* ***Regardez.*** *Et puis* ***goûtez.*** *C'est un délice.(...)"*
(La Roche aux Fées, desserts; E, 25.4.77, 134)

Als letztes sei noch eine andere Verwendung von "choisissez" als in den bereits behandelten Beispielen 219, 220 und 221 angeführt:

240 FT,Ende: *"(...) Alors, entre les embarras de la circulation et le plaisir d'être conduit,* ***choisissez.****"*
(RATP, transports publics; V, Dez. 76, 11)

Diesmal werden die beiden Pole, zwischen denen die Wahl stattfinden soll - eine argumentativ geschickt eingesetzte Schein-Alternative! - ausdrücklich genannt, nur stehen sie ungewöhnlicherweise v o r dem Imperativ. Hier wird besonders deutlich, daß durch entsprechende syntaktische Mittel - hier: die Inversion - eine 'mise en relief' zugunsten des Imperativs stattfindet. Dieser steht nun am Satzende, also in einer gerade im Französischen (im Gegensatz zum Deutschen) stark betonten Position. Er gewinnt dadurch wesentlich an Auffälligkeit und Nachdruck.

Neben dem valenzverminderten Gebrauch von Imperativen fällt in der Sprache der Anzeigenwerbung eine weitere syntaktisch-semantische Struktur auf, die mit großer Häufigkeit vorkommt: Ein Nomen oder Nominalsyntagma geht dem Imperativsatz voraus und ist in diesem lediglich durch eine pronominale Wiederaufnahme vertreten. Der Imperativsatz ist dann, im Gegensatz zu den oben diskutierten Beispielen, syntaktisch durchaus vollständig, die Sätze sind entsprechend der Verbvalenz konstruiert und weisen keine Leerstellen auf; aber eine Valenz, meist auch hier das direkte Objekt, ist mit einem Personalpronomen besetzt. Fast immer handelt es sich bei dem unmittelbar vorangehenden Nomen um den Artikel- bzw. Herstellernamen oder eine referenzidentische Nominalgruppe.

Beispiele:

241 FT: *"Visa Sextant:(...)* **Découvrez-la** *à partir du 21 mars chez tous les concessionnaires Citroën.(...)"*
(Citroën, Visa, voitures; NO, 17.3.80, 102/103)

242 HL: *"BMW: 17 modèles de 8 à 20 cv.* **Découvrez-les** *chez votre concessionnaire."*
(BMW, voitures; NO, 15.6.81, 40)

243 HL: *"Platines Marantz,* **découvrez-les.***"*
FT,Ende: *"(...) Allez les découvrir avec tous les autres éléments des chaînes Marantz et surtout,* **écoutez-les.** *Un univers sonore vous attend."*
(Marantz, hi-fi; NO, 11.2.80, 77)

244 FT: *"(...) Sea Spray est en France maintenant.* **Essayez-le,** *pour vous faire une idée personnelle.(...)"*
(Sea Spray, déodorant; MCl, Mai 76, 206)

245 HL: *"Gratin de poisson: /* **Savourez-le.***/Chez Findus."*
(Findus, surgelés; E, 1.11.76, 101)

246 FT: *"(...) le nouveau Transportable 51cm Schneider.* **Regardez-le:** *6 touches pour 6 chaînes préréglées.(...)"*
(Schneider, téléviseur; SV, Febr. 74, 97)

247 FT: *"(...) Les caractéristiques du SL 35 E,* **découvrez-les** *chez votre détaillant habituel(...)"*
(Rollei, appareils de photo; NO, 14.4.80, 16/17)

248 HL: *"Les atouts de CII Honeywell Bull pour demain,* **mettez-les** *de votre côté dès aujourd'hui."*
(Honeywell Bull, informatique; Pt, 10.8.81, 2)

249 HL(einziger Text): *"Ils ont de l'audace. Les Côtes du Rhône.* **Rencontrez-les.***"*
(Côtes du Rhône, vins; Pt, 19.10.81, 180)

250 SL: *"Les Alsace.* **Pensez-y** *plus souvent."*
(Vins d'Alsace; NO, 14.4.80, 142)

251 FT: *"(...)La Rancho,* **découvrez-la** *pour de nouveaux plaisirs, elle n'attend que vous.(...)"*
(Rancho, Talbot, voiture; NO, 22.6.81, 48)

252 FT,Ende: *"(...)Il n'y a rien de tel pour se sentir encore plus sereine quand on est sereine. Le lait,* **pensez-y.***"*
(Lait; NO, 21.4.80, 150/151)

253 FT: *"(...) Enfin, la chaîne compacte Sony HMP 80 peut s'adapter facilement à la quadrophonie.* **Ecoutez-la. Regardez-la.** *La ligne basse est très belle.(...)"*
(Sony, hi-fi; SV, Dez. 74, 16)

254 FT: *"(...)Le cigarillo de droite est un Solo de Willem II, l'autre pas. Ce qui le singularise?* **Prenez-le** *en main,* **faites-le** *rouler sous vos doigts...(...)* **Humez-le.** *(...) Un Solo de Willem II n'est que noblesse. Jusque dans son prix.* **Jugez-en.** *(...)"*
(Solo de Willem II, cigarillos; Tm, 2.6.83, 37)

In Ausnahmefällen verweist das Pronomen auch kataphorisch auf ein nachfolgendes Nomen, das dann ebenfalls für das Werbeobjekt bzw. hier einen Teil des Werbeobjekts steht:

255 FT: *"(...) Et puis,* ***écoutez-le*** *ce moteur quand vous posez le doigt sur le déclencheur. Il crée un extraordinaire climat de complicité.(...)"*
(Canon, appareils de photo; NO, 9.10.78, 134/135)

Hier scheint es sich eher um eine Angleichung an mündliches Sprechen zu handeln, wo eine Zweigliedrigkeit dieses Typs, der sog. "Nachtragsstil", in der Simultaneität von Sprechplanung und Äußerung begründet ist.

Gelegentlich nimmt das beim Imperativ stehende Pronomen auch auf ein visuell vorhandenes Denotat Bezug. Das geschieht meistens in der Headline, was ihrer Zwischenstellung zwischen Bild und Fließtext entspricht: Wie das Bild hat sie Appellfunktion, und sie soll darüber hinaus den Leser zur Lektüre des Fließtextes hinführen.

256 HL: *"**Faites-en** un plat."*
(Abb. 10)

"En" referiert hier auf das Werbeobjekt, nämlich die "Champignons de Paris", die gleich dreimal fotografisch im Bild vertreten sind: einmal in natura, zum zweiten in ihrer handelsüblichen Verpackung: in der Dose, zum dritten in zubereiteter Form. Der Aufforderungs-Inhalt ("Vous en faites un plat"), der definierbar ist über die virtuelle, zukünftige Realisations-Situation Sit_2 des Imperativs, ist also im Bildteil der Anzeige realisiert. (Dies ist ein überaus gängiger Gestaltungstopos in der Anzeigenwerbung, auf den wir an späterer Stelle in Kap. 3.5.4. noch ausführlicher zurückkommen werden.) Die Headline gewinnt hier zusätzliche Appellativität durch ein Wortspiel: "faire un plat de qc." heißt soviel wie "donner une importance disproportionnée à une affaire". In dieser Bedeutung ist der Ausdruck negativ konnotiert. Wenn er als Imperativ vorkommt, so normalerweise mit Negation: "N'en fais pas un plat." Die überraschenderweise nicht-negierte Verwendung dieses Ausdrucks, noch dazu im Imperativ, der den Leserbezug herstellt, hat hohen Aufmerksamkeitswert. Durch die Identifikation des Pronomens "en" als Pro-Form für "Champignons de Paris" wird allerdings dann die zweite, nicht-idiomatische Lesart des Wortspiels aktualisiert.

Eine künstlich erzeugte Mehrdeutigkeit mit Wortspiel-Effekt läßt sich auch in der Anzeige des Bazar de l'Hôtel de Ville für Einbruchssicherungen beobachten; die Headline, die die Ambiguität erzeugt, lautet:

257 HL: *"**Fermez-la**!"*
(BHV, systèmes d'alarme; NO, 19.6.78, 12)

Das Personalpronomen bezieht sich auf "maison", das sowohl im Bildteil wie auch sprachlich im nachfolgenden Fließtext als Denotat präsent ist. Bevor jedoch die

Mehrdeutigkeit durch das Bild und den Fließtext zugunsten der eigentlichen Werbeaussage aufgelöst wird, drängt sich als erste Lesart die Assoziation zur umgangssprachlichen Aufforderung "Ferme ta gueule!" (häufiger in der verkürzten Form "ta gueule!" gebraucht) auf. Schockierend ist daran für den Leser die Konfrontation mit diesem aggressiven, ausschließlich der mündlichen Kommunikation vorbehaltenen Ausdruck in einem schriftsprachlichen Text, noch dazu in einer Werbeanzeige; daran ändert auch der Ersatz der 2.Person Singular durch die 2.Person Plural (honorativ oder nicht-honorativ) nichts, im Gegenteil, sie verfremdet den Ausdruck noch zusätzlich; er muß umso aggressiver wirken, als er nicht etwa auf einer eingebetteten Textebene mit abweichenden Kommunikationsbeteiligten liegt, sondern den Leser direkt anspricht. Die Headline erfüllt hier mit Sicherheit ihre Funktion als Blickfang, die den Leser zum Verweilen bei der Anzeige veranlaßt, bis er die zweite Lesart - und damit die eigentliche Werbebotschaft - entschlüsselt hat.

Ein ähnlicher Pronominalisierungstyp liegt in der folgenden Anzeige vor, wo der Bildteil drei "aubergines" - Politessen, die den ruhenden Verkehr überwachen - zeigt. Auf sie nimmt das Pronomen der Headline Bezug:

258 HL: *"**Oubliez-les.**"*
(RATP, transports publics; V, Dez. 76, 11)

Der referentielle Bezug ist in diesem Fall noch durch die räumliche Nähe (Kontiguität) zwischen der Headline und dem Substituendum (den drei Polizistinnen) zusätzlich gesichert. Im anschließenden Fließtext

FT: *"Pour empêcher les automobilistes de stationner n'importe où et de stationner trop longtemps, il y a dans Paris des jeunes femmes vêtues de rouge. Elles font très bien leur travail. Et elles deviennent vite l'obsession des automobilistes. **Oubliez-les.**(...)"*

liegt schließlich eine vollständige Pronominalisierungskette vor.

259 HL: *"**Donnez-lui** un coup de vieux"*
FT: *"Retrouvez le secret de la patine, avec le Baume des Antiquaires Véraline (...)"*
(Véraline, baume pour meubles anciens; VM, Juni/Juli 83, C)

Das Pronomen referiert hier auf eine alte Kommode, die in unmittelbarer Nachbarschaft mit der Headline abgebildet ist.

Eine Werbeanzeige für Schuhcreme verfährt ähnlich: der Bildteil zeigt eine Frau mit Kind, das mit seinen Schuhen auf den Stiefeln der Mutter steht. Auf diese Situation nimmt die Headline Bezug:

260 HL: *"**Jouez** avec **eux** en toute liberté. Baranne prend soin du cuir."*
(Baranne, cirage; JFr, 9.9.74, 119)

Hier ist die Pronominalisierung zum Bild insofern lockerer, als nur ein Kind dargestellt ist, auf das aber mit einem Pronomen im Plural verwiesen wird. Die sehr häufige Abstraktion von Bildern, die darin besteht, den Vertreter einer Gruppe von Elementen abzubilden, aber die ganze Gruppe zu meinen (hier: alle Kinder), wird in der Diskrepanz zwischen Sprache und Bild deutlich. Sie hat eine Entsprechung im sprachlichen Bereich: den generischen Singular mit dem bestimmten Artikel ("l'homme" in der Bedeutung von: "tous les hommes").

Entsprechendes gilt für die folgende Headline:

261 HL: *"**Conduisez-les** avec votre permis-voiture."*
(Honda 125, moto; NO, 1.6.81, 35)

Auch hier ist im Bildteil nur ein Exemplar des Werbeobjekts abgebildet. Der Fließtext enthält das Bezugsnomen explizit als direktes Objekt:

> FT: *""Vous avez eu le permis-voiture avant le 1er mars 1980? Alors rien ne vous empêche de conduire aussi **une Honda 125.**(...)"*

Komplizierter ist die Pronominalisierung in den beiden folgenden Anzeigen.
Die Zuckerindustrie wirbt mit der Headline:

262 HL: *"**Inventez-leur** des fêtes."*
(CEDUS, sucre; NO, 11.12.78, 29)

Das Pronomen bezieht sich auf "Gäste", "Familie" oder "Kinder"; eine präzisere Referenz ist nicht zu ermitteln, auch nicht mit Hilfe des Bildteils, der neben dem zentralen Hauptfoto - zwei Obsttorten, Pralinen, eine Zuckerdose - in den vier Ekken jeweils eine Familienszene zeigt, die als Denotate für das Pronomen in Frage kommen. Doch diese sind durch ihre pastellige Farbgebung, ihre geringe Ikonizität (eine Zeichnung) und ihre geringe Größe so unauffällig, daß sich die Verbindung zwischen ihnen und der Headline nicht auf Anhieb einstellt.

Noch extremer ist die Pronominalisierung in Abb. 11:

263 HL: *"**Offrez-leur** des matins dorés",*

wo innerhalb des Fotos keinerlei Denotat für das Pronomen "leur" angeboten wird. Hier ist der Adressatenkreis der Anzeige zu berücksichtigen: Sie ist in einer typischen Frauenzeitschrift erschienen, und es ist zu vermuten, daß angesichts des hergerichteten Frühstückstischs die Identifikation der Leserin mit der für die Familie sorgenden Hausfrau und Mutter ohne große Mühe vollzogen wird. Dennoch bleibt die Referenz des Pronomens virtuell, und hier hilft auch kein Fließtext, die Diffusität des Bezugs aufzuheben.

Als letztes Beispiel sei abschließend eine Kosmetik-Werbeanzeige angeführt, die die Unbestimmtheit des Referenzbezugs innerhalb einer seduktiven Anzeigengestaltung bewußt einsetzt:

264 HL: *"**Dites-le** avec des yeux."*
(Stendhal, cosmétique; E, 25.4.77, 64)

Der Bildteil zeigt in Großaufnahme ein stark geschminktes Frauengesicht, das den Leser ansieht; die Headline verlangt von ihm, diesen Blick in irgendeiner Weise zu interpretieren. Der Fließtext hilft dabei nicht viel weiter:

> FT,Anfang: *"Les yeux parlent en silence. Pour souligner leurs confidences et les mieux faire entendre, Stendhal a créé Jeux d'Ombres.(...)"*

An diesen Einstieg schließt sich ein ausschließlich expositorischer Textteil an, der nur noch das Werbeobjekt, die Produktpalette der Firma Stendhal, näher beschreibt. Offensichtlich soll die Headline wie auch das Bild hier eine Atmosphäre des Rätselhaften, Vieldeutigen, Unbestimmten schaffen, was sich nicht zuletzt in der nicht eingelösten Pronominalisierungs-Referenz der Headline ausdrückt. Hier ist zudem noch eine Redensart abgewandelt, die selbst schon wieder zum Werbe-Slogan geworden ist: "Dites-le avec des fleurs." (Fleurop).

Die Tatsache, daß die aufgezeigten Pronominalisierungen sämtlich in der Headline vorkommen, bestätigt nochmals den starken Bildbezug dieses Teiltexts, der sich u.a. in der Pronominalisierung visueller Denotate ausdrückt. Sie zeigt daneben noch eine andere Eigenschaft der Headline: nämlich eine Tendenz zur Verrätselung, die dem Leser keine in sich abgeschlossene und vollständige Information bietet, sondern ihn dazu veranlassen soll, diese im Fließtext zu suchen. Dies entspricht der Mittlerrolle der Headline als sprachlicher Blickfang zwischen einerseits dem Bild als visuellem Blickfang und andererseits dem Fließtext als sprachlichem Informationsträger mit geringerer Appellativität.

3.4.2. Zur Syntax der Imperative

In der reichhaltigen sprachwissenschaftlichen Literatur zur Werbesprache wie auch bei den "'Pragmatikern' der Werbesprache", wie Hauswaldt-Windmüller die Ratgeber für das Abfassen von Werbetexten polemisch zusammenfaßt,[1] wird die Syntax der Werbesprache stets berücksichtigt - sei es nun unter deskriptivem oder unter normativem Blickwinkel. Umso mehr erstaunt es, daß das dabei entworfene Bild, das unabhängig davon, ob es auf englischem, französischem oder deutschem Material beruht, zu einem recht undifferenzierten Ergebnis kommt, das sich auf folgende Feststellungen beschränkt: Die Koordination dominiert weitgehend, Subordination ist selten; vollständige Sätze treten zurück gegenüber vielfältigen Formen der Ellipse, die in allen Arbeiten zur Werbesprache als die hervorstechendste Erscheinung der werblichen Syntax beschrieben wird. Abgesehen davon, daß dem Begriff der Ellipse ein normatives Konzept vom wohlgeformten Satz zugrunde liegt, ist spätestens seit der Überschreitung des Satzes als linguistischer Einheit und seit dem Einbezug kontextu-

---

[1] Hauswaldt-Windmüller 1977:28.

eller und situativer Größen in die linguistische Beschreibung der Begriff der Ellipse als Beschreibungskategorie untauglich geworden. Die zunehmende Beschäftigung mit gesprochener Sprache hat darüber hinaus zu der Erkenntnis beigetragen, daß sprachliche Kommunikation nicht nur dann als "wohlgeformt" zu gelten hat, wenn sie aus einer Aneinanderreihung korrekter und vollständiger Sätze besteht, sondern daß Grammatikalität und Akzeptabilität sich durchaus widersprechende Maßstäbe zur Beurteilung eines Textes sein können. Und wenn man daran denkt, daß gerade die Werbesprache, auch in ihrer schriftlichen Manifestation in der Werbeanzeige, häufig auf sprechsprachliche Register zurückgreift - was auch in den meisten linguistischen Darstellungen betont wird - darf es nicht überraschen, wenn sich auch in der Syntax typisch sprechsprachliche Formen wiederfinden.
Wir beobachten darüber hinaus zahlreiche und durchaus werbetypisch ausdifferenzierte Formen der Hypotaxe.
Das Vorhandensein von Gliedsätzen in der Anzeigenwerbung wird bei Römer kurz berührt: Sie unterscheidet zwischen textarmen und textreichen Anzeigen und stellt in letzteren von 490 vollständigen Sätzen 75,2 % "einfache Sätze", 7,1 % "Satzverbindungen", 16,3 % "Gliedsätze 1. Grades" und 1,4 % "Gliedsätze 2.Grades" fest (wobei die Kriterien, nach denen diese Auszählung erfolgt, nicht unproblematisch sind).[1]

Die allenthalben festgestellte Neigung der Werbesprache zum kurzen bis "unvollständigen" Satz fand sich durchaus auch bei dem hier untersuchten Korpus bestätigt - zumindest, was die kurzen Teiltexte, also die Headline und den Slogan bzw. die signature line betrifft. Allerdings erweist sich diese Erscheinung als viel komplexer, als sie in der Literatur zur Werbesprache behandelt wird. Das, was als "elliptisch" im weitesten Sinn bezeichnet wird, umfaßt ein ganzes Bündel sprachlicher Erscheinungen mit vielfältigen Ursachen und Wirkungsabsichten. In vielen Fällen liegt einfach eine typisch sprechsprachliche Syntax vor, die, wie an anderer Stelle schon ausgeführt wurde, gerade in der relativ wenig appellativen Anzeigenwerbung die Funktion hat, einen unmittelbaren Kontakt zwischen Sender und Adressat zu simulieren. In anderen Fällen liegt ein syntaktisch durchaus vollständiger Satz vor, der lediglich durch entsprechende Zeichensetzung bzw. typographische Mittel in kleinere Einheiten segmentiert wird mit dem Ziel, den Inhalt durch eine Verringerung des Lesetempos besser rezipierbar zu machen und die Lese-Motivation zu erhöhen.[2] Dies dürfte jedoch in

---

1 Römer 1973:165.

2 Diese Erklärung geben auch Stave 1973, Grosse 1966, Römer 1973, Möckelmann/Zander 1970 u.a. für die deutsche Werbesprache.

der deutschen Werbesprache eine wesentlich größere Rolle spielen als in der französischen; in dem hier untersuchten Korpus ist sie eher eine Randerscheinung. Das Ziel, den Inhalt des Satzes auf mehrere deutlich voneinander geschiedene Bedeutungsträger zu strecken und damit ebenfalls leichter aufnehmbar zu machen, läßt sich für das Französische deutlich an der Neigung beobachten, statt der synthetischen "phrase liée" häufiger eine "phrase segmentée" mit satzinterner pronominaler Wiederaufnahme zu verwenden oder gar den gleichen Satzinhalt auf zwei "phrases coordonnées" zu verteilen.[1] Hierzu gehören auch die Valenz-Reduktion bei Imperativen (vgl. dazu Kap. 3.4.1.) sowie die pronominale Wiederaufnahme eines Nomens, das in einen vorangehenden Satz eingebunden ist oder als isolierte Nominalgruppe, oft mit Doppelpunkt, dem Imperativ unmittelbar vorausgeht (vgl. dazu ebenfalls Kap. 3.4.1.). Wir werden uns hier auf diese wenigen Gesichtspunkte zum "verkürzten Satz" beschränken, da im Zusammenhang mit dem Imperativ die "Ellipse" nur von untergeordneter Bedeutung ist; der Imperativsatz selbst ist ja bis auf evt. fehlende obligatorische Valenzen stets syntaktisch, wenngleich nicht immer auch semantisch, autonom.

Der zweite Befund zur werbesprachlichen Syntax, nämlich, daß Subordination kaum vorkomme, wird allerdings durch das hier untersuchte Korpus gründlich widerlegt. Wie es zu dem in der Literatur sehr einheitlichen, aber zumindest für unser Korpus nicht zutreffenden Darstellung der Werbesprachensyntax kommt, wird schnell klar, wenn man bedenkt, daß etwa bei Bieri und Galliot, bei Römer wie bei Möckelmann/Zander ausschließlich kurze Teiltexte - in der Regel Slogans, oft aber auch Headlines, ohne daß diese immer unterschieden werden - untersucht worden sind. Bei Flader, der im zweiten Teil seiner Arbeit auch "Werbetexte" (also das, was wir hier als "Fließtext" bezeichnen) untersucht, kommen syntaktische Aspekte nicht mehr zum Zug. Und die pragmalinguistisch bzw. rhetorisch orientierten Arbeiten von Hauswaldt-Windmüller, Kirsch-Postma und Klenkler sparen syntaktische Aspekte ganz aus.
Eine Durchsicht deutschsprachiger Anzeigen, hier besonders der textreichen sog. "Leseanzeigen"[2] deutet aber darauf hin, daß eine Berücksichtigung auch des Fließtextes zu einem vergleichbaren Befund für die deutsche Werbesprache kommen dürfte.

---

1 cf. Bally 1965:56ff.

2 Diese werden auch von Werbeleuten wie Holzschuher 1958:9, Kropf 1960:446, Ogilvy 1964:139 als werbewirksame Form der Anzeigengestaltung empfohlen.

Im folgenden sollen daher einige ausgewählte Fragen der syntaktischen Einbettung des Imperativs schwerpunktmäßig behandelt werden, wobei auch unter transphrastischem Gesichtspunkt regelhafte Folgen von ganzen Sätzen, Satzreihen, mitberücksichtigt werden.

In Kap. 1. der Arbeit waren bereits einige Aspekte der Imperativ-Syntax behandelt worden. Die wichtigsten Fakten seien hier noch einmal kurz zusammengefaßt:

- Der Imperativ stellt mit seinen obligatorischen Ergänzungen als solcher bereits einen syntaktisch vollständigen Satz dar.[1]
- Die syntaktische Einbettung des Imperativs in seinen Kontext kann z.T. als Subordination, z.T. als Koordination beschrieben werden.
- Wenn der Imperativ in der H y p o t a x e vorkommt, stellt er immer den Hauptsatz, auf den die anderen Gliedsätze bezogen sind. Die Adverbialsätze bzw. deren Ersatzformen - als wichtigste wären hier die Infinitivgruppe und die gérondif-Konstruktion zu nennen - kommen sowohl vor wie auch im Anschluß an den Imperativsatz vor. Vor- bzw. Nachstellung des Imperativsatzes kann eine Modifikation der Satzbedeutung bewirken; sie ist oft stilistisch relevant. Die Endstellung des Imperativsatzes in einer Hypotaxe ist eine Form der "mise en relief".
- Häufig ist der Imperativsatz Element einer Satzreihe, wobei latente semantische Strukturen wie Temporalität, Konditionalität, Finalität usw. zwischen den Sätzen zu beobachten sind. Die Hauptsätze können durch nebenordnende Konjunktionen verbunden sein oder aber in asyndetischer Reihung stehen; sie können durch Punkt, Komma, Doppelpunkt voneinander getrennt sein, aber auch lediglich durch Spationierung oder Zeilensprung, sofern es sich wie im vorliegenden Fall um schriftliche Texte handelt.

Vor dem Hintergrund dieser sehr allgemeinen Feststellungen sollen nun folgende Fragen im Mittelpunkt stehen:

- Gibt es eine für die Werbesprache typische syntaktische Einbettung des Imperativs, kommen also bestimmte Formen der Subordination oder der Koordination gehäuft bzw. andere gar nicht vor?
- Inwiefern entsprechen diese Abweichungen der Gesamt-Intention der Werbung?
- Und schließlich: Inwieweit beeinflußt die syntaktische Umgebung des Imperativs dessen Funktion, eine direktive Sprechhandlung zu realisieren?

3.4.2.1. Imperativsatz und nominale Gruppe

Bereits in Kap. 3.4.1. wurden Strukturen behandelt, die die unmittelbare syntaktische Umgebung des Imperativsatzes mit einbezogen. Das war der Fall bei den valenzverminderten Imperativen, die im vorangehenden Satz ein Nomen, eine Nominal-

---

1 Das heißt allerdings nicht, daß er auch semantisch immer vollständig wäre; für eine angemessene Beschreibung imperativischer Aussagen muß daher die Satzgrenze häufig überschritten werden, was bereits in Kap. 3.4.1. deutlich wurde.

gruppe oder einen Objektsatz hatten, der als Füllung der im Imperativsatz selbst nicht realisierten Text-Valenz in Frage kam; das war auch der Fall bei den vorangestellten Nominalgruppen, auf die ein vom Imperativ abhängiges Pronomen referierte. In diesen Fällen handelte es sich besonders häufig um den isoliert vorangestellten Namen des Werbeobjekts oder des Herstellers/Anbieters, gelegentlich auch um eine Bezeichnung der Produkt- oder Herstellerbranche oder ein anderes, mit diesen referenzidentisches Nomen.

Beispiele:

265 HL: *"Cassettes BASF / **Gagnez** à l'indice de performances"*
(BASF, cassettes; NO, 15.6.81, 56)

266 HL: *"Trains autos couchettes / **Faites** le plein d'économies!"*
(SNCF, chemin de fer; NO, 1.6.81, 18)

267 SL: *"TGV. **Gagnez** du temps sur le temps."*
(SNCF, chemin de fer; Pt, 5.10.81, 24/25)

268 SL: *"Miele. **Investissez** dans la qualité."*
(Miele, machines à laver; Pt, 19.10.81, 93)

Wie diese wenigen Beispiele bereits vermuten lassen, kommt diese Struktur überwiegend in der Headline, noch häufiger im Slogan vor, wo Kürze und Prägnanz geboten ist. Zwischen der Nominalgruppe und dem Imperativ besteht eine implizite Relation: Die Nominalgruppe kann durch "grâce à x" oder "avec x" substituiert werden und fungiert dann als adverbiale Bestimmung des Mittels. Diese explizite Form kommt selbst recht häufig vor:

269 HL: *"**Grâce à Petri, équipez-vous** enfin sérieusement."*
(Petri, équipement photo; SV, Dez. 74, 120)

270 HL: *"La couleur idéale? **Retrouvez** instantanément l'image couleur d'origine **grâce à la touche Idéal-Color du nouveau téléviseur ITT Océanic Idéal-Color**"*
(ITT, téléviseur; MMC, April 77, 10)

271 HL: *"Deux avantages avec un seul produit: **agrandissez** votre maison et **économisez** de l'énergie **grâce au Plexiglas SDP**"*
(Plexiglas; VM, Juni/Juli 83, XCIII)

272 HL: *"**Avec les Air Canadiens, voyagez** sur vol régulier pour le prix d'un vol charter."*
(Air Canada, compagnie aérienne; NO, 2.5.77, 113)

273 HL: *"**Avec Alitalia, sortez** des sentiers battus."*
(Alitalia, compagnie aérienne; Exp, 14.4.75, 20)

274 FT,Ende: *"(...) **Avec Air France, prenez** de l'avance en Asie."*
(Air France, compagnie aérienne; NO, 9.10.82, 67)

275 3.HL: *"**Avec Fama, osez** les sauces 'interdites' jusqu'ici. Réussite garantie!"*
(Fama, margarine; Tm, 17.3.83, 126/127)

276 HL: *"**Avec Jaltour, découvrez** les Philippines des Philippins."*
(Jaltour, tourisme; NO, 12.3.77, 115)

Der Imperativ ist in dieser Form der kontextuellen Einbettung oft weniger als Aufforderung aufzufassen, sondern eher als die Behauptung seiner Voraussetzungsbedingung: nämlich "vous pouvez faire a". Auch diese Form ist in unserem Korpus vielfach belegt, und zwar oft als unmittelbare Ersatzform für einen Imperativ, z.T. sogar im gleichen syntagmatischen Kontext mit diesem alternierend. Sie bietet sich daher als Paraphrase zur Aufdeckung impliziter Inhaltsstrukturen an.

Beispiele:

277 FT: *"(...) Avec la carte 'Vermeil 50',* **vous pouvez** *voyager à moitié prix.(...)"*
(SNCF, chemin de fer; NO, 28.1.80, 90/91)

278 FT: *"(...) Autant dire qu'avec cette sacré voiture,* **vous pouvez** *faire face à toutes les situations(...)"*
(Volvo, voitures; Pt, 19.10.81, 90/91)

279 Coupon: *"**Vous pouvez** vous procurer gratuitement la brochure (...) en renvoyant ce bon à (...)"*
(Vacances 2000, tourisme; NO, 20.12.71, 61)

280 hors texte: *"**Vous pouvez** obtenir la liste des bijoutiers (...)"*
(Jaeger-Le Coultre, montres; Pt, 19.10.81, 108)

Die gleiche, allerdings nicht explizite Struktur liegt auch den folgenden zweigliedrigen Headlines und Slogans zugrunde, wie die Möglichkeit der Paraphrase durch "Grâce à x, vous pouvez faire a" zeigt:

281 SL: *"Lorenzaccio:* **Découvrez** *le parfum de la nuit."*
(Lorenzaccio, parfum; NO, 6.11.78, 8)

282 HL: *"Lampes solaires Philips /* **Réglez** *votre bronzage"*
(Philips, lampes solaires; Exp, 4.10.76, 217)

283 HL: *"Air France et la Carte American Express:* **multipliez** *les avantages de l'un par les avantages de l'autre."*
(Air France/American Express, compagnie aérienne/carte de crédit; NO, 21.6.76, 92)

284 HL: *"5 produits Payot pour les peaux mixtes à problèmes. N'**ayez** que les bons côtés de votre âge."*
(Payot, cosmétique; E, 4.10.76, 39)

In einigen Fällen steht auch die Nominalgruppe hinter dem Imperativsatz, wodurch sich die inhaltliche Beziehung zwischen beiden nicht verändert:

285 HL: *"**Triplez** vos possibilités! Macro-doubleur de focale MC-6"*
(Sigma, objectifs; Chl, Juli/Aug. 80, 25)

286 HL: *"**Exprimez-vous!** Zoom Makinon. 985 F."*
(Makinon, objectifs; NO, 17.11.80, 78/79)

In dieser Reihenfolge nähern sie sich dem einfachen Imperativsatz mit adverbialer Bestimmung des Mittels an:

287 FT,Anfang: *"**Empêchez** l'eau et l'air froid de pénétrer par une porte ou une fenêtre mal jointe,* ***grâce à Kit Isolation Rubson.****(...)"*
(Rubson, mastic isolant; Tm, 24.3.83, 141)

288 HL: "***Apprenez** à parler d'amour en anglais **avec the Gimmick 2***"
(Gimmick, cours d'anglais; NO, 15.1.73, 72)

289 HL: "***Estompez** la marque des années sur votre visage **avec Skin Life de Helena Rubinstein.***"
(Helena Rubinstein, cosmétique; MCl, Mai 76, 42)

Der Vergleich zwischen diesen äquivalenten Strukturen macht nochmals deutlich, wie wenig beschreibungsadäquat eine Beschränkung auf den Satz gerade im Zusammenhang mit dem so stark im sprachlichen wie auch situativen Kontext verankerten Imperativ ist.

3.4.2.2. Imperativsatz und Subordination

Um die Komplexität der werblichen Syntax zu beschreiben, müßten alle Gliedsatz-Typen erfaßt werden. Auffällig häufig sind dabei Relativsätze, die als Ergänzungen von Nominalgruppen attributive Funktionen haben; sie wären u.Er.s. eine eigene Untersuchung wert.[1] Zwischen ihnen und dem Imperativ besteht allerdings kein engerer Zusammenhang, ebensowenig zwischen Imperativ und Objektsatz, der von seiner Funktion her einen Aktanten der Verbvalenz des Imperativ-Verbs stellt. Subjektsätze kommen in Abhängigkeit von einem imperativischen Hauptsatz nicht vor, da der Imperativ ja stets bereits ein - wenngleich implizites - Subjekt enthält, das nicht durch einen Gliedsatz ersetzbar ist.
Die Adverbialsätze und ihre alternativen Konstruktionen sind dagegen für den Imperativsatz von hervorragender Bedeutung; auf sie soll hier der Schwerpunkt gelegt werden. Adverbialsätze sind von ihrer syntaktischen Funktion her zirkonstantielle Angaben. Sie unterscheiden sich von der adverbialen Bestimmung formal durch das Vorhandensein einer einleitenden Konjunktion, eines Satzsubjektes und eines flektierten Verbs mit seinen Ergänzungen. Zwischen beiden steht im Französischen - im Gegensatz zum Deutschen - eine dritte Form, nämlich die Infinitivkonstruktion mit einleitender Präposition. Alle drei haben syntaktisch die gleiche Funktion, unterscheiden sich aber hinsichtlich des Umfangs und des Komplexitätsgrades:

Après que vous ayez dîné, passez à la cuisine.	(Adverbialsatz)
Après avoir dîné, passez à la cuisine.	(Infinitivkonstruktion)
Aprés le dîner, passez à la cuisine.	(Adverbiale Bestimmung)

In dem voll ausgebauten Adverbialsatz läßt sich ein Maximum an Information unterbringen: ein Subjekt, das evt. von dem des Imperativsatzes abweicht und dessen se-

---

[1] Hier wäre z.B. zu beschreiben, in welcher Art und Weise Relativsätze werbesprachlich besonders interessante Nominalgruppen wie den Produktnamen, den Herstellernamen und die Warengattungs- und Branchenbezeichnung determinieren.

mantische Struktur noch durch zusätzliche Attribute modifiziert werden kann; ein Verb, das inhaltlich durch Adverbien ergänzbar ist, zusätzlich aber auch temporale und z.T. aspektuelle Information transportieren kann; vom Verb abhängige Nominalgruppen, die wiederum attributiv erweiterbar sind. Er hat durch seine potentiell größere semantische Dichte aber auch den Nachteil, weniger leicht beim Lesen aufgenommen werden zu können. Demgegenüber bietet sich die Infinitivgruppe als gute Zwischenlösung zwischen dem komplexeren Gliedsatz und der einfachen Präpositionalgruppe an: Sie ist weniger redundant, da sie auf die Subjektinformation des Hauptsatzes zurückgreift (denn sie ist nur bei gleichem Subjekt zwischen Haupt- und Gliedsatz möglich), und sie reduziert das Verb in der unflektierten Form auf seinen semantischen Gehalt. Sie tritt damit zugleich stilistisch gegenüber dem Hauptsatz zurück, was zu einer zusätzlichen Betonung des Imperativs führt. Entsprechend häufig ist sie in unserem Korpus als alternative Realisierung eines Adverbialsatzes vertreten. Sie wurde daher hier ebenso aufgeführt wie auch einige Beispiele für die funktional gleichwertige Präpositionalgruppe.

Allgemein ist festzustellen, daß alle Adverbialsatztypen vertreten sind, wenngleich, wie im folgenden zu zeigen sein wird, mit recht unterschiedlicher Frequenz.

Temporalsätze

Temporalsätze sind recht häufig und, wie die Beispiele zeigen, mit mehreren Konjunktionen vertreten. Wo eine Infinitivkonstruktion möglich ist ("avant de", "après"), ist diese die deutlich häufigere Form. Meist geht der Temporalsatz dem Imperativ voran, doch sind auch nachgestellte temporale Gliedsätze zu beobachten. Sie sind außer im Fließtext auch in der Headline vertreten. Das flektierte Verb im vollständigen Gliedsatz steht meist im Präsens, gelegentlich im Futur.

Beispiele:

290 HL: "***Quand*** *vous sortez,* ***donnez*** *la parole à votre répondeur.*"
(EGT, Enterprise Générale des Télécommunications; Exp, 19.6.81, 58)

291 FT,Anfang: "***Quand*** *tout augmente,* ***consommez*** *moins.(...)*"
(VW, automobiles; NO, 9.10.78, 146/147)

292 FT: "*(...) Maintenant* ***quand*** *vous achetez des Dim,* ***gardez*** *les pochons, les petits sacs en maille qui protègent les collants.* ***Quand*** *vous en avez 6,* ***remettez****-les à un point de vente Dim.(...)*"
(Dim, collants; MCl, Mai 76, 134/135)

293 Ft,Ende: "*(...) Alors,* ***quand*** *vous achèterez une paëlla en boîte,* ***pensez*** *à goûter une paëlla Saupiquet.(...)*"
(Saupiquet, conserverie; E, 9.5.77, 176/177)

294 HL: "*Jouez quand c'est moins cher.*"
FT,Anfang: "***Quand*** *tout s'agite autour de vous,* ***venez*** *vous dépenser à moindre*

frais:(...) Alors **venez** *jouer sans complexe* **quand** *les champions travaillent.* **Nagez, bridgez, relaxez-vous** *dans le bain tourbillon,* **allez** *au sauna,* **déjeunez** *tranquille* **quand** *les enfants sont à l'école.(...)"*
(Tennis Courts des Hauts-de-Seine; Pt, 12.10.81, 206)

295 FT: *"(...) Et puis,* **écoutez**-*le ce moteur* **quand** *vous posez le doigt sur le déclencheur. Il crée un extraordinaire climat de complicité.(...)"*
(Canon, appareils de photo; NO, 9.10.78, 134)

296 FT: *"(...)* **Dès que** *vous n'aurez plus besoin de votre voiture,* **rendez**-*la à la station de votre point de chute.(...)"*
(Milleville, location de voitures; NO, 14.4.80, 62)

297 HL: *"Ne* **desséchez** *pas vos cheveux colorés* **lorsque** *vous les lavez, vitalisez-les!"*
(Keranove, shampooing; E, 4.10.76, 118)

298 HL: *"***Avant** *d'accuser vos cheveux,* **rappelez-vous** *qu'ils poussent sur le cuir chevelu."*
(Kéops, shampooing; NO, 10.11.75, 30)

299 1.FT,Ende: *"(...)***Avant de** *partir ailleurs,* **réfléchissez** *bien!"*
(Townsend Thoresen, transports maritimes; NO, 21.6.76, 75)

2.HL: *"Le matin,* **avant de** *vous maquiller,* **n'oubliez pas** *que votre peau a besoin d'eau."*
(Brumisateur Evian, cosmétique; MCl, März 75, 185)

300 FT,Ende: *"(...) Alors,* **avant de** *partir avec nous,* **demandez**-*nous notre catalogue et faites déjà la difference."*
(Vacances 2000, tourisme; NO, 14.11.77, 91)

301 FT: *"(...)* **Avant de** *prendre votre décision,* **demandez** *l'avis d'animaux célèbres:(...)"*
(Snip, agence de publicité; Exp, 19.6.81, 128/129)
FT,Ende: *"(...) Alors* **partez**. *Cette année.* **Avant que** *vos rêves ne s'évanouissent à l'horizon."*
(Boeing, compagnie aérienne; NO, 22.6.81, 5)

302 FT: *"(...)* **Mettez** *Phas* **avant de** *partir et non pas en arrivant sur la plage. (...)"*
(Phas, produit de bronzage; E, 19.7.76, 14/15)

303 FT: *"(...) Ne* **concevez** *votre intérieur qu'***après** *avoir pris connaissance des possibilités proposées par 'alternum'.(...)"*
(Interlübke, meubles; Exp, 17.3.75, 166)

304 FT: *"(...)* **Renvoyez** *donc tout de suite le bulletin ci-dessous,* **apres** *avoir coché vos deux livres-cadeaux(...)"*
(Club pour Vous-Hachette, vente de livres par correspondance; NO, 23.10.78, 95)

305 FT: *"(...)* **La prochaine fois que** *vous passerez à proximité d'une station Esso,* **arrêtez-vous** *et* **jetez**-*y un coup d'œil.(...)"*
(Esso, stations de service; CA, Juli 71, 94/95)

306 FT: *"(...) Demandez dès maintenant votre formulaire d'inscription à n'importe quel comptoir Hertz. Ou,* **la prochaine fois que** *vous louerez une voiture Hertz,* **demandez** *votre inscription. (...)"*
(Hertz, location de voitures; Exp, 4.10.76, 83)

307 FT: *"(...)***la prochaine fois que** *vous irez chez un revendeur,* **demandez**-*lui qu'il vous montre les DSX Mamiya.(...)"*
(Mamiya, appareil de photo; SV, Dez. 74, 3)

308 FT,Ende: *"(...)Alors* ***pendant que*** *le Crédit Agricole fait vos devoirs,* ***faites*** *donc l'école buissonnière."*
(Crédit Agricole, banque; Pt, 5.4.76, 166)

309 FT,Ende: *"(...)* ***Prenez*** *votre appareil 24x36, le film Kodachrome 64, et* ***faites*** *le plein de photos* ***pendant que*** *Juin vous offre les ciels les plus beaux de l'année."*
(Kodak, pellicules; Pt, 19.10.81, 109)

310 2.HL: *"****Le jour où*** *vous achetez son bijou en diamants,* ***faites*** *confiance à cet emblème."*
(Comité National de la Bijouterie; Tm, 2.6.83, 28/29)

Zum Vergleich einige präpositionale Ergänzungen:

311 HL: *"****Après*** *le dîner,* ***passez*** *à la cuisine."*
(De Dietrich, électroménager; E, 25.4.77, 44/45)

312 hors texte: *"****en cas d'****atmosphère sinistre,* ***tirez*** *sur la languette."*
(Apéricube, fromage; E, 25.4.77, 114)

313 HL: *"****Dès*** *le printemps,* ***préparez*** *votre beauté de plein air."*
FT,Anfang: *"****Dès*** *l'aube,* ***protégez*** *votre peau avec Aubélia de Payot.(...)"*
(Payot, cosmétique; E, 25.4.77, 170)

Kausalsätze

Kausale Gliedsätze sind überraschend selten; hier sei allerdings schon angemerkt, daß eine Kausalrelation durchaus nicht nur an die kausalen Konjunktionen ("comme", "parce que", "puisque" vor allem) gebunden ist, sondern daß auch finale, modale und u.U. konsekutive Adverbialsätze als Begründungs-Angabe für einen Imperativ zumindest mitfungieren können.

Beispiele:

314 FT,Anfang: *"****Puisque*** *vous achetez votre cuisine pour de nombreuses années,* ***voyez*** *- sans faute - les 40 modèles Zeyko.(...)"*
(Zeyko, cuisines; JM, April 74, 214)

315 HL: *"****Puisque*** *vos chemises ont du succès,* ***adoptez*** *les sous-vêtements qui vont avec."*
(Jil, sous-vêtements d'homme; NO, 3.11.75, 133)

Explizite Kausalrelationen sind eher durch einen Imperativsatz mit anschließendem Hauptsatz, der mit der koordinierenden kausalen Konjunktion "car" eingeleitet wird, vertreten:

316 FT: *"(...) A l'heure actuelle, les prix de Florilège Loisirs sont plus que raisonnables.(...)* ***Profitez****-en vite,* ***car*** *avec tous les nouveaux équipements(...), il serait étonnant que les prix moyens de Val Thorens ne grimpent pas.(...)"*
(Résidence Florilège Loisirs, copropriété; NO, 17.3.80, 52)

317 Coupon: *"****Veuillez*** *remplir ce bon très lisiblement* ***car*** *il sera utilisé pour l'expédition d'une documentation complète."*
(Rodenstock Rodagon, objectif d'agrandissement; PhR, Okt. 78, XVII)

318 FT,Anfang: "*Quand vous choisissez une pellicule,* **pensez** *avant tout à la netteté de vos photos.* **Car** *la netteté dépend de la pellicule.(...)*"
(Agfa-Gevaert, pellicules; NO, 2.5.77, 133)

319 FT: "*(...) Au moment du choix,* **pensez**-*y,* **car** *toute votre habileté et votre savoir faire ne pourraient remédier à l'insuffisance d'un outil.(...)*"
(Peugeot, outillage; NO, 14.4.80, 112/113)

Finalsätze

Finale Adverbialsätze und vor allem Infinitivgruppen mit "pour" gehören zu den häufigsten Gliedsätzen in dem hier untersuchten Korpus. Auch in diesem Fall steht der Adverbialsatz in der Mehrzahl der Fälle v o r dem Imperativsatz.

320 FT,Ende: "*(...)* **Pour que** *vos pneus soient à la hauteur de vos réflexes* **équipez** *vous de Kleber V 12.*"
(Kleber, pneus; Exp, 21.4.75, 56)

321 FT: "*(...)* **Choisissez** *la Porcelaine de Paris,* **pour qu'***à chaque événement heureux, votre table reflète votre art de vivre.(...)*"
(Porcelaine de Paris; MCl, Mai 76, 187)

Während der seltenere vollständige Adverbialsatz dem sprachlich ausformulierten Fließtext vorbehalten ist, kommt die Infinitivkonstruktion in allen Teiltexten vor:

322 2.HL: "**Pour** *l'admirer, l'essayer et l'acheter,* **adressez-vous** *aux revendeurs spécialisés.*"
(Abb. 19)

323 HL: "*En vacances,* **pour** *dépenser plus,* **consommez** *moins.*"
(VW Golf, voiture; NO, 7.3.77, 89)

324 FT,Ende: "*(...)* **Pour** *mieux acheter,* **pour** *se distraire,* **pour** *savoir ce qui se passe.* **Lisez** *Vivre.*"
(Vivre, journal; Exp. 4.10.76, 229)

325 HL: "**Pour** *bien prononcer whole nut of Cadbury's* **manqez**-*en.*"
(Cadbury, chocolat; NO, 17.3.80, 129)

326 HL:
"**Pour** *comprendre la supériorité de ceci: /* **lisez** *cela.*"
(Popson Quartz, Hi-fi; NO, 14.11.77, 80)

327 FT: "*(...)* **Pour** *la construire,* **choisissez** *des gens de votre pays.(...) Quelles sont les maisons que Phénix construit dans votre pays?* **Pour** *le savoir,* **écrivez**-*nous!(...)*"
(Phénix, maisons; MMC, April 77, 22/23)

328 FT,Anfang: "**Pour** *mieux profiter de la vie,* **essayez** *les Capsules Pharmaton. (...)*"
(Pharmaton, médicament; NO, 13.10.80, 89)

329 FT: "*(...)* **Pour** *vous protéger contre ces risques,* **prenez** *les cassettes BASF 'Haute-Longévité'.(...)*"
(BASF, cassettes; NO, 14.11.77, 145)

330 FT,Anfang: "**Pour** *ne pas éternuer, pour économiser vos forces (...)* **Demandez** *le Guide Gimm.(...)*"
(Gimm, portes/fenêtres; MMC, April 77, 89)

331 FT,Ende: *"(...)* ***Pour*** *être à l'aise dans toutes les neiges,* ***skiez*** *avec le S2 Sport."*
(Rossignol, skis; NO, 20.11.78, 128/129)

332 FT:
"(...) Rappelons-le: Orobronze est en vente chez votre pharmacien. ***Entamez*** *donc vite votre boîte d'Orobronze* ***pour*** *être merveilleusement dorée d'ici quelques jours et suivez le conseil que vous donne Orobronze:(...)"*
(Orobronze, pilules de bronzage; E, 25.4.77, 102/103)

333 FT: *"(...) Ne vous trompez pas de rasoir:* ***choisissez*** *la grille souple* ***pour*** *vous raser de plus près, la tête étroite* ***pour*** *vous raser partout.(...)"*
(Braun, rasoir; Exp, 24.11.75, 16)

In den beiden folgenden Beispielen hat der Adverbialsatz eher eine temporale Bedeutung:

334 FT,Anfang: ***"N'attendez pas*** *de découvrir cette calandre agressive dans votre rétroviseur* ***pour*** *aller voir cette nouvelle voiture. (...)"*
(Peugeot, voiture; NO, 9.7.79, 68/69)

335 HL: ***"n'attendez pas*** *demain* ***pour*** *acheter la moto d'aujourd'hui."*
(Yamaha, motos; Lui, Juli 74, 2)

Zum Vergleich einige präpositionale Ergänzungen; sie unterscheiden sich von der gliedsatzwertigen Infinitivgruppe lediglich durch das Fehlen eines semantisch unspezifischen Verbs wie "avoir", "recevoir", "réaliser" oder "être":

336 FT,Ende: ***"Pour*** *davantage de renseignements,* ***demandez*** *à votre agent de voyages (...)"*
(Office du Tourisme du Canada; NO, 22.1.79, 22)

337 Coupon:
"Pour *toute information sur la NP 50 (...)* ***appelez*** *Canon France (...)"*
(Canon, photocopieur; NO, 29.4.78, 101)

338 HL: ***"Pour*** *une vie entière d'enrichissements et de savoir,* ***découvrez*** *gratuitement l'Encyclopédia Universalis"*
(Club Français du Livre, vente de livres par correspondance; NO, 22.10.79, 13)

Wenn die finale Infinitivgruppe und die finale adverbiale Bestimmung in koordinierender Reihung stehen, wird die funktionale Gleichwertigkeit der beiden Glieder besonders deutlich:

339 FT,Ende: *"(...)* ***Pour*** *votre prochain voyage d'affaires, ou* ***pour*** *aller rejoindre quelqu'un qui vous est cher,* ***retenez*** *votre place sur le plus populaire des jets: le Boeing 747."*
(Boeing 747, avion; Exp, 14.4.75, 148/149)

Konzessivsätze und Adversativsätze

Konzessive und adversative Adverbialsätze und Infinitivkonstruktionen sind in dem hier untersuchten Material kaum vertreten.

Beispiele:

340 HL: *"Allez en Angleterre, vous y vivrez à contre-courant."*

FT: "*(...) Mais ne vous y* **attardez** *pas trop,* **bien que** *le traditionnel accueil anglais vous y invite (...)*"
(Office Britannique de Tourisme; NO, 3.3.80, 61)

341 FT,Ende: "*(...) Alors,* **plutôt que de** *lui choisir un jeu au hasard,* **pensez** *aux jeux scientifiques Gégé/Sciences futures.(...)*"
(Abb. 14)

342 FT,Anfang: "**Plutôt que de** *laisser dormir, en fin de mois, trop d'argent sur votre compte-chèques,* **placez**-*le sur un Compte sur Livret du Crédit Agricole.(...)*"
(Crédit Agricole, banque; NO, 23.10.78, 140)

343 1.HL: "**Au lieu de** *faire une croix sur une superbe limousine... /*
2.HL: "**faites**-*en six pour vous l'offrir.*"
(Lotto; Tm, 24.3.83, 13)

Konditionalsätze

Neben dem mit "pour que" bzw. "pour" eingeleiteten finalen Gliedsatz ist der mit "si" eingeleitete Konditionalsatz der mit Abstand am häufigsten vertretene Gliedsatz in Kombination mit einem imperativischem Hauptsatz. Fast immer steht der Konditionalsatz v o r dem Imperativsatz. Infinitiv-Verkürzungen gibt es hier nicht. Stets wird im 'si'-Satz eine erfüllbare Bedingung genannt; nicht erfüllbare bzw. nicht erfüllte Bedingungen kommen nicht vor, wenn der zugehörige Hauptsatz ein Imperativsatz ist. Im Konditionalsatz steht daher auch ausnahmslos das Präsens.

Beispiele:

344 FT,Ende: "*(...)***Si** *vous voulez savoir plus,* **écrivez**-*nous en utilisant le bon à découper.*"
(Abb. 9)

345 FT: "*(...)***Si** *vous faites cuire une dorade ou quelqu'autre gros poisson(...),* **gardez** *un peu de votre préparation à base de champignons pour le farcir.(...)*"
(Abb. 10)

346 HL: "**Si** *vous vendez de l'investissement,* **investissez** *d'abord dans L'Express Edition internationale*"
(Express, hebdomadaire; Exp, 29.9.75, 54)

347 FT: "**Si** *vous préférez le rêve à la concentration, la détente à l'énervement, alors,* **confiez**-*nous votre conduite.(...)*"
(SNCF, chemins de fer; NO, 4.12.78, 170/171)

348 FT: "*(...)* **Si** *les chiffres vous intéressent,* **consultez** *le tableau ci-contre.(...)* **Si** *vous êtes curieux d'anecdotes,* **sachez** *que les tests ont été faits en laboratoire sur des élevages de poux nourris sur des lapins, car rappelons-le, les poux ont besoin de se gorger chaque jour de sang frais (...)*"
(Para, insecticide; NO, 6.11.78, 124/125)

349 FT,Ende: "*Maintenant,* **si** *vous aussi, vous pensez du bien de votre Opel City,* **dites**-*le nous (...)*"
(Opel, automobiles; E, 25.4.77, 52)

350 FT: "*(...) Ainsi,* **si** *vous nous trouvez un défaut,* **signalez**-*le nous avec la carte d'appréciation.(...)*"
(Avis, location de voitures; Exp, 4.10.76, 30/31)

351 FT,Ende: "(...) *Si vous voulez redécouvrir le plaisir de la route,* ***essayez*** *le Philips AC 860.*"
(Philips, autoradio; Exp, 4.10.76, 196)

352 FT,Ende: "(...) *Alors, un bon conseil:* ***si*** *votre patron vous propose une Marguerite,* ***dites*** *oui.(...)*"
(Rank Xerox, machine à écrire; E, 1.11.76, XVI)

353 FT: "(...) *Alors,* ***si*** *vos enfants vous demandent de venir faire un petit footing avec eux,* ***chaussez*** *vite vos Adidas (...) Et ne* ***soyez*** *pas trop jaloux,* **s'***ils ont les mêmes chaussures que vous.(...)*"
(Adidas, chaussures de sport; NO, 3.12.79, 6/7)

354 FT: "(...) ***Dansez*** *jusqu'à l'aube* ***si*** *le cœur vous en dit. Le corps suivra. Vivez!(...)*"
(Vitatop Fitness Club; E, 4.10.76, XI)

355 FT: "(...) *Maintenant,* ***à supposer que*** *vous soyez intéressé par Kenwood,* ***laissez-vous*** *un peu aller. Parlez de votre tempérament musical (...)*"
(Kenwood, Hi-fi; NO, 14.11.77, 121)

Modalsätze

Zu den Modalsätzen zählt auch der mit "sans que" eingeleitete Gliedsatz, der bei gleichem Subjekt wie der Hauptsatz durch eine Infinitivgruppe ersetzt werden kann. Letztere ist in unserem Korpus mehrere Male vertreten, wobei sie häufiger n a c h als v o r dem Imperativsatz steht. Sie kann auch adversative Bedeutung annehmen.

356 HL: "***Délassez-vous sans*** *décrocher.*"
(Nordica, chaussures de ski; Exp, 24.11.75, 153)

357 FT,Zwischenüberschrift: "***Continuez*** *à fumer* ***sans*** *vous apercevoir que vous arrêtez.*"
(MD 4, traitement anti-tabac; Exp, 4.10.76, 176)

358 SL: "*Lampes Claude Krypton.* ***Eclairez****-vous mieux* ***sans*** *consommer plus.*"
(Claude Krypton, ampoules; Pt, 4.11.74, 84/85)

359 HL: "***Sans*** *être musicien,* ***jouez*** *avec 5 instruments d'un seul doigt sur VL-Tone Casio, et son orchestre vous accompagnera.*"
(Casio, instruments de musique électronique; Pt, 19.10.81, 173)

360 FT: "(...) *Ne laissez pas les kilos s'amasser à votre insu.* ***Sans*** *en faire, pour autant, une hantise,* ***surveillez*** *régulièrement votre poids et* ***buvez*** *de l'eau minérale de Contrexéville.(...)*"
(Contrex, eau minérale; MMC, April 77, 102)

Diese Verbindungen nähern sich inhaltlich den Imperativfolgen an, bei denen ein negativer und ein positiver Imperativ aneinander gekoppelt sind.[1] Das zeigt die Substitution der Infinitivkonstruktion durch einen negierten Imperativ deutlich: "Surveillez régulièrement votre poids, mais n'en faites pas une hantise" oder "Eclairez-vous mieux, mais ne consommez pas plus (d'électricité) pour autant".

---

[1] Diese Verbindung wird in den Kap. 3.4.2.3., 3.4.3.2. und 3.4.3.3. näher behandelt.

Gérondif

Abschließend sind hier noch die Gérondif-Konstruktionen zu nennen, die ebenfalls wie die Infinitivgruppen als Verkürzung von Adverbialsätzen fungieren. Im Gegensatz zur Infinitivkonstruktion, die durch die einleitende Präposition in ihrer adverbialen Funktion mehr oder weniger festgelegt ist, ist die Gérondif-Konstruktion eine inhaltlich eher ambige Form. Als Grundfunktion ist vor allem eine modale zu nennen; doch lassen sich temporale, konditionale und sogar adversative (vor allem, wenn sie durch "tout" verstärkt ist) beobachten. In unserem Korpus kam die adversative Variante mit "tout" allerdings nicht vor, was der geringen Frequenz der adversativen und konzessiven Adverbialsätze entspricht.

Im Gegensatz zur Mehrzahl der Adverbialsätze steht die Gérondif-Konstruktion häufiger n a c h dem Imperativsatz, was damit zusammenhängen mag, daß sie stärker als die Adverbialsätze auf den Verbinhalt des Imperativs zurückgreift und insofern in engerem anaphorischen oder, wenn sie voransteht, kataphorischen Bezug zum Hauptsatz steht. Die Satzaussage ist daher leichter erfaßbar, wenn der Imperativsatz, der durch sie determiniert wird, bereits bekannt ist.

Beispiele:

361 HL: "***Remettez-vous*** *d'aplomb* ***en dormant*** *sur un vrai Lattoflex"*
(Lattoflex, literie; NO, 20.11.78, 141)

362 HL: "***Choisissez*** *vos 2 livres gratuits* ***en cochant*** *simplement 2 cases."*
(Club pour vous-Hachette; vente de livres par correspondance; NO, 23.10.78, 95)

363 2.HL: "***Participez*** *au développement économique* ***en devenant*** *actionnaire du CCF, banque privée."*
FT,Ende: *"(...) Faites comme nous:* ***Voyez*** *loin* ***en participant*** *au présent."*
(Crédit Commercial de France, banque; NO, 22.10.79, 130/131)

364 FT: "***Faites****-vous un avis par vous-même* ***en demandant*** *votre dossier 'Universalis' dès aujourd'hui.(...)"*
(Club Francais du Livre, vente de livres par correspondance; NO, 23.10.78, 13)

365 FT: *"(...) Alors,* ***soyez*** *attentive à la douceur de votre peau,* ***en utilisant*** *pour votre toilette quotidienne le shampooing corporel.(...)"*
(René Guinot, produit de soins corporels; E, 25.4.77, 68)

366 FT,Ende: *"(...)* ***Prenez*** *contact avec la Division des Systèmes de Grande Diffusion,* ***en envoyant*** *votre carte de visite, en province, à (...)"*
(IBM, ordinateurs; NO, 6.11.78, 123)

367 FT,Ende: *"(...)* ***venez*** *juger vous-même* ***en prenant*** *l'ascenseur panoramique."*
(Sinvim Le Trident, immobilier; NO, 14.11.77, 138)

368 FT: *"(...) Mais* ***jugez*** *plutôt vous-même,* ***en profitant*** *d'une offre exceptionnelle (...)"*
(La Recherche, mensuel; ME, Dez.77, 21)

369 FT: "***Découvrez*** *l'hospitalité anglaise* ***en passant*** *la nuit dans une ferme du Northumberland.(...)"*
(Office Britannique de Tourisme; NO, 12.3.77, 125)

370 Coupon: "***Recevez*** *gracieusement notre luxueux Catalogue couleur* ***en retournant*** *ce bon rempli à: (...)*"
(Airlux, hottes; E, 25.4.77, 171)

371 hors texte: "***Profitez*** *pendant trois mois de ce service absolument unique* ***en lisant*** *La Presse Economique à l'essai sans engagement ultérieur.*"
(La Presse Economique, journal; Exp, 4.10.76, 61)

372 HL: "*Dictionnaire Hachette: /* ***En parcourant*** *les mots,* ***découvrez*** *le monde.*"
(Hachette, dictionnaire; NO, 20.10.80, 32/33)

Neben dem konditionalen "si"-Satz und der finalen "pour"-Infinitivgruppe ist die Gérondif-Konstruktion die am stärksten vertretene gliedsatzwertige Adverbial-Konstruktion in unserem Korpus.

3.4.2.3. Imperativsatz und Koordination

Im Verlauf unserer Untersuchung hatte sich bereits mehrfach die Notwendigkeit gezeigt, den engeren sprachlichen Kontext des Imperativsatzes mitzuberücksichtigen, um den Imperativ in seiner Bedeutung und Funktion erfassen zu können.
Zwar ist der Imperativ syntaktisch immer ein autonomer Satz; doch seine Verflechtung mit dem Kontext ist gerade in den verschiedenen Teiltexten der Werbeanzeige unterschiedlich intensiv. Während der Imperativ des Slogans, der sich in seinem Umfang meist auf einen Satz und/oder eine freistehende Nominalgruppe beschränkt, in der Regel eine abgeschlossene Aussage darstellt, ist die Headline bereits weniger leicht zu isolieren, da diese meist in engem Bezug zum Bild oder zum nachfolgenden Fließtext steht, wobei gerade der Imperativ bei der Erhöhung der jeweiligen Kohärenzbeziehungen eine herausragende Rolle spielt. Imperative im Fließtext sind am schwersten aus ihrem Textverband zu lösen, und es wurde schon in anderen Zusammenhängen deutlich, daß sich innerhalb dieses umfangreichen Teiltextes eine reiche Binnendifferenzierung von Imperativtypen unterschiedlicher Form und Funktion herausgebildet hat - je nachdem, ob sie am Textanfang oder Textende stehen, ob sie mit dem Bild oder der Headline, dem Slogan oder dem Coupon in Verbindung stehen, ob es sich um rhetorische Imperative oder textgliedernde Imperative der mündlichen Kommunikation handelt, ob sie in eingebetteten Textsequenzen stehen usw. In der Werbesprache ist es darüber hinaus besonders schwierig, den Satz als Einheit zu bestimmen, da die Zeichensetzung sehr frei gehandhabt wird und häufig verkürzte Sätze und freistehende Nominalgruppen vorkommen, deren syntaktische Zuordnung mehrdeutig oder gar nicht bestimmbar ist. Sie trifft sich darin mit der gesprochenen Sprache, die sie ja auch in vielfacher Hinsicht nachahmt. So schließt sich im folgenden Beispiel

373 FT: *"(...) **Ne tombez pas** d'un excès à l'autre: **Allez**-y doucement. **Pour** rester en forme et en bonne santé.(...)"*
(Profile, produit d'amaigrissement; Tm, 16.6.83, 150)

an den zweiten Imperativ eine finale Infinitivkonstruktion an; doch obwohl sie durch die Interpunktion als syntaktisch eigenständige Einheit ausgewiesen ist, entspricht diese Abfolge der - hochfrequenten - Imperativ-Finalsatz-Hypotaxe, wie sie im letzten Kapitel eingehend behandelt wurde. Die durch den Punkt gesetzte stärkere Zäsur zwischen beiden syntaktischen Einheiten verändert allenfalls die "Prosodie" des Satzes: Sie setzt die Lesegeschwindigkeit herab, und sie verlangt eine Stimmsenkung zum Satzende; der Text erfährt also eine stilistische Veränderung mit den minimalen Mitteln der Zeichensetzung.

Auch zwischen den ersten beiden Sätzen des Beispiels besteht eine Beziehung, die durchaus regelhaft für die Sprache der französischen Anzeigenwerbung ist: zwei Imperativsätze folgen einander, deren erster negiert, der zweite nicht-negiert ist. Die beiden Imperative dieses Beispiels gehören zur imperativischen Satzreihe. Hier lassen sich vier verschiedene Verknüpfungstypen beobachten.

Imperativreihen

Beginnen wir mit dem oben angeführten Imperativpaar, das aus der Abfolge von verneintem und nicht-verneintem Imperativ besteht. Daß zwischen beiden eine inhaltliche Beziehung besteht, wird im obigen Beispiel auch durch den Doppelpunkt angedeutet (der allerdings oft fehlt): Er unterstreicht die adversative Beziehung zwischen den beiden Imperativen.

Weitere Beispiele:

374 HL: *"**Ne gaspillez pas** votre essence / **levez** le pied"*
(Esso, essence; NO, 2.5.77, 16)

375 1.HL: *"**Ne laissez pas** la musique se déformer contre vos murs."*
2.HL: *"**Recueillez**-la au creux de votre oreille avec le casque 'Open Air' Sennheiser."*
(Sennheiser, hi-fi; Exp, 12.4.76, 9)

376 HL: *"**Ne soyez pas** en retard d'un Japon."*
SL: *"Yashica Contax. **Soyez** en avance."*
(Yashica, appareils de photo; NO, 20.11.78, 100/101)

377 FT: *"(...)Alors, pour un état grippal, une rage de dents, **n'attaquez pas** trop fort sans l'avis de votre médecin ou de votre pharmacien. **Essayez** donc Aspro.(...)"*
(Aspro, médicament; Tr, 24.1.76, 71)

378 FT: *"(...)Même si vous avez déjà décidé d'acheter une cheminée Brisach, **ne précipitez pas** votre achat. **Allez** rendre visite à nos concurrents.(...)"*
(René Brisach, cheminées; Exp, 27.9.80, 76)

379 HL: *"**Ne louez plus** un appartement à la mer. **Achetez**-le en multipropriété. Vous en profiterez toute votre vie et cela vous coûtera moins cher!"*
(Egimo, copropriété; Tm, 18.8.83, 24)

Wie die Beispiele bereits vermuten lassen, sind diese Imperativreihen auf Headline und Fließtext beschränkt; im Slogan und im Coupon kommen sie praktisch nicht vor. Die Abfolge negativ-positiv ist offensichtlich nicht umkehrbar; es fanden sich im gesamten Korpus nur wenige Gegenbeispiele wie das folgende:

380 FT,Anfang: "***Elargissez*** *votre regard,* ***ne reculez plus*** *devant tout ce qui est tout près!(...)*"
(Vivitar, objectifs de photo; NO, 3.12.79, 156)

Zwischen den beiden Imperativen besteht in der Regel eine mehr oder weniger deutliche inhaltliche Ähnlichkeit, die bis zur Synonymie gehen kann; sie gehören daher zur großen Gruppe der Gleichsetzungs-Imperative.[1]

Der einfachste und wohl zugleich häufigste Typ der Imperativreihung besteht in der asyndetischen Abfolge mehrerer Imperative. Dieses repetitive Prinzip der Textstrukturierung ist für bestimmte Textsorten wie Kochrezepte, Gebrauchsanweisungen, Bauanleitungen usw. konstitutiv. Da diese zugleich zu den nicht-werblichen Textsorten gehören, die am häufigsten in Werbeanzeigen verwendet werden, finden sich hier zahlreiche Beispiele:

381 FT: "*Champignons de Paris frais /* ***nettoyez****-les soigneusement à l'eau vinaigrée (...)* ***Egouttez****-les.* ***Coupez****-les en lamelles.(...) /*
Champignons de Paris en boîte: ***égouttez****-les et* ***faites****-leur rendre l'eau à feu moyen.* ***Disposez*** *vos champignons sur un plat allant au four et* ***parsemez****-les de rondelles d'oignon et de persil haché.* ***Salez, poivrez. Ajoutez*** *le bouquet garni et les quartiers de citron.* ***Posez*** *votre poisson sur cette couche de champignons.* ***Arrosez*** *de vin blanc et d'huile.* ***Faites*** *cuire à four moyen pendant 45 mn(...)*"
(Abb. 10)

Es handelt sich hierbei um sukzessiv zu realisierende Handlungen, die sich innerhalb des gleichen situativen Rahmens Sit_2 bewegen. Dieser Realisierungsrahmen wird durch die Headline umrissen:

HL: "***Faites****-en un plat.*"

Diese Imperative lassen sich durch die anreihende Koordinations-Konjunktion "et" miteinander verbinden.

In ähnlicher additiver Verknüpfung stehen auch werbetypischere Imperative:

382 SL: "***Téléphonez. Signez.*** *Et* ***prenez*** *le volant.*"
(Hertz, location des voitures; Exp, 4.10.76, 83)

383 HL: "***Regardez*** *les autres. /* ***Regardez*** *la nôtre.*"
FT: "*(...)* ***Essayez*** *les autres.* ***Essayez*** *la nôtre.(...)*"
(Simca, voitures; NO, 2.5.77, 110/111)

---

[1] Wir kommen auf diesen Typ der Imperativ-Reihung in Kap. 3.4.3. ausführlicher zurück.

384 FT: *"(...) **Cadrez** dans le large viseur, **choisissez** le diaphragme, **faites** la mise au point et **'shootez'** l'esprit en paix. Le Nikon est doté de quelques astucieux garde-fous à l'intention du génie distrait que vous êtes parfois.(...)"*
(Nikon, appareils de photo; NO, 3.12.79, 130/131)

Auch in diesem Fall sind die Imperative auf eine gemeinsame Rahmensituation bezogen, wobei die Realisierungs-Situationen Sit_2 der einzelnen Imperative in zeitlicher Aufeinanderfolge zu denken sind. Dieser Typ der Imperativreihung ist überwiegend im Fließtext zu finden. Da er die Manifestation der (syntaktischen) Repetition par excellence ist, ist es nicht erstaunlich, daß gerade hier besonders viele rhetorische Wiederholungsfiguren wie Parallelismus, Epipher, Variatio, Asyndeton, Anapher, Epanalepse, Polysyndeton, Dreierfigur zu finden sind.

Weitere Beispiele:

385 FT: *"(...) **Partez** à la découverte de la Grèce et des Grecs aujourd'hui. **Partez** maintenant. Le printemps grec est précoce. (...)"*
(Grèce, tourisme; NO, 9.2.81, 35)

386 FT,Anfang: *"**Comparez** les prix Cita, **comparez** les avantages offerts par le Certificat Tapis d'Or et vous serez assuré d'acheter votre tapis d'Orient dans les meilleures conditions.(...)"*
(Cita, tapis; NO, 31.3.80, 117)

387 HL: *"**Changez** de rythme. **Changez** de siècle."*
(Air France, compagnie aérienne; NO, 7.2.77, 72)

388 1.HL: *"**Faites** le test de la chaise avec la GSA."*
2.HL: *"**Faites** le test de la chaise avec d'autres."*
(Citroën, voitures; Pt, 12.10.81, 16/17)

Darüber hinaus eignet sich die Imperativreihe auch für inhaltliche Figuren wie die Klimax; ferner finden sich Formen der figura etymologica. Häufig gehören die Verben dem gleichen Wortfeld an. Schließlich lassen sich poetische Formen wie die Verknüpfung von Sätzen durch den Reim wegen der beim Imperativ stets gleichen Endung "-ez" leicht unterbringen, wenn gesichert ist, daß der satztragende Imperativ zugleich das Satzende darstellt (etwa durch okkasionelle Valenzverminderung, vgl. oben Kap. 3.4.1.). Durch diese rhetorischen und poetischen Gestaltungsprinzipien gelingt es, selbst weit voneinander entfernte Textteile miteinander zu verknüpfen: die Headline mit dem Fließtext-Anfang oder dem Fließtext-Ende, die Headline mit dem Slogan, das Fließtext-Ende mit dem Slogan - um nur die häufigsten Formen zu nennen. Die Textkohäsion der gesamten Anzeige kann also gerade durch das Zusammenspiel von Imperativ und rhetorischen Figuren wesentlich erhöht werden.

Beispiele:

389 HL: *"**Apprenez** l'hiver."*
FT,Ende: *"(...) Cette année, **Sachez** maîtriser vos réflexes et maîtrisez l'hiver."*
(Esso/Peugeot, école de conduite sur glace; NO, 15.1.79, 14)

390 1.HL: *"**soyez** à l'heure!"*

2.HL: "*avec Citizen* **soyez** *à l'heure de votre temps*"
(Citizen, montres; NO, 23.3.80, 7)

391 HL: "*Trains autos couchettes /* **Faites** *le plein d'économies!*"
FT,Anfang: "**Economisez** *votre énergie,* **oubliez** *les bouchons et la fatigue.* **Economisez** *votre temps: en train autos couchettes, c'est une journée gagnée sur votre séjour.(...)*"
(SNCF, chemins de fer; NO, 1.6.81, 18)

Neben der anreihenden Form kommt auch die Imperativreihung mit alternativer Verknüpfung vor. Diese wird oft durch ein koordinierendes "ou" zwischen allen Imperativen oder zwischen den letzten beiden Imperativen der Reihe explizit gemacht; doch auch hier kann es fehlen:

Beispiele:

392 HL: "**Achetez** *ou* **louez** *en montagne*"
(A. Degoney et Cie, immobilier; ME, Dez. 77, 70)

393 hors texte: "**Demandez** *notre coffret Propil-at-home à votre esthéticienne ou* **découpez** *le bon ci-contre et l'envoyer à (...)*"
(Propil-at-home, soins corporels; E, 25.4.77, 165)

394 Coupon: "**Envoyez** *ce coupon au Tourisme Irlandais (...) ou* **venez** *nous voir (...) ou* **téléphonez** *au (...)*"
(Office du Tourisme Irlandais; Exp, 12.4.76, 21)

395 HL: "**Préparez** *un vrai curry à l'indienne,* **maquillez-vous** *'Japon',* **jouez** *au Bagh-Bandi,* **sortez** *en sari,* **élevez** *un Bonsai,* **ensoleillez** *toute votre maison,* **lisez...**"
(Pier Import, magasin; NO, 24.3.80, 129)

In vielen Fällen fehlt, wie im letzten Beispiel, die Verknüpfungskonjunktion, so daß gar nicht zu entscheiden ist, ob eine additive oder eine alternative Verknüpfung vorliegt - die dadurch entstehende Mehrdeutigkeit wird oft auch nicht durch den Kontext aufgelöst. Im Gegensatz zu nicht-werblichen Texten, wo es entscheidend wichtig sein kann, welcher Verknüpfungstyp vorliegt - man denke etwa an Gesetzestexte! -, scheint sich in den hier vorliegenden Reihungen die Aussage gar nicht wesentlich zu verändern; "et" und "ou" sind in vielen Kontexten praktisch austauschbar:

396 Kleine FTe: "*(...)* **Jouez** *à la dînette, à deux, une semaine (...)*
(...) A vous le Shannon, le fleuve d'Irlande (...)
Abordez *les rives,* **explorez** *les îles,* **vivez** *de votre pêche, le capitaine, c'est vous.(...)*"
(Aer Lingus, transports aériens; NO, 2.5.77, 71)

397 FT: "*(...) Découvrez les qualités du couple de son moteur 800 cm³ (...)A l'arrêt déjà, l'ensemble est saisissant. Mais c'est en faisant corps avec la machine que l'on découvre les plus grandes sensations.* **Accélérez, virez, balancez**-*la,* **enchaînez** *les S,* **freinez** *fort... Tout semble possible avec la R 80 G/S.(...)*"
(BMW, moto; NO, 22.6.81, 38/39)

Daß diese Mehrdeutigkeit nicht als störend empfunden wird, dürfte erstens daran liegen, daß die Realisations-Situationen Sit_2 der Imperative ohnehin nur potentiell reale, also zum Zeitpunkt der Äußerungs-Situation Sit_1 virtuelle Situationen sind, bei deren gedanklicher Evokation die spätere Form der Realisierung - also ob alternativ oder additiv - sekundär ist. Im Falle des Texttyps "Werbung" kommt hinzu, daß vom Text keinerlei Verpflichtung für den Leser ausgeht. Es ist daher kaum sinnvoll, diese Imperative als unmittelbare Realisationen von direktiven Sprechhandlungen zu betrachten, sondern vielmehr als Angebot, sich gedanklich mit dem Inhalt der Aussage zu beschäftigen. Ein großer Teil der Imperative gerade im Fließtext läßt sich als Spezifizierung innerhalb eines im Text vorhandenen oder denkbaren Rahmen-Imperativs "imaginez" verstehen, was die Virtualität der Bezugs-Situationen für diese Imperative sehr deutlich macht. Während "imaginez" sich auf die Rezeptionsphase der Anzeige bezieht[1] und insofern als direktive Sprechhandlung des Typs "Vorschlag", also eine Aufforderungshandlung sehr geringen Verbindlichkeitsgrades, fungiert, beziehen sich die nachfolgenden, zu einer Imperativreihe verbundenen Imperative oft auf die spätere Konsum-Situation.[2] Hier kann nicht von einer Aufforderungshandlung gesprochen werden, da die Voraussetzungsbedingungen für die Realisierung der Handlungen, die durch die Imperative bezeichnet werden, (noch) nicht gegeben sind.

Während bei den beiden Imperativreihen mit additiver oder alternativer Beziehung die Zahl der beteiligten Imperative offen und die inhaltliche Relation zwischen ihnen relativ beliebig ist, kommen wir nun zu zweigliedrigen Imperativreihen, die in ihrem inhaltlichen Bezug an die oben beschriebenen Imperativ-Hypotaxen erinnern. Bei den folgenden Imperativpaaren besteht zwischen den beiden Gliedern eine latent finale Relation, wie die Paraphrasierung durch eine Hypotaxe mit finaler Infinitivgruppe zeigt:

398 HL: *"**Pédalez** léger, **pédalez** Raleigh."*
(Raleigh, vélos; Tm, 10.6.83, 14)

Diesem Imperativpaar entspricht die Hypotaxe "Pour pédaler léger, pédalez Raleigh". Ähnlich sind die folgenden Beispiele strukturiert:

399 SL: *"**Rayonnez. Soyez** en forme. **Prenez** Profile."*
(Profile, produit d'amaigrissement; Tm, 16.6.83, 150)

Vgl.: "Pour rayonner, pour être en forme, prenez Profile."

400 hors texte: *"**Tournez** la page et **gagnez** une Honda Goldwing 1000 cm³."*
(Rivesaltes, vins; E, 1.11.76, 86/87/89)

Vgl.: "Pour gagner une Honda Goldwing 1000 cm³, tournez la page."

---

1 Vgl. Kap. 3.5.1.

2 Vgl. Kap. 3.5.4.

401 FT,Ende: *"(...) Parlez-en à votre concessionnaire Ford. Et* ***roulez*** *tranquille pendant 3 ans:* ***Roulez*** *en Longue Durée Ford."*
(Ford, voitures; NO, 1.6.81, 105)

Vgl.: "Pour rouler tranquille pendant 3 ans, roulez en Longue Durée Ford."

402 FT-Überschrift: *"**Changez** de route. **Essayez** Matra."*
(Matra Simca, voitures; CA, März 71, 114)

Vgl.: "Pour changer de route, essayez Matra."

403 SL: *"**Filmez** facile, **Filmez** Eumig"*
(Eumig, caméras; NO, 2.5.77, 19)

Vgl.: "Pour filmer facile, filmez Eumig."

Nun ist die finale Paraphrase aber keineswegs die einzig mögliche; häufig scheint auch die konditionale Relation die dominierende zu sein, wie eine Umschreibung mit der Struktur "si vous voulez a, faites b" deutlich macht. Der als letztes aufgeführte Slogan läßt sich demnach bei konditionaler Interpretation wie folgt paraphrasieren: "Si vous voulez filmer facile, filmez Eumig."
Entsprechend lassen sich auch die anderen oben aufgeführten Imperativpaare durch ein Konditionalgefüge substituieren.
Schließlich bietet sich in vielen Fällen ein dritter Entfaltungstyp an, bei dem einer der beiden Imperative durch eine Gérondif-Konstruktion wiedergegeben wird. Der Eumig-Slogan hat demnach eine dritte Paraphrase-Möglichkeit: "En filmant Eumig, vous filmez facile" oder auch - unter Beibehaltung der ursprünglichen Abfolge im Satz - "Vous filmez facile en filmant Eumig."

Nun ist es nicht so, daß alle drei Paraphrase-Möglichkeiten bei jedem Imperativpaar mit latenter Subordinations-Relation gleich angemessen wären; eine Reihe von Parametern wie die semantische Struktur des Verbs, der sprachliche und visuelle Kontext, der Argumentationstyp der Anzeige und ähnliches legen jeweils unterschiedliche Paraphrasen nahe. Dennoch scheint gerade der letztgenannte Typ, die Gérondif-Konstruktion, auf besonders viele Imperativpaare anwendbar zu sein. Das mag daran liegen, daß er ja, wie die Gérondif-Hypotaxe zeigte, die Form mit den unterschiedlichsten inhaltlichen Entfaltungsmöglichkeiten war;[1] auch in unserem Fall würde der Ersatz eines Imperativs durch den Gérondif also noch nicht notwendigerweise die offensichtlich gegebene inhaltliche Ambiguität des Imperativpaars reduzieren. Trotz seiner Mehrdeutigkeit hat der Gérondif aber auch eine Grundfunktion, nämlich die modale, die bei einer Reihe von Imperativen zum Zuge kommt.
Beispiele:

404 1.HL: *"**Réussissez** toute votre isolation."*

---

[1] Vgl. oben S. 203

2.HL: ***Suivez** le Plan Styrofam."*
(Styrofam, isolation de maisons; Tm, 5.5.83, 27)

Vgl.: "Réussissez toute votre isolation en suivant le Plan Styrofam."

405 HL: *"**Snobez** le temps. **Portez** une Longines."*
FT,Ende: *"(...) Alors, **snobez** le temps, **portez** une Longines."*
(Longines, montres; NO, 1.6.81, 57)

Vgl.: "Snobez le temps en portant une Longines."

Die besondere Struktur dieser Imperativpaare liegt darin, daß zwischen den beiden Imperativen eine inhaltliche Äquivalenz hergestellt wird. Es handelt sich hier um G l e i c h s e t z u n g s - I m p e r a t i v e. Diese Eigenschaft wird durch einen anderen Paraphrase-Typ sichtbar: Die Gleichsetzungs-Imperative sind Ausdruck einer Behauptung der Struktur "Faire a, cela veut dire faire b", "faire a égale à faire b" oder, um den personaldeiktischen Adressatenbezug der Imperativ-Konstruktion zu erhalten: "en faisant a, vous faites b".

Beispiele:

406 FT: *"(...)votre buste (...) Alors, **préservez** sa fermeté et sa jeunesse. **Utilisez** le traitement Buste de René Guinot (...)"*
(René Guinot, traitement de buste; E, 25.4.77, 68)

Vgl.: "En utilisant le traitement Buste de René Guinot, vous préservez/pouvez préserver sa fermeté et sa jeunesse".

407 HL: *"**Changez** de clavier! **Evadez-vous.**"*
(Piano Center, piano; NO, 2.5.77, 138)

Vgl.: "En changeant de clavier, vous vous évadez" bzw. "En changeant de clavier, vous pouvez vous évader".

408 SL: *"**Gagnez** du temps: **voyagez** de nuit en voiture-lit."*
(SNCF, TEN-Trans-Euro-Nuit; NO, 23.10.78, 108)

Vgl.: "En voyageant de nuit en voiture-lit, vous gagnez/pouvez gagner du temps".

409 FT,Ende: *"(...) **Investissez** et **profitez** de l'un des plus beaux sites du monde."*
(Lafont et Cie., immobilier; NO, 14.11.77, 35)

Vgl.: "En investissant (ici/avec nous), vous profitez/pouvez profiter de l'un des plus beaux sites du monde".

410 HL: *"**Prenez** le N° 1 vers la Floride / **Prenez** le soleil."*
(National Airlines, transports aériens; NO, 6.11.78, 5)

Vgl.: "En prenant le N° 1 vers la Floride, vous prenez le soleil."

411 FT,Ende: *"(...) **Soyez** prévoyants, **renseignez-vous** auprès des Banques Populaires ou du Crédit Mutuel (...)"*
(Eurochèque, carte de crédit; NO, 2.5.77, 30/31)

Vgl.: "En vous renseignant auprès des Banques Populaires (...), vous êtes prévoyants".

Wie die Beispiele zeigen, wird dieses Imperativpaar vor allem im Fließtext und im Slogan verwendet; es ist, soweit aus unserem Korpus ersichtlich, typisch für argumentative Textstrategien.

Ein letztes Beispiel mag zeigen, daß durch den Gleichsetzungs-Imperativ auch rhetorische Figuren, hier das Paradoxon, realisiert werden; es steht wegen seines hohen Auffälligkeitswertes in der Headline:

412 HL: *"**Soyez** prudents: **accélérez.**"*
(VW, voitures; NO, 4.10.76, 12)

Vgl.: "En accélérant, vous êtes prudents" oder "En accélérant, vous vous montrez prudents".

Der anschließende Fließtext löst dann die scheinbar dem Bon sens-Urteil widersprechende Behauptung auf: Er hebt darauf ab, daß eine schnelle Beschleunigung die Überholstrecke verkürzt und somit zur Fahrsicherheit beiträgt.

Nachdem die Abfolge von Imperativsätzen hier ausführlicher dargestellt worden ist, sollen im folgenden einige weitere satzübergreifende Bezüge des Imperativs zusammengestellt werden.

Satzpaar Fragesatz - Imperativsatz

Die Abfolge von Fragesatz und Imperativsatz ist in den hier untersuchten Texten auffällig häufig. Es handelt sich stets um eine Entscheidungsfrage, bei der eine bejahende Antwort erwartbar ist; beide, die rhetorische Frage und die im Text nicht realisierte positive Antwort, bilden die argumentative Basis für den nachfolgenden Imperativ. Die Frage oder die - unterstellte - positive Antwort läßt sich durch einen Gliedsatz wiedergeben, wobei eine konditionale Beziehung zwischen ihr und dem Imperativ sichtbar wird.

Beispiele:

413 HL: *"vous voulez vous sentir radieuse? / **Surveillez** votre alimentation!"*
(Nutricia, produit d'amaigrissement; Tm, 16.6.83, 150)

Vgl.: "Si vous voulez vous sentir radieuse, surveillez votre alimentation!" oder "Vous voulez vous sentir radieuse? S'il en est ainsi, surveillez votre alimentation!"

414 FT: *"(...) Le soleil brille? **Allez** vous promener en famille, vous regarderez les sports au retour.(...)"*
(Continental Edison, vidéo; NO, 6.11.78, 15)

Vgl.: "Si le soleil brille, allez vous promener en famille (...)"

415 FT-Überschrift: *"Voulez-vous prendre soin de votre voiture? Alors, **essayez** Motorcraft - C'est une grande marque de pièces de rechange (...)"*
(Motorcraft, pièces de rechange de voitures; NO, 2.5.77, 114)

416 FT: *"(...) Vous vous posez des questions sur l'entretien et l'équipement de votre voiture? N'**hésitez** pas à faire appel au Compagnon de la Nuit Esso.(...)"*
(RTL/Esso, radio/essence; NO, 9.7.79, 213)

417 FT,Ende: *"(...) Cela vous tente? **Jetez**-vous donc à l'eau!*
(Joannès, chauffe-eau solaires; NO, 14.4.80, 29)

Es fällt auf, daß es sich dabei überwiegend um Intonationsfragen handelt, also eine typisch sprechsprachliche Frageform, wobei auch hier wieder die Zeichensetzung (Fragezeichen) die fehlende Prosodie ersetzt. Auch die für die mündliche Kommunikation typische verkürzte Frage kommt öfter vor:

418 FT: *"Une petite lessive à faire?* ***Enclenchez*** *la touche 1/2.(...) Vous lavez du linge délicat?* ***Choisissez*** *un des 4 programmes spéciaux avec rinçage amélioré. (...) Ne vous* ***tracassez*** *donc plus pour essayer de faire des économies de bouts de chandelles. Les chouchoute-linge Bosch sont des économes nés."*
(Bosch, machine à laver; Tm, 16.6.83, 28)

419 FT,Ende: *"(...) Intéressé?* ***Postez*** *aujourd'hui le coupon ci-dessous!"*
(Evinrude, moteurs hors-bord; Tm, 17.3.83, 133)

420 FT,Anfang: *"A court de cigarettes?* ***Gardez*** *votre sang-froid.(...)"*
(Esso Shop; Tm, 20.5.83, 179)

Satzpaar Imperativsatz - Aussagesatz

Daß der Verknüpfung von Imperativsatz und nachfolgendem Aussagesatz eine latente Konditionalbeziehung zugrunde liegen kann, ist stets gesehen worden.[1]
In unserem Material sind Satzpaare dieses Typs außerordentlich häufig; der Imperativ kann dabei stets durch einen konditionalen Gliedsatz substituiert werden.

Beispiele:

421 HL: *"****Donnez****-nous 20 jours, nous vous donnerons l'éclat d'une peau neuve."*
(Elizabeth Arden, cosmétique; E, 25.4.77, 145)

Vgl.: "Si vous nous donnez 20 jours, nous vous donnerons l'éclat d'une peau neuve."

422 HL: *"****Donnez****-nous 1 minute, nous vous donnerons une journée de fraîcheur."*
(Elizabeth Arden, cosmétique; Vo, Okt. 76, 95)

423 FT,Ende: *"(...)* ***Venez*** *chez MD, vous découvrirez les formules dont vous rêvez."*
(MD, meubles; NO, 23.10.78, 14/15)

424 FT: *"(...)* ***Soupesez*** *Alkaline. Vous aurez déjà une petite idée de sa puissance.(...)"*
(Alkaline, pile; NO, 14.11.77, 20/21)

425 FT,Ende: *"(...)* ***Envoyez****-nous votre carte de visite, nous vous ferons parvenir une documentation complète."*
(Meribel Altiport, immobilier; Exp, 27.6.77, 75)

426 FT: *"(...)* ***Consultez*** *la brochure Allibert, les prix vous étonneront.(...)"*
(Allibert, équipement de salle de bains; NO, 6.11.78, 146/147)

Wie die Beispiele zeigen, steht die flektierte Verbform des auf den Imperativsatz folgenden Aussagesatzes oft im Futur; allerdings ist auch ein futurisches Präsens

---

1 So weist etwa Weinrich 1982:219 darauf hin, daß "der Imperativ in einer Konditional-Junktion die (annehmbare) Bedingung ausdrücken und insofern ein Adjunkt mit der Konjunktion 'si' (...) vertreten kann".

nicht selten:

427 FT: *"(...) Faites ce test. Les basses:* ***écoutez*** *la grosse caisse, vous entendez la peau vibrer avec du volume.(...)"*
(Advent, enceintes; NO, 14.11.77, 106)

428 FT: *"(...)* ***Appuyez*** *sur une touche, et la Rank Xerox 800 le restitue à la vitesse de 30 caractères/seconde(...)"*
(Rank Xerox, machine à écrire; NO, 2.5.77, 18)

In allen genannten Fällen bezieht sich der Aussagesatz auf eine Situation, die zeitlich auf die Realisations-Situation Sit_2 des Imperativs folgt; da diese immer, vom Augenblick der Äußerungs-Situation aus gesehen, eine zukünftige ist, kann hier auch im Aussagesatz kein anderes Tempus vorkommen. In Ausnahmefällen findet sich ein conditionnel, so im folgenden Beispiel nach einem negierten Imperativ:

429 FT: *"(...) Commerçants, votre avenir est ici (...) N'****hésitez*** *pas, vous risqueriez de dire demain 'si j'avais su...'"*
(Cogédim, immobilier; Pt, 5.10.81, 62)

Hier muß die Paraphrase lauten:

"Si vous hésitiez, vous risqueriez de dire demain 'si j'avais su...'".

Die Abgrenzung gegen temporale Beziehungen zwischen dem Imperativ und dem nachfolgenden Aussagesatz ist oft nicht möglich:

430 SL: *"****Occupez-vous*** *de vos affaires. Nous nous occupons de vous."*
(Abb. 21)

431 FT,Anfang: *"****Effleurez*** *une touche de la commande à distance et le Beocenter 7000 vous restitue la musique d'un disque.(...)"*
(Bang & Olufsen, hi-fi; NO, 13.10.80, 133)

Vgl.:"Après avoir effleuré une touche de la commande à distance, le Beocenter 7000 vous restitue la musique d'un disque."

Auf eine andere Möglichkeit, diese Satzfolge inhaltlich zu entfalten, muß in diesem Zusammenhang hingewiesen werden: Zwischen dem Imperativ und dem Aussagesatz kann "vous verrez que" oder "vous constaterez que" eingeschoben werden. Dabei wird eine inhaltliche Beziehung sichtbar: Die Struktur ordnet sich dem Argumentations-Schema "Behauptung-Beweis" unter, wobei der Leser selbst als fiktiver Zeuge für die Richtigkeit der Behauptung aufgerufen wird. Auch diese Struktur ist wie alle anderen, die hier als Paraphrase-Möglichkeit herangezogen werden, selbst vielfach in unserem Korpus belegt - vgl.:

432 FT: *"(...)* ***Mesurez*** *l'espace et* ***vous verrez qu'****à surface ègale nos prix restent raisonnables(...)"*
(Arcs, immobilier; NO, 13.10.80, 14)

433 FT: *"(...) Pour des prix qui vous étonneront,* ***essayez*** *l'Angleterre.* ***Vous verrez,*** *c'est bon de ne pas faire comme tout le monde.(...)"*
(Office Britannique de Tourisme; NO, 3.3.80, 61)

434 FT,Anfang: "***Etalez*** *Planta Fin sur du pain ou des biscottes.* ***Vous verrez*** *comme il est facile à tartiner.(...)"*
(Planta Fin, margarine; MT, Nov. 76, 190/191)

435 FT,Ende: *"(...)* ***Utilisez*** *dès aujourd'hui Bio-Clear et* ***vous verrez que*** *tout ira mieux! Et ce n'est pas une simple promesse."*
(Helena Rubinstein, cosmétique; E, 25.4.77, 31)

436 FT: *"(...) Et* ***comparez*** *leur prix.* ***Vous verrez qu****'une machine à coudre peut être belle (...)"*
(Omnia M 12, machine à coudre; MMC, April 77, 8/9)

437 FT: *"(...)* ***demandez*** *les lampes Claude Krypton.* ***Vous constaterez que*** *les lampes Claude Krypton donnent une lumière plus blanche(...)"*
(Krypton, ampoules; Pt, 4.11.74, 84/85)

438 FT: *"(...)* ***examinez*** *de près ce lave-vaisselle et* ***vous comprendez*** *pourquoi (...)"*
(Brandt, lave-vaisselle; E, 9.5.77, 65)

439 FT: *"(...) Cette année nous avons amélioré son confort.* ***Asseyez-vous*** *dans les sièges et* ***vous comprendrez****.(...)"*
(Autobianchi, automobiles; MCl, Mai 76, 253)

Im folgenden Beispiel geht der Objektsatz dem Imperativ voran; das Verb 'voir' erscheint mit verminderter Textvalenz:

440 SL: *"Chipster, c'est tout de même autre chose.* ***Essayez, vous verrez.****"*
(Chipster, biscuits salés; MMC, Aug. 73, 69)

Das Verb kann allerdings auch auf eine umfangreichere Textpassage zurückverweisen:

441 FT,Ende: *"(...)* ***Venez*** *avec nous,* ***vous verrez.****"*
(Abb. 2)

Eine ähnliche Struktur wie in den bisher aufgeführten Beispielen liegt den folgenden Satzpaaren zugrunde, ohne daß "vous verrez" explizit im Text vorkommt:

442 FT,Anfang: "***Regardez*** *sa ligne, elle est contemporaine comme ses couleurs l'Ambre et le Créole.(...)"*
(Vereco, vaisselle en verre; MCl, Okt. 76, 145)

443 FT: "***Regardez.*** *Et puis* ***goûtez.*** *C'est un délice.(...)"*
(La Roche aux Fées, dessert; E, 25.4.77, 134)

444 FT: *"(...) Cet hiver,* ***abandonnez*** *le froid, la pluie,* ***abandonnez*** *l'hiver, et* ***venez*** *au Maroc. Vous y trouverez des paysages extraordinaires (...)"*
(Office du Tourisme Marocain; R, Jan. 71, 84)

445 FT,Ende: *"(...)* ***Essayez*** *vite le feutre pointe Hi-Fi, il vous réconciliera avec les feutres."*
(Reynolds, feutre; Exp, 12.4.76, 112)

446 FT,Ende: "***Utilisez*** *chaque jour Teelak et vos dents retrouveront leur blancheur naturelle."*
(Teelak, dentifrice; Exp, 4.10.76, 48)

447 FT,Anfang: "***Regardez*** *les vêtements de vos compagnons de voyage... Ils sont fatigués, tristes, fripés, alors que votre complet Karting, lui, est resté impeccable."*
(Karting, vêtements; NO, 29.4.78, 96/97)

448 HL: "***Venez*** *et* ***vérifiez****: Cuir Center est moins cher"*
(Cuir Center, maroquinerie; NO, 14.11.77, 34)

449 SL: "**Découvrez** *l'Amérique, elle n'est pas celle que vous croyez."*
(Office du Tourisme des Etats Unis; NO. 29.4.78, 103)

450 FT: *"(...)* **Prenez** *le zoom Komura 90/250 par exemple, il ne sacrifie pas à la mode du compact à tout prix.(...)"*
(Komura, objectifs; NO, 6.11.78, 142/143)

451 FT,Anfang: *"Audi 80 GLS.* **Placez** *une Audi 80 face à d'autres voitures de sa catégorie. Elle attire les regards.(...)"*
(Audi, voitures; NO, 22.10.79, 24/25)

452 FT,Ende: *"(...)* **mettez**-*la à l'épreuve, elle a autant de puissance que d'endurance."*
(Alkaline Wonder, piles; NO, 6.11.78, 122)

453 HL: "**Achetez** *un Ricoh / vous pourrez vous offrir un objectif... / ... en plus"*
(Ricoh, appareil de photo; Ph, April 73, 13)

Auch bei diesen Beispielen bleibt der konditionale oder ggf. temporale Bezug erhalten, wie die Paraphrase-Möglichkeiten des folgenden Beispiels zeigen:

454 FT,Anfang: "**Regardez** *la ligne Graph, elle ne doit rien au hasard.(...)"*
(Habitat, magasins de meubles; NO, 6.11.78, 120/121)

Vgl.: "Regardez la ligne Graph, (et vous verrez qu') elle ne doit rien au hasard."
"Si vous regardez la ligne Graph, vous verrez qu'elle ne doit rien au hasard."
"Au moment où / Quand vous regardez la ligne Graph, vous verrez qu'elle ne doit rien au hasard."

Auch die Gérondif-Konstruktion ist hier als Paraphrase möglich, wobei zusätzlich ein modaler Bezug zwischen Imperativ und Aussagesatz hergestellt wird:

"En regardant la ligne Graph, vous verrez qu'elle ne doit rien au hasard."

Mit den bislang aufgeführten Typen latenter Subordination sind die Möglichkeiten allerdings keineswegs erschöpft.

Abschließend sei noch kurz auf die Kausalrelation hingewiesen, die zwischen dem Imperativ und dem nachfolgenden Aussagesatz bestehen kann; im Gegensatz zu den bisher erwähnten Fällen bleibt in der Paraphrase der Imperativ erhalten, und der Anschlußsatz fungiert als Begründung für die vorangehende Aufforderung:

455 HL: "**Dormez** *sans ressorts, ça donne du ressort."*
(Lattoflex, lits; Exp, 8.10.82, 120)

Vgl.: "Dormez sans ressorts, parce que ça donne du ressort."

456 FT,Ende: *(...)* **Interrogez** *votre pharmacien. Il sait, lui aussi. Et c'est quelqu'un de bon conseil."*
(Gyno Test, test de grossesse; Tm, 10.6.83, 137)

Vgl.: "Interrogez votre pharmacien, puisqu'il sait, lui aussi."

457 FT: *"(...)* **Courrez** *vite chercher votre pointure, elle n'est produite qu'en série limitée.(...)"*
(Renault 4, voiture; NO, 1.6.81, 24/25)

Vgl.: "Courrez vite chercher votre pointure, car elle n'est produite qu'en série limitée."

458 HL: "*Week-end à Amsterdam. Promenez-vous en bateau. Et* ***faites attention*** *à votre tête. Il y a 636 ponts.*"
(KLM, transports aériens; NO, 22.1.79, 89)

459 FT,Ende: "*(...) Un autre verre plus corsé?* ***Dosez****-le vous-même. On est jamais si bien servi que par soi-même...*"
(Old Nick, indian tonic; R, Juni 72, 44)

Satzpaar Aussagesatz - Imperativsatz

Die gleichen Relationen, die wir bisher schon sowohl bei der expliziten wie bei der latenten Subordinationsbeziehung haben feststellen können, können auch zwischen Aussagesatz und anschließendem Imperativsatz bestehen. Oft handelt es sich um Angaben über einen Zustand oder eine gegebene Situation, aus der Handlungsaufforderungen abgeleitet werden.

<u>Beispiele:</u>

460 SL: "*Votre Déléguée Avon est quelqu'un de précieux.* ***Faites****-lui bon accueil.*"
(Abb. 1)

461 hors texte: "*Les Collections d'Eté sont arrivées chez votre chausseur.* ***Venez*** *vite les* ***voir****.*"
(Werbegemeinschaft "chausseurs"; E, 9.5.77, 130)

462 HL: "*Le cuir vous protège.* ***Protégez****-le.*"
(Baranne, cirage; NO, 6.11.78, 37)

463 FT,Anfang: "*Au Crédit Agricole, nous nous méfions des solutions toutes faites.* ***Venez*** *nous* ***voir****.(...)*"
(Crédit Agricole, banque; NO, 20.11.78, 24)

In diesen Fällen wird eine Ausgangssituation, die im Aussagesatz ausgedrückt wird, als real gegeben hingestellt; das Verb steht daher stets im Indikativ Präsens. Diesen Konstruktionen entsprechen Nebensätze, die mit 'comme' oder 'puisque' eingeleitet werden; der anschließende Imperativsatz wird oft mit 'alors' oder 'donc' eingeleitet. Beides deutet auf eine sprachlich nicht explizit gemachte Kausalrelation zwischen den beiden Sätzen hin.

464 HL: "*Vous ne conduisez pas une voiture les yeux fermés.* ***Alors ouvrez*** *l'œil quand vous en achetez une.*"
(Toyota, voiture; NO, 20.10.80, 108/109)

Der Aussagesatz läßt sich durch einen kausalen Gliedsatz paraphrasieren:

Vgl.: "Puisque vous ne conduisez pas une voiture les yeux fermés, ouvrez (également) l'œil quand vous en achetez une."

<u>Weitere Beispiele:</u>

465 HL: "*On redécouvre les bienfaits des plantes.* ***Découvrez*** *ceux du tournesol.*"
(Fruit d'Or, margarine; E, 9.5.77, 156)

466 FT,Ende: "*(...) Metabo fait confiance à l'amateur,* ***faites confiance*** *à Metabo.*"
(Metabo, outillage; Tm, 5.5.83, 144)

467 1.HL: *"La mer c'est sérieux." /*
2.HL: ***Choisissez** des matériels sérieux."*
(Atoms, régulateur d'allure pour bateaux; VV, Mai 75, 91)

In anderen Fällen wird von einer Ausgangssituation als einer p o t e n t i e l l realen ausgegangen. Wenn der Aussagesatz ein personaldeiktisches Pronomen der 2.Person enthält, liegt es oft näher, eine konditionale oder temporale Beziehung anzunehmen.

Beispiele:

468 HL: *"Vous habitez une maison: **isolez-vous.**"*
(Agence pour les Economies d'Energie; Exp, 12.4.76, 10)

469 SL: *"Vous vous changez... **changez** de Kelton."*
(Kelton, montres; SIC, Mai 75, 112)

470 FT,Ende: *"(...) Vous aimez la nature au naturel. **Devenez** fidèle au naturel Agfa."*
(Agfa, pellicules; NO, 21.4.80, 136/137)

Durch die latente temporale oder kausale Bedeutungsbeziehung entsteht im nächsten Beispiel ein Paradoxon, das hier wie in vielen ähnlich strukturierten Anzeigen durch den Fließtext aufgelöst wird:

471 HL: *"vous voulez faire du bateau: **prenez** l'avion."*
(TAT, Touraine Air Transport, transports aériens; VV, Juni 75, 3)

Neben der latent und daher vieldeutig bleibenden Inhaltsbeziehung sind der Aussagesatz und der Imperativsatz oft auch zugleich durch textsyntaktische Bezüge miteinander verknüpft, wie das folgende Beispiel zeigt:

472 hors texte: *"le Pense-Cœur 1981 est paru. Il est gratuit. **Demandez**-le à votre bijoutier."*
(Werbegemeinschaft "Les Bijoutiers"; NO, 17.11.80, 81)

Im folgenden Beispiel kann das vorausgehende Nominalsyntagma sowohl einen verkürzten konditionalen Gliedsatz wie auch einen verkürzten Hauptsatz darstellen:

473 FT: *"(...) Un voyage d'affaires par la route(...): **Téléphonez** à Milleville.(...)"*
(Milleville, location de voitures; NO, 17.3.80, 124)

Vgl.: "(Si) vous prévoyez un voyage d'affaires par la route: téléphonez à Milleville."

Dieses abschließende Beispiel steht syntaktisch den Fällen nahe, wo dem Imperativ eine Nominalgruppe, oft der Name des Werbeobjekts oder der Herstellerfirma (vgl. oben Kap. 3.4.1., Ende), vorangeht. Diese Nominalgruppe kann als ausgegliederte und vorweggenommene Ergänzung des Imperativs fungieren, was besonders dann naheliegt, wenn das Nominalsyntagma die Rolle des direkten Objekts oder einer fakultativen Ergänzung des Mittels ("grâce à x", "avec x") erfüllt. In vielen Fällen läßt sich die Nominalgruppe aber auch als Verkürzung eines vorangehenden Haupt- oder Gliedsatzes erklären, wenn bestimmte kontextuelle Bedingungen erfüllt sind.

Abschließend sind hier noch einmal die häufigsten Strukturmuster von Imperativ-Einbettungen zusammengestellt. Fakultative Elemente stehen in runden Klammern; der Imperativ ist unabhängig von der jeweils möglichen Valenz-Struktur des Verbs durch 'FAITES' ersetzt.

A: Apostrophé

a, b: obligatorische oder fakultative Verbergänzung

x: Name des Werbeobjekts oder mit diesem referenzidentische Nominalgruppe

1. FAITES.

"Equipez."

2. (A) / FAITES a.

"Peaux sèches, n'ayez pas peur du bain."

3. FAITES x.

"Prenez Profile."

4. FAITES a (grâce à) / (avec) x.

"Exprimez-vous! Zoom Makinon."

(Grâce à) / (Avec) x / FAITES a.

"Avec Alitalia, sortez des sentiers battus."

Dès que / Quand / Après que a est donné / FAITES b.

"Quand tout augmente, consommez moins."

FAITES a / dès que / quand / après que b / est donné.

"Jouez quand c'est moins cher."

6. Puisque a est donné / FAITES b.

"Puisque vos chemises ont du succès, adoptez les sous-vêtements qui vont avec."

7. Pour faire a / FAITES b.

"Pour dépenser plus, consommez moins."

FAITES a / pour faire b.

"N'attendez pas demain pour acheter la moto d'aujourd'hui."

8. Si a est donné / FAITES b.

"Si votre patron vous propose une Marguerite, dites oui."

FAITES a / si b est donné.

"Dansez jusqu'à l'aube si le cœur vous en dit."

9. Sans faire a / FAITES b.

"Sans en faire une hantise, surveillez votre poids."

FAITES a / sans faire b.

"Eclairez-vous mieux sans consommer plus."

10. En faisant a / FAITES b.

"En parcourant les mots, découvrez le monde."

FAITES a / en faisant b.

"Voyez loin en participant au présent."

11. FAITES a / (et) FAITES b.

"Téléphonez. Signez. Et prenez le volant."

12. Ne FAITES pas a / FAITES b.

"Ne gaspillez pas votre essence / levez le pied"

13. FAITES a / (ou) FAITES b.

"Achetez ou louez en montagne."

14. FAITES a / (=) FAITES b(x).

"Pédalez léger, pédalez Raleigh."

15. FAITES a(x) / (et) b < est / sera > (donné).

"Utilisez chaque jour Teelak et vos dents retrouveront leur blancheur naturelle."

16. FAITES a / (et) nous ferons b.

"Donnez-nous 1 minute, nous vous donnerons une journée de fraîcheur."

17. FAITES a / (et) vous < serez / aurez / ferez > b.

"Soupesez Alkaline. Vous aurez déjà une petite idée de sa puissance."

18. FAITES a / (et) vous constaterez que b.

"Mesurez l'espace et vous verrez que nos prix restent raisonnables."

19. FAITES a / (car) b est (donné).

"Dormez sans ressorts, ça donne du ressort."

20. a est donné / (alors) / (donc) > FAITES b.

"Le cuir vous protège. Protégez-le."

21. a est donné? / (Alors) FAITES b.

"Le soleil brille? Allez vous promener en famille."

Wenn man die syntaktische Einbettung des Imperativs überblickt, so stellt man fest, daß bestimmte Umgebungen besonders häufig sind. Die konditionale und die finale Beziehung sind am wichtigsten; es folgt die durch den Gérondif ausgedrückte mo-

dale Beziehung. Die temporale ist ebenfalls gut vertreten. Dies ist weitgehend unabhängig davon, ob es sich um eine hypotaktische oder parataktische Einbettung des Imperativs in den Kontext handelt. Allerdings sind die Relationen in den verschiedenen Kontexten unterschiedlich explizit. Selbst bei den adverbialen Gliedsätzen oder den ihnen gleichwertigen Infinitiv-Konstruktionen, vor allem aber beim Gérondif ist bereits eine gewisse Mehrdeutigkeit gegeben, obwohl durch die einleitende Konjunktion bzw. Präposition der Relationstyp inhaltlich präzisiert wird. Bei koordinierender Hauptsatz-Reihung sind die latenten inhaltlichen Bezüge aber noch wesentlich vager, wie die vielfältigen Paraphrase-Möglichkeiten und die Überführbarkeit einer Konstruktion in eine andere bei weitgehender inhaltlicher Konstanz zeigten. Die inhaltliche Präzisierung der Relation durch Adverbien (car, ensuite, alors, mais) ist eher selten. Es handelt sich dabei um eine fakultative Zusatzinformation - im Gegensatz zur obligatorischen einleitenden Konjunktion bei den Adverbialsätzen.
Die Neigung der Werbesprache zu vagen und unbestimmten Aussagen mit geringem Explizitheitsgrad findet sich hier im syntaktischen Bereich auch hinsichtlich der einzelsatzüberschreitenden Bezüge bestätigt.

Ein weiteres Ergebnis ist für die Frage, inwieweit der Imperativ in der Werbung eine Aufforderungs-Handlung realisiert, wichtig. In zahlreichen Fällen hat sich gezeigt, daß der Imperativ als verkürzende Ausdrucksweise für Konditionalhypotaxen, aber auch Temporalhypotaxen fungierte; die Paraphrase-Möglichkeiten durch eine Aussagesatz-Gliedsatz-Hypotaxe machten dies deutlich. Schließlich schien der Imperativ in bestimmten Kontexten eher als Behauptung eines Sachverhalts denn als Aufforderung zu fungieren - vor allem dann, wenn der Inhalt des Imperativ-Satzes hyperbolisch, paradox, verrätselt war oder durch eine wortspielartige Struktur mehrere konkurrierende Lesarten möglich machte: Er fungierte dann als Aussage über bestimmte Voraussetzungs-Bedingungen. Diese sind, wenn sie in Form eines Imperativs geäußert werden, wesentlich schwerer zu identifizieren und zu widerlegen, als wenn dies in Form einer einfachen Aussage geschieht. Der Imperativ entzieht sich ja, wie an anderer Stelle ausgeführt, einer wahrheitswertfunktionalen Beschreibung.
Bereits aufgrund der hier behandelten syntaktischen Bedingungen erscheint es bedenklich, den Imperativ als Realisat direktiver Sprechhandlungen beschreiben zu wollen.

3.4.3. Zur Semantik des Imperativs

Im Zusammenhang mit der Beschreibung von Satz- und satzübergreifenden Bezügen des Imperativs zeigte sich bereits, daß dabei stets auch inhaltliche Kategorien mit-

zuberücksichtigen sind, um nicht auf der Ebene einer asemantisch-taxonomischen Auflistung von Satzstrukturen zu bleiben. Hier ist etwa an das Phänomen des Imperativpaares mit und ohne Satznegation zu erinnern, das in vielfältiger Ausprägung in dem hier untersuchten Material belegt ist. Daß zwischen beiden Imperativsätzen auch enge semantische Beziehungen bestehen und daß diese als Block eng mit der Gesamtaussage des Textes zusammenhängen, zeigte bereits die Tatsache, daß die Reihenfolge der Imperative stets gleich ist: So steht der positiv formulierte Imperativsatz stets an zweiter Stelle, und an ihn schließt sich die weitere Argumentation an, während der Vorgänger-Imperativ nur mittelbar an der Textkohärenz der Gesamtargumentation teilhat. (Vgl. S. 220, Nr. 12.). An anderer Stelle wurden Synonymie-Relationen zwischen den beiden Imperativsätzen sichtbar (S. 220, Nr. 14.), und bestimmte Regularitäten zwischen der Satznegation und morphologischen und semantischen Negationsmöglichkeiten sowohl des Imperativ-Verbs wie auch seiner obligatorischen und fakultativen Ergänzungen deuteten sich an.
Diese Beobachtungen sollen nun im folgenden vertieft werden. Wir werden uns dabei auf zwei ausgewählte semantische Gesichtspunkte beschränken: zum einen die Frage nach positiven und negativen Konnotationen auf Wort- und Satzebene, zum anderen auf die Frage nach dem Sem [+AGERE], wiederum sowohl auf der Wort- wie der Satzebene.

Die Werbung vermittelt in Bild, Ton und Sprache eine Atmosphäre des Optimismus und der Euphorie. Sie trifft sich in dieser Hinsicht mit gewissen Formen der Trivialliteratur, in der von der Wirklichkeit ein 'Heile Welt'-Bild entworfen wird. In der Werbesprache wird diese Darstellungs-Intention auf der semantischen Mikro-Ebene wesentlich durch das Vorherrschen von positiv konnotierten Lexemen realisiert. Diese ordnen sich, wie in anderem Zusammenhang bereits diskutiert (vgl. Kap. 2.2.2.), umfassenderen Argumentations-Strategien unter: nämlich vor allem der Sender-Aufwertung, der stets positiven Präsentation des Werbeobjekts und schließlich der adressatenaufwertenden Form der Leseransprache.
Darüber hinaus wird unterschwellig ein bestimmtes Weltbild suggeriert, das aus wenigen Eckpfeilern besteht: Die Welt ist schön, Du, Leser, kannst daran teilhaben; Du hast ein Problem, Du kannst es selbst lösen, denn es gibt kein Problem ohne Lösung; die Welt war schön, sie kann es wieder werden, wenn Du Dich in einer bestimmten Weise verhältst. Es versteht sich, daß der vorgeschlagene Lösungsweg stets über den Erwerb des Werbeobjekts führt, ohne daß dies immer explizit gesagt sein muß.

Der Imperativ hat im Rahmen dieser Argumentations-Strategie eine herausragende Rolle. Er ist eine sprachliche Form mit besonders ausgeprägtem Instruktions-Charakter; sie wirkt bereits unabhängig von ihrer semantischen Füllung tendenziell handlungsanweisend. Das zeigt sich u.a. daran, daß Imperative von Handlungsverben wesentlich häufiger sind als Imperative von Zustands- oder Vorgangs-Verben, obwohl diese, wie noch zu zeigen sein wird, durchaus vorkommen.

3.4.3.1. Positive Konnotationen

Neben der bereits in der Verbform angelegten Funktion der Aktivierung lassen sich an den Imperativ positive Konnotationen binden. Dies geschieht in erster Linie durch das positiv konnotierte Imperativ-Verb selbst.

Beispiele:

474 FT: "*(...) Découvrez le goût particulier de ces douces plantes qui rendent les bonbons Ricola inimitables et* ***régalez-vous*** *de leur bienfaisante fraîcheur.(...)*"
(Ricola, bonbons; TM, 24.2.83, 111)

475 FT,Ende: "*(...)alors,* ***Réjouissez-vous.***"
(Citroën, voitures; NO, 3.12.79, 132/133)

476 FT,Anfang: "**Accordez-vous** *un séjour enchanteur au Cala di Volpe, l'un des meilleurs hôtels du monde.(...)*"
(Hôtel Cala di Volpe; CA, Juli 71, 93)

477 HL: *Prisonnières de l'ombre,* ***libérez-vous.***"
(Bergasol, cosmétique/produit de bronzage; Tm, 10.6.83, 147)

478 HL: "***Facilitez****-vous la vie, Sofibanque vous facilite le crédit.*"
(Sofibanque, banque; Tm, 16.6.83, 33)

479 FT,Überschrift: "***Rendez****-vous la vie plus facile dans votre nouvelle cuisine*"
(Zeyko, cuisines; JM, April 74, 214)

Besonders häufig belegt sind die Imperative "Faites-vous plaisir" und "offrez-vous":

480 HL: "***Régalez-vous***"
1.FT: "*Ski, nature, histoire, gastronomie, casino:* ***régalez-vous.***"
3.FT: "*Dans l'une des 20 stations de cette vallée heureuse,* ***reposez-vous, cultivez-vous, amusez-vous...***"
5.FT: "***Faites-vous plaisir****: ce n'est pas pour rien que le parc de la vallée d'Aoste s'appelle le Grand Paradis.*"
(Val d'Aoste, tourisme; NO, 22.10.79, 72)

481 FT,Ende: "*(...) Alors,* ***faites-vous plaisir****, venez essayer une A 112 Abarth 7oCV. C'est le pied!*"
(Autobianchi, voitures; MCl, Mai 76, 253)

482 HL: "**Offrez-vous** *400 km de piste*"
(Inter-Résidences Tignes, immobilier; Pt, 12.10.81, 170)

483 FT,Ende: "*(...) Pour vos voyages d'affaires:* ***offrez-vous*** *la Classe Club. Une classe qui vous distingue des autres.(...)*"
(British Airways, compagnie aérienne; Pt, 19.10.81, 100)

484 2.HL: "**Offrez-vous** *l'Assommoir, Nana (...) dans une somptueuse édition, reliée dos cuir véritable et illustrée avec les gravures de l'époque.*"
(Historama, vente de livres par correspondance; NO, 15.1.79, 77)

485 hors texte: "**Offrez** *(ou* **offrez-vous!**) *un abonnement au Nouvel Observateur, nous vous ferons ... 3 cadeaux*"
(Le Nouvel Observateur, hebdomadaire; NO, 11.12.78, 88)

486 FT: "*Entre deux jeux,* **offrez-vous, offrez** *lui la p'tite fraîcheur délicieuse d'un Clark gum.*"
(Clark, chewing gum; Tm, 18.8.83, 93)

Wie die Beispiele zeigen, sind bei diesen Imperativen Reflexiv-Verben auffällig stark verteten. Daneben gibt es eine Reihe nicht-reflexiver Imperative, die insofern zum gleichen Bedeutungsfeld gehören, als sie eine auszuführende Handlung unter dem Gesichtspunkt des Nutzens und des Gewinns für den Handlungsträger bezeichnen. Auch sie sind also selbst schon positiv konnotiert und werden durch die Form des Imperativs mit dem Adressaten verbunden.

Beispiele:

487 SL: "*Le bulletin 5 semaines.* **Gagnez** *aussi quand vous êtes parti.*"
(Lotto; Tm, 10.6.83, 156)

488 HL: "**Gagnez** *10 % en un an sur votre tapis d'Orient Cita.*"
(Cita, tapis; NO, 31.3.80, 117)

489 Coupon: "**Gagnez** *5 pounds plus le passage gratuit de votre voiture.*"
(Britanny Ferries, transports maritimes; NO, 17.3.80, 101)

490 HL: "**Prospérez.** *Vous êtes dans le bon sens.*"
(Crédit Agricole, banque; Pt, 28.9.81, 108/109)

491 FT,Ende: "*(...)***Savourez** *les images,* **savourez** *la musique. C'est si bon en Philips.*"
(Philips, téléviseurs; Tm, 16.6.83, 30/31)

492 FT: "*(...) Vous dînez en ville?* **Souriez, soyez éblouissante.***(...)*"
(Payot, cosmétique; MCl, Mai 76, 70)

Bezeichnenderweise gehören die besonders häufigen Imperative "profitez de a", "choisissez a", "découvrez a", "redécouvrez a" und "retrouvez a" alle hierher, wobei die positive Disposition des Verbs durch positiv konnotierte Ergänzungen (direktes Objekt bzw. Präpositionalobjekt) noch aufgefüllt werden kann.

Beispiele:

493 HL: "*Même si n'êtes pas client du Cic,* **profitez-en.**"
(CIC - Crédit Industriel et Commercial, banque; Pt, 14.6.76, 137)

494 FT: "*(...)* **Profitez** *de l'***expérience** *Utoring (...)*"
(Abb. 1)

495 hors texte: "**profitez** *pendant trois mois de ce* **service absolument unique** *en lisant La Presse Economique à l'essai sans engagement ultérieur.*"
(La Presse économique, journal; Exp, 4.10.76, 61)

496 FT,Ende: "*(...) Les* **qualités** *du Tournesol, Fruit d'Or les renferme dans son pot.(...)* **Profitez-en.**"
(Fruit d'Or, margarine; E, 9.5.77, 156)

497 FT-Überschrift: "*Location / Du 18 nov.78 au 2 mai 79 /* **profitez** *des* **nouveaux équipements**"
(La Plagne, tourisme; NO, 23.10.78, 115)

498 FT,Anfang: *"**Profitez** cet hiver de la **dernière nouveauté** de Townsend Thoresen(...)"*
(Townsend Thoresen, transports maritimes; NO, 9.10.78, 149)

In disem Beispiel erfolgt eine zusätzliche positive Füllung durch den anschließenden Fließtext, der das Präpositionalobjekt 'la dernière nouveauté' spezifiziert.

499 FT,Zwischenüberschrift: *"**Profitez** de tout Saint-Tropez sans les inconvénients."*
(Résidences Florilège-Loisirs, immobilier; NO, 3.11.80, 118)

500 SL: *"**Profitez** de la **richesse** de Nikon."*
(Nikon, appareil de photo; NO, 2.5.77, 112)

501 FT,Anfang: *"Voici juin. (...) **Profitez** de ces **jours privilégiés** et du film Kodachrome 64 pour apprivoiser les lointains.(...)"*
(Kodak, pellicules; Exp, 19.6.81, 18)

Die Beispiele zeigen, daß die präpositionale Ergänzung sehr häufig in Verbindung mit dem Marken- oder Anbieternamen steht oder mit diesem referenzidentisch ist; sie folgen der Struktur 'profitez de nous' oder 'profitez de a[+] grâce à nous'.

Der Imperativ 'choisissez' ist durch die implizite Behauptung seiner Präsupposition 'Vous avez le choix', nicht selten auch zusätzlich durch entsprechende Lexeme im direkten Objekt positiv konnotiert:

502 FT: *"(...) ne courez plus. Ouvrez le catalogue Printemps-Eté 76 de La Redoute. Et **choisissez.**(...)"*
(La Redoute, grand magasin; MCl, Mai 76, 208)

503 FT: *"(...) **Choisissez** parmi les **six ravissantes nuances** du Fond de Teint (...)"*
(Coty, cosmétique; E, 9.5.77, 172)

504 HL: *"**Choisissez** votre été."*
FT,Anfang: *"Aux Galéries Lafayette, **venez décider** du style de **vos vacances.** (...)"*
(Galeries Lafayette, grand magasin; E, 9.5.77, IV/V)

Auch bei 'découvrez' steht als direktes Objekt häufig eine Bezeichnung für das Werbeobjekt und/oder den Anbieter/Hersteller; diese ist stets durch die gesamte Anzeigen-Konzeption ebenfalls stets positiv konnotiert.

Beispiele:

505 HL: *"**Magnétophones à cassettes Philips. Découvrez** celui qui vos convient".*
(Philips, hifi; SIC, Mai 75, 20/21)

506 FT: *"(...) **La Rancho, découvrez-la** pour de nouveaux plaisirs, elle n'attend que vous.(...)"*
(Talbot, voitures; NO, 22.6.81, 48)

507 FT: *"(...) **Ces trois spécialités,** qui depuis longtemps ont leur place sur les tables françaises, ne sont qu'exemples parmi tant d'autres. **Découvrez-les.** (...)"*
(Maison d'Allemagne, fromages allemands; MCl, Okt. 76, 251)

508 FT: *"(...) La R 80 G/S (...) **Découvrez les qualités** de son moteur 800cm³(...)"*
(BMW, moto; NO, 22.6.81, 38/39)

509 HL: *"**Découvrez** le **goût ambré.**"*
(Bass, bière; NO, 1.6.81, 99)

Die synästhetische Metapher "le goût ambré" bezeichnet eine Eigenschaft des Werbeobjekts; auch in diesem Fall gibt die Headline das Thema vor, das der Fließtext entfaltet und mit zusätzlichen positiven Konnotationen anreichert.

510 HL: *"Coupés sport ou coupés confort, il fallait choisir.* ***Datsun Silvia. Découvrez*** *le* ***confort musclé.****"*
(Datsun, voitures; NO, 17.3.80, 14/15)

511 HL: "***Découvrez*** *un* ***nouveau confort*** *avec* ***la chaudière Hoval.****"*
FT: "***Découvrez,*** *12 mois sur 12, le* ***confort*** *d'une production d'eau chaude sanitaire réellement adaptée à vos besoins.* ***Découvrez,*** *l'hiver, le confort d'un chauffage 100 % automatique qui sait se faire oublier. En un mot,* ***découvrez*** *la* ***douceur de vivre Hoval.****"*
(Hoval, chaudière; DFr, 20.5.70, II)

512 SL: "***Porter 39. Découvrez*** *le* ***plaisir d'une vraie brune.****"*
(Porter 39, bière; NO, 29.4.78, 7)

513 HL: "***Glenfiddich:*** ***Découvrez*** *la* ***chaleureuse hospitalité*** *des Highlands."*
(Office Britannique du tourisme; Pt, 3.8.81, 92)

514 FT: *"(...)* ***Découvrez l'hospitalité anglaise*** *en passant la nuit dans une ferme du Northumberland.(...)"*
(Office Britannique du tourisme; NO, 12.3.77, 125)

515 2.HL: "***Découvrez*** *avec* ***Sébane,*** *le* ***plaisir*** *d'avoir les cheveux légers et une mise en plis qui tient!"*
(Sébane, shampooing; VB, April 70, 47)

516 SL: "***Redécouvrez le cidre.*** *Brut ou doux."*
(Cidre, producteurs réunis; Exp, 21.4.75, 42/43)

517 FT,Anfang: *"Etonnez-vous... étonnez vos amis.* ***Redécouvrez*** *la* ***saveur du Cointreau****"*
(Cointreau, boisson alcoolique; Pt, 4.11.74, 83)

518 FT: *"(...)* ***Redécouvrez*** *les* ***grands classiques,*** *la* ***Savoyarde*** *et la* ***Bourguignonne.*** *(...)"*
(Tefal, caquelon de fondue; NO, 31.3.80, 6/7)

519 SL: "***SNCF / Redécouvrez le train.****"*
(SNCF; NO, 20.11.78, 144/145)

520 HL: "***Retrouvez*** *le* ***bon sens.****"*
(Crédit Agricole, banque; Exp, 4.10.76, 58/59)

521 FT,Ende: *"(...) Vous aimez vraiment la hi-fi?* ***Découvrez Connexion-Paris.*** *Embarquez-vous pour l'****Ile de Plaisir.****"*
(Connexion, magasin hi-fi; NO, 22.10.79, 38/39)

Hier findet die Übertragung einer positiven Bedeutung auf das Werbeobjekt u.a. durch den Gleichsetzungs-Imperativ statt.

522 FT: *"Face à un monde agité,* ***retrouvez*** *la* ***sérénité.*** *Conduisez la* ***1ère berline 6 cylindres diesel d'Europe*** */ la passion de la qualité."*
(Volvo, voitures; NO, 9.7.79, 16)

Auch hier sorgt der Gleichsetzungs-Imperativ für die Übertragung einer abstrakten, positiven Bedeutung ("la sérénité") auf das Werbeobjekt: Beide nehmen jeweils die Rolle des direkten Objekts bei den (symmetrisch gebauten) Imperativsätzen ein.

523 HL: *"**Shampooing doux Ecoflor. Retrouvez,** par la **douceur,** la **beauté** des cheveux d'autrefois."*
(Ecoflor, shampooing; E, 1.11.76, 104)

524 SL: *"**Retrouvez** les choses **vraies** de la vie."*
(Club Méditerranée, tourisme; NO, 17.11.80, 140/141)

Der Fließtext hat hier wieder die Aufgabe, auszuführen, was sich der Leser unter dem semantisch vagen, aber dennoch positiv konnotierten Ausdruck "les choses vraies de la vie" vorstellen soll.

525 SL: *"Cet hiver, venez au **Maroc,** et **retrouvez** le **vrai goût des vacances.**"*
(Office du Tourisme Marocain; R, Jan. 71, 84)

526 HL: *"**Retrouvez** plus vite le **bronzage originel.**"*
FT: *"(...) Choisissez avec votre pharmacien votre **Bergasol. Retrouvez** le **bronzage originel** ... Cet **équilibre idéal** entre l'homme et le soleil, **source de vie. Bergasol** / produit de dermopharmacie."*
(Bergasol, cosmétique; MCl, Mai 76, 38/39)

Die Bedeutungsübertragung geschieht hier wieder durch den Gleichsetzungs-Imperativ sowie zusätzlich durch eine Apposition, die ihrerseits positiv konnotierte Lexeme enthält.

527 FT: *"(...) **Retrouvez** le **'son du son'** sur les **bandes magnétiques et les cassettes Agfa.**(...)"*
(Agfa, cassettes; NO, 17.3.80, 104)

528 HL: *"**Retrouvez** le **naturel** de la lumière du jour avec le **Flash Nikon**"*
(Nikon, équipement photo; NO, 10.11.75, 110/111)

Auch Verben, die selbst neutral sind, bilden durch die Verbindung mit einem positiv konnotierten Prädikament, Objekt oder Adverbiale einen insgesamt positiv konnotierten Imperativ.

Beispiele:

529 HL: *"**Accédez** au **mieux vivre**"*
(Les Nouveaux Constructeurs, immobilier; PT, 19.10.81, 49)

530 HL: *"La Plagne / **louez mieux!**"*
(La Plagne, immobilier; NO, 6.11.78, 76)

531 HL: *"**Tricotez** votre **bien-être.**"*
(Berger du Nord, laine; E, 4.10.76, 32/33)

532 HL: *"**Roulez** dans le **'bon sens'.**"*
(Citroën, voitures; NO, 22.3.77, 56/57)

533 HL: *"Behr. **Mettez en valeur** vos jardins secrets."*
(Behr, meubles; Pt, 12.10.81, 146/147)

534 SL: *"Dunlopillo - **vivez** comme vous **aimez.**"*
(Dunlopillo, sièges; NO, 7.4.80, 82/83)

535 HL: *"**Skiez plus grand!**"*
(La Plagne, immobilier; NO, 23.10.78, 113)

536 HL: *"**Faites** de l'**or** avec vos skis"*
(La Plagne, immobilier; Pt, 4.11.74, 109)

537 HL: "*Skiez* le *sourire* aux pieds."
(Nordica, skis; V, Febr. 77, 75)

538 SL: "Phas / *Bronzez belle.*"
(Phas, cosmétique; E, 19.7.76, 14/15)

539 HL: "*Mettez* la *chance* dans votre poche avec un billet de la loterie nationale"
(Loterie Nationale; MCl, Okt. 76, 235)

540 HL: "Prenez le N°1 vers la Floride. *Prenez* le *soleil.*"
(National Airlines, compagnie aérienne; NO, 6.11.78, 5)

541 SL: "*Prenez* la vie par le *bon bout* / Gallia, la brune tranquille"
(Gallia, cigarettes; Exp, 4.10.76, 209)

In anderen Fällen wird die positive Konnotation durch eine Verbalperiphrase mit einem positiv konnotierten Verb erzielt oder verstärkt:

542 FT,Ende: "(...) Alors *amusez-vous à créer* votre décor. Vous avez tous les papiers et toutes les frises qui feront de vous un bon décorateur."
(Leroy Express, papiers peints; NO, 6.11.78, 112/113)

Neben dieser einfachen Möglichkeit kommen positive Konnotationen von Aussagen aber auch auf anderem Wege zustande: Durch unterschiedliche Kombinationen von morphologischer, syntaktischer und lexikalischer Negation entstehen positive Gesamtbedeutungen. Weinrich weist auf diese Form der "doppelten Negation" hin:

> "Wenn die lexikalische und die syntaktische Negation bei einem und demselben Verb zusammen auftreten, so können sie einander neutralisieren. Gewöhnlich obsiegt dann die affirmative Gesamtbedeutung". (1982:237)

Imperative mit Satznegation sind in der Sprache der französischen Anzeigenwerbung recht selten. Wenn sie aber vorkommen, so wird ihre Aussage meist schon durch die negative Konnotation des Verbs bzw. seiner Aktanten zu einer insgesamt positiven Gesamtaussage umgemünzt.

Beispiele:

543 FT: "(...) *Ne perdez plus* de temps, *ne vous désolez plus.*(...)"
(Payot, cosmétique; E, 4.10.76, 39)

544 HL: "Peaux sèches, *n'ayez pas peur* du bain."
(Fenjal, bain-crème; E, 9.5.77, 171)

545 FT,Ende: "(...)Si un jour vous allez dans un pays où les autoroutes sont plus nombreuses, *n'ayez crainte*: la Polo, c'est une petite qui ira loin."
(VW, voitures; NO, 2.5.77, 118)

546 FT: "(...) Et si vous rencontrez un requin et lâchez dans votre effroi votre Minolta Weathermatic-A, *ne craignez rien*, il remontera tout seul à la surface (...)"
(Minolta, appareils de photo; Exp, 19.6.81, 42)

547 HL: "*Ne brûlez plus votre argent* pour vous chauffer."
(Danfoss, thermostats de radiateur; Exp, 21.4.75, 90)

548 FT,Anfang: "Retour de week-end ... embouteillages, klaxons et l'heure qui tourne... *Ne vous énervez pas*! Avec votre magnétoscope Hitachi, vous êtes sûr

de ne pas rater votre film du dimanche soir(...)"
(Hitachi, vidéo; NO, 17.11.80, 16/17)

549 HL: "***N'aggravez pas*** *le cas de vos cheveux quand vous les lavez."*
(Keranove, shampooing; MCl, Mai 76, 143)

550 FT: *"Etes-vous conscient que la qualité d'un objectif d'agrandissement est aussi importante que celle d'un objectif de prise de vues.* ***Ne compromettez pas*** *les bons résultats de vos épreuves par un mauvais choix. (...)"*
(Rodenstock Rodagon, objectifs d'agrandissement; PhR, Okt. 78, XVII)

551 HL: *"****Ne maltraitez plus*** *le cuir de vos chaussures. Ça-Va Seul le protège.*
(Ça-Va Seul, cirage; Tm, 24.2.83, 113)

Diese Beispiele kombinieren alle ein negativ konnotiertes Verb mit der Satznegation. Eine andere Form der doppelten Negation liegt dann vor, wenn der negierte Imperativ durch eine adverbiale Bestimmung mit 'sans' ergänzt wird:

552 FT: *"(...)* ***Ne partez plus*** *en voyage* ***sans*** *votre Filtron(...)"*
(Filtron Sachs, filtre à eau; NO, 23.10.78, 118)

553 SL: *"Carte American Express.* ***Ne partez pas sans*** *elle."*
(American Express, carte de crédit; Pt, 19.10.81, 158)

554 HL: *"****Ne partez pas*** *en vacances* ***sans*** *Picsou Magazine de Juillet"*
(Picsou Magazine, bande dessinée; C, Juli 76, 61)

Durch die doppelte Verneinung wird die Aussage bedeutungsäquivalent mit dem positiven Imperativ;
Vgl.: "Partez (toujours) en voyage avec votre Filtron".

In anderen Fällen erfolgt die doppelte Negation allein durch die besondere semantische Struktur der miteinander kombinierten Lexeme: Eine negativ konnotierte Nominalgruppe wird mit einem privativen Verb verbunden, so daß sich der Imperativ mit 'agissez de façon que a[-] ne soit pas' umschreiben läßt.[1]

Beispiele:

555 HL: *"****Evitez*** *les* ***coups de pompe****"*
(Motul, huile de moteur; Exp, 27.9.80, 162/163)

556 FT: *"(...) Mais surtout* ***évitez*** *les* ***finitions spéciales qui augmentent votre devis.*** *(...)"*
(Zeyko, cuisines; JM, April 74, 214)

557 FT: *"(...)* ***Evitez-vous*** *des* ***recherches et des erreurs****: allez voir votre concessionnaire qui vous conseillera.(...)"*
(Interlübke, meubles; CA, Sept. 71, 16)

558 HL: *"Camions: engagez 3 ans d'investissements avant le 31 Décembre. Mais* ***refusez*** *de prendre des* ***risques inutiles****."*
(Mercedes, camions; Exp, Dez. 75, 36)

559 FT: *"(...) Partez avec Boac;* ***Abandonnez*** *l'****hiver froid*** *pour les chaudes vacances 'Calypso'.(...)"*
(Boac, compagnie aérienne; CA, Sept. 71, 18)

[1] 'a [-]' bezeichnet ein negativ konnotiertes Lexem. In der hier gewählten Paraphrase wurde die semantische Negation des Verbs durch eine Satznegation ersetzt.

Steht jedoch ein privatives Verb in Kombination mit der Satznegation, entsteht wiederum ein positiv konnotierter Imperativ, der durch den Zusatz weiterer positiv konnotierter Lexeme verstärkt werden kann:

560 FT,Ende: *"(...) Alors,* ***ne vous privez pas*** *des* ***conseils*** *de votre receveur des PTT. Il analysera votre problème au mieux de vos intérêts."*
(PTT; NO, 2.5.77, 6/7)

561 FT,Anfang: *"Supposons que vous terminez tardivement dans la soirée vos conversations (...)C'est alors que vous voyagez en voiture-lit TEN.* ***Ne vous privez pas*** *de ce '****délassement****'(...)"*
(SNCF; NO, 23.10.78, 108)

562 HL/Haupttext: *"****Ne vous privez plus****! / Portez 'one minute diet' / Silhouette de Paris"*
(One minute diet, soutien-gorge; VB, April 70, 50)

Im folgenden Beispiel ist die Negationspartikel als direktes Objekt eines Sprechhandlungsverbs explizit vorhanden:

563 FT: *"(...)* ***Dites non*** *à la* ***monotonie****, au* ***ronron****, à la* ***grisaille*** *de l'information (...)"*
(Le Nouvel Observateur, journal; NO, 14.11.77, 85)

Eine weitere Möglichkeit zur Erzeugung einer positiven Gesamtaussage durch doppelte Negation ist durch die Verbindung eines negativ konnotierten Verbs und einer privativen Vorsilbe möglich, wie die folgende Wortschöpfung zeigt:

564 HL: *"****Défatiguez****-vous!"*
(Midy, médicament; NO, 17.11.80, 80)

Ein ähnlicher Fall liegt im nächsten Beispiel vor. Der Imperativ von 'se méfier' ist negativ konnotiert; das Verb hat als morphologische Markierung wie im vorherigen Beispiel eine privative Vorsilbe. Sein präpositionales Objekt ist von einem negativ konnotierten Substantiv besetzt:

565 hors texte: *"****Méfiez-vous*** *des* ***imitations****. Exigez le véritable Karting vendu dans sa housse brevetée."*
(Karting, vêtements; MCl, Mai 76, 183)

Die Negation kann auch in der Verbsemantik enthalten sein; der Imperativ 'oubliez' z.B. läßt sich durch 'ne pensez plus à a[-]' paraphrasieren:

566 1.HL: *"****Oubliez*** *Paris / c'est* ***trop cher****, /* ***trop bruyant****, /* ***trop pollué****."*
2.HL: *"Vivez plutôt à parly 2 / c'est très proche, très vert, très organisé."*
(Parly 2, immobilier; Pt, 14.6.76, 83)

In den beiden letzten Beispielen folgt jeweils einem ersten negativen Imperativ ein zweiter, nun positiver Imperativ; diese Folge entspricht den bereits kurz unter syntaktischem Gesichtspunkt beschriebenen Imperativpaaren, die stets einen verneinten und einen nicht-verneinten Imperativ miteinander verbinden.

Beispiele:

567 FT: "*(...)Cependant,* **ne vous limitez pas** *à cette seule impression.* **Ecoutez** *chez un revendeur Sansui le modèle qui convient à vos besoins et à vos moyens(...)*"
(Sansui, hi-fi; NO, 6.11.78, 92/93)

568 HL: "**Ne desséchez pas** *vos cheveux lorsque vous les lavez,* **vitalisez**-*les!*"
(Kéranove, shampooing; E, 4.10.76, 118)

569 FT: "*(...)***N'attendez pas** *tout de la sécurité sociale et de votre entreprise.* **Souscrivez** *vous-même une Assurance-Vie.(...)*"
(Assurance-Vie; Exp, 4.10.76, 188)

570 1.HL: "*Une demie-heure de volonté chaque matin?*"
2.HL: "**Ne vous épuisez pas** *si tôt.* **Laissez faire** *Slendertone.*"
(Slendertone, appareil de massage; MF, Febr. 78, 63)

571 FT,Anfang: "**Ne cachez plus** *votre cuisine.* **Equipez-la** *avec des Encastrables De Dietrich.(...)*"
(De Dietrich, électroménager; E, 25.4.77, 44/45)

572 FT: "*(...) Si le rasage vous irrite,* **ne vous résignez** *donc* **pas. Demandez**-*vous plutôt ce qu'on a pu mettre dans votre mousse à raser. (...)*"
(Kéops, mousse à raser; Pt, 4.11.74, 173)

573 HL: "**Ne prenez pas** *les vessies pour des lanternes,* **prenez** *un Komura.*"
(Komura, objectifs; NO, 20.11.78, 132/133)

574 HL: "**Ne cherchez plus... / demandez** *à votre libraire la documentation correspondant à votre spécialité.*"
(Masson, maison d'édition; ME, Dez. 77, 2)

575 HL: "**Ne partez plus** *à la recherche de l'information.* **Abonnez-vous** *au Nouvel Observateur*"
(Le Nouvel Observateur, journal; NO, 7.2.77, 74)

576 FT,Ende: "*(...)* **Ne rêvez plus. Renseignez-vous** *(...)*"
(Singapore Airlines, compagnie aérienne; Exp, 12.4.76, 36/37)

577 HL: "**N'en rêvez plus... partez!**"
(Payscope International, tourisme; NO, 31.3.80, 104)

Bei diesen Imperativpaaren fällt auf, daß die Satznegation stets mit dem Imperativ eines immer oder im Kontext der Anzeige negativ konnotierten Verbs kombiniert ist, so daß auch hier bereits für den ersten der beiden Imperative durch die doppelte Negation eine Neutralisierung stattfindet. Wenn der Name des Werbeobjekts in Verbindung mit dem Imperativ vorkommt, so steht er in keinem Fall beim negierten Imperativ, sondern immer beim zweiten, nicht-negierten Imperativ.

3.4.3.2. Das Sem [+AGERE]

Die Absicht der Werbeanzeige ist zum einen, das Werbeobjekt und den Hersteller bekannt zu machen und mit positiven Konnotationen anzureichern sowie eine Verbindung zwischen dem Werbegegenstand und dem Adressaten herzustellen; darüber hinaus soll sie nach Möglichkeit auch den nächsten Schritt, nämlich den der Aktivierung des Lesers, leisten. Hauptziel der Werbung ist stets der Kaufakt; da die

Werbeanzeige aber im Gegensatz zu anderen Formen der Werbung zeitlich und räumlich von der Kauf-Situation weit entfernt ist, findet sich in ihr selten die unmittelbare Aufforderung zum Kauf. Oft begnügt sie sich damit, den Leser in irgendeiner Weise dazu zu bringen, sich mit dem Werbegegenstand einen Augenblick lang zu beschäftigen bzw. gedanklich die vom Sender intendierte Konsumentenrolle nachzuvollziehen. Diese Strategie der Werbeanzeige spiegelt sich in besonderem Maße in den Imperativen wider. Direkte Kauf-Imperative sind, wie noch zu zeigen sein wird, höchst selten; an ihre Stelle treten Imperative, die sich auf Handlungen im Vorfeld der eigentlichen Kaufentscheidung richten oder aber Imperative, die den Kaufakt überspringen und auf Handlungen gerichtet sind, die den Besitz des Werbeobjekts bereits voraussetzen. Eine Vielzahl weiterer Imperative bezieht sich auf Handlungen oder Tätigkeiten, die nur mittelbar mit dem späteren Erwerb bzw. Besitz der Ware in Verbindung zu bringen sind.

Allen Imperativen ist gemeinsam, daß sie den Adressaten dazu auffordern, eine Situation Sit_1 in eine Situation Sit_2 zu überführen.[1] Nur solche Verben können daher einen Imperativ bilden, bei denen ein personales Agens möglich ist. Darüber hinaus muß das Verb eine Handlung oder Tätigkeit bezeichnen, die dem Willen des Adressaten unterliegt. Geschehens- oder Ereignis-Verben sind demnach nicht imperativfähig. Schließlich ist Voraussetzung für die Bildung eines Imperativs, daß das Verb das Sem [+AGERE] enthält. Zustands-, Geschehens-, Vorgangs- oder Ereignis-Verben wären demnach nicht imperativfähig. Die vorkommenden Imperative zeigen aber, daß diese Einschränkungen nicht immer gelten. Sie werden z.T. durch metaphorischen Gebrauch durchbrochen, z.T. aber auch dadurch, daß durch die Bildung einer Imperativform implizit das Vorhandensein der oben genannten Voraussetzungen beim Verb unterstellt wird. Dies soll im folgenden an einigen Beispielen erläutert werden.

Die meisten Imperative sind von handlungs- und tätigkeitsbezeichnenden Verben gebildet; sie enthalten alle das Sem [+AGERE].
Beispiele:

578 FT,Anfang: "*Vous ne voulez penser qu'à elle, vous ne voulez penser qu'à lui. Mais il y a ces boutons qui vous en empêchent. Vous ne pensez qu'à eux!* ***Agissez*** *plutôt.(...)*"
(Clearasil, cosmétique; Ph, April 73, 4)

579 HL: "*Copropriétaires:* ***agissez.*** *Votre chauffage peut vous coûter moins cher.*"
(Agence pour les Economies d'Energie; MCl, Okt. 76, 226)

---

[1] Diese Funktion ist allerdings bei rhetorischen Imperativen, idiomatisch verfestigten Imperativen und Imperativen mit unbestimmtem Adressaten- und Situationsbezug u.U. stark abgeschwächt.

580 FT,Ende: *"(...) **Lancez-vous!**"*
(Moulinex, four-rôtissoire; MT, Nov. 76, 8)

581 2.HL: *"**Participez** au développement économique en devenant actionnaire du CCF, banque privée."*
(Crédit Commercial de France, banque; NO, 22.10.79, 130/131)

582 FT: *"(...)Ne laissez plus les kilos s'amasser à votre insu. Sans en faire, pour autant, une hantise, **surveillez** régulièrement votre poids et **buvez** d l'eau minérale de Contrexéville.(...)"*
(Contrex, eau minérale; MMC, April 77, 102)

Die Negativ/positiv-Abfolge bei Imperativpaaren läßt sich auch hier beobachten. Der erste Imperativ kombiniert die Satznegation mit der Semstruktur [-AGERE] und wird so selbst bereits zum aktivierenden Imperativ:

583 FT,Anfang: *"Vous trouvez vos charges trop élevées? **Ne restez pas** les bras croisés. **Intéressez-vous** au chauffage."*
(Agence pour les Economies d'Energie; MCl, Okt. 76, 226)

584 FT: *"(...) Si le rasage vous irrite, **ne vous résignez** donc **pas**. **Demandez-vous** plutôt ce qu'on a pu mettre dans votre mousse à raser.(...)"*
(Kéops, mousse à raser; Pt, 4.11.74, 173)

585 HL: *"Hémorroïdes: **n'attendez pas**! **Calmez** ces douleurs insupportables."*
(Préparation H, médicament; MT, Nov. 76, 213)

Die Tendenz der Werbung zur Aktivierung spiegelt sich auch im häufigen Vorkommen des faktitiven 'faire' mit Infinitiv; es steht fast ausnahmslos ohne Satznegation ('faites arriver a'):

586 HL: *"**Faites travailler** la chance pendant vos vacances."*
(Lotto; Tm, 10.6.83, 156)

587 FT,Ende: *"(...) Et maintenant que vous l'avez découvert, **faites**-en **profiter** vos amis. Avant ou après un bon repas, servez-leur frais la boisson la plus ensoleillée de France."*
(Les Rivesaltes, vins; TM, 10.6.83, 52/53)

Zahlreiche Verbumschreibungen haben handlungsverstärkende Funktion:

588 FT: *"Sur chaque fût Dixan est imprimée actuellement une scène amusante de la vie des Schtroumpfs.(...)**Dépêchez-vous** d'en **profiter**, car ces fûts spéciaux Dixan vont s'enlever schtroumpfement vite!"*
(Dixan, lessive; 31.3.83, 20)

589 FT,Ende: *"(...) **Hâtez-vous de découvrir** ce nouveau plaisir de la table!"*
(La Source, vente par correspondance; ChF, Okt. 76, 24/25)

Der Infinitiv kann auch fehlen, und das den Aufforderungs-Inhalt bezeichnende Verb kann als ein zweiter, unabhängiger Imperativ folgen:

590 hors texte: *"**Dépêchez-vous!**"*
hors texte: *"**Allez** vite **chercher** votre bulletin de participation à votre Caisse d'Epargne"*
(Caisse d'Epargne, banque; SIC, Mai 75, 108/109)

Häufiger sind allerdings die Umschreibungen eines privativen Verbs der Semstruktur

[-AGERE] in Kombination mit der Satznegation. 'Hésiter' z.B. läßt sich durch 'ne pas encore faire quelque chose' paraphrasieren. Seine interne Negation verstärkt in Kombination mit der Satznegation den Appellcharakter des Imperativs.

591 FT: "***N'hésitez plus*** *à rénover ou à décorer.(...)*"
(Perfax, papiers peints; Tm, 5.5.83, 27)

592 FT: "*(...) Vous vous posez des questions sur l'entretien et l'équipement de votre voiture?* ***N'hésitez pas*** *à faire appel au Compagnon de la Nuit Esso.(...)*"
(Esso, essence; NO, 9.7.79, 2/3)

Gleiches gilt auch für 'oublier' und 'attendre':

593 FT: "*(...) Et* ***n'oubliez pas****, une fois par semaine, de laisser tremper votre lavette 10 min. dans un mélange eau/Super Javel La Croix. (...)*"
(La Croix, eau de javel; Tm, 21.7.83, 87)

594 HL: "***N'attendez pas*** *demain pour acheter la moto d'aujourd'hui*"
(Yamaha, motos; Lui, Juli 74, 2)

Auch in diesem Fall kann das Infinitiv-Verb fehlen oder als Imperativ folgen:

595 FT,Ende: "*(...) Alors, si vous aussi désirez opter pour l'eau chaude solaire,* ***n'hésitez plus****, le choix est simple.*"
(Giordano, chauffe-eaux solaires; Pt, 19.10.81, 52/53)

596 Coupon: "***N'hésitez plus.*** *Téléphonez:(...) Ecrivez:(...)*"
(Baleny, maisons; Pt, 14.6.76, 21)

597 FT: "***N'hésitez plus****, vous pouvez maintenant acquérir pour un prix raisonnable un service de table classique (...)* ***Demandez*** *dès aujourd'hui une information personnelle (...)*"
(Les Maîtres Porcelainiers Limogeauds, porcelaine; E, 1.11.76, XVII)

Viele der handlungsauffordernden Imperative werden zusätzlich durch Adverbien unterstützt, die als Handlungsbeschleuniger oder Handlungsverstärker fungieren.

Beispiele:

598 hors texte: "***Renvoyez dès aujourd'hui*** *ce bon à Larousse (...)*"
(Larousse, livres; NO, 17.11.80, 73)

599 FT,Ende: "*(...) Ça vous intéresse?* ***Reservez dès à present*** *ces 18 numéros chez votre libraire.*"
(Le soir, journal; Tm, 24.2.83, 10/11)

600 HL: "***Dès maintenant****,* ***préparez*** *leurs dents de demain.*"
(Braun, brosse à dent électrique; NO, 17.11.80, 76)

601 FT: "*(...)* ***Dès aujourd'hui utilisez*** *quotidiennement les produits de la ligne Goélande pour profiter toute l'année des bienfaits de l'océan.*"
(Goélande, cosmétique; E, 9.5.77, 44)

602 FT,Ende: "*(...) Mais* ***dès maintenant, renvoyez vite*** *ce bon, vous recevrez un maximum de renseignements touristiques. (...)*"
(Office du Tourisme des Etats Unis; NO. 29.4.78, 103)

603 Coupon: "***Choisissez dès maintenant****, parmi tant de modèles originaux de la Collection (...)*"
(Janine Olson, maillots de bain; E, 9.5.77, 81)

604 FT: "*Chaque case vaut 10 points. Si vous atteignez 100,* **allez tout de suite** *essayer une Fiat 132.(...)*"
(Fiat, voitures; Lui, Juli 74, 16)

605 FT: "*(...) Notre huile pour Bain?* **Sentez** *sa soie sur votre peau.* **Tout de suite.***(...)*"
(Roger&Gallet, cosmétique; NO, 22.10.79, 44)

606 FT: "*(...)* **Venez** *nous voir* **le plus tôt possible**, *c'est votre intérêt.(...)*"
(Crédit Lyonnais, banque; SV, Dez. 74, 58/59)

607 hors texte: "*Les Collections d'été sont arrivées chez votre chausseur.* **Venez vite** *les voir.*"
(Les chausseurs, magasins de chaussures; E, 9.5.77, 130)

608 FT,Ende: "*(...)Gloire soit rendue à George Killian et à sa douce bière rousse!*"
SL: "**Découvrez**-*la* **vite**. *Au café.*"
(George Killian, bière; NO, 17.11.80, 38)

609 FT,Ende: "*(...)***Essayez vite** *le feutre pointe Hi-Fi, il vous réconciliera avec les feutres.*"
(Reynolds, feutre; Exp, 12.4.76, 112)

610 FT,Ende: *(...)l'aérelle Longueurs et Pointes,* **découvrez**-*la* **vite** *et touchez la différence.*"
(Longueurs et Pointes, shampooing; E, 1.11.76, 50/51)

611 FT: "*(...)* **Adressez-vous sans retard** *à votre banque ou aux négociants en monnaies.(...)*"
(Numismatique Française, pièces de numismatique; SV, Dez. 74, 22/23)

612 FT: "*(...)* **Documentez-vous sans tarder** *car un cadeau de valeur est offert à tout acquéreur d'une longue-vue Persée. Retournez ce bon:(...)*"
(Persée, longue-vue interplanétaire; SV, Dez. 74, 159)

Es fällt auf, daß diese handlungsbeschleunigenden Adverbien überwiegend bei solchen Imperativen vorkommen, die als echte Handlungsaufforderungen fungieren können - also besonders bei solchen, die auf die Rezeptionssituation der Anzeige, auf das Anfordern weiteren Informationsmaterials oder auf die Bestellung selbst bezogen sind.
Die Handlungsverstärker kommen dagegen bei allen Imperativen vor (außer bei den Imperativen mit dominierender rhetorischer oder phatischer Funktion).
'Donc' kann kausal verwendet werden; das ist meist dann der Fall, wenn es den Imperativ der Conclusio am Fließtext-Ende einleitet. Es hat dabei oft zugleich auch die Funktion, dem Imperativ mehr Nachdruck zu verleihen.

613 FT,Ende: "*(...) Exercice de routine: le gué du diable. Le torrent a grossi pendant la nuit ... allez-y. Sans même ralentir, vous passez en 4x4.(...)* **Essayez donc** *une Mercedes tout terrain. In vivo.(...)*"
(Mercedes, voitures; NO, 21.4.80, 119)

In anderen Positionen fehlt die kausale Dimension; es wird lediglich als Verstärker des Imperativs eingesetzt:

Beispiele:

614 HL: "*Snips est capable de couper tout cela.* **Essayez donc** *avec vos ciseaux.*"
(Snips, ciseaux; E, 19.1.76, 18/19)

615 einziger Text: *"Talbot Horizon E-X.* ***Faites donc*** *un nouveau tour d'horizon."*
(Talbot Horizon, voitures; Pt, 19.10.81, 18)

616 FT: *"(...) Ils vous donnent des images excellentes:* ***essayez donc*** *de faire la différence entre un agrandissement ordinaire et celui tiré d'une pellicule 16mm Minolta développée dans les nouveaux laboratoires 3M!(...)"*
(Minolta, appareils de photo; R, Juni 72, 142)

617 FT: *"(...)Si vous avez la barbe dure,* ***essayez donc*** *la puissance hydratante de Palmolive Homme.(...)"*
(Palmolive, mousse à raser; Lui, Juli 74, 127)

Intensivierend wirkt auch das Adverb 'bien':

618 FT,Ende: *"(...)* ***Regardez bien*** *l'anatomie de cet ethlète, vous comprendrez pourquoi vous pouvez compter sur lui."*
(Dunlop, pneus; Exp, 12.4.76, 2)

619 FT: *"(...) D'ailleurs* ***dites-vous bien*** *que, vu de là-bas, la France est un pays de mangeurs de grenouilles."*
(Office du Tourisme des Etats Unis; NO, 29.4.78, 103)

620 FT: *"Trouvez l'homme Brut élu par le jury Fabergé.* ***Lisez bien*** *la phrase cidessus.(...)"*
(Brut, Fabergé, parfum d'homme; E, 1.11.76, 138/139)

621 FT,Anfang: *"****Regardez bien*** *Filou. Filou est en coton.(...)"*
(Filou, soutien-gorge; E, 25.10.76, 91)

Daneben kommen noch eine Reihe anderer Adverbien vor, die ebenfalls den Aufforderungscharakter des Imperativs betonen:

622 FT: *"(...) Pour une fois, fiez-vous aux apparences at* ***abordez résolument*** *la plus accessible des BMW(...)"*
(BMW, voitures; Exp, 19.6.81, 62/63)

In allen bisher aufgeführten Beispielen handelt es sich um handlungsbezeichnende Verben, die alle das Sem [+ AGERE] haben. Daneben kommen aber auch erstaunlich viele Imperative von 'être' vor, also einem zustandsbezeichnenden Verb, dem dieses Sem fehlt.

Beispiele:

623 FT,Anfang: *"La douceur est la qualité féminine par excellence.(...) Alors,* ***soyez*** *attentive à la douceur de votre peau en utilisant pour votre toilette quotidienne le shampooing corporel (...)"*
(René Guinot, cosmétique; E, 25.4.77, 68)

624 FT: *"(...)* ***Soyez*** *exigeant. Demandez ce qu'il y a techniquement de mieux aujourd'hui, demandez les lampes Claude Krypton.(...)"*
(Claude Krypton, ampoules; Pt, 4.11.74, 84/85)

625 FT,Ende: *"(...)* ***Soyez*** *prévoyants, renseignez-vous auprès des Banques Populaires ou du Crédit Mutuel (5000 agences en France)."*
(Eurochèque, carte de crédit; NO, 2.5.77, 30/31)

626 HL: *"Députés,* ***soyez*** *à l'aise pour la rentrée parlementaire."*
(Eminence, sous-vêtements d'homme; NO, 31.3.80, 98/99)

627 FT,Ende: *"(...) En volant Alitalia* **soyez** *sereins: L'efficacité et la sympathie sont dans l'air."*
(Alitalia, compagnie aérienne; Exp, 27.9.80, 178)

628 FT: *"(...)Mais pour l'instant,* **soyez** *prosaïque et allez parler voitures, hôtels, fermes(...)"*
(Irlande, tourisme; NO, 14.4.80, 117)

629 FT,Überschrift: *"**Soyez** dans le vent."*
(Flymo, tondeuse; MFMM, Mai 78, 21)

630 HL: *"**Soyez** l'une des rares privilégiées à posséder un service en porcelaine de Limoges (...)"*
(Les Maîtres Porcelainiers Limogeauds, porcelaine; E, 1.11.76, XVII)

631 HL: *"**Soyez** belle, tout simplement, avec Babyliss."*
(Babyliss, peigne soufflant; MF, Febr. 75, 106)

632 FT,Anfang: *"Recordman Sport. Faites du sport mais au moins* **soyez** *à l'aise dans vos vêtements.(...)"*
(Recordman, vêtements de sport; Pt, 5.4.76, 18)

633 1.HL: *"**Soyez** du pays!"*
2.HL: *"Choisissez des gens du pays pour avoir une maison dans le style de votre région."*
(Phénix, construction de maisons; MMC, April 77, 22/23)

634 HL: *"**Soyez** bronzé avant les autres, restez-le après les autres"*
(Philips, appareils solaires; VB, April 70, 66)

Dieser Imperativ 'soyez a' läßt sich auf die Struktur 'agissez de façon que vous soyez a' zurückführen; das Fehlen des Sems [+AGERE] in der semantischen Struktur des Verbs wird also offensichtlich durch die Imperativform kompensiert.

Während dieser Imperativ auch im Deutschen nicht selten vorkommt, ist der Imperativ von 'avoir' im Deutschen wesentlich seltener als im Französischen:

635 HL: *"5 produits Payot pour les peaux mixtes à problèmes. N'**ayez** que les bons côtés de votre âge."*
(Payot, cosmétique; E, 4.10.76, 39)

636 HL: *"**Ayez** une source dans la maison."*
(Culligan, filtres eau; JM, April 74, 171)

637 1.HL: *"Toute votre vie en dépend.../*
2.HL: *"**Ayez** un vrai métier"*
(Institut d'enseignement; VB, April 70, 180)

638 1.HL: *"**Ayez** 20 ans /*
2.HL: *(et n'en bougez plus)"*
(Anik Robelin, vêtements; VB, April 70, 25)

Auch hier läßt sich die Paraphrase 'agissez de façon que vous ayez a [+]' ansetzen, während im nächsten Beispiel eher eine Paraphrase wie 'imaginez que vous ayez a [+]' angemessen ist:

639 FT: *"(...)* **Ayez** *l'œil d'un peintre - Regardez les toits au coucher du soleil. (...)"*
(Ardoisières d'Angers, toits en ardoise; NO, 22.3.77, 60/61)

In allen fünf Fällen wird die im Imperativ gebundene Realisations-Situation Sit_2 als Ergebnis einer Handlung aufgefaßt, die vom Willen des Angesprochenen abhängt. Das gilt auch für andere Verben, die einen Zustand, einen Vorgang oder ein Geschehen bezeichnen:

640 HL: "***Entendez-vous.***"
(Thomson - CSF Telephone; NO, 9.7.79, 70)

641 HL: "*Bruxelles-littoral / 310 F / A ce prix-là,* ***étonnez-vous*** *qu'ils prennent tous le train!*"
(Chemins de fer; TM, 10.6.83, 172)

642 FT,Ende: "*(...)****Venez vous étonner****, découvrir une Camry, et prendre un confortable bain d'espace.*"
(Toyota, voitures; Tm, 20.5.83, 156/157)

643 HL: "***Habitez*** *la plus belle avenue de Paris: / la Seine.*"
(Orphée, Manera S.A., immobilier; Pt, 14.6.76, 138)

644 FT,Zwischenüberschrift: "***Perdez*** *kilos et centimètres en pédalant!*"
(Trimm-Trainer, appareil gymnastique; C, Juli 76, 80)

645 HL: "***Réussissez*** *chaque jour votre maquillage naturel... avec Bourjois!*"
(Bourjois, cosmétique; VB, April 70, 34/35)

646 HL: "***Réussissez*** *toute votre isolation. Suivez le plan Styrofoam.*"
(Styrofoam, matériel isolant pour bâtiments; TM, 5.5.83, 27)

Der gleiche Imperativ kommt auch in valenzverminderter Form vor:

647 FT,Zwischenüberschrift: "*Maintenant,* ***réussissez.***"
FT,Anfang: "*En inaugurant votre four-rôtissoire Moulinex, faites découvrir aux vôtres une nouvelle cuisine (...)*"
(Moulinex, four-rôtissoire; MT, Nov. 76, 8)

Alle diese Imperative behaupten ihre Präsupposition 'vous pouvez faire a', wie die Paraphrase etwa des Beispiels 646 zeigt: "(Grâce à Styrofoam) vous pouvez réussir toute votre isolation."

Selbst Verben, die normalerweise passivische Bedeutung haben, erhalten durch die Imperativform eine zusätzliche Aussage: Sie unterstellen, daß der Angesprochene zum Handlungsträger einer Handlung werden kann, die das durch den Imperativ bezeichnete Ergebnis zeitigt.

Beispiele:

648 2.HL: "***Recevez*** *gratuitement Roméo et Juliette, richement relié en pleine peau véritable.*"
(Editions du Cap, vente de livres par correspondance; NO, 15.1.73, 71)

649 HL: "***Recevez*** *un cadeau.*"
(Le Monde de l'Education, journal; ME, Dez. 78, 50)

650 Coupon: "***Recevez*** *gratuitement notre luxueux catalogue couleur en retournant ce bon rempli à(...)*"
(Airlux, hottes de cuisine; E, 25.4.77, 171)

651 HL: "***Recevez*** *gratuitement Le Matin chez vous pendant 3 semaines"*
FT: *"(...)du lundi au samedi pendant 3 semaines, vous recevrez gratuitement chez vous Le Matin (...)"*
(Le Matin, journal; PM, 9.1.81, 84)

652 hors texte: *"**Obtenez** notre Guide du Sommeil Simmons en envoyant votre demande (...) à (...)"*
(Simmons, matelas; E, 25.4.77, 34)

Auch bei diesen Verben läßt sich die Imperativ-Paraphrase 'Agissez de façon que vous ayez/soyez a [+]' ansetzen. Sie macht die latente Präsenz des Sems [+AGERE] deutlich; es wird durch die grammatische Imperativform eingebracht.
Im Gegensatz zum Französischen sind im Deutschen Imperative von Verben mit passivischer Bedeutung nicht möglich; hier muß z.B. auf die Umschreibung mit 'mögen Sie' zurückgegriffen werden.

3.5. Klassifikation der Imperative nach dem Kriterium ihres Situationsbezugs

Der bisherige Verlauf der Darstellung hat gezeigt, daß in der Anzeigenwerbung eine Vielzahl ganz unterschiedlicher Imperative vorkommt. Es waren Imperative dabei, die vor allem für die mündliche Kommunikation typisch sind, etwa die Imperative mit vorwiegend phatischer und textgliedernder Funktion; andere, so die rhetorischen Imperative, unter ihnen besonders solche der 1.Person Plural, waren eher schriftlichen Textsorten vorbehalten. Die Imperative unterschieden sich ferner hinsichtlich ihrer textuellen Einbettungsebene. Einige kamen in Textpassagen vor, die explizit als Redewiedergabe gekennzeichnet waren, doch konnte die Einbettung auch durch visuelle Mittel realisiert sein - etwa, wenn der Imperativ in einer Textsequenz stand, die Teil einer ikonischen Abbildung (oft des Werbegegenstands mit seiner Verpakkung) war. Daneben konnte er auch in Sekundärsenderpassagen stehen, und z.T. kam er auch mit Umkehrung der normalen Werbekommunikatoren vor. Die Imperative der 2.Person Singular waren weitgehend eingebetteten Textsequenzen vorbehalten, soweit sie nicht in idiomatisch fixierten Wendungen standen; Imperative der 1.Person Plural waren recht häufig, z.T. allerdings in ihrer Bedeutung stark abgeschwächt und in den meisten Fällen hinsichtlich der Bestimmung ihrer Kommunikationsbeteiligten sehr diffus. Die selteneren Imperative mit Satznegation kehrten regelmäßig in bestimmten Kontexten wieder, in denen sie mit morphologischen und semantischen Mitteln neutralisiert wurden, und sie waren in aller Regel Teil einer positiv konnotierten Gesamtargumentation. Schließlich wurde deutlich, daß viele der Imperative zumindest a u c h als Mittel der Subordination fungierten, und die in den Satzgefügen mit imperativischem Hauptsatz beobachteten finalen, temporalen, konditionalen, kausalen und modalen Beziehungen kehrten auch als latente Strukturen in den Satzpaaren mit Beteiligung eines Imperativsatzes wieder. Gerade der Imperativ trug entscheidend dazu bei, die durch die koordinierende Satzverknüpfung entstandene Aussage unbestimmter zu halten, als es bei expliziter Subordination der Fall war.

Viele der bisher in der Werbesprache beobachteten Imperativtypen stehen - wenngleich mit unterschiedlicher Frequenz - auch in anderen, nicht-werblichen Textsorten, was die aus dem Kontrastkorpus entnommenen Belege in Kap. 1 der Arbeit ja auch bestätigen.

Auf der Suche nach den werbetypischen Imperativen werden daher einige der bisher ermittelten Imperative aus der weiteren Untersuchung ausgeklammert. Wir beschränken uns im folgenden auf

- Imperative mit einfacher Sender-Adressaten-Konstellation,
- Imperative der 2.Person Plural,
- nicht-negierte Imperative.

Wie bisher sollen weiterhin jedoch Imperative in allen Teiltexten der Werbeanzeige berücksichtigt werden.

Nachdem die oben definierte Teilgruppe der Imperative bisher vor allem unter syntaktischen und semantischen Aspekten behandelt worden ist, soll im folgenden der S i t u a t i o n s b e z u g der Imperativ-Äußerung untersucht werden.

Dabei stellt sich das Problem der Abgrenzung der sprachlichen Einheit erneut mit besonderer Dringlichkeit. Der Situationsbezug läßt sich z.T. bereits aus der Bedeutung des Imperativ-Verbs, z.T. aus dem Imperativ-Satz unter Berücksichtigung der obligatorischen und fakultativen Ergänzungen ermitteln; oft genug ist jedoch die Beschränkung auf den Imperativsatz nicht ausreichend, und der engere sprachliche Kontext oder womöglich sogar die Gesamtgestaltung der Anzeige muß zur Bestimmung des Situationsbezugs herangezogen werden.

Bei der Darstellung des Imperativs im ersten Kapitel der Arbeit war zwischen der Äußerungs-Situation (Sit_1) und der Bezugs-Situation (Sit_2) einer Äußerung unterschieden worden.[1] Die Kommunikationsbeteiligten der Situation Sit_1 sind in der Sprecher- und Adressatendeixis des Imperativs gebunden. Der Inhalt des Imperativ-Verbs - unter Einschluß der von ihm abhängigen Ergänzungen - bezeichnet einen Zu-

---

1 Vgl. Kap. 1.1.3.

stand, einen Vorgang, ein Geschehen oder eine Handlung, die in einer Situation Sit_2 stattfinden, wobei diese in bezug auf die Äußerungs-Situation Sit_1 immer nachzeitig ist. Im Gegensatz zu der realen Äußerungs-Situation ist Sit_2 immer virtuell. Ob sie zu einem späteren Zeitpunkt real wird, ist für die Beschreibung der Imperativ-Äußerung nicht von Interesse; wohl aber, ob diese Situation eine p o t e n t i e l l reale ist oder nicht. (Wir kommen darauf in Kap. 3.5.2. zurück.)

Als Klassifikationskriterium für die Imperative legen wir im folgenden die Realisations-Situation Sit_2 der Imperativ-Äußerung zugrunde. Wir unterscheiden vier wichtige Realisations-Situationen Sit_2, die in zeitlicher Abfolge zu denken sind:

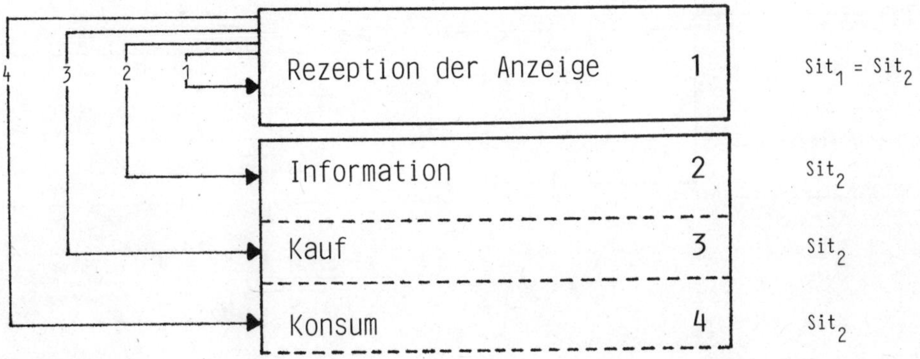

Die Kommunikations-Situation Sit_1 fällt in dem hier untersuchten Texttyp mit der Rezeptions-Situation der Anzeige durch den Leser zusammen.[1] Alle vier Phasen sollen im folgenden als P h a s e n d e r R e a l i s i e r u n g d e r T e x t i n t e n t i o n gelten: Sie stellen vier unterschiedliche Bezugs-Situationen Sit_2 für die in den Imperativen benannten Handlungen dar.

In Kap. 2. der Untersuchung hatten wir die Rahmenintention des Werbetextes als die Absicht definiert, den Umsatz eines bestimmten Produkts zu erhöhen. Diesem sehr allgemeinen Gesamtziel lassen sich eine Reihe von unterschiedlichen Teilzielen zuordnen, die alternativ oder sukzessiv in einer Werbekampagne zum Tragen kommen.

[1] Da, wie in Kap. 2.2.1. ausgeführt, bei der hier vorliegenden schriftlichen Massen-Kommunikation die Produktions- und Rezeptions-Situation auseinanderfallen, muß die allein beschreibbare Rezeptions-Situation als Sit_1 für die Beschreibung des Imperativs zugrunde gelegt werden.

Bleiben wir zunächst bei der Rahmen-Intention. Die Text-Intention des Werbesenders läßt sich als die Absicht beschreiben, das Verhalten des Adressaten wie folgt zu steuern:

- Er soll zunächst die Werbebotschaft der Anzeige möglichst vollständig a u f n e h m e n.
- Er soll sich daraufhin für das angebotene Produkt i n t e r e s s i e r e n.
- Er soll dieses schließlich e r w e r b e n.
- Der anschließende K o n s u m der Ware ist für den Sender nicht interessant (allenfalls insofern, als die Zufriedenheit der Verbraucher mit dem Produkt wieder einen umsatzsteigernden Werbe-Effekt hat).

Der oben beschriebene Rollen-Wechsel des Adressaten, wie ihn der Sender intendiert, läßt sich in folgendem Schema darstellen:

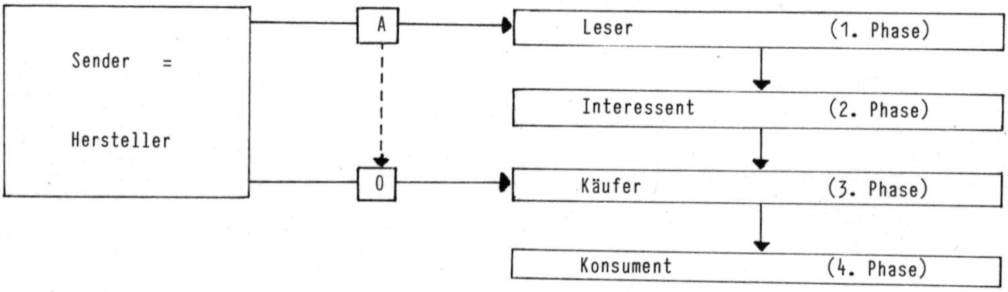

A : Werbe-Anzeige

O : Werbe-Objekt

Das Schema bildet neben dem Rollenwechsel des Adressaten - vom L e s e r über den I n t e r e s s e n t e n zum K ä u f e r und K o n s u m e n t e n - in der Horizontalen zwei parallellaufende Vorgänge ab:

1. Den Weg der Anzeige vom Sender zum Adressaten
2. Den Weg des Objekts vom Sender zum Adressaten.

Der erste Vorgang ist ein r e a l e r, der im Moment der Anzeigenrezeption "geglückt" ist. Der zweite Vorgang ist ein v i r t u e l l e r, dessen spätere Realisation Gegenstand der Text-Intention des Senders ist.

Der erste Vorgang kommt ohne Gegenleistung des Adressaten zustande; der Sender hat eine eher aktive, der Adressat eine eher passive Rolle. Der zweite Vorgang setzt ein Aktiv-Werden des Adressaten voraus, damit der Tausch von Geld gegen Ware zustande kommt. Ansonsten sind sich die beiden Vorgänge sehr ähnlich, zumal die Werbeanzeige (A) ja das Werbeobjekt (O) abbildet. Zwischen beiden besteht eine Zeichen-Relation: Im ersten Fall, der Werbe-Kommunikation, ist das reale Werbeobjekt durch ein Zeichen vertreten.

Die folgende Darstellung zeigt den Unterschied zwischen der Intention des Text-Senders und der (vom Sender unterstellten) Intention des Adressaten auf:

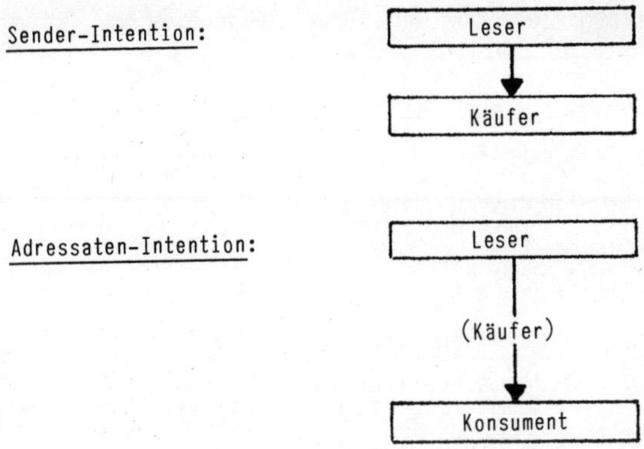

Das Hersteller-Interesse endet in dem Augenblick, wo der Adressat den Kaufentschluß in die Tat umsetzt (3.Phase). Die wichtigste Phase für den Konsumenten dagegen ist die 4.Phase, die des Konsums, auf die alle vorherigen Handlungen, die hier aufgezählt wurden, hinzielen.
Die Anzeigen sind in ihrer Gestaltung ausschließlich am Interesse des Lesers orientiert; in der völligen Ausrichtung ihrer Botschaft auf den Leser hin manifestiert sich ihre Zugehörigkeit zu den *appellativen* Texten. Die tatsächliche Sender-Intention wird dagegen in der Anzeige nicht thematisiert. Die Phase des Kaufs, also die für den Sender wichtigste Phase, die für den Adressaten aber nur eine u.U. negativ konnotierte Schwelle zum Besitz des Produkts darstellt, wird in den Werbeanzeigen nur selten angesprochen, und wenn, so wird stets auf positive Begleitumstände des Kaufs und der Kaufsituation abgehoben. In dieser Diskrepanz zwischen der realen Sender-Intention und der Gestaltung der Botschaft manifestiert sich der *persuasive* Charakter der Werbung.

Ein weiteres durchgängig zu beobachtendes persuasives Verfahren liegt darin, die Konsum-Absicht des Lesers stillschweigend vorauszusetzen. Zur Disposition stehen allenfalls Ort, Zeitpunkt und weitere Umstände der Realisierung des Konsum-Wunsches. Vor allem diese werden daher in der Anzeige thematisiert.

Unsere Ausgangs-Überlegungen lassen bereits die Vermutung zu, daß die vier Phasen, die als situative Realisierungsrahmen (Sit_2) für die Imperative in Frage kommen, unterschiedlich häufig in unserem Korpus vertreten sind. So dürfte vor allem die Zahl der Imperative, die sich auf die Kauf-Phase (Phase 3) beziehen, sehr gering sein; am stärksten wird dagegen die Phase 4 (Konsum) vertreten sein.

Diese Ausgangs-Hypothese wird, wie die weiteren Ausführungen zeigen werden, voll bestätigt. Es wurde bereits darauf hingewiesen, daß die Imperative bei aller semantischen Verschiedenheit der Imperativ-Verben in der Regel zum Handeln auffordern; leitmotivisch für diesen Versuch, den Leser zu aktivieren, ist der Imperativ 'agissez'.[1]

Den vier Phasen, die der Leser auf dem Weg zum Konsumenten durchläuft (vgl. S. 242), lassen sich folgende Teilhandlungen zuordnen, wobei der Adressat identisch mit dem (intendierten) Handlungsträger ist:

1. Rezeption der Anzeige:
   - Ansehen des Bildteils
   - Lesen der verschiedenen Textteile
   - Beschäftigung mit der aufgenommenen Botschaft

2. Einholen weitergehender Information:
   - Ausfüllen, Ausschneiden, Einsenden eines Coupons
   - Schriftliche oder telefonische Anforderung von Information bzw. eines Vertreterbesuchs
   - Lesen der angeforderten Broschüren
   - Kontakt mit einem Vertreter
   - Gang zum Händler: Ansehen und Ausprobieren des Werbeobjekts
   - Probe-Konsum
   - Auswerten der erhaltenen Information:
     Abwägen von Vor- und Nachteilen des Artikels,
     Vergleich mit Konkurrenzprodukten
   - Entscheidung zum Erwerb des Produkts

3. Erwerb des Produkts

4. Konsum der Ware

In allen vier Situationsrahmen ist außer dem Adressaten in seinen jeweils verschiedenen Handlungsrollen stets auch das Werbeobjekt, vertreten durch ein Zeichen (Bild und/oder Sprache) oder real vorhanden, gegenwärtig. Diese vier Phasen beschreiben zugleich die zunehmende Annäherung des Lesers an den Werbegegenstand:

1. Phase: Das Produkt kann (soweit möglich) im Bildteil dargestellt, im Textteil genannt und beschrieben sein.

2. Phase: Es ist im Coupon oft genannt.
In den angeforderten Broschüren ist es in Bild und Text ausführlich dargestellt.

---

[1] Vgl. dazu Kap. 3.4.3.2.

Bei einem etwaigen Vertreterbesuch ist das Objekt, soweit das möglich ist, real vorhanden; ein erster Kontakt zwischen potentiellem Käufer und dem Produkt kann sich ergeben.

Beim Händler ist das Produkt selbst vorhanden, ein unmittelbarer Kontakt zwischen potentiellem Käufer und Produkt ist möglich; beim Ausprobieren, d.h. probeweisem Konsum wird der Kontakt intensiviert.

3. Phase: Erwerb des Produkts: Ein Exemplar des Produkts geht in den Besitz des Käufers über.

4. Phase: Konsum: Nach dem Erwerb beliebig intensiver Kontakt zwischen Konsument und Produkt, über das dieser nun die volle Verfügungsgewalt hat.

Die hier definierten vier Bezugs-Situationen für Imperative in ihrer linearen Abfolge sind natürlich nicht die einzigen, die als Realisations-Situationen Sit_2 für die Imperativ-Handlung vorkommen; doch sie sind für den Texttyp 'Anzeigenwerbung' und damit für die Bestimmung der werbetypischen Imperative die sowohl quantitativ wie qualitativ wichtigsten. Es sind sukzessiv angeordnete Phasen der Realisierung der Textintention durch den Adressaten, die aufgrund der bekannten pragmatischen Bedingungen des Kommunikationstyps 'Werbung' wie auch aufgrund innertextlicher Angaben relativ präzise bestimmbar sind, und zwar sowohl hinsichtlich ihrer Raum-Zeit-Dimension wie auch hinsichtlich der Besetzung der in ihnen angelegten Handlungsrollen. Sie sollen daher im folgenden als Ordnungsprinzip für die Klassifikation der Imperative nach dem pragmatischen Gesichtspunkt ihres Situationsbezugs fungieren.

3.5.1. Die Rezeption der Anzeige

Ein besonderes Charakteristikum der Werbe-Anzeige liegt darin, daß bei ihrem Adressaten in der Regel nicht der Wille zur Rezeption des Texts vorausgesetzt werden kann; sein Interesse ist in erster Linie auf den redaktionellen Teil der Zeitschrift gerichtet, die der Anzeige als Werbeträger dient. Dieser Umstand bestimmt wesentlich die Gestaltung der Anzeige und die Art und Weise, wie ihre Botschaft in Bild und Text umgesetzt wird. Im Texttyp 'Anzeigenwerbung' haben sich eine ganze Reihe von Appell-Strategien herausgebildet, die das Interesse des Zeitschriftenlesers erregen, wachhalten und auf das Werbe-Produkt selbst lenken sollen. Dies ist in der Anzeigenwerbung insofern schwierig, als das Produkt, für das geworben wird, ja niemals unmittelbar gegenwärtig ist - im Gegensatz etwa zur Werbung im Geschäft, wo die Rezeption der Werbung, die Wahrnehmung des Produkts, der Kaufentscheid und die Realisierung des Kaufakts in unmittelbarer zeitlicher Abfolge und am gleichen Ort möglich sind.

Die Anzeigen sind daher überwiegend auf die einen etwaigen Kaufentscheid vorbereitenden Phasen gerichtet: Sie sollen den Leser in einen ersten Kontakt mit dem Werbe-Objekt bzw. dessen Stellvertreter bringen und die Intensivierung dieses Kontakts vorbereiten. Im Rahmen dieser Strategie erweist es sich als nützlich, den Leser zum Handeln aufzufordern: Wenn es gelingt, ihn aktiv werden zu lassen, ist ein wesentlicher Schritt im Hinblick auf die spätere Kauf-Handlung bereits getan - auch wenn dieses Handeln nicht unmittelbar auf einen späteren Kaufakt ausgerichtet ist.

Die erste Möglichkeit, ihn zu aktivieren, ist durch die Kommunikations-Situation bestimmt, in der er sich bei der Lektüre der als Werbeträger dienenden Zeitschrift befindet: Er soll zur Rezeption der Anzeige veranlaßt werden. Die erste Wahrnehmung der Werbebotschaft geschieht nicht-intentional - sie erfaßt in der Regel zunächst das Bild, evt. noch die meist auffällig gestaltete Headline. Diese erste Rezeption führt häufig bereits zum Erkennen des Textes als Werbung; sie entscheidet, ob der Leser weiterblättert oder trotz der Identifikation des Texttyps bei der Anzeige verweilt. Seine Entscheidung, die Anzeige weiterzulesen, ist in jedem Augenblick reversibel; dem hat die Gestaltung Rechnung zu tragen. Sie tut dies vor allem dadurch, daß sie einen scheinbaren Dialog mit dem Leser eingeht: Er wird zum Gegenüber, zum Gesprächspartner, und dies oft weit stärker als im redaktionellen Teil der Zeitschrift. Sprachlich manifestiert sich das vor allem in der Verwendung von Pronomina der 2.Person Plural, in der vokativischen Anrede des Adressaten sowie nicht zuletzt in der Verwendung des Imperativs, der im redaktionellen Teil ebenfalls wesentlich weniger vertreten ist.

Darüber hinaus wird das Wachhalten des Leserinteresses vor allem durch einen hohen Vertextungsgrad der Anzeige erreicht, der zugleich die Vermittlung der Botschaft sichert. Ein gewisses Maß an Redundanz der Information ist dafür unerläßlich: Sie äußert sich in dem wechselseitigen Verweis vom Text auf das Bild, vom Bild - besonders, wenn es nach einer Interpretation durch Sprache verlangt - auf den Text; durch Verweis von einem Teiltext auf den anderen; durch Repetition innerhalb des visuellen Bereichs wie auch und vor allem innerhalb des sprachlichen Bereichs; schließlich durch Repetition, die durch parallele und komplementäre Referenzidentität beider Zeichentypen (Bild und Sprache) zustandekommt.

Die Verknüpfung zwischen den unterschiedlichen Teilen der Anzeige erfolgt neben lokaldeiktischen Elementen wie 'voici' und 'voilà' vor allem durch die Imperative 'lisez' und 'regardez'.

Beispiele:

653 HL: *"Pour savoir comment se construire un solide capital, / **lisez**"*
(Abb. 12)

Hier stellt der Imperativ 'lisez' die Verbindung zwischen der Headline und dem nachfolgenden umfangreichen Fließtext her: einmal durch seine Positionierung, zweitens durch die mittelgroße Schrifttype, drittens und vor allem durch seine syntaktische Einbindung. Er kann sowohl als Hauptsatz die syntaktisch abhängige Headline komplettieren; ebensogut kann er aber auch als Fließtext-Anfang gelesen werden, der mit dem Objektsatz 'comment se construire un solide capital' fortgesetzt wird. Schließlich kann er auch als isolierter Imperativsatz verstanden werden - wobei der gesamte Fließtext als zu ergänzendes direktes Objekt in Frage kommt. Diese Lesart wird noch unterstützt durch den Parallelismus mit dem in gleicher Type gesetzten Imperativ 'découpez', der den (typographisch durch eine gestrichelte Linie abgesetzten) Coupon als direktes Objekt einbezieht.

654 1.HL: *"Pour comprendre la supériorité de ceci:*
2.HL: ***lisez** cela."*
(Popson Quartz, hi-fi; NO, 14.11.77, 80)

Auch in diesem Fall verweist der Imperativ, unterstützt durch ein deiktisches 'cela', auf den nachfolgenden Fließtext, während die erste Headline mit der Deixis von 'ceci' auf den Bildteil der Anzeige verweist; sie hat vermittelnde Funktion zwischen dem wohl als erstes wahrgenommenen Bild und dem nur nach einer bewußten Leseentscheidung rezipierbaren Fließtext.

Fokusbildende Funktion hat der Imperativ auch in folgendem Fall, wo er kataphorisch auf die nachfolgende Passage verweist:

655 FT: *"(...) Les Caisses d'Epargne 'Ecureuil': sachez vous en servir. A travers plusieurs formules qui sont expliquées ci-après. **Lisez** bien: Il y en a certainement qui vous intéressent.(...)"*
(Caisse d'Epargne, banque; Exp, 27.9.80, 90/91)

Auch hier ist 'lisez' mit einem deiktischen Element, 'ci-après', kombiniert, das als kataphorischer Textverweis fungiert.

Während 'lisez' sich ausschließlich auf sprachliche Teiltexte der Anzeige bezieht, kann 'regardez' sich auf Bild und Text beziehen.

656 FT: *"(...) **Regardez** ces prix et comparez-les avec les prix réguliers. Ce sont les tarifs Apex, du 1-10-77 au 30-6-78, aller-retour à partir de Paris:(...)"*
(Air Canada, compagnie aérienne; Pt, 17.10.77, 52)

Hier verweist der Imperativ auf eine unmittelbar nachfolgende Textpassage im gleichen Fließtext; die weitgehende Synonymie mit 'lisez' ist angesichts der optischen Dimension von Sprache in schriftlichen Texten nicht überraschend.
Dennoch ist dieser Imperativ in der Werbeanzeige weitaus häufiger Bildverweis denn Textverweis. Unter dem Titel "le nouveau rustique" zeigt der Bildteil einer Möbel-Anzeige ein Wohnzimmer, auf das der Text wie folgt Bezug nimmt:

657 FT: *"Vous aimez le rustique? Et vous aimez aussi vivre en ville! Aujourd'hui ce sont des goûts tout à fait conciliables!* ***Regardez...*** *Le canapé de ce salon est recouvert d'un tissu 'sport' (...)"*
(Roche-Bobois, meubles; MMC, April 77, 3)

Der Fließtext der Anzeige ist wie folgt aufgebaut:

1.: Kontaktaufnahme mit dem Leser durch eine rhetorische Frage; Aufbau eines Gegensatzes ('Vous aimez a - mais vous aimez aussi b'), der die Behauptung vorbereitet:

2.: a schließt b nicht aus.

3.: Beginn der Beweis-Phase:
Zunächst durch deiktischen Verweis auf das Photo, das wegen seines hohen Ikonizitätsgrads oft für die Glaubhaftmachung einer Aussage eingesetzt wird; anschließend folgt die Versprachlichung des Bildteils, wodurch zugleich die Rezeption des Bildes durch den Betrachter gesteuert wird. Der Text selektiert die für die Werbebotschaft wichtige visuelle Information: Er fokalisiert die Wahrnehmung des Lesers auf das Werbe-Objekt, die Polstergarnitur nämlich. Der Verweis auf den Bildteil der Anzeige erfolgt durch den Imperativ 'regardez...', der damit zugleich die Beweis-Phase einleitet.

Es wurde bereits darauf hingewiesen, daß bei den Imperativformen nicht selten Verbergänzungen fehlen. (Vgl. Kap. 3.4.1.) Hier fehlt, wie so oft, das direkte Objekt; an die Stelle eines versprachlichten zweiten Aktanten tritt der Bildteil der Annonce. In anderen Anzeigen wird beim Verweis auf den visuellen Teil der Zeichencharakter des Bildes nicht übersprungen, sondern durch Bezeichnungen wie 'image', 'dessin', 'photo', 'croquis' u.a. sprachlich manifest.

Im folgenden Fall sind Headline und Fließtext durch die mehrfache Wiederholung von 'regardez' miteinander verknüpft; beide Imperative verweisen auf den Bildteil:

658 2.HL: *"Toyota dehors:* ***Regardez*** *la différence"*

(Die Headline ist aufgrund ihrer sprachlichen Gestaltung wie auch ihrer Positionierung zugleich als Bilduntertitel und Fließtext-Überschrift lesbar.)

1.FT: *"On pourrait croire que le 'Plus' Toyota est uniquement esthétique. Pourtant* ***regardez*** *cette ligne racée et aérodynamique: elle a été mise au point en soufflerie avec un but précis d'économie du carburant.* ***Regardez*** *ses finitions surfines (...)"*
(Toyota, voitures; NO, 22.6.81, 8/9)

Hier liegt die rhetorische Figur der Variatio vor.

Der Verweis auf das Bild steht oft in einem Argumentationszusammenhang, bei dem der visuelle Teil der Anzeige als Beweis für eine nachfolgende Behauptung herangezogen wird - und zwar immer dann, wenn sich zwischen dem bildverweisenden Imperativ 'regardez' und dem nachfolgenden Deklarativsatz 'et vous verrez que...' einsetzen läßt:

659 FT: *"(...) Saba Anatomic.* ***Regardez*** *sa forme. Elle a été moulée sur le corps féminin. (...)"*
(Saba, couches périodiques; E, 9.5.77, 152)

Im folgenden Anzeigentext gibt das Bild den Blick auf eine Landschaft wieder, in deren Vordergrund die schiefergedeckten Dächer mehrerer Häuser zu sehen sind; es handelt sich um eine Werbung für Schiefer als Dachbelag:

660 FT: *"(...) Ayez l'œil d'un peintre - **Regardez** les toits au coucher du soleil. (...)"*
(Ardoisières d'Angers, ardoises; NO, 22.3.77, 60/61)

In einer Anzeige für Kugelschreiber ist das Werbeobjekt zweimal abgebildet: einmal "in Aktion", in einer Frauenhand, vor dem Hintergrund eines beschriebenen Blattes; außerdem noch ein weiteres Exemplar ohne visuellen Kontext (also ohne Hintergrund, ohne Bildtiefe, ohne Schatten etc.) - ein Beispiel für Repetition im Bereich des Bildes:

661 FT: *"(...) **Regardez** le stylo-bille International Classic habillé d'argent Milleraies. 5 grosseurs de bille pour vous permettre de choisir celle qui correspond le mieux à votre écriture (...)"*
(Parker, stylos à bille; Exp, 4.10.76, 167)

Das Werbeobjekt ist häufig wie in diesem Beispiel doppelt in der Anzeige vertreten: einmal sprachlich (hier als direktes Objekt des Imperativs), zum anderen als visuelles Denotat, auf das der Imperativ verweist. Durch die doppelte Präsenz des Werbegegenstands entsteht bereits eine Parallelität zwischen Bild und Text, die nicht selten noch weiter ausgebaut wird - etwa durch den Einsatz von typographischen Mitteln und Lay-out.

Gelegentlich wird der Argumentationstopos benutzt, die nur visuelle Wahrnehmung des abgebildeten Werbeobjekts als defizient zu bezeichnen, um daraus die Aufforderung zum näheren Kennenlernen des Produkts abzuleiten:

662 HL: *"La superbe musicalité d'un ampli Sansui? **Appréciez** la d'abord **avec les yeux.**"*
FT: *"(...) Cependant, ne vous limitez pas à cette seule impression. Ecoutez chez un revendeur Sansui le modèle qui convient à vos besoins (...)"*
(Sansui, hi-fi; NO, 6.11.78, 92/93)

Auch im folgenden Fall knüpft der Fließtext zunächst an den Bildteil an, in dem das Werbeobjekt, ein Büstenhalter, abgebildet ist, um daraus die Aufforderung zum Probekonsum (Phase 2) abzuleiten:

663 FT,Anfang: *"**Regardez** bien Filou. Filou est en coton.(...) C'est sain, c'est naturel et c'est encore plus beau quand c'est de la dentelle. Maintenant, arrêtez de regarder Filou. C'est en allant l'essayer que vous sentirez ce que vous n'avez jamais ressenti.(...)"*
(Filou, soutien-gorge; E, 25.10.76, 91)

Ähnlich argumentiert auch die oben bereits zitierte Toyota-Anzeige (Beispiel 658), wenn sie die 2.Headline "Regardez la différence" in einer 3. Headline als 'Sentez la différence' variierend wiederaufnimmt, um zu folgendem Fließtext hinzuführen:

664 FT: "***Sentez*** *cette voiture qui est faite pour vous. A votre corps: les commandes judicieusement placées. (...) Et sentez maintenant le plaisir de conduire avec des reprises nerveuses(...)*"
(Toyota, voitures; NO, 22.6.81, 8/9)

Auch hier wird zur Phase 2, dem "Probekonsum", übergeleitet.

Allen bisher aufgeführten Verweisen auf das Bild ist gemeinsam, daß auf das im Bild dargestellte W e r b e o b j e k t verwiesen wird, ferner, daß durch den Text eine bestimmte Sehweise induziert oder innerhalb des Bildes eine Lenkung der Aufmerksamkeit auf besondere Aspekte oder Details des Objekts erreicht wird. Häufig hierarchisiert der Fließtext die im Bild gegebenen Informationen und fokalisiert die Aufmerksamkeit auf einzelne visuelle Elemente; er interpretiert und monosemiert damit die visuelle Botschaft.

Neben den bisher genannten Imperativen kommen weitere text- oder bildverweisende Imperative vor. Neutral hinsichtlich des Zeichentyps, auf den die Aufmerksamkeit gelenkt werden soll, ist das gelegentlich vorkommende 'consultez':

665 FT: "*(...) Ainsi l'arme absolue contre les poux existe enfin. Si les chiffres vous intéressent,* ***consultez*** *le tableau ci-contre. Il parle de lui-même. (...)*"
(Para, insecticide; NO, 6.11.78, 124/125)

Zahlreiche Imperative beziehen sich auf das Rezeptions-Verhalten des Lesers, wobei unterschiedliche Aspekte thematisiert sein können:

666 HL: "*Henri Cotte:* ***devinez*** *pourquoi je ne donne que les performances minimales de cette chaîne 9500 Sansui?*"
(Sansui, hi-fi; Pt, 4.11.74, 34)

667 HL: "***Devinez*** *quelle voiture peut être: / un véhicule tous terrains / une bétaillère / une dépanneuse / une voiture de pompiers(...)*"
(Land Rover, voiture; Pt, 17.6.76, 166)

668 HL: *Il suffirait de trois Golfs pour transporter un XV de rugby.*"
FT,Anfang: "*Une équipe de rugby, c'est 15 joueurs.* ***Faites*** *donc* ***le calcul:*** *(...)*"
(Golf, voitures; Pt, 17.10.77, 12)

Diese Imperative sind nicht immer klar gegen die rhetorischen Imperative und die Imperative mit phatischer oder metakommunikativer Funktion abzugrenzen. Das gilt besonders für Ausdrücke wie 'Lisez bien' oder 'notez que', ferner 'rappelez-vous que', 'apprenez que', 'sachez que' u.v.a.

Beispiele:

669 FT: "*(...) Opalia est une ampoule dessinée en forme d'œuf (...) La douceur de sa luminosité, l'ambiance chaleureuse qu'elle dispense font d'Opalia un peu l'âme de la maison. Côté technique,* ***notez*** *qu'Opalia a une ampoule en silice de premier choix (...)*"
(Opalia, ampoules; NO, 6.11.78, 35)

670 FT: "*(...)* ***Notez*** *aussi que Normandy Ferries garantit à tous ses passagers un réel confort:(...)*"
(Normandy Ferries, transports maritimes; NO, 2.5.77, 132)

671 2.FT,Anfang: "*L'or! S'il vous fascine vraiment,* ***apprenez*** *qu'il existe des titres indexés sur lui.(...) S'il ne vous impressionne pas,* ***sachez*** *cependant qu'à certains moments, il peut être opportun d'en détenir dans le cadre d'une diversification bien comprise de vos placements.(...)*"
3.FT: "*(...)* ***Sachez*** *donc que le secret d'une bonne rentabilité c'est de bien connaître les risques.(...)*"
(Les Agents de Change, conseillers de placements; NO, 17.11.80, 116)

Sie kommen als rhetorische Versatzstücke in bestimmten schriftlichen Texten recht häufig vor; da sie vor allem Funktionsträger sind, deren Bedeutung erheblich reduziert ist, ist ihre Zuordnung zur Phase 1 in manchen Fällen problematisch.

Zu den auf die Rezeption der Anzeige bezogenen Imperativen gehören auch 'réfléchissez', 'imaginez a', 'supposez a', 'rêvez à a', 'souvenez-vous de a'. Diese Imperative beziehen sich auf die gedankliche Auseinandersetzung des Lesers mit dem Gelesenen: Sie fordern zum Nachvollzug einer Argumentation auf, sie regen den Adressaten an, sich eine bestimmte Realität vorzustellen, mit der das Werbeobjekt durch den Text der Anzeige in Verbindung gebracht wird. Wenn eine Textpassage mit 'imaginez' eingeleitet wird, folgt oft die Beschreibung einer fiktionalen Situation. Die Evokation von gedachten Situationen ist in Anzeigentexten sehr häufig; nicht selten fehlt allerdings ein Signal für die Fiktionalität des Gesagten wie 'imaginez' oder 'supposez'. Zahlreiche Imperative, die im weiteren Verlauf noch zu behandeln sein werden, sind in ihrem Situationsbezug nur erklärbar unter der Voraussetzung, daß der gesamte Textteil, in dem sie vorkommen, als Beschreibung einer fiktionalen Situation aufgefaßt wird. Dabei überwiegt deutlich ein bestimmter Situationstyp: der der Konsumsituation, bei der der angesprochene Adressat der Anzeige bereits im Besitz des Werbeobjekts ist. Thematisch wird dabei oft das Motiv der 'évasion' entfaltet, so vor allem in der Fremdenverkehrswerbung.[1]

Beispiele:

672 FT,Anfang: "***Imaginez*** *un safari de rêve au Kenya: 10 jours de nature comme vous n'en avez jamais vue (...)* ***Imaginez*** *que la première escale soit Amsterdam (...)* ***Imaginez*** *que vous aidiez votre imagination en allant voir votre Agent de Voyages (...)*"
(KLM, compagnie aérienne; NO, 2.3.81, 100)

Der dritte Imperativ, der am Ende des Fließtexts steht, leitet zur Phase 2, dem Einholen weiterer Information, über.

673 HL: "*Embarquez-vous pour la Croisière excitante GET 27 sur l'Orient-Express.*"
FT,Anfang: "***Imaginez,*** *l'espace d'un instant, le luxe inouï de ce train de rêve.(...)*"
(Pippermint GET 27, boisson alcoolique; Pt, 3.8.81, 82)

---

[1] Eine Untersuchung der Tourismus-Werbung hinsichtlich ihrer bevorzugten Themen und Argumentations-Topoi findet sich bei Laurent 1967:35-50 sowie bei Putschögl-Wild 1978 (am Beispiel deutschsprachiger Ferienkataloge).

674 FT,Anfang: "***Imaginez*** *sur votre peau une douce brise scandinave fraîche et parfumée... C'est le déodorant Vikä. (...)"*
(Abb. 15)

675 FT,Anfang: "***Imaginez*** *le parcours du rasoir sur votre visage: c'est vraiment un parcours sur terrain difficile. (...)"*
(Schick Pivot, rasoirs; Exp, 27.9.80, 237)

676 FT: *"(...)* ***Imaginez*** *vos problèmes multipliés par des milliers et des milliers de rasages.(...)"*
(Braun, rasoirs; Exp, 24.11.75, 16)

'Souvenez-vous' leitet die Darstellung einer Situation ein, die in der Vergangenheit angesiedelt ist. Die anschließende Passage hat immer die - ansonsten in der Werbesprache recht seltenen - Tempora der Vergangenheit:

677 FT,Anfang: "***Souvenez-vous*** *78. L'automne fût exceptionnel, ensoleillé comme rarement. Dans nos vergers les pommes à cidre n'avaient jamais été aussi belles, aussi bonnes.(...)"*
(Cidre, producteurs réunis; FMag, Mai 79, 28/29)

Ob die in der Anzeige beschworene fiktionale Situation einem tatsächlichen bzw. zu vermutenden Erfahrungswissen des Lesers entspricht, wie die Verwendung von 'souvenez' suggeriert, ist dabei für den Argumentationsgang unwichtig; der Imperativ signalisiert lediglich, daß eine erzählende Passage folgt, und setzt diese dank seiner Adressatenansprache in einen engeren Bezug zum Leser.

678 FT,Anfang: "***Souvenez-vous*** *des 24 Heures du Mans 1972. La Ford Capri y a démontré, une fois de plus, sa vocation sportive: (...)"*
(Ford, voitures; Exp, 23.10.72, 32/33)

679 HL: "***Souvenez-vous*** *de la première fois"*
FT: "***Souvenez-vous*** *comme cela vous a soulagée quand on vous a parlé pour la première fois des tampons Tampax. (...)* ***Souvenez-vous*** *comme cela vous a changé la vie d'utiliser des tampons Tampax pendant vos règles (...)"*
(Tampax, tampons hygiéniques; E, 9.5.77, 200)

680 FT,Anfang: "***Souvenez-vous.*** *Dès votre première cigarette, votre organisme essayait de vous dire quelque chose. Mais cigarette après cigarette, vous avez mis fin à sa résistance. (...)"*
(MD 4, traitement anti-tabac; Exp, 4.10.76, 176)

681 HL: *"Retrouvez, par la douceur, la beauté des cheveux d'autrefois."*
FT,Anfang: "***Rappelez-vous.*** *Ces cheveux d'or (...)"*
(Ecoflor, shampooing; E, 1.11.76, 104)

682 FT: *"(...)* ***Songez*** *à Acapulco (...)"*
(Mexico, tourisme; R, Juni 72, 151)

Neben diesen Imperativtypen sind noch einige weitere zu beobachten, die zu konkreten Handlungen auffordern, welche jeweils zum Zeitpunkt der Anzeigen-Lektüre realisierbar sind. Dazu gehören vor allem die Imperative, die zum Beantworten von im Text gestellten Fragen, zum Ausfüllen von Fragebogen und sonstigen Handlungen auffordern.

Beispiele:

683 FT,Anfang: "***Arrachez*** *cette page. Un jour ou l'autre, vous aurez envie d'écouter votre morceau préféré en quadrophonie. Voici quelques adresses utiles.(...)*"
(Sansui, hi-fi; R, Juni 72, 6)

684 FT,Ende: "*(...)* ***Prenez*** *une feuille 21 x 29,7 et mesurez votre mobilier de bureau actuel. Vous mesurerez en même temps l'intérêt du R.M.S.*"
(Roneo, équipement de bureau; Pt, 17.10.77, 210/211)

Gelegentlich wird der Leser aufgefordert, einen Versuch oder Test durchzuführen; dessen Ergebnis wird im Anzeigentext bereits formuliert und als Beleg für eine aufgestellte Behauptung in den Argumentations-Gang eingebunden:

685 FT,Anfang: "***Mettez*** *votre café moulu à côté de notre café moulu. Votre mouture est beaucoup plus grosse, n'est-ce pas? (...)*"
Bilduntertitel/FT-Überschrift: "***Mettez*** *votre café moulu ici.*"
(Abb. 13)

Auch in diesem Fall ist der Imperativ wieder mit einem lokaldeiktischen Element ("ici") verbunden - das ist für den Imperativ der Phase 1 typisch und kommt praktisch nur hier vor.

Oft wird versucht, die Beschäftigung des Lesers mit der Anzeige dadurch zu verlängern, daß Fragen gestellt oder Aufgaben erteilt werden - dies geschieht oft mit Hilfe von Preisausschreiben, deren Bedingungen in der Anzeige formuliert werden, Tests, Rätseln, Rechenaufgaben, Quiz etc.

686 1.FT,Ende: "*(...) Gégé qui connaît bien vos enfants, a imaginé un jeu sous forme de test qui peut vous permettre de déceler certaines tendances.* ***Essayez!***"
2.FT,Anfang: "*Le principe est simple:* ***entourez*** *la lettre désignant la phrase qui correspond le mieux (selon vous) aux goûts de votre enfant.(...)*"
hors texte: "***Tournez*** *la page et* ***découvrez*** *les résultats...*"
Überschrift: "***Comptez*** *le nombre de réponses A et le nombre de réponses B*"
(Abb. 14)

In der folgenden Anzeige soll ein Schauspieler erraten werden:

687 HL: "***Devinez*** *qui boit nos Rivesaltes à l'apéritif?*"
hors texte: "***Tournez*** *la page et gagnez une Honda Goldwing 1000cm³.*"
(Rivesaltes, vins; E, 1.11.76, 86/87/89)

In beiden Beispielen umfaßt die Anzeige mehrere Seiten, so daß "tournez la page" auch die Funktion hat, zur Kohärenzbildung zwischen den einzelnen Teilen der Anzeige beizutragen. Damit nähert sich dieser Imperativ den anfangs erwähnten bild- bzw. textverweisenden Imperativen an:

688 FT,Ende: "*(...) Demandez à Rosières de vous aider. (Et en attendant,* ***tournez*** *la page pour en savoir un peu plus sur les cuisinières Rosières.*"
(Rosières, cuisinières électriques; MT, Nov. 76, 204/205 u. 207)

Im nächsten Beispiel ist eine metaphorische Umschreibung für diesen Imperativtyp gewählt worden:

689 HL: "*Envolez-vous pour l'autre page avec Air Canada.*"
(Office de Tourisme du Canada; NO, 7.2.77, 82/83)

Eine ganz andere, provozierende Argumentations-Strategie wird in der folgenden Anzeige verfolgt:

690 HL: "*Barilla presenta la sua collezione no. 1*"
FT-Anfang: "*Si vous pensez que ces pâtes sont des pâtes comme les autres, **tournez** la page et continuez à manger des nouilles. Les Barilla ne sont pas pour vous. (...)*"
(Barilla, nouilles; Exp, 27.9.80, 94/95)

Der stark dominierende Bildteil zeigt 10 verschiedene Nudelsorten; an diesen knüpft der Anfang des Fließtextes mit dem Demonstrativum "ces" unmittelbar an. Indem der Fließtext den Leser zum Überblättern der Anzeige auffordert, verstößt er zunächst scheinbar gegen Gestaltungs-Konventionen der Werbung; doch wird damit zugleich eine Erhöhung der Originalität und damit des Aufmerksamkeitswertes der Anzeige erreicht, die den Leser zur intensiven Beschäftigung mit der Anzeigenargumentation führen soll. Zugleich findet eine scheinbare Leserselektion durch ein entsprechendes Identifikationsangebot ("le gourmet", "le connaisseur") statt; dies hat letztlich die Funktion, das Werbeobjekt selbst aufzuwerten.

Wie die Beispiele zeigen, stehen die meisten Imperative der Phase 1 im Fließtext.

3.5.2. Das Einholen weiterer Information

Die Imperative, die sich im weitesten Sinne auf das Einholen von zusätzlicher Information beziehen, sind mit Abstand am zahlreichsten. Alle denkbaren Möglichkeiten, die in der Anzeige gebotene Information auszubauen, sind durch Imperative in unserem Korpus vertreten. Sie sind alle unter dem leitmotivischen Imperativ 'informez-vous' oder 'renseignez-vous' subsumierbar, die selbst allerdings wenig vertreten sind:

691 hors texte: "***Renseignez-vous** auprès de votre agent de voyage ou de Singapore Airlines(...)*"
(Singapore Airlines, compagnie aérienne; NO, 9.10.78, 29)

692 hors texte: "***Informez-vous** ici sur la bague de fiançailles en diamant.*"
(Fédération Nationale des Bijoutiers-Joaillers; NO, 3.11.80,38)

Einige Imperative knüpfen unmittelbar an die Rezeptionssituation an - so z.B., wenn sie sich in ihrem propositionalen Gehalt auf Tätigkeiten wie das Ausfüllen des Coupons beziehen. Im Gegensatz zu den auf die Rezeptionssituation bezogenen Imperativen haben die der Phase 2 zugehörigen Imperative eine weitergehende Präsupposition: Sie setzen das Interesse des Lesers an der angebotenen Ware oder Dienstleistung bereits voraus sowie dessen Bereitschaft, seinerseits aktiv zu werden, um mehr über den Werbegegenstand zu erfahren.

Beispiele:

693 Coupon: "*Cochez la case correspondante*"
('Savoir photographier', livre par correspondance; NO, 25.11.77, 20/21)

694 FT,Ende: "*(...) **Découpez** ce bon et **adressez**-le (...) à(...)*"
hors texte: "***Ecrivez** ici*"
"***Recopiez** simplement cette phrase: (...)*"
"*(**N'oubliez pas de signer**)*"
(Abb. 1)

695 FT,Ende: "*(...)Si vous voulez savoir plus, **écrivez**-nous en utilisant le bon à découper.*"
(Abb. 9)

696 kleinere HL: "***Découpez***"
Coupon: "***Remplissez** ce bon et **renvoyez**-le à: (...)*"
(Abb. 12)

697 Coupon: "***Retournez** ce bon à (...)*"
(Abb. 17)

698 Coupon: "***Découpez** le coin de cette annonce et **expédiez**-le à Pier Import (...) pour recevoir gratuitement le prochain numéro du magazine 'Made in ailleurs'.*"
(Pier Import, magasin; FMag, Mai 79, 14/15)

699 FT,Ende: "*(...) Pour obtenir une documentation complète, **écrivez** à Advent-Informations - Maison Brandt Frères (...)*"
(Advent, enceintes; NO, 20.11.78, 38)

700 FT,Ende: "*(...) **Répondez** aujourd'hui. Faites-vous un avis par vous-même en demandant votre dossier 'Universalis' dès aujourd'hui.(...) **Postez** vite le bon ci-dessous ou **appelez** le 320.02.31*"
(Club Français du livre, vente de livres par correspondance; NO, 23.10.78, 13)

701 Coupon: "*Si vous souhaitez connaître l'histoire du cuir, **adressez**-nous ce bon complété de vos nom et adresse.*"
(Guermonprez, meubles en cuir; NO, 9.10.78, 114)

702 FT: "*(...)Pour préparer votre visite, **réclamez** le 'Guide des Constructeurs'.(...)*"
(Village des Florélites, immobilier; Exp, 8.10.82, XXIX)

703 Coupon: "*Pour profiter de cette offre(...), **veuillez retourner** ce coupon à Rank Xerox (...)*"
(Rank Xerox, ordinateurs; Exp, 8.10.82, 70/71)

704 hors texte: "***Découpez**, **remplissez** et **retournez** très rapidement la demande de documentation ci-dessous à:(...)*"
(Clubhôtel, copropriété; Exp, 4.10.76, 91)

705 Coupon: "*Si vous voulez la brochure Jumbo, **écrivez** ci-dessous votre nom et votre adresse complète.*"
(Jumbo, voyages; NO, 29.4.78, 102)

Die Aufforderung zum Ausschneiden des Coupons kann auch metonymisch verfremdet sein:

706 HL: "*Pour montrer votre kit, **prenez** d'abord **une paire de ciseaux.***"
(Heathkit, hi-fi; SV, März 74, 135)

Andere Aufforderungen zur Kontaktaufnahme:

707 FT,Ende: *"(...) **Prenez contact** avec la Division des Systèmes de Grande Diffusion (...)"*
(IBM, ordinateur; NO, 6.11.78, 123)

708 Coupon: *"**Téléphonez, passez** nous voir, ou envoyez ce coupon à (...)"*
(Maisons Chalet Idéal, immobilier; Exp, 4.10.76, 26/27)

709 Coupon: *"Pour toute information sur la NP 50 ou les 6 autres copieurs de la gamme Canon, **appelez** Canon-France (...)"*
(Canon, copieurs; NO, 29.4.78, 101)

710 2.HL: *"Pour l'admirer, l'essayer et l'acheter, **adressez-vous** aux revendeurs spécialisés."*
FT,Ende: *"(...) Mais essayez donc vous-même!"*
(Abb. 19)

711 FT,Ende: *"(...) Ecrivez ou **téléphonez** à KLM (...) ou **contactez** votre agent de voyages."*
(KLM, compagnie aérienne; NO, 22.1.79, 89)

712 FT,Ende: *"(...) **Consultez** votre agent de voyage, ou **contactez**-nous:(...)"*
(Iberia, compagnie aérienne; CA, Sept. 71, 90)

Wie die Beispiele zeigen, treten häufig mehrere dieser Imperative zugleich auf. Sie beziehen sich auf alternativ oder sukzessiv zu realisierende Handlungen. Sie erscheinen vor allem in zwei Positionen: am Ende des Fließtexts und auf den Coupons, ferner in Textzusätzen ('hors texte') in unmittelbarer Nähe von Fließtext-Ende und Coupon, also üblicherweise rechts unten auf der Seite. Im Gegensatz zu den Imperativen der anderen drei Phasen haben diese Imperative in der Regel einen stark denotativen Kontext: Er enthält Telefon-Nummern und/oder eine Kontaktadresse. Das kann die Geschäfts-Adresse des Anbieters sein, die Adresse von Einzelhändlern, Geschäften, Filialen; gelegentlich fungiert auch die Werbeagentur als Kontaktadresse für das gewünschte Leser-Feedback.

Auf die Lektüre von Informationsbroschüren, Katalogen u.a. bezogene Imperative:

713 FT: *"(...) Le papier Graph est pré-encollé et lavable. 18F le rouleau. Si vous imaginez mal le résultat, **feuilletez le catalogue** Habitat, **jetez un regard** sur les pages 5, 10, 34... Vous verrez ce que peut la géometrie Graph avec les meubles en hêtre, les coussins beiges, une moquette sable, (...)"*
(Habitat, vente par correspondance; NO, 6.11.78, 120/121)

714 FT: *"(...) Un salon de bains n'est pas une salle de bains chère. **Consultez la brochure** Allibert, les prix vous étonneront. (...)"*
(Allibert, équipement de salles de bains; NO, 6.11.78, 146/147)

715 FT: *"(...) **Ouvrez le catalogue** de La Redoute (il y en a peut-être encore chez votre marchand de journaux) et regardez. Regardez et lisez. (...)"*
(La Redoute, vente par correspondance; MCl, Okt. 76, 178/179)

Diese Imperative haben eine Realisations-Situation, in der der Leser bereits im Besitz des Informations-Materials ist.

Einen Sonderfall stellt die Anforderung eines Probeexemplars dar bzw. die (vorerst kostenlose) Probebestellung mit der Möglichkeit der Rückgabe des Artikels innerhalb eines festgelegten Zeitraums:

716 Kap.-Überschrift: *"Pour vous faire une opinion, **examinez** gratuitement et sans engagement le premier volume"*
(Historama, livre par correspondance; NO, 15.1.79, 77)

717 HL: *"**Essayez** une de ces pipes durant 30 jours / et recevez un stylo bourre-pipe gratuitement."*
FT: *"(...) Mais ne me croyez pas sur parole. **Essayez**-la vous-même pendant 30 jours. **Fumez**-la tant que vous voudrez et vous verrez qu'elle reste toujours aussi douce. N'envoyez pas d'argent. Postez le coupon ci-dessous et je vous ferai parvenir gratuitement une documentation (...)"*
(Markal Sarl.E.A.Carey, pipes; NO, 27.10.80, 137)

Dies gilt allerdings nur für eine bestimmte Produktgruppe - meist Artikel, die über den Versandhandel bezogen werden, vor allem Bücher und Schallplatten. Hier liegt bereits ein Sonderfall des "Probekonsums" vor.

Sehr viel häufiger ist die Aufforderung, sich zwecks näherer Information zu einem Händler zu begeben und sich das Werbeobjekt dort anzusehen, sich beraten zu lassen, sich dort weiteres Prospektmaterial aushändigen zu lassen.

Beispiele:

718 FT,Zwischenüberschrift: *"**Venez parler technique** avec des vendeurs conseils."*
(BHV, département hi-fi; NO, 6.11.78, 135)

719 FT,Ende: *"(...) Alors, **allez voir** cette grande élégante chez l'un de nos 300 Concessionnaires et Agents."*
(Toyota Carina, voitures; NO, 1.6.81, 7)

720 FT: *"(...) Evitez-vous des recherches et des erreurs: **allez voir** notre concessionnaire qui vous conseillera (...)"*
(Interlübke, meubles; CA, Sept. 71, 16)

721 FT,Anfang: *"Que vous souhaitiez partir en avion, en bateau ou en autocar, que vous ayez envie d'aller à Bangkok, à Palma ou tout simplement aux Arcs (...), **passez** chez Wagons-Lits Tourisme (...)"*
FT,Ende: *"(...) **Entrez** dans l'une des agences Wagons-Lits Tourisme (...)"*
(Wagons-Lits, tourisme; NO, 24.3.80, 118/119)

722 1.FT,Ende: *(...) **Rencontrez** un Agent de Change et **parlez**-lui Fonds Communs de Placement. Vous risquez de changer d'avis."*
3.FT,Ende: *"(...)Ce secret-là appartient aux Agents de Change; **venez les voir**. Ils en ont bien d'autres à vous dévoiler..."*
4.HL: *"**Renseignez-vous.**"*
4.FT,Anfang: *"Pour obtenir réponse à toutes vos questions et rencontrer un Agent de Change, **venez** dès aujourd'hui(...)"*
(Les Agents de Change, conseillers de placements; NO, 17.11.80, 116)

723 hors texte: *"**Visitez** notre nouveau centre national d'information(...)"*
(Phénix, immobilier; MMC, April 77, 22/23)

724 FT: *"La première fois que vous entrerez dans l'un des 7 magasins du groupe Quartz, **demandez** d'abord un exemple (gratuit) des 'Dossiers Quartz 78'. (...)*

__Venez__ l'écouter, vous aussi, Dossiers en main. Pour nous poser les bonnes questions."
(Popson Quartz, hi-fi; NO, 14.11.77, 80)

725 FT,Ende: *"(...) __Venez__ juger vous-même en prenant l'ascenseur panoramique."*
(Sinvim, immobilier; NO, 14.11.77, 138)

726 FT: *"(...) __Visitez__ l'appartement décoré, sur place(...)"*
(Cogédim, immobilier, NO, 9.10.78, 13)

Mit diesen Aufforderungen ist sehr oft der Vorschlag verbunden, sich das Werbeobjekt vorführen zu lassen bzw. es selbst auszuprobieren. Kennzeichnend für diesen Aspekt ist der sehr häufige Imperativ "essayez":

727 FT,Ende: *"(...) Si vous voulez redécouvrir le plaisir de la route, __essayez__ le Philips AC 860."*
(Philips, autoradio; Exp, 4.10.76, 196)

Diese Situation des Probekonsums kann in vielfältiger Weise ausgestaltet werden; oft gibt sie den Rahmen für die gesamte Anzeigengestaltung ab. Wenn sie nicht explizit als solche gekennzeichnet ist, ist sie für den Leser doch meist leicht als solche erschließbar.

Beispiele:

728 FT: *"(...) Maintenant, à supposer que vous soyez intéressé par Kenwood, __laissez-vous__ un peu __aller__. __Parlez__ de votre tempérament musical (...)"*
(Kenwood, hi-fi; NO, 14.11.77, 121)

Hier ist durch "à supposer que" ein expliziter Hinweis auf die Fiktionalität der Realisations-Situation für die Imperativ-Handlung gegeben. Wie aber bereits in Phase 1 beschrieben, muß auch hier oft ein implizites 'imaginez' angesetzt werden, um die Fiktionalität der evozierten Situation, die ja die Bezugs-Situation Sit_2 für die im Text vorkommenden Imperative ist, deutlich zu machen.

729 HL: *"Faites le plein de sensations."*
FT: *"Les aigris vous traiteront peut-être d'esthète rétrograde, mais pourquoi capituler devant la tristesse et la laideur? Réagissez. Manifestez votre amour des belles choses et défendez votre droit au plaisir. __Goûtez__ aux nouvelles Matra-Simca Bagheera. __Effleurez__ la carrosserie du bout des doigts, __caressez__-la des yeux; __laissez-vous envelopper__ par le raffinement, le confort et le silence de l'habitacle. __Taquinez__ l'accélérateur et __coulez-vous__ crânement dans les virages les plus serrés. Si vous ne vous résignez pas aux 'machines-à-rouler', __essayez__ une Matra-Simca Bagheera. Faites le plein de sensations."*
(Matra-Simca Bagheera, voitures; L, Okt. 76, 6/7)

730 FT: *"(...) __Faites__ ce test. Les basses: __écoutez__ la grosse caisse, vous entendez la peau vibrer avec du volume. (...)"*
(Advent, enceintes; NO, 14.11.77, 106)

731 FT: *"__Prenez__ le Nikon FM en main, première constation. Vous le sentez présent. (...) __Ouvrez__ le boîtier. Vous vous rendez compte de la façon dont ce compact a été conçu. (...)__N'ayez pas peur__ de passer brutalement de l'ombre à la lumière. (...) __Appuyez__ sur le déclencheur. Cela se fait en douceur. (...) __Equipez__ le FM*

de son moteur. (...)"
(Nikon, appareils de photo; NO, 14.11.77, 18)

732 1.FT,Ende: *"(...)* ***Ecoutez*** *chez un revendeur Sansui le modèle qui convient à vos besoins et à vos moyens: en matière de musicalité c'est LE test de vérité."*
2.FT,Zwischenüberschrift: *"Croyez-en* **vos oreilles.***"*
FT,Ende: *"(...)* ***Ecoutez*** *les AU-117 et 217 et* ***appréciez*** *par vous-même le qualificatif qui correspond le mieux à leur musicalité."*
(Sansui, hi-fi; NO, 6.11.78, 92/93)

Imperative des Typs "allez essayer x" sind besonders häufig in bestimmten Branchen: Fernsehen und Hi-fi, Personenwagen und Immobilien - bei Werbeobjekten also, die nicht spontan gekauft werden, sondern bei denen eine überlegtere Kaufentscheidung üblich ist.

Im folgenden Beispiel kann der Imperativ sowohl einen Bildbezug herstellen (Rezeptions-Situation, Phase 1), wie auf die Informations-Situation im Geschäft bezogen sein (Phase 2):

733 FT: *"Le rouge a toujours été une couleur difficile pour la télévision. C'est donc une 'bonne' couleur pour juger la technique Schneider. Alors* ***regardez*** *les rouges sur un Schneider. Ils sont vifs et précis comme ils doivent l'être (...)"*
(Schneider, téléviseur couleur; NO, 29.4.78, 15)

Mit dem Probekonsum können weitere, den Kaufentscheid vorbereitende Aktivitäten des potentiellen Käufers angesprochen werden: Hier finden sich auch Aufforderungen, die bisher bekannten werblichen Aussagen über den Werbegegenstand selbst zu überprüfen (und bestätigt zu finden), sich ein Urteil zu bilden, die jeweilige Marke mit den Konkurrenz-Produkten zu vergleichen:

734 FT: *"****Jugez*** *plutôt: (...) Renseignez-vous vite dans un Point de Rencontre Farfisa ou demandez le guide de l'orgue d'appartement Farfisa."*
(Farfisa, orgues d'appartement; NO, 14.11.77, 102/103)

735 HL: *"Regardez et* ***comparez*** *avec les autres 7cv."*
FT,Anfang: "Oui, regardez les autres 7cv, et ***comparez*** *leur équipement (...)"*
FT,Ende: *"(...) Et puis un formidable équipement de série, vraiment hors-série:* ***Jugez*** *plutôt: (...) Maintenant,* ***regardez*** *bien le prix des autres 7cv, et* ***comparez.****"*
(Polski Fiat, voitures; NO, 2.5.77, 131)

736 HL: *"****Regardez*** *les autres.* ***Regardez*** *la nôtre."*
FT: *"(...)* ***Essayez*** *les autres.* ***Essayez*** *la nôtre.(...)"*
(Simca, voitures; NO, 2.5.77, 110/111)

737 FT: *"(...) Pour vous aider à choisir le meilleur téléviseur couleur, Schneider vous donne un conseil: Regardez les couleurs et* ***comparez.*** *Mais* ***soyez exigeants.****(...) Faites le test visage.(...)* ***Regardez*** *attentivement,* ***comparez*** *en toute impartialité.(...)"*
(Schneider, téléviseurs; CA, Sept. 71, 100)

Die Entscheidung des Konsumenten, ein Objekt der jeweiligen Warengattung erstehen zu wollen, wird hier präsupponiert; er wird nun dazu aufgefordert, sich zwischen den Konkurrenzprodukten für die Marke x zu entscheiden.

In einigen Fällen kann die Präsupposition dahingehend erweitert sein, daß die Kaufentscheidung zugunsten der jeweiligen Marke bereits gefallen und nur noch eine Wahl innerhalb der Angebotsskala des inserierenden Herstellers zu treffen ist:

738 FT: *"(...) **Choisissez**, parmi les nombreux modèles d'arroseurs After Sun, celui qui convient le mieux à l'étendue de votre jardin..."*
(KB After Sun, arroseurs; MJMM, Mai 78, 25)

739 hors texte: *"**Choisissez** à la Bagagerie un sac qui vous ressemble et frappez-le de vos initiales. Elles vous sont offertes et posées gracieusement!(...)"*
(La Bagagerie, magasins de cuir; MCl, Okt. 76, 90)

Diese Imperative gehören in einen Übergangsbereich zwischen Phase 2 und 3, ebenso wie die Aufforderung, sich ein Urteil über die Qualität der Ware x durch den Kauf eines ersten (einzelnen) Exemplars zu bilden:

740 FT,Ende: *"(...) Sea Spray est en France maintenant. **Essayez**-le, pour vous faire une idée personnelle. On parie? Vous aurez une très bonne surprise."*
(Sea Spray, Yardley, eau de toilette; MCl, Mai 76, 206)

Dieser Argumentationstyp beschränkt sich auf Verbrauchsgüter, die durch mehr oder weniger regelmäßigen Mehrfachkauf erworben werden und bei denen eine Produkttreue des Verbrauchers aufgebaut werden soll.
Das letzte Beispiel macht noch einmal deutlich, daß es keinesfalls genügt, vom isolierten Imperativsatz auszugehen. Der Imperativ 'essayez' findet sich mit Bezug auf die Phasen 2, 3 und 4; fast immer muß der Kontext zur Determination des propositionalen Gehalts der Imperativ-Äußerung herangezogen werden. Und selbst dann kann die zukünftige Realisations-Situation der Imperativ-Handlung nicht immer eindeutig bestimmt werden.

3.5.3. Der Erwerb des Werbeobjekts

Wenn man sich vor Augen hält, daß der Kauf eines bestimmten Produkts bzw. die Inanspruchnahme einer angebotenen Dienstleistung das eigentliche Ziel ist, zu dem der Adressat der Werbebotschaft hingeführt werden soll, so muß es zunächst überraschen, daß die Kauf-Situation in der Anzeige nur höchst selten thematisiert wird. Das läßt sich bereits bei der Untersuchung der im visuellen Teil der Anzeige dargestellten Motive feststellen. Es überwiegen Abbildungen des Werbeobjekts, isoliert oder "in Aktion"; wenn es zusammen mit einer Person dargestellt ist, dann oft mit einem Konsumentenvertreter, und zwar in einer Konsum-Situation.[1] Die Abbildung des Verkaufsraumes im Bildteil der Anzeige ist dagegen sehr selten; sie kommt gelegentlich im Zusammenhang mit der Aufforderung vor, weitergehende Information

---

1 Vgl. z.B. Abb. 5, 6 und 9 (unteres Bild).

einzuholen (Phase 2).

Diese "Lücke" im Themenkatalog der Bildgestaltung findet ihre unmittelbare Entsprechung in der sprachlichen Gestaltung der Anzeigen. Einige Imperative des Verbs 'acheter' oder seiner unmittelbaren Entsprechungen kommen vor; aber im Verhältnis zu den insgesamt auftretenden Imperativen ist ihre Zahl verschwindend gering. Sie sind außerdem häufig durch den engeren sprachlichen Kontext in besonderer Weise determiniert.

Ein besonderer Typ des Erwerbs des Werbeobjektes liegt dann vor, wenn in der Anzeige bereits die Möglichkeit zur Bestellung vorgegeben ist - also besonders bei Büchern, Zeitschriften-Abonnements, Schallplatten- und Buchklubs sowie bei Versandhaus-Anzeigen. Der Bon, der in der Anzeige erscheint, ist dann bereits das Bestellformular, mit dem der Kaufakt realisiert wird. Dies ist der einzige Fall, wo die Realisation des Kaufakts (Phase 3) zeitlich unmittelbar an die Rezeptions-Situation (Phase 1) anschließen kann.

Beispiele:

741 Coupon: *"Pour recevoir rapidement et sous emballage anonyme, le ou les ouvrages que vous souhaitez,* ***retournez*** *ce bon de commande à (...)* ***Cochez*** *les cases correspondantes"*
(Jane Alson, vente de livres par correspondance; NO, 28.1.80, 85)

742 Coupon (auf der gepunkteten Trennlinie): *"**Coupez.**"*
Coupon: *"**Coupez** ce bon. **Cochez** les produits qui vous intéressent. **Joignez** un chèque (...)"*
(Arugel, cosmétique; NO, 3.3.80, 53)

Wie dieses Beispiel zeigt, decken sich die hier vorhandenen Imperative weitgehend mit denen, die zum Einholen weitergehender Information auffordern.

Daneben kommen auch Imperative performativer Verben vor, die diesen besonderen Kaufakt direkt bezeichnen: "souscrivez x", "abonnez-vous à x", "commandez x" u.a.

Beispiele:

743 FT: *"(...) N'attendez pas tout de la sécurité sociale et de votre entreprise.* ***Souscrivez*** *vous-même une Assurance-Vie. (...)"*
(Assurance-Vie; Exp, 4.10.76, 188)

744 1.HL: *"Aussi robustes que les basques / les torchons Maïder /*
2.HL: *"**Commandez** les directement aux tissages Maïder"*
(Maïder, torchons; JM, April 74, 217)

745 FT,Ende: *"L'école des Parents ne se trouve pas en kiosque.* ***Commandez****-la à l'adresse ci-dessous en joignant un chèque postal ou bancaire."*
(Ecole des Parents, journal; ME, Dez. 77, 51)

746 2.HL: *"Pour vos cadeaux de fin d'année /* ***abonnez*** *vos parents et amis au Nouvel Observateur (...)"*
(Le Nouvel Observateur, hebdomadaire; NO, 15.1.73, 59)

747 HL: "**Abonnez-vous**, *et bénéficiez de la garantie-réception"*
(Le Matin de Paris, quotidien; NO, 14.11.77, 85)

748 FT: *"Pour partir dans huit jours, renseignez-vous et* **réservez** *au Club Méditerranée (...)"*
(Club Méditerranée, tourisme; E, 17.4.78, 46)

An Ersatzformen findet sich auch hier das häufig verwendete "choisissez":

749 HL: "**Choisissez** *3 grands disques ou cassettes pour le prix d'1"*
(Club du Disque Classique, vente de disques par correspondance; NO, 22.1.79, 11)

Bei diesem Kauftyp spielt die Möglichkeit des Probe-Konsums eine wichtige Rolle: Probe-Abonnements von Zeitschriften für wenige Monate, Versand von Büchern oder Schallplatten mit der Möglichkeit der Rückgabe bei Nichtgefallen. Dieser Fall gehört in die Übergangszone zwischen Phase 2 und Phase 3.

Beispiel:

750 FT: *"(...)***jugez** *plutôt vous-même, en profitant d'une offre exceptionnelle pour vous abonner au prix de 95F seulement (...)"*
(La Recherche, journal; ME, Dez. 77, 21)

In anderen Branchen drückt der Imperativ "louez x" unmittelbar die Intention der Werbeanzeige aus. Er kommt hier recht häufig vor:

751 FT,Anfang: "**Louez** *votre voiture chez Europcar. Vous apprécierez notre Super Service.(...)"*
(Europcar, location de voitures; NO, 2.3.81, 102)

752 HL: "**Louez** *un parc automobile. A votre pointure."*
(Locasim, location de voitures; Pt, 17.10.77, 24/25)

In einer anderen Branche, der Anlagenberatung, läßt sich die Intention der Anzeige als Aufforderung zur Investition, d.h. dem Erwerb von Aktien und Wertpapieren, beschreiben. Imperative wie "souscrivez x", "placez votre argent dans x", "investissez dans x" artikulieren unmittelbar die Intention der Anzeige:

753 HL: "**Placez** *votre argent dans une école, les Français y placent leurs espérances."*
FT,Anfang: "**Placez** *votre argent dans un parc, les Français y placent leur qualité de vie.* **Placez** *votre argent dans un pont, dans un marché couvert, dans une salle de spectacle, dans un stade.* **Placez** *votre argent dans les équipements locaux, les Français y placent leur avenir.* **Placez** *votre avenir dans l'avenir des Français,* **souscrivez** *aux emprunts CAECL.(...)"*
(CAECL, emprunts; Pt, 5.10.81, 172/173)

(Wir kommen auf das Argument des Investierens, das aus dieser Branche übernommen und auf andere Produktgattungen übertragen wird, an späterer Stelle zurück.)

Während in der Dienstleistungs- und Investitionsgüterbranche also die Sender-Intention durch entsprechende Imperative vertreten ist, ist in der Konsumgüterbranche der eigentliche Kauf-Imperativ "achetez" sehr selten. Angesichts der Tatsache, daß

die gesamte Anzeige als Realisierung einer Kauf-Aufforderung gelten kann, läßt diese auffällige Lücke in der sprachlichen Gestaltung der Werbetexte vermuten, daß es sich hierbei um ein texttypspezifisches sprachliches Tabu handelt; dies umso mehr, wenn man an die große Vielfalt sprachlicher Varietäten denkt, die in der Werbesprache zum Einsatz kommt. Kaum ein anderer Texttyp hat wie die Werbung die fast unbegrenzte Fähigkeit, unterschiedliche Sprachniveaus, regionale Varietäten, gesprochene wie geschriebene Sprache, Fach- und Sondersprachen sowie die unterschiedlichsten Textsorten für ihre Kommunikations-Intention nutzbar zu machen.
Um diese thematische Lücke genauer zu untersuchen, sollen im folgenden einige Fälle behandelt werden, in denen das Verb "acheter" vorkommt.
Zunächst fällt auf, daß "acheter" öfter in einem von einem anderen Imperativ abhängigen Gliedsatz steht.

Beispiele:

754 HL: *"Six conseils pour l'achat de votre nouvelle cuisine par éléments"*
FT: *"Comparez soigneusement / Puisque vous* ***achetez*** *votre cuisine pour de nombreuses années,* ***voyez*** *- sans faute - les 40 modèles Zeyko. (...) Faites un achat avantageux(...)"*
(Zeyko, cuisines; JM, April 74, 214)

755 1.HL: *"Vous ne conduisez pas une voiture les yeux fermés."*
2.HL: *"Alors* ***ouvrez*** *l'œil quand vous en* ***achetez*** *une."*
(Toyota, voitures; NO, 9.3.81, 74/75)

756 FT,Ende: *"(...)* ***Vérifiez*** *bien que les lunettes que vous* ***achetez*** *sont des lunettes Polaroid, le nom Polaroid est imprimé sur l'étiquette et gravé sur la monture."*
(Polaroid, lunettes; JFr, 21.4.75, 199)

757 FT: *"(...) Même si vous avez déjà décidé d'****acheter*** *une cheminée Brisach, ne* ***précipitez*** *pas votre achat. Allez rendre visite à nos concurrents.(...)"*
(Brisach, cheminées; Exp, 27.9.80, 76)

758 HL: *"****Economisez en achetant*** *votre moquette au centimètre"*
(Saint-Maclou, moquette; MT, Nov. 76, 17/18)

759 FT: *"(...) Maintenant quand vous* ***achetez*** *des Dim,* ***gardez*** *les pochons, les petits sacs en maille qui protègent les collants.(...)"*
(Dim, collants; MCl, Mai 76, 134/135)

760 FT,Anfang: *"****Comparez*** *les prix Cita,* ***comparez*** *les avantages offerts par le certificat Tapis Or et vous serez assuré d'****acheter*** *votre tapis d'Orient dans les meilleures conditions.(...)"*
(Cita, tapis; NO, 31.3.80, 117)

761 HL: *"N'****attendez*** *pas demain pour* ***acheter*** *la moto d'aujourd'hui."*
(Yamaha, moto; Lui, Juli 74, 2)

762 FT,Ende: *"(...) Alors, quand vous* ***achèterez*** *une paella en boîte,* ***pensez*** *à goûter une päella Saupiquet.(...)"*
(Saupiquet, conserverie; E, 9.5.77, 176/177)

763 2.HL: *"Il n'y a que le porte-mine à mines fines TK-matic de Faber-Castell. Il est unique au monde. Pour l'admirer, l'essayer et l'****acheter, adressez-vous*** *aux*

revendeurs spécialisés."
(Abb. 19)

Die Imperative gehören dabei z.T. zur Phase 2 ("informez-vous") oder beziehen sich auf Tätigkeiten, die mit dem Kaufakt unmittelbar verbunden sind ("comparez", "choisissez la marque x", "vérifiez l'authenticité de la marque x" usw.). Andere stellen den positiven Aspekt des günstigen Angebots ("vous faites des économies en achetant x") in den Vordergrund. Aus diesen Argumentationssträngen stammen auch zahlreiche Imperative, die als unmittelbare Ersatzformen für den Kauf-Imperativ fungieren; wir kommen darauf noch zurück. (Vgl. Kap. 3.5.3.)

In anderen Fällen kommt "acheter" in negierter Form vor:

764 HL: *"Une hotte filtrante* ***ne s'achète pas*** *au hasard. (...)"*
(Airlux, hotte; JM, April 74, 140)

765 FT,Überschrift: *"**N'achetez plus...**"*
anschließender FT: *"... tout ce que vous pouvez faire vous-même et dans une meilleure qualité (...) Tout cela est plus facile que vous l'imaginez."*
(Encyclopédie "Faites tout vous-même", livres; MMC, April 77, 59)

Hier entsteht durch die auffällige Fließtext-Überschrift, die zunächst der Anzeigen-Intention zuwiderzulaufen scheint, und deren unerwarteter Fortsetzung mit dem anschließenden Objektsatz ein Sprachspiel, das den Appellcharakter der Anzeige erhöht.

766 HL: *"Ne prenez pas les vessies pour des lanternes, prenez un Komura."*
FT,Anfang: *"Vous avez un bel appareil, alors ne prenez pas les vessies pour des lanternes;* ***n'achetez pas*** *n'importe quelle marque de doubleurs de focale. (...)"*
(Komura, objectifs; NO, 20.11.78, 132/133)

In diesem Fall realisiert der verneinte Imperativ von "acheter" einen bestimmten Argumentationstopos der Werbung: nämlich die Bezugnahme auf die Konkurrenz. Da eine explizit vergleichende Werbung nicht erlaubt ist, haben sich zur sprachlichen Realisation dieses Topos eine Reihe von Ersatzformen herausgebildet:

- Komparative ohne Vergleichsgröße,
- Superlative, die - oft in Form einer Metapher - eine Aussage über das Werbeobjekt machen;
- ferner auch eine ganze Reihe negierter Imperative, die aber in den meisten Fällen anschließend durch einen nicht-negierten Imperativ neutralisiert und in eine positive Aussage über das Werbeobjekt integriert werden. Diese Argumentation verläuft oft nach dem Schema: 'Ne vous contentez pas de a[-]. (Soyez exigeant.) Prenez x.' Zu diesem Typ gehört auch die Komura-Anzeige.

In einer bestimmten Produktbranche ist der Imperativ "achetez" auffallend häufig: bei den Immobilien. Sie gehören zur Investitionsgüterbranche.[1]

1 Zur Immobilien-Werbung vgl. Soucy 1967 und Bardin 1975b:83-205.

Beispiele:

767 HL/Bilduntertitel: "***Achetez** un appartement au soleil des Baléares, à Ibiza.*"
(Coralmar, immobilier; NO, 3.3.80, 107)

768 FT: "***Achetez** un appartement Utoring en pleine propriété et rentabilisez votre temps libre grâce au déficit fiscal.(...)*"
(Abb. 1)

769 HL: "*Pour 219.000F / **achetez** à Chamonix-Sud / plutôt qu'à... Bécons-les-Neiges*"
(Abb. 16)

770 FT,Anfang: "***Achetez** par exemple une semaine à Pâques. Vous pourrez la prendre à Mardi-gras ou à Noël (...)*"
(Les Arcs, immobilier; NO, 23.10.78, 137)

771 HL: "*aux Arcs, **achetez** 15 jours d'été en studio '3 étoiles' et profitez-en quand vous voulez.*"
(Société les Montagnes de l'Arc, immobilier/copropriété; NO, 6.6.77, 103)

772 HL: "*La Plagne / **achetez** ou louez mieux!*"
(La Plagne, immobilier; NO, 23.10.78, 115)

Auch hier ist der Imperativ mit einem Komparativ ohne Bezugsgröße verbunden. Oft kommt eine metaphorische Umdeutung des Verbs dadurch zustande, daß als direktes Objekt ein Ersatz-Nomen anstelle einer Bezeichnung für das Werbeobjekt steht. Dieses ist stets positiv konnotiert:

773 HL: "***Achetez** de l'**or** / nous vous en donnons les moyens.*"
FT,Anfang: "*Aux Arcs, lorsque vous achetez un appartement, vous choisissez des valeurs qui deviennent de plus en plus rares. (...)*"
(Les Arcs, immobilier; Pt, 19.10.81, 110)

774 HL: "***Achetez** du **Saint-Tropez.***"
(Clubhotel, immobilier/copropriété saisonnière; NO, 17.3.80, 29)

775 HL: "***Achetez** votre **île à la montagne***"
(Erci/Les Arcs, immobilier; NO, 11.2.80, 88)

776 HL: "***Achetez** l'**espace** / nous vous en donnons les moyens.*"
(Les Arcs, immobilier; Pt, 28.9.81, 38)

Oft handelt es sich bei dem Ersatz-Nomen um ein Abstraktum. Über die stets positive Konnotation hinaus kann die Ersatzform auch eine zusätzliche Aussage über das Werbeobjekt implizieren:

777 HL: "***Achetez** un **objet d'art***"
FT,Anfang: "*Savez-vous que de tous les placements, la maison de campagne en pierre se révèle comme un des meilleurs, sinon le meilleur. Comme un objet d'art elle existe en nombre limité(...)*"
(Propinter, immobilier; CA, April 71, 55)

Dem Imperativ der Headline liegt der Vergleich zugrunde: "une maison de campagne est comme un objet d'art"; diese Behauptung wird allerdings erst im nachfolgenden Fließtext explizit formuliert und begründet.

Der weitaus größte Teil der Anzeigen aus der Immobilienbranche, die in unserem Korpus enthalten sind, wirbt für eine besondere Form von Immobilien-Objekten: die sog. "copropriétés", "multipropriétés", "propriétés saisonnières" oder "propriétés à temps partagé". In diesen Anzeigen ist "achetez" sehr oft anzutreffen, noch dazu in besonders exponierter Position: der Headline, die z.T. nochmals im Fließtext wiederaufgenommen wird. Auch hier steht im direkten Objekt, soweit es nicht - bei valenzvermindertem Gebrauch des Verbs - ganz fehlt, oft ein Ersatz-Lexem für das zu erwartende Konkretum "maison" oder "appartement". Die Verwendung von Abstrakta ("rêve", "un mois", "votre part de soleil") anstelle der konkreten Bezeichnung für das Werbeobjekt trägt dazu bei, das Gebrauchswert-Versprechen der Werbung zu realisieren: Mit dem Erwerb des Objektes wird der gleichzeitige Erwerb anderer positiver Befindlichkeiten (Prestige, Glück, Bequemlichkeit, Sicherheit u.a.) in Aussicht gestellt.

Die Erklärung für die auffällige Verwendung des Imperativs "achetez" in dieser Produktbranche dürfte in den besonderen Charakteristika des Werbeobjekts begründet liegen. Die "copropriétés" sind eine Art Mitbesitz an Häusern oder Wohnungen, meist in Touristenzentren; der "copropriétaire" erwirbt mit dem Kauf das Recht, die von ihm gewählte Wohneinheit einmal im Jahr während einer begrenzten Zeit und meist zu einem im Kaufvertrag fixierten Zeitpunkt zu bewohnen - das allerdings, wie in der Werbung betont wird, auf Lebenszeit. De facto handelt es sich bei diesen Objekten jedoch allenfalls um eine Art Aktienbeteiligung, bei der anstelle einer Gewinn-Ausschüttung die kostenlose Benutzung des Appartements gewährt wird. Es handelt sich eher um die Miete eines Objektes für einen begrenzten Zeitraum innerhalb eines Jahres; der "copropriétaire" hat praktisch keinerlei Verfügungsgewalt über das von ihm erworbene Objekt. Die Argumentations-Strategie dieser Branche scheint alles daranzusetzen, von dieser Tatsache abzulenken und vielmehr die Nähe zum tatsächlichen Immobilien-Besitz zu betonen. Sie versucht, den Käufer mit dem Flair des Eigenheim- bzw. Eigentumswohnung-Besitzers zu locken, und sie betont daher all das, was der "copropriétaire" mit diesem gemeinsam hat: Er erwirbt das Recht, das Appartement zu bewohnen, und das auf Lebenszeit; dieses Recht geht auf seine Nachkommen über. Daneben wird der Aspekt der Geldanlage betont. Vor diesem Hintergrund erscheinen "acheter", "copropriété", "copropriétaire" oder gar "propriétaire" als Euphemismen, die der Aufwertung des Objektes und in gewisser Weise der Verschleierung oder Ablenkung vom eigentlichen Charakter dieses Angebots dienen.

Neben "achetez" kommen in Anzeigen der Immobilienbranche einige andere Imperative vor, die den Kauf-Imperativ unmittelbar substituieren, als solche aber durchaus unmittelbarer Ausdruck der Textintention sind:

778 SL: *"Groupe Maison Familiale.* ***Réussissez l'achat*** *le plus sérieux de votre vie."*
(Groupe Maison Familiale, immobilier; NO, 3.12.79, 22/23)

779 FT,Anfang: *"Découvrez la formule 'propriété par semaines':* ***devenez propriétaire*** *d'une ou de plusieurs semaines par an et à vie dans un appartement/studio (...)"*
(Inter-Résidences, immobilier/propriété à temps partagé; Pt, 17.10.77, 231)

780 HL: *"France Cottages /* ***Devenez propriétaire*** *d'un 'Hameau' 5 pièces + jardin à moins de 3.500F/m².*"
(Abb. 17)

781 FT: *"(...)* ***Devenez propriétaire*** *d'une villa, d'un appartement, d'une marina. Et revenez chaque année à Port-Leucate."*
(Port-Leucate, immobilier/tourisme; Exp, 12.4.76, 6/7)

782 HL: *"Sur votre terrain,* ***devenez propriétaire*** *de cette maison construite en traditionnel, bâtie pour défier le temps."*
(Les Manoirs de Neuville, immobilier; DFr, 20.5.70, XXIV)

783 FT: *"(...)* ***Devenez propriétaire*** *d'une semaine, de quinze jours ou de trois semaines de vacances, pour toujours, dans la station de votre choix.(...)"*
(Clubhôtel, multipropriété hôtelière; Exp, 4.10.76, 91)

Der Imperativ "investissez" steht in der Immobilienbranche häufig anstelle des einfachen Kaufimperativs: Er charakterisiert den Erwerb eines Objekts als Kaufakt, der zugleich sichere Geldanlage und finanziellen Gewinn durch Wertzuwachs verspricht. Oft steht er in enger Nachbarschaft mit "acheter", ferner auch mit semantisch verwandten Lexemen wie "rentabiliser", "profiter", "placer/placement" etc.

784 1.HL: "***Investissez...***"
FT,Anfang: *"...dans la meilleure valeur refuge: la pierre.* ***Achetez*** *un appartement Utoring en pleine propriété et rentabilisez votre temps libre grâce au déficit fiscal. Profitez de l'experiénce Utoring:(...)"*
2.HL: *"Bronzez."*
(Abb. 1)

785 HL: "***Investissez*** *vrai."*
FT,Anfang: *"Avant d'****acheter*** *un appartement à la montagne, tenez compte de toutes les composantes de votre futur placement.(...) Vous* ***achetez*** *une semaine et vous venez chaque hiver quand vous voulez.(...)"*
(Les Arcs, immobilier; NO, 19.1.81, 31)

786 HL: "***Investissez*** *en Camargue"*
(Port Camargue, immobilier; Exp, 27.6.77, 9)

787 FT,Ende: *"(...)* ***Investissez*** *et profitez de l'un des plus beaux sites du monde."*
(Lafont et Cie., immobilier; NO, 14.11.77, 75)

788 FT,Anfang: "***Investissez*** *195.000 F seulement au lieu de 285.000 F pour* ***devenir propriétaire*** *d'un appartement à Chamonix-Sud (...) De plus, vous pouvez* ***acheter*** *sans aucun apport personnel. (...) Vous pouvez échanger vos semaines de vacances à Chamonix avec d'autres stations (...)"*
(Pierre & Vacances, immobilier/copropriété; NO, 28.1.80, 4)

789 HL: "***Investissez*** *dans 'la pierre' car 'la pierre' reste le meilleur des placements"*
(André Juillien, immobilier; Pt, 4.11.74, 106)

Wenn "investissez" in Imperativ-Reihungen mit anderen positiv konnotierten Verben steht ("profitez", "bronzez" etc.), verbindet sich durch den syntaktischen Parallelismus des Gleichsetzungs-Imperativs die positive Bedeutung mit der von "investissez" und verstärkt sie.

"Investissez" wird auch in übertragener Bedeutung in Anzeigen der Konsumgüter-Werbung verwendet:

790 HL: *"Si vous vendez de l'investissement,* ***investissez*** *d'abord dans l'Express Edition internationale."*
(Express, journal; Exp, 29.9.75, 54)

791 HL: *"**Investissez** dans le système vidèo le plus vendu dans le monde."*
FT,Ende: *"(...) Alors...* ***investissez*** *à bon escient."*
(Panasonic, vidéo; Pt, 5.10.81, 20)

792 FT,Anfang: *"**Investissez** dans un peu de Cordages Marlow et vous commanderez un bateau qui sera sensible et nerveux (...)"*
(Marlow, cordages de bateau; VV, Mai 75, 33)

Hier macht sich die Werbesprache die positive Konnotation des Verbs "investir" - im Unterschied zu "acheter" - zunutze. Es evoziert den prestigeträchtigen Bereich des Bank- und Börsenwesens. Der "Grand Larousse de la langue française" definiert "investissement" als "Action de placer des fonds de manière à en tirer un revenu".[1] Die Verwendung in übertragener Bedeutung suggeriert dementsprechend: Es handelt sich nicht um einen Tausch von Geld gegen Ware, sondern um eine Geldanlage, bei der ein Gewinn erzielt wird. Wer investiert, verfügt über ein entsprechendes ruhendes Kapital; die Fähigkeit, Geld zu investieren, wird zum Ausdruck von Wohlhabenheit oder Reichtum und damit zu einem Prestigefaktor. Schließlich suggeriert der Terminus marktgerechtes Verhalten (Reaktion auf inflationäre Geldentwertung).

Kehren wir zu "achetez" zurück und untersuchen dessen Verwendung in Anzeigen der Konsumgüterbranche. Die sehr seltene explizite Aufforderung zum Kauf des Produkts x liegt in den folgenden Anzeigen vor:

793 2.HL: *"**Achetez** vite votre jean Levi's chez:(...)"*
(Levi's, jeans; MCl, Sept. 80, 220/221)
(Es folgen die Adressen von Einzelhändlern.)

794 FT,Anfang: *"Au prix où sont les jeans,* ***achetez*** *plutôt un jean Wrangler.(...)"*
(Wrangler, jeans; NO, 2.5.77, 125)

795 HL: *"Si vous voulez vraiment dépenser plus,* ***achetez****-en trois paires."*
(Eram, chaussures; JFr, 23.4.77, 138)

---

1 Grand Larousse de la langue française, Bd. 4, 1975:2802.

Die pronominale Referenz 'en' verweist hier auf das abgebildete Werbeobjekt.

Im folgenden Beispiel wird der Imperativ durch seine syntaktische Einbettung abgeschwächt:

796 HL: *"**Achetez** un Ricoh / vous pourrez vous offrir un objectif..."*
(Ricoh, appareils de photo; Ph, April 73, 13)

Hier liegt in der Abfolge Imperativsatz - Aussagesatz zugleich eine satzübergreifende Konditionalbeziehung vor: "si vous achetez x, vous pourrez (en plus) vous offrir un objectif."[1]

Der Imperativ "achetez x" steht oft in Verbindung mit dem Werbe-Argument der besonderen Preisgünstigkeit:

797 FT,Anfang: *"Même si vous ne faites pas beaucoup de copies, **achetez** un petit copieur extraordinaire. Pour le prix d'un petit copieur ordinaire.(...)"*
(Rank Xerox, copieur; Pt, 17.10.77, 83)

Häufiger tritt "achetez" in Verbindung mit anderen Lexemen, und zwar vor allem Abstrakta, auf, die die Aussage zur Metapher, zum Paradox, zum Wortspiel werden lassen.

<u>Beispiele</u>:

798 HL: *"**Achetez vous** des yeux."*
FT,Ende: *"(...) Alors, pour votre sécurité et votre rendement, **achetez-vous** des yeux Panasonic."*
(Abb. 18)

799 HL: *"**Achetez** la façon, pas la marque."*
(Guermonprez, siège en cuir; NO, 31.3.80, 124/125)

800 SL: *"N'**achetez** que les vacances. Nous nous chargeons des soucis."*
(Invasol, tourisme; NO, 24.3.80, 112/113)

801 HL: *"**Achetez-vous** une bonne conduite."*
(Volvo, voitures; NO, 31.3.80, 32/33)

Bezeichnenderweise tauchen diese Imperative wiederum bevorzugt in der Headline auf und wirken damit als sprachlicher Blickfang, der zum weniger appellativen Fließtext überleiten soll. Die verfremdete oder verrätselte Headline dient als Aufhänger, um zur Lektüre des weniger attraktiven expositorischen Fließtexts hinzuführen.

Anstelle des Imperativs "achetez" kommen zahlreiche andere Verben vor, die sich auf Phase 3, also den Erwerb des Artikels und damit den Vollzug der vom Texttyp intendierten Handlung beziehen.

Eine ganze Reihe von Imperativen können als unmittelbare Substitutionen von "achetez" gelten; oft sind diese jedoch in ihrem Situationsbezug mehrdeutig, so daß sie

---

1 Vgl. Kap. 3.4.2.3.

ebensogut auch der Informations-Situation (Phase 2) oder der Konsum-Situation (Phase 4) zugeordnet werden können. Die häufigsten dieser mehrfach situierbaren Verben sind:

1. choisissez x (Phase 2, 3)
2. prenez x (Phase 3, 4)
3. essayez x (Phase 2, 3, 4).

Beispiele:

802 FT: *"(...)* ***choisissez*** *la Porcelaine de Paris, pour qu'à chaque événement heureux, votre table reflète votre art de vivre.(...)"*
(Porcelaine de Paris, porcelaine; MCl, Mai 76, 187)

803 FT,Ende: *"(...)* ***Choisissez*** *sans indulgence.* ***Choisissez*** *Océ."*
(Océ, réprographie; Exp, 4.10.76, 205)

804 HL: *"****Choisissez*** *l'image couleur indéréglable du nouveau téléviseur à tube autoconvergent PIL"*
(ITT Océanic, téléviseur-couleur; Exp, 4.10.76, 210)

805 FT,Ende: *"(...) Alors,* ***choisissez*** *le Mexique!"*
(Consejo Nacional de Turismo, Mexico; R, Juni 72, 151)

806 kleiner FT: *"****Choisissez*** *bien votre marque. Lesieur vous offre la meilleure garantie de qualité car Lesieur contrôle soigneusement son huile.(...)"*
SL: *"Lesieur 100% arachide.* ***Exigez*** *une huile pure comme vous exigez de bonnes pommes de terre."*
(Lesieur, huile; MT, Nov. 76, 36)

807 HL: *"A prix égal,* ***choisissez*** *le confort et la qualité Breguet."*
(Breguet, immobilier; Exp, 8.10.82, XIX)

808 FT: *"(...) Pour vous protéger contre ces risques,* ***prenez*** *les cassettes BASF 'Haute-Longévité'. (...)"*
(BASF, cassettes; NO, 14.11.77, 145)

809 SL: *"****Prenez*** *un Komura."*
(Komura, objectifs; NO, 6.11.78, 142/143)

810 FT,Überschrift: *"****Prenez*** *les routes du Sud des Etats-Unis, avec National Airlines."*
(National Airlines, compagnie aérienne; NO, 9.10.78, 132/133)

811 FT: *"(...)* ***Prenez*** *British Airways. Nous assurons chaque jour 7 vols Paris-Londres.(...)"*
(British Airways, compagnie aérienne; Pt, 17.10.77, 18)

Wie "prenez", so läßt sich auch "adoptez" sowohl auf Phase 3 wie Phase 4 beziehen:

812 FT: *"(...) Pour prendre votre petit déjeuner au lit, pour lire confortablement installé, pour regarder la télévision* ***adoptez*** *le Cad, sommier aux multiples positions.(...)"*
(Tréca, literie; CA, Dez. 70, 56/57)

813 FT: *"(...) La mode est au naturel, la mode est au nu. Laissez-vous convaincre et* ***adoptez*** *aujourd'hui Aubade 'presque nue': votre poitrine sera vivante (...)"*
(Aubade, soutien-gorge; VB, April 70, 67)

Der Imperativ "demandez" dagegen läßt sich auf die Phasen 2 und 3 beziehen:

814 FT,Ende: *"(...)* ***Demandez*** *Gyno-Test à votre pharmacien. C'est un homme de*

bon conseil."
(Gyno-Test, test de grossesse; Tm, 24.2.83, 44)

815 FT,Ende: *"(...) Specific Vitalizer fait partie de la gamme des Specifics Lancaster dont les résultats sont bien connus:(...)* ***Demandez****-le à votre parfumeur conseil agréé Lancaster.(...)"*
(Lancaster, cosmétique; MCl, April 75, 132/133)

"Equipez-vous de x" kann dagegen als unmittelbare Ersatzform für den Kauf-Imperativ gelten:

816 HL: *"Quand le papier devient plus rare et plus cher,* ***équipez-vous*** *d'une Rank Xerox 4000. Elle copie des deux côtés."*
(Rank Xerox, copieur; Exp, 21.4.75, 10)

817 FT,Ende: *"(...)* ***Equipez-vous*** *d'une Toro dès maintenant."*
(Toro, tondeuse; Exp, 21.4.75, 51)

Alle diese Imperative lassen sich als Aufforderung erklären, beim Kauf eines bestimmten Produkts die Marke x zu wählen; hier wird also nur die Entscheidung zum Kauf eines Produkts dieser Warenbranche, noch nicht aber die Entscheidung zugunsten der jeweiligen Marke vorausgesetzt.

Die Aufforderung, innerhalb der Produktskala des Herstellers zu wählen, setzt dagegen bereits die grundsätzliche Entscheidung zugunsten des Inserenten voraus:

818 HL: *"****Choisissez****. Ce sont tous des Waterman."*
(Waterman, stylos; Lui, April 73, 17)

819 FT,Anfang: *"****Choisissez*** *ce qui vous va le mieux: il existe trois nouveaux imprimés et chaque imprimé se fait en quatre couleurs.(...)"*
(Eminence, sous-vêtements d'homme; MCl, Mai 76, 18)

820 Coupon: *"****Choisissez*** *dès maintenant, parmi tant de modèles originaux de la Collection (...)"*
(Janine Robin, maillots de bain; E, 9.5.77, 81)

821 HL: *"Sommer. Créez votre paysage."*
FT: *"(...) Pour le réaliser,* ***choisissez*** *dans la gamme de moquettes et de revêtements muraux Sommer le sol et les murs qui composeront votre paysage intérieur.(...)"*
(Sommer, moquettes/papiers peints; Pt, 17.10.77, 126/127)

822 FT: *"(...) Alors, changez-le! Et mettez un zoom à la place. Pas n'importe lequel, tant qu'à faire.* ***Choisissez*** *parmi les zooms extrêmement performants Vivitar:(...)"*
(Vivitar, objectifs; NO, 20.11.78, 37)

823 FT: *"(...)* ***Choisissez*** *parmi les six ravissantes nuances du Fond de Teint (...)"*
(Coty, produits cosmétiques; E, 9.5.77, 172)

824 FT,Ende: *"(...)* ***Demandez*** *à votre assureur de vous aider à* ***choisir*** *le contrat le mieux adapté à votre situation."*
(Assurance-Vie; R, Juni 72, 25)

825 FT,Ende: *"(...)* ***Choisissez*** *avec votre pharmacien votre Bergasol. Retrouvez le bronzage originel (...)"*
(Bergasol, produits solaires; MCl, Mai 76, 38/39)

826 FT: "*(...)* **Choisissez** *votre nuance: Dorée 1: évoque l'éclat des vacances / Dorée 2: illumine les teints mats / ... et nouveau: Beige Doré 3: donne bonne mine aux teints clairs*"
(Biotherm, cosmétique; E, 12.1.76, 16)

Als unmittelbare Substitution der Zielhandlung der Werbeanzeige, jedoch zusätzlich mit positiven Konnotationen angereichert, fungieren die Imperative "offrez x", "offrez-vous x" und "faites-vous offrir x". (Vgl. auch Kap. 3.4.3.1.)

Beispiele:

827 FT,Anfang: "**Offrez** *l'appareil photo le plus simple du monde: le Polaroid 1000. (...)*"
(Polaroid, appareils de photo; NO, 11.12.78, 120)

828 HL: "**Offrez** *à vos amis un cadeau original: six mois du Nouvel Observateur pour 55F seulement*"
FT: "*Il est souvent difficile de faire réellement plaisir. Alors,* **offrez** *plutôt à vos amis un abonnement de six mois au Nouvel Observateur pour 55F seulement; ils pourront, grâce à vous, pendant 26 semaines, suivre l'actualité dans le monde.(...)*"
(Le Nouvel Observateur, hebdomadaire; NO, 11.12.78, 88)

829 FT,Ende: "*(...) A vos amis 'fines tasses',* **offrez** *Nescafé Spécial Filtre.*"
(Nescafé, café soluble; CA, Sept. 71, 8)

830 HL: "**Offrez**-*leur des matins dorés.*"
(Abb. 11)

831 FT: "*(...) Le conformisme vous ennuie. Vous mettez un point d'honneur à affirmer votre personnalité et ne craignez pas de céder à la fascination d'une séductrice, alors* **offrez-vous** *la BMW R 80 G/S.(...)*"
(BMW, moto; NO, 22.6.81, 38/39)

832 SL: "*Pour le prix d'une 7cv,* **offrez-vous** *une Alfa Romeo.*"
(Alfasud, voiture; Pt, 4.11.74, 128/129)

833 HL: "*Pour seulement 65 F par mois /* **offrez-vous** *le Littré*"
(Encyclopaedia Britannica, livres par correspondance; NO, 27.10.80, 27)

834 HL: "**Offrez-vous** *à crédit la grande encyclopédie Larousse*"
(Larousse, encyclopédie; Pt, 4.11.74, 49)

835 HL: "**Offrez-vous** *la qualité Bosch*"
(Bosch, lave-vaisselle; CA, März 71, 18)

836 FT: "*(...)* **Offrez-vous** *un ensemble sommier/matelas Pirelax pour 2 personnes: nous vous offrons un radio-réveil, son complément idéal. (...)*"
(Pirelax, literie; Tm, 24.2.83, 138/139)

Neben der Satzstruktur "offrez-vous x" kommt auch das Muster "grâce à x, offrez-vous a[+]" vor:

837 FT,Ende: "*(...)* **Avec** *Townsend Thoresen,* **offrez-vous** *un week-end prolongé en Angleterre.*"
(Townsend Thoresen, transports maritimes; NO, 13.10.80, 87)

Noch häufiger fehlt allerdings die explizite Nennung des Markennamens im Imperativsatz oder in dessen engerem Kontext; an seine Stelle tritt dann die Bezeichnung der positiven Befindlichkeiten, die durch dessen Besitz bzw. Konsum gewonnen werden, wobei metaphorische und metonymische Aussagen zustande kommen können:

838 HL: "*Offrez-vous la douceur de vivre.*"
(Louis de Porteere, moquettes; NO, 2.5.77, 117)

839 FT: "*(...)Changez vos habitudes hivernales, le voyage pour les Etats Unis n'est pas cher (...)*
FT,Ende: "*(...) Cet hiver,* ***offrez-vous*** *ce qui vous manquera le plus: le soleil!*"
(Office du Tourisme des Etats Unis; NO, 22.10.79, 151)

840 FT: "*(...) Malheureux ceux qui boudent!* ***Offrez-vous*** *une salutaire bouffée de jeunesse (...)*"
(Matra Simca, voitures; CA, März 71, 114)

841 SL: "***Offrez-vous*** *un vélo qui n'a pas été fait pour vous.*"
(Abb. 20)

Wie die Substitution 'x égale à a' zeigt, liegt eine implizite Gleichsetzung des Werbeobjekts mit den entsprechenden, stets positiv konnotierten Ersatz-Nomina vor.

Die faktitive Form "faites vous offrir x" ist seltener:

842 SL: "*Cette année,* ***faites vous*** *vraiment* ***offrir*** *ce que vous voulez.*"
(Samsonite, attaché case; Exp, 8.12.75, 64)

Sowohl bei "offrez x" und "offrez-vous x" wie auch bei "faites vous offrir x" ist eine ungewöhnliche Konstellation auf der Adressatenseite zu beobachten: Leser, Käufer und Konsument sind nicht identisch. Dies läßt sich folgendermaßen darstellen:

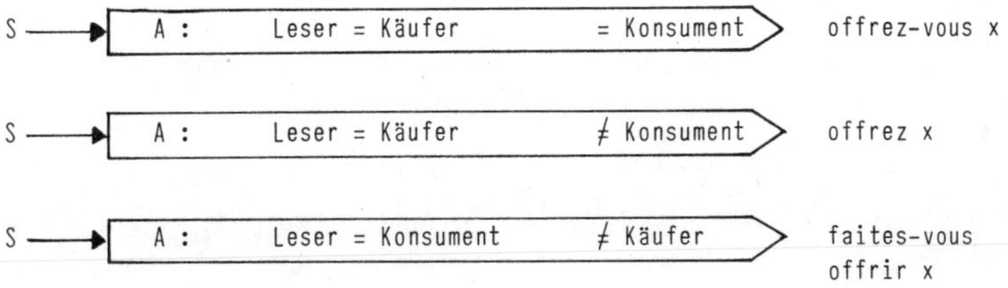

Einige andere Imperative beziehen sich auf Tätigkeiten, die unmittelbar mit dem Kaufakt einhergehen; darauf wurde im Zusammenhang mit dem Vorkommen von "acheter" im abhängigen Satz am Anfang dieses Kapitels bereits hingewiesen.
Ein in diesem Zusammenhang besonders häufiges Werbeargument ist die Aufforderung, beim Kauf auf der Marke x zu bestehen, sich von der Authentizität der Marke x zu überzeugen. Dieser Topos präsupponiert die Entscheidung des Kunden für den jeweiligen Hersteller.

Beispiele:

843 hors texte: "*Important: à l'achat,* ***vérifiez*** *que le label de garantie 'rond rouge Nikon France' figure bien sur la boîte.*"
(Nikon, appareils de photo; NO, 22.6.81, 213)

844 HL: "**Méfiez-vous** *des imitations.*"
(Eminence, sous-vêtements d'homme; Lui, Juli 74, 15)

845 FT,Ende: *"(...)* **Exigez** *que votre 'Indian Tonic' vous soit présenté dans sa petite bouteille. Elle est la garantie absolue de son authenticité."*
(Schweppes, boisson; MMC, Aug. 73, 92)

846 FT,Ende: *"(...)* **Vérifiez** *que la signature Jean Roche est bien présente sur le siège que vous allez choisir, gravée dans le bois et répétée sous les coussins."*
(Jean Roche, sièges; CA, Juli 71, 35)

847 hors texte: *"Société /* **Exigez** *l'ovale vert."*
(Roquefort Société, fromage; MT, Nov. 76, 42)

848 hors texte: "**Méfiez-vous** *des imitations.* **Exigez** *le véritable Karting vendu dans sa housse brevetée."*
(Karting, vêtements; MCl, Mai 76, 183)

849 hors texte: "**Exigez** *la griffe Riskoff Production (...)"*
(Riskoff, meubles; NO, 7.2.77, 66)

850 HL: *"Remettez-vous d'aplomb en dormant sur un vrai Lattoflex"*
FT: *"(...)* **Vérifiez** *qu'on vous offre un vrai Lattoflex (...)"*
(Lattoflex, literie; NO, 20.11.78, 141)

851 FT,Ende: *"(...) Mais* **faites bien attention** *à la Lisière d'Or: cela en vaut la peine."*
(Ado, rideaux; E, 4.10.75, 45)

852 FT,Ende: *"(...) Vous pouvez toujours essayer de vous procurer un paquet chez un buraliste de votre connaissance.* **Insistez**, *on ne sait jamais."*
(Philip Morris, cigarettes; Lui, Juli 74, 138)

Wenn der Bezug zu Phase 3, der Kauf-Situation, nicht durch einen entsprechenden Kontext - Umstandsbestimmungen der Zeit und des Ortes vor allem - hergestellt ist, so läßt sich die Realisations-Situation des propositionalen Gehalts dieser Imperative u.U. dennoch bestimmen; wenn 'à l'achat', 'au moment de l'achat' oder ähnliches ergänzt werden kann, so rechtfertigt sich in der Regel die Zuordnung des Imperativs zur Phase 3.

Einen besonders interessanten Fall stellt der Imperativ "pensez-y" in dieser Hinsicht dar, der vor allem als Abschluß eines längeren Fließtexts häufiger vorkommt. Im folgenden Beispiel nimmt er mit seiner pronominalen Referenz "y" die gesamte Argumentation der Anzeige nochmals auf und fordert dazu auf, sich diese im Augenblick der Kaufentscheidung zu vergegenwärtigen:

853 FT,Anfang: *"Quand vous choisissez une pellicule,* **pensez** *avant tout à la netteté de vos photos. Car la netteté dépend de la pellicule.(...)"*
(Agfa-Gevaert, pellicules; NO, 2.5.77, 133)

Hier läßt sich die Zuordnung des Imperativs zur Phase 3 aus dem temporalen Gliedsatz erschließen.

In zahlreichen Fällen thematisiert der Imperativ nicht den Kaufakt selbst, sondern positiv konnotierte Handlungen bzw. Zustände, die mit dem Kaufakt einhergehen oder durch diesen herbeigeführt werden. Sie folgen dem Strukturmuster 'Faites a (en achetant x)', wobei, wie in Kap. 3.4.2.2. ausgeführt, die Gérondif-Konstruktion konditionale und andere Relationen realisiert. Sie kann durch 'si vous achetez x, vous faites a' oder auch 'acheter x, cela veut dire faire a' paraphrasiert werden.

Beispiele:

854 HL: "***Réévaluez*** *vos francs en 40 mn!*"
(Hoverlloyd, transports maritimes; NO, 2.5.77, 33)

Hier wird auf die Möglichkeit zollfreien Einkaufs an Bord angespielt.

855 HL: "***Rentabilisez*** *4 fois plus votre investissement sports d'hiver*"
(Les Glovettes, immobilier/copropriété; ME, Dez. 77, 70)

856 HL: "***Soyez économe.***"
FT,Anfang: "*Ne payez pas votre maison plus cher qu'elle ne vaut.(...) Alors renseignez-vous à fond. (...) Voyez plusieurs constructeurs. Vous conclurez vous-même: votre intérêt est de vous adresser à Phénix.*"
(Phénix, maisons; MOMM, Mai 76, 44/45)

857 hors texte: "***Economisez*** *19F / 77F pour un an (12 numéros) au lieu de 96F, nouveau prix au numéro.*"
(La Maison de Marie Claire, journal; NO, 27.10.80, 146)

858 HL: "*Festival du confort Simmons /* ***Faites des affaires...***"
(Simmons, matelas; JFr, 21.4.75, 41)

Hier werden besondere Preisnachlässe versprochen, wenn binnen zwei Monaten nach Erscheinen der Anzeige eine Matratze gekauft wird.

Bei diesen Imperativen läßt sich 'à l'achat' oder 'en achetant' ergänzen - was ihre Zuordnung zur Phase 3 ermöglicht.

Wie die Beispiele zeigen, dominiert bei diesem Imperativtyp das Argument des günstigen Kaufs: "Faites des économies en achetant x."

Andere Imperative beziehen sich auf Momente, die im Vorfeld der Kaufentscheidung liegen:

859 FT: "*(...) Alors, quand vous viendrez chez Roche-Bobois,* ***faites taire*** *vos dernières hésitations (...)*"
(Roche-Bobois, meubles; Pt, 17.10.77, 20/21)

Gelegentlich realisieren Imperative die Werbestrategie, den Kauf-Akt zu einem positiven "Kauf-Erlebnis" hochzustilisieren - eine Funktion, die ansonsten vor allem den Werbemitteln zukommt, die in den Verkaufsräumen selbst eingesetzt werden:

860 FT: "*Aux Galeries Lafayette, venez décider du style de vos vacances.(...) Une pièce ou deux pièces, audacieux ou classique,* ***prenez agréablement le temps d'hésiter.*** *(...)*"
(Galeries Lafayette, grand magasin parisien; E, 9.5.77, IV/V)

3.5.4. Der Konsum der Ware

Getreu der Maxime "Verkaufe die Wirkung!"[1] wählt die Werbung besonders gern eine Situation als Bezugsrahmen, in der das Werbeobjekt "in Aktion" gezeigt wird, wobei seine besonderen Eigenschaften und Einsatzmöglichkeiten demonstriert werden können. (Vgl. dazu z.B. die Abb. 5, 6, 9, 11, 16, 17, 18.) Besonders in der Radio- und Fernseh-Werbung, wo reichere nicht-sprachliche Zeicheninventare zum Ausmalen des situativen Hintergrunds bereitstehen, wird von dieser Möglichkeit reger Gebrauch gemacht: Die Familie beim Frühstück, die Hausfrau beim Reinigen der Wohnung (vgl. auch Abb. 9, kleines Bild) sind beliebte Konsum-Situationen, die als situativer Rahmen für die verbale Argumentation fungieren. In der Werbeanzeige übernimmt in erster Linie der Bildteil die Funktion, diesen situativen Hintergrund einer fiktiven Konsum-Situation bereitzustellen, und auf ihn nimmt die sprachliche Argumentation der Anzeige dann Bezug. Zusätzlich oder alternativ kann auch mit sprachlichen Mitteln eine Konsum-Situation evoziert werden. Für die Imperative stellt diese Situation die Realisations-Situation Sit_2 der Imperativ-Handlung dar, die ja stets die Merkmale 'nicht-real' und 'nachzeitig' in bezug auf die Sprechsituation (Sit_1) des Imperativs, hier: die Rezeptions-Situation (Phase 1) aufweist.

Die Vielfalt der in den Werbeanzeigen visualisierten Konsum-Situationen ist kaum überschaubar. Neben dem Bild, das lediglich Atmosphärisches beisteuert, stehen erzählende Bilder, die - in der Regel mit verbalen Mitteln - als Moment-Aufnahme einer ganzen Abfolge gekennzeichnet werden; darüber hinaus können mehrere Bildteile Situationen in chronologischer Abfolge darstellen oder zwei Zustände zueinander in Opposition setzen (der 'Vorher-Nachher'-Typ). Als gemeinsamen obligatorischen Bestandteil haben sie die Abbildung des Werbegegenstandes, sofern dieser überhaupt visualisierbar ist. Sie können unterschiedlich stark in ihrer bildlichen und sprachlichen Gestaltung ausgebaut sein; für das Werbeobjekt ergibt sich hier eine Skala, die von seiner Darstellung als integraler Bestandteil, ja als conditio sine qua non der bildlich dargestellten positiven Befindlichkeiten seiner Besitzer bis zur isolierten Abbildung ohne situative Lokalisierung reichen. (So z.B. in Abb. 7 und 19.) Meist, wenn das Werbeobjekt "in Aktion" dargestellt wird, befindet es sich in der Verfügungsgewalt eines Benutzers, oft eines Konsumentenvertreters im weitesten Sinn, der ein Identifikations-Angebot für den Leser darstellt und damit auch die Konsumsituation stellvertretend für diesen erlebt. Typisch für diese Bild-Text-Konzeption sind

---

[1] Vgl. dazu Mackensen: "Der Trick der Werbung besteht darin, daß sie statt der Waren Versprechungen, Hoffnungen, Erwartungen anbietet. 'Verkaufe die Wirkung!' ist ein Werbeslogan." (1973:168).

Ausdrücke wie "vous aussi", "comme lui/nous" vor Imperativ:

861 HL: *"**Comme elle, lavez** vos cheveux.../ en douceur avec Phytossoul."*
(Phytossoul, shampooing; E, 25.4.77, 48)

Wenn in einer Imperativreihe der erste Imperativ mit "Faites comme lui/nous" eingeleitet wird, ist der zweite Imperativ in der Regel auf die Phase 4 (Konsum) bezogen:

862 FT,Ende: *"(...) **Faites comme nous. Vivez** l'aventure canadienne."*
(Canada, tourisme; Pt, 10.11.75, 192)

Auf diese Konsum-Situation lassen sich eine ganze Reihe der Imperative beziehen, die in der Werbung vorkommen. Ihnen allen ist gemeinsam, daß sie den Besitz und somit auch den Erwerb der Ware voraussetzen. Der Kaufakt wird übersprungen; dem Leser wird die Situation präsentiert, in der ein beliebiger Stellvertreter des Konsumenten bereits im Genuß der Vorteile ist, die der Besitz des Produkts ihm verschaffen soll. Wie nicht anders zu erwarten, ist in diesem Bereich der Argumentation die Zahl der positiv konnotierten Lexeme und Satz-Aussagen sehr hoch; der euphorische Charakter der Werbung kommt in der Darstellung von Konsumsituationen besonders gut zum Zuge.

Am eindeutigsten auf die Phase des Konsums bezogen sind die Imperative des Typs "utilisez x", wobei x das Werbeobjekt, meist durch den Produktnamen vertreten, bezeichnet.

Beispiele:

863 FT,Ende: *"(...) Enfin, pour supprimer les voiles ternes et empêcher la formation d'auréoles sur les verres, l'argenterie et l'inox, **utilisez** le liquide de rinçage Finish."*
(Finish, produit de vaisselle; MCl, Okt. 76, 227)

864 FT: *"(...) **Utilisez** Dialectic: quand votre peau rayonne, c'est vous qui êtes rayonnante. Vous trouverez Dialectic chez votre coiffeur. A partir de maintenant, laissez-le mettre votre peau au diapason de vos cheveux."*
(Dialectic, Oréal, cosmétique; MCl, Sept. 80, 28/29)

865 FT: *"(...) Après la rasage, **utilisez** aussi l'after-shave ou le baume Kéops (...)"*
(Kéops, mousse à raser; Pt, 4.11.74, 179)

866 FT,Ende: *"(...) Dès aujourd'hui, **utilisez** quotidiennement les produits de la ligne Goélande pour profiter toute l'année des bienfaits de l'océan."*
(Goélande, cosmétique; E, 9.5.77, 44)

867 FT,Ende: *"(...)**Utilisez** chaque jour Teelak et vos dents retrouveront leur blancheur naturelle."*
(Teelak, dentifrice; Exp, 4.10.76, 48)

868 FT: *"(...)Libéré, mis en valeur par la mode, votre buste doit être parfait... mais il est fragile. Alors, préservez sa fermeté et sa jeunesse. **Utilisez** le traitement Buste de René Guinot (...)"*
(Nu, René Guinot, cosmétique; E, 25.4.77, 68)

869 hors texte: *"**Utilisez** les piles Philips: la puissance qui dure."*
(Philips, magnétophones à cassettes/piles; SIC, Mai 75, 20/21)

870 hors texte: *"Pour remplir votre briquet, **utilisez** les recharges Dupongaz"*
(S.T.Dupont, briquets; Exp, 19.6.81, 36)

In den beiden letzten Beispielen bezog sich der Imperativ auf ein Zusatzprodukt, nicht auf den eigentlichen Werbegegenstand der Anzeige. Diese Zusatzwerbung, die meist in kleinen isolierten Texten steht, hat keinen Bezug zum Bildteil und ist in der Regel sehr knapp, einfach, ohne stilistische Auffälligkeiten und ohne konnotative Aufwertung formuliert.

Neben "utilisez x" finden sich eine Reihe anderer Imperative, die als eine Spezifizierung von 'consommez x' (das selbst nicht in unserem Korpus vorkommt) beschrieben werden können.

Beispiele:

871 FT: *"(...) Ne laissez plus les kilos s'amasser à votre insu. Sans en faire, pour autant, une hantise, surveillez régulièrement votre poids et **buvez** de l'eau minérale de Contrexéville.(...)"*
(Contrex, eau minérale; MMC, April 77, 102)

872 FT: *"(...) Attention! Modérez votre coup de fourchette, et... **buvez** Vichy Saint-Yorre"*
(Vichy Saint-Yorre, eau minérale; MCl, April 75, 186)

873 FT,Anfang: *"**Lisez** vite la suite dans ce numéro (...)"*
(Mickey Poche, bande dessinée; C, Juli 76, 81)

874 FT,Anfang: *"Rouler n'est pas jouer: l'aventure vous attend souvent au prochain tournant. Voulez-vous la clé qui vous ouvre enfin des routes tranquilles? **Voyagez** en Volkswagen Golf.(...)"*
(VW, voitures; NO, 13.10.80, 16)

875 HL: *"**Remettez-vous d'aplomb** sur un Lattoflex"*
(Lattoflex, literie; NO, 6.11.78, 108)

876 HL: *"**Vivez** dans la chaude ambiance du rustique Riskoff"*
(Riskoff, meubles; NO, 7.2.77, 66)

877 SL: *"Pour mieux profiter de vos journées **dormez** sur un matelas ferme Simmons"*
(Simmons, matelas; MCl, Mai 76, 192/193)

878 FT,Ende: *"(...) **Chargez** votre appareil avec le film Kodachrome 64 pour ne pas manquer l'éblouissement géant de février."*
(Kodak, film; Pt, 1.2.82, 127)

879 HL: *"Pour bien prononcer whole nut of Cadbury's **mangez**-en."*
FT: *"(...) **Goûtez** aussi le Fruit and Nut (...), c'est la meilleure façon d'attraper l'accent britannique."*
(Cadbury, chocolat; NO, 3.3.80, 62)

880 FT,Anfang: *"Quand vous laissez fondre lentement un bonbon Ricola - sans le croquer - vous ressentez d'abord une agréable sensation de fraîcheur. Puis vous découvrez une douceur subtile où se mélangent toutes les saveurs des plantes bienfaisantes choisies par Ricola.(...) **Découvrez** le goût particulier de ces dou-*

ces plantes qui rendent les bonbons Ricola inimitables et **régalez-vous** *de leur bienfaisante fraîcheur.(...)"*
(Ricola, bonbons; Tm, 24.2.83, 111)

881 HL: *"Snobez le temps.* **Portez** *une Longines."*
(Longines, montre; NO, 1.6.81, 57)

882 FT: *"(...) Mettez Phas avant de partir et non pas en arrivant sur la plage. Le temps d'y aller, vous risquez d'attraper un coup de soleil. Et* **remettez**-*en souvent, quand vous êtes au soleil bien sûr (...)"*
(Phas, produit de bronzage; NO, 21.6.76, 100/101)

883 Bilduntertitel: *"Après le shampooing* **mettez** *Friction Verte sur cheveux humides."*
(Friction Verte, après-shampooing; NO, 29.4.78, 17)

884 HL: *"**Buvez** Obernai et gardez les ailes."*
(Obernai, bière; NO, 5.7.80, 75)

Auch paradoxe Formulierungen wie die folgende gehören hierher, wenn sie eindeutig eine Konsum-Situation thematisieren:

885 HL: *"**Mangez** du lait / ça aide à grandir"*
(Sopexa, produits laitiers; MCl, Sept. 80, 178/179)

In den hier zusammengestellten Beispielen ist stets der Hersteller- oder Produktname der Ware, für die geworben wird, in der unmittelbaren Text-Umgebung des Imperativs vorhanden. Entweder steht er explizit im direkten Objekt, einer präpositionalen Ergänzung oder einer Umstandsangabe. Oder aber er geht dem Imperativ als isoliertes Nominalsyntagma voraus und wird ggf. durch ein anaphorisches Pronomen wieder aufgenommen. (Vgl. dazu Kap. 3.4.2.1.)
Letzteres kann aber gerade beim Imperativ auch fehlen, ohne daß die Referenzbeziehung zum vorstehenden Bezugswort gefährdet wäre:

886 HL: *"Fée Liégeoise. Ne résistez pas à la tentation."*
FT: *"Un savoureux dessert au chocolat, et par dessus, une crème toute blanche, toute légère. Regardez. Et puis* **goûtez**. *C'est un délice. Fée Liégeoise. C'est tellement bon d'être gourmande. Laissez-vous tenter."*
(Fée Liégeoise, La Roche aux Fées, dessert; E, 25.4.77, 134)

Schließlich kommen auch Ersatzformen anstelle des Markennamens vor, die die Aussage über das Werbeobjekt mit Zusatzinformation denotativer oder konnotativer Natur anreichern; dies geschieht oft durch den Gleichsetzungs-Imperativ. (Vgl. Kap. 3.4.2.3.).

Beispiel:

887 einziger Text: *"Face à un monde agité, retrouvez la sérénité.* **Conduisez** *la 1ère berline 6 cylindres diesel d'Europe / la passion de la qualité."*
(Volvo, voitures; NO, 9.7.79, 16)

Neben den Imperativen, die als unmittelbare Substitutionen von "utilisez x" oder "consommez x" fungieren, beziehen sich andere ebenfalls auf den Augenblick des

Konsums, thematisieren aber bestimmte Teilhandlungen:

888 FT: *"(...) **Ouvrez** une bouteille de rhum vieux Duquesne. Le liquide chaleureux qu'elle renferme n'a pas d'âge.(...)"*
(Duquesne, rhum; Pt, 17.10.77, 118/119)

889 FT: *"(...) Notre huile pour Bain? **Sentez** sa soie sur votre peau. Tout de suite. Et bien plus tard dans la journée. Vous verrez!(...)"*
(Roger&Gallet, produits de soins corporels; NO, 22.10.79, 44)

890 FT,Anfang: *"**Dosez** vous-même votre effet avec la Laque Colorée Paupières et le Fard Fluorescent: version douce le matin, version vive le soir.(...)"*
(Harriet Hubbard Ayer, maquillage; MCl, April 75, 14)

891 FT,Anfang: *"**Prenez** une noix de Tahiti. **Ajoutez** des torrents d'eau. Et vous obtiendrez des paquets de mousse.(...)"*
(Tahiti, produit de douche; Tm, 13.5.83, 25)

892 FT: *"(...) **Fermez** les yeux et faites le tour de l'œil avec le Stick. Puis **insistez** sur les petites lignes qui partent en faisceau vers la tempe. Le Stick laisse une fine trace brillante qui s'efface dès que la crème a pénétré.(...)"*
(Harriet Hubbard Ayer, cosmétique; MCl, April 75, 12)

893 FT: *"(...) Voici le Hauteterre 1981 sélectionné parmi les vins de Faugères.(...) **Laissez-lui** donc **le temps** de se mettre en valeur (c'est à température ambiante qu'il se révèle le mieux). **Débouchez**-le un peu à l'avance pour lui permettre de respirer.(...)"*
(Hauteterre, vin; Tm, 17.2.83, 107)

894 FT: *"(...) Il faut donc trouver la juste mesure. **Tenez** la bouteille franchement. Mais **versez** avec pondération. **Restez** calme. **Arrêtez** avec détermination. (...)"*
(Rémy Martin, fine champagne cognac; Exp, 4.10.76, 78)

Die letzten vier Beispiele sind zugleich ein Beleg dafür, daß zahlreiche Imperativ-Reihungen ebenfalls eine Konsum-Situation als Realisierungs-Rahmen für die Imperativ-Handlung haben. Hierzu gehören nicht zuletzt die häufig in Werbeanzeigen vorkommenden werbefremden Textsorten wie Gebrauchsanleitungen und Kochrezepte:

895 FT: *"Pillsbury, c'est de la pâte prête à cuire, pour faire 6 croissants en un rien de temps./*
***Déroulez** l'étiquette autour de la boîte. / **Appuyez** avec une cuillère sur la ligne d'ouverture./ **Tournez** pour finir d'ouvrir. La pâte sort toute enroulée./ **Déroulez** la pâte. / **Séparez** les 6 triangles prédécoupés./ **Roulez** chaque triangle en forme de croissant./ **Attendez** 15 minutes environ. Voilà, vous avez des croissants chauds et croustillants pour le petit déjeuner."*
(Pillsbury, pâte à cuire; E, 12.1.76, 69)

896 FT: *"Comment utiliser Dercos Anti-Chute / l'ampoule Dercos Anti-Chute munie de son applicateur vous permet de répartir le produit raie par raie à la racine des cheveux. **Massez** ensuite afin d'aider la pénétration des éléments actifs (...)"*
(Dercos, produit pour cheveux; NO, 22.10.79, 150)

897 Bildunterschriften: *"Une idée pour le (le citron) conserver longtemps au réfrigérateur: **piquez**-y un bâtonnet; **pressez** le jus nécessaire; **rebouchez** avec le bâtonnet."*
*"Pour extraire le jus d'un demi-citron, **piquez**-le avec une fourchette et **tournez**; la pulpe éclate et le jus s'écoule plus facilement."*
"Une coupe appétissante? Tout simplement un citron coupé en deux, vidé et

nettoyé. ***Présentez****-y hors-d'œuvre, sauces, fruits rafraîchis, glaces."*
(Sunkist, citrons; E, 12.1.76, 22)

Wie die Beispiele zeigen, stehen die Imperativ-Reihungen ausnahmslos in Fließtexten bzw. in Bildunterschriften. Sie sind auffällig häufig mit einer Headline kombiniert, die einen raum-zeitlich unbestimmten oder mehrdeutigen Imperativ hat.

Beispiel:

898 HL: *"Offrez-vous les boucles légères que la nature vous a refusées."*
FT: *"(...)* ***Munissez-vous*** *du Set Poly Style (...) et* ***passez à l'action. Enroulez*** *les bigoudis spécialement conçus pour cet usage. (...)* ***Patientez*** *30 minutes,* ***rincez*** *vos cheveux abondamment à l'eau tiède sans dérouler les bigoudis,* ***épongez****-les légèrement (...) Vous hésitez encore? Vous êtes en panne d'imagination? Rassurez-vous: le mode d'emploi qui accompagne chaque set de Poly Style est bourré d'idées et de conseils (...)"*
(Poly Set, mousse à permanenter; Tm, 17.2.83, 112)

Der Imperativ der Headline dieses Beispiels ist in seinem Situationsbezug vage; er spricht eine recht allgemeine Bedarfs-Situation an. Ihr folgt ein Imperativ der Phase 3 ("munissez-vous de x"), und an ihn schließt die Imperativ-Reihe mit konsumbezogenen Imperativen an.

Auch in Abb. 10 besteht der Fließtext aus Rezepten, und seine Imperative sind auf die Konsumsituation bezogen, während die Headline durch eine bewußt angelegte Mehrdeutigkeit in ihrem raum-zeitlichen Bezug vager ist. Zum einen kann sie als Überschrift für den Fließtext gelten, wobei "faire un plat" durch die Rezept-Vorschläge spezifiziert wird; zum anderen variiert sie die Redensart "faire un plat de qc." (viel Aufhebens von einer Sache machen), die sich schwerlich in einen konkreten Situationsbezug bringen läßt. Lediglich die erstgenannte Lesart des Wortspiels wird im Anzeigentext ausgebaut und weitergeführt.

Als drittes Beispiel für das Verhältnis von Headline und Fließtext sei auf die Abb. 11 verwiesen: Wieder sind die vier Bilduntertitel am Fuß der Seite als Konsum-Imperative bestimmbar, da sie den Besitz des Werbeobjekts bei der Realisation der Imperativ-Handlung voraussetzen, während der Imperativ der Headline eine durch die Metaphorik eher vage, aber positiv konnotierte Bezugs-Situation hat. Unausgesprochen bleibt die Verbindung zwischen ihr und der Rolle, die das deutlich ins Bild gerückte Werbeobjekt dabei spielen soll: Es wird als Mittel zur Realisierung der in der Headline evozierten positiven Befindlichkeit suggeriert. Dies erinnert an die so häufige sprachliche Anbindung des Produktnahmens mit 'grâce à x' oder 'avec x'.

Allgemein gilt, daß der Situations-Bezug umso leichter bestimmbar ist, je präziser raum-zeitliche Informationen in Form von Adverbien, adverbialen Bestimmungen und temporal interpretierbaren Adverbialsätzen vorhanden sind; wichtig ist ferner, ob und wie nahe die Bezeichnung für das Werbeobjekt an den Imperativ angeschlossen ist. So ist im folgenden Fall der Bezug zur Konsum-Situation durch den Anschluß des

Produktnamens mit 'avec x' noch recht gut bestimmbar:

899 FT: *"(...) Le matin,* ***accordez*** *quelques instants d'attention à votre visage avec les bases Phas, votre peau restera superbe et votre maquillage tiendra jusqu'au soir.(...)"*
(Phas, maquillage; MCl, Sept. 80, 100/101)

Der Imperativ

900 HL u. FT: *"(...)* ***Emmenez*** *vos enfants au pays des enfants."*
(Abb. 5)

dagegen bleibt unbestimmt, da - mögliche! - Ergänzungen wie "grâce au Club Méditerranée" oder "en partant en vacances avec le Club Méditerranée" fehlen.

Imperative wie "découvrez x", "pensez à x", "profitez de x", "choisissez x" und "essayez x" sind oft hinsichtlich ihres situativen Bezugs mehrdeutig, obwohl die Bezeichnung für das Werbeobjekt oder den Anbieter unmittelbar als direktes oder präpositionales Objekt angeschlossen ist - es sei denn, die Aussage würde ausdrücklich durch entsprechende Zusatzinformation zugunsten der Konsum-Situation determiniert wie im folgenden Fall:

901 FT,Ende: *"(...)* ***essayez*** *sa douceur au moins une fois par semaine!"*
(Evernight, shampooing; E, 9.5.77, 122)

Die Imperative 'offrez x' oder 'faites-vous offrir x' sind insofern bemerkenswert, als bei ihnen Käufer und Konsument nicht identisch sind;[1] so ist fraglich, ob die Handlung des Beschenkens oder der spätere Umgang des Beschenkten mit dem Werbeobjekt als Konsum-Handlung zu definieren sind. Das sehr häufige "offrez-vous x" dagegen steht häufig als unmittelbarer Ersatz für den Kauf-Imperativ und gehört damit zur Phase 3.

Abschließend sei an den Imperativ "imaginez a" oder "rêvez à a" erinnert, der selbst, wie etwa in Abb. 15, auf die Rezeptions-Situation der Anzeige (Phase 1) bezogen ist. (Vgl. dazu Kap. 3.5.1.) Dieser Imperativ leitet meist zur Darstellung einer fiktionalen Situation über, und zwar häufig zu einer Probekonsum-Situation (Phase 2) oder Konsum-Situation (Phase 4) im weitesten Sinn. Die in diesen Textpassagen enthaltenen Imperative haben also eine Realisations-Situation Sit_2, die durch den vorangehenden Imperativ "imaginez a" als eingebettete Textsequenz gekennzeichnet ist.

Ein gutes Beispiel für die explizite Einleitung in eine fiktionale Textpassage findet sich in der folgenden Anzeige für ein Immobilienobjekt auf der renommierten Strandpromenade von Cannes, der "Croisette". Drei Photos unterstützen die Argumentation: ein halbseitiges Farbphoto von der Bucht von Cannes, mit Markierung der

---

[1] Vgl. dazu Kap. 3.5.3.

Stelle, wo das Gebäude errichtet werden soll; ferner ein kleineres Schwarz-Weiß-Photo von der "Croisette" um die Jahrhundertwende, schließlich ein kleines Schwarz-Weiß-Photo vom zeitgenössischen Cannes, das den Fischmarkt zeigt. Zu diesen Bildern gehört folgender Text:

902 FT: *"(...) 17, La Croisette Cannes, le dernier palais en bord de mer.* ***Fermez*** *les yeux.* ***Rêvez...!*** *Vous habitez au Gray d'Albion-Cannes, 17, La Croisette.* ***Ouvrez*** *les yeux dans votre rêve. Devant vous, un panorama fantastique, unique, inoubliable. Autour de vous, tout ce que vous pouvez souhaiter pour vous rendre la vie agréable.(...)"*
(Le Gray d'Albion, immobilier; Pt, 14.6.76, 40)

Die beiden ersten Imperative beziehen sich auf die Rezeptionssituation des Lesers; der anschließende Text stellt die Situation nach dem Kauf eines Appartements in dem angebotenen Immobilien-Objekt dar. Dabei ist die Häufung von Personalpronomen der 2.Person Plural in dieser Textpassage bemerkenswert: Jeder Satz bezieht den Leser in die fiktionale Situation des "Croisette"-Bewohners ein.

Weitere Beispiele:

903 FT: *"(...)* ***Imaginez*** *un instant tout ce que vous permet ce vidéo-cassette... (...) Ce soir, à la même heure, deux émissions vous intéressent?* ***Regardez*** *une chaîne,* ***enregistrez*** *l'autre et vous passerez votre cassette au moment qui vous plaira.(...)"*
(Thomson, magnétoscope; NO, 11.12.78, 100/101)

904 FT: *"(...) AGE 81 stéréophonique.* ***Imaginez****-la chez vous dans son habit noir et jaune (...) Elle s'intègre parfaitement à votre style de vie. (...) En jeans, décontracté,* ***mettez*** *un disque et* ***écoutez.****"*
(Schneider, chaîne hi-fi; SV, Dez. 74, 98)

Doch nicht immer wird die Fiktionalität einer solchen Passage sprachlich explizit als solche ausgewiesen.

Beispiele:

905 HL: *"Week-end en Hollande.* ***Flânez*** *le long des canaux. On y rencontre des Hollandaises inattendues."*
(KLM, compagnie aérienne; NO, 17.3.80, 112)

906 HL: *"Week-end à Amsterdam.* ***Promenez-vous*** *en bateau. Et* ***faites attention*** *à votre tête. Il y a 636 ponts."*
FT,Anfang: *"****Laissez-vous aller*** *au charme mystérieux de l'eau sur l'un des canaux circulaires de la vieille ville.(...)"*
(KLM, compagnie aérienne; NO, 20.10.80, 146)

907 HL: *"Pour explorer l'Irlande plus longtemps, allez-y plus rapidement."*
FT: *"(...) Et maintenant,* ***circulez...*** *il y a beaucoup à voir... en Irlande!"*
(Aer Lingus, compagnie aérienne/Irlande, tourisme; NO, 27.3.80, 21)

908 FT: *"(...) Ou encore, visitez du haut de votre 'Eléphantaxi' une réserve d'animaux, comme Corbett Park ou Kaziranga.* ***Chargez*** *votre Instamatic et* ***partez*** *à la chasse au tigre (...) Ou bien,* ***tournez*** *le dos au faste de l'Inde - si vous en êtes capable - et* ***dirigez-vous*** *vers ses plages (...)"*
(Office National Indien de Tourisme; CA, Febr. 71, 106)

909 FT: *"(...)* ***Pêchez*** *des truites, des brochets gigantesques, ou des saumons dans*

des eaux telles que la rivière Marsoui (Parc de Gaspesie), la rivière Nimpkish (Ile de Vancouver) ou le lac Mitigon, ou bien encore dans des milliers d'autres rivières et lacs canadiens.(...)"
(Office du Tourisme du Canada; NO, 11.12.78, 104)

Wie die Beispiele erkennen lassen, wird diese Anzeigenkonzeption besonders häufig gewählt, um das Motiv der 'évasion' darzustellen; diese Textpassagen eignen sich daher besonders für die Touristik-Werbung. Doch kommen sie auch in anderen Branchen wie Immobilien, Personenwagen, Hi-fi/Radio/Fernsehen/Video und Foto/Film zum Einsatz:

910 FT,Anfang: *"En France, au Japon, comme à travers le monde, la Carte American Express a tout prévu. Même les désirs imprévus. (...) Sans un sou en poche,* ***invitez*** *la femme de votre vie à déguster les spécialités locales. Et ne lui* ***refusez*** *rien. Ou* ***fêtez*** *avec tous vos clients la conclusion d'une bonne affaire. Vous signez, c'est tout.(...)"*
(American Express, carte de crédit; Pt, 17.10.77, 48)

Der Übergang zwischen einer Vorführ-Situation und einer Konsum-Situation im eigentlichen Sinn ist fließend, wie die beiden folgenden Beispiele zeigen:

911 FT,Anfang: *"Approchez-vous.* ***Ouvrez*** *les portières des nouvelles Simca 1100. Et* ***glissez-vous*** *à l'intérieur.* ***Regardez****, les Simca 1100 ont changé.(...)"*
(Simca, voitures; SV, Dez. 74, 38)

912 FT: *"(...)* ***Cadrez*** *dans le large viseur,* ***choisissez*** *le diaphragme,* ***faites*** *la mise au point et '****shootez****' l'esprit en paix. Le Nikon est doté de quelques astucieux garde-fous à l'intention du génie distrait que vous êtes parfois.(...)"*
(Nikon, appareils de photo; NO, 3.12.79, 130/131)

Als letztes Beispiel sei eine doppelseitige Anzeige der SNCF angeführt. Das Bild zeigt ein Eisenbahnabteil, durch das Abteilfenster sieht man die vorbeifliegende Landschaft; im Vordergrund ist eine Frau zu sehen, die zum Fenster hinausblickt.

913 HL: *"****Roulez*** *vite la tête ailleurs."*
FT: *"Si vous préférez le rêve à la concentration, la détente à l'énervement, alors, confiez-nous votre conduite. Prenez le train.* ***Asseyez-vous... étendez*** *vos jambes. Les sièges, avec appuie-tête incorporé, sont bien dessinés.* ***Regardez...*** *A travers les vitres panoramiques, la vue est superbe.* ***Ecoutez...*** *Ici, ce n'est pas le bruit qui vous dérangera dans votre rêverie ou votre lecture. Nos voitures sont bien insonorisées. Et maintenant,* ***rêvez...*** *Dans le train, on peut flâner tout en filant comme une flèche."*
SL: *"SNCF / Redécouvrez le train."*
(SNCF, chemins de fer; NO, 4.12.78, 170/171)

Die visuelle Gestaltung der Anzeige zeigt hier wiederum die Konsumsituation, auf die der Fließtext Bezug nimmt.

Fiktionale Textsequenzen wie die oben beschriebenen befinden sich ausschließlich in textreichen Anzeigen und hier in der Regel im textreichsten Teiltext, dem Fließtext. Sie werden am Ende oft durch Imperative abgelöst, die auf Phase 2 bezogen sind: vor allem Aufforderungen, weitere Information einzuholen.

Eine geringe Zahl von Imperativen nimmt auf eine Situation Bezug, die - wenn man von den Phasen der Realisierung der Textintention ausgeht - zeitlich an die Konsum-Situation anschließt: etwa die Aufforderung, das Produkt weiterzuempfehlen oder weiterzuverschenken.

<u>Beispiel</u>:

914 HL: *"Des goûts nouveaux à découvrir: Les Rivesaltes"*
FT,Ende: *"(...) Et maintenant que vous l'avez découvert,* ***faites-en profiter*** *vos amis. Avant ou après un bon repas,* ***servez****-leur frais la boisson la plus ensoleillée de France."*
(Rivesaltes, vins; Tm, 6.1.83, 18/19)

Imperative dieses Typs haben folgende Präsuppositionen:

- Erwerb des Produkts
- Konsum des Produkts
- Zufriedenheit mit dem Produkt.

Gelegentlich kommen Imperative vor, die sich aufgrund der Kontext-Information auf eine deutlich spätere Phase im Anschluß an die Konsumphase beziehen lassen; so z.B. in der folgenden Anzeige einer Abmagerungscreme, in der Ratschläge dafür gegeben werden, wie sich der erreichte Effekt über längere Zeit erhalten läßt:

915 FT,Ende: *"(...) Petits conseils pour ne pas retrouver les centimètres perdus. / Vous avez été persévérante et vous avez obtenu de bons résultats avec Effiligne. Bravo. En observant quelques règles très simples, vous devriez pouvoir facilement conserver votre ligne.* ***Buvez*** *beaucoup d'eau (plus d'un litre par jour) et ne* ***salez*** *pas trop vos aliments.* ***Pensez*** *à faire un peu d'exercice... et* ***fuyez*** *l'alcool, charcuterie et pâtisseries. Enfin, de temps en temps,* ***redonnez*** *un petit 'à coup' avec Effiligne."*
(Effiligne, crème d'amincissement; MCl, Mai 76, 236)

Im folgenden Fall basiert die gesamte Konzeption der Anzeige auf einer Situation Sit_2, die zeitlich an die Konsum-Phase anschließt: Sie wirbt damit, daß bei Unzufriedenheit die Möglichkeit zur Reklamation besteht:

916 FT: *"(...)Ainsi, si vous nous trouvez un défaut,* ***signalez****-le-nous avec la carte d'appréciation. Nous y remédierons.(...)"*
(Avis, location de voitures; Exp, 4.10.76, 30/31)

Allerdings sind Imperative dieses Typs mit eindeutigem Bezug auf eine Phase, die zeitlich auf die Konsum-Phase folgt, sehr selten.

In der anschließenden Übersicht sind die wichtigsten der in Kap. 3.5.1. bis 3.5.4. behandelten Imperative zusammengestellt. Sie sind hinsichtlich ihres Bezugs auf Phasen der Realisierung der Textintention durch den Adressaten geordnet.
In dieser Übersicht wird noch einmal zweierlei deutlich: Das Durchlaufen der vier Phasen bedeutet die zunehmende Annäherung des Handlungsträgers der Imperativ-

handlung an das Werbeobjekt x. Praktisch alle hier aufgeführten Imperativ-Verben gehören semantisch zu den t ä t i g k e i t s bezeichnenden Verben, haben also ein Sem [+AGERE]. Der Imperativ 'vivez mieux grâce à x' vertritt alle diejenigen Imperative, die sich auf eine den Erwerb des Objekts voraussetzende Phase beziehen; diese ist stets positiver konnotiert als die Ausgangs-Situation, und der Erwerb des Werbeobjekts wird als Mittel für das Erreichen dieses Zielzustands präsentiert.

1	*RECEPTION DE L'ANNONCE*	LISEZ a REGARDEZ a *(activités immédiates dirigées vers l'annonce)* REFLECHISSEZ à a SOUVENEZ-VOUS de a IMAGINEZ a SUPPOSEZ a REVEZ à a *(activités immédiates à partir de l'annonce)* REMPLISSEZ LE COUPON DECOUPEZ LE COUPON
2	*RECHERCHE ACTIVE D'INFORMATION*	RENVOYEZ LE COUPON ECRIVEZ DEMANDEZ LA BROCHURE TELEPHONEZ CONSULTEZ LE CATALOGUE DEMANDEZ UN ENVOI-TEMOIN DE X DEMANDEZ LA VISITE D'UN CONSEILLER ALLEZ VOIR X CHEZ UN CONCESSIONNAIRE ESSAYEZ X DECOUVREZ X VERIFIEZ CE QUI A ETE DIT SUR X COMPAREZ X JUGEZ X
3	*ACQUISITION DE L'OBJET*	JUGEZ X EN EN ACHETANT UN PREMIER EXEMPLAIRE ESSAYEZ X PRENEZ X CHOISISSEZ X CHOISISSEZ ENTRE X ET X ACHETEZ X / COMMANDEZ X / SOUSCRIVEZ A X / LOUEZ X EXIGEZ LA MARQUE X / VERIFIEZ SI C'EST X DEVENEZ PROPRIETAIRE DE a (X) INVESTISSEZ DANS a (X)
4	*CONSOMMATION DE L'OBJET ET PROFIT DE SES QUALITES ANNEXES*	OFFREZ-VOUS X ESSAYEZ X DECOUVREZ X PRENEZ (TOUJOURS) X UTILISEZ X OFFREZ X PROFITEZ DE X VIVEZ MIEUX GRACE A X

a: Bezeichnung für ein beliebiges Verb-Objekt

X: Bezeichnung des Produkts, für das in der Anzeige geworben wird (meist sein Markenname)

a (X): Bezeichnung für ein Verb-Objekt, das unmittelbar das Produkt, für das geworben wird, vertritt und mit diesem referenzidentisch ist.

3.5.5. Schwierigkeiten beim Bestimmen der Realisations-Situation der Imperative

Die bisherige Anordnung der vorgefundenen Imperative orientierte sich an einem außersprachlichen Kriterium: Ausgehend von der als gegeben angenommenen Textintention der Werbeanzeige, den Leser über wieviele Zwischenschritte auch immer letztlich zum Erwerb des Werbeobjekts zu veranlassen, wurde eine Achse von chronologisch aufeinanderfolgenden Realisations-Situationen angenommen, die als Bezugs-Situationen Sit_2 der vorkommenden Imperative in Frage kamen. Bei der Zuordnung zu diesen Situationen ergaben sich bereits einige Schwierigkeiten: Zum Teil waren Mehrfachzuordnungen möglich, in anderen Fällen blieb der Situationsbezug, vor allem bei fehlenden Umstandsangaben, vage; schließlich ließ sich die "Situation" selbst nicht immer in ihrer zeitlichen Abgrenzung bestimmen. Dies wird besonders deutlich an den Imperativen des Typs 'vivez mieux grâce à x', die bei der Behandlung der Konsum-Situation bereits erwähnt worden waren. Solange das Werbeobjekt sprachlich explizit an die Imperative dieses Typs gebunden ist, läßt sich die Bezugs-Situation meist zumindest in ihrem Anfangspunkt, dem Beginn der Verfügbarkeit von x, bestimmen; fehlt diese Angabe aber, so liegt ein Imperativ vor, dessen Realisations-Situation als nicht-verzeitet gelten muß: 'vivez mieux'.
Hier zeigt sich, daß die Bestimmung des Situationsbezugs wesentlich von der sprachlichen Einheit abhängt, die der Untersuchung zugrunde gelegt wird. Die Imperativform allein kann einen vollständigen Satz darstellen. Ihr Situationsbezug ist in einigen Fällen bereits in der semantischen Struktur des Imperativ-Verbs festgelegt, in anderen Fällen wird er durch entsprechende Angaben im unmittelbaren sprachlichen Kontext, vor allem durch Umstandsangaben, präzisiert. Es ist eine Besonderheit des Imperativs als grammatischer Form, daß in ihm ein Maximum an Information angelegt ist, das durch den Kontext entfaltet werden k a n n , aber nicht entfaltet werden m u ß . Darüber hinaus erschweren Metaphern und Metonymien, Paradoxa und Wortspiele, Phraseologismen und Neologien sowie das Verblassen der Verbbedeutung bei rhetorischen Imperativen eine inhaltliche Bestimmung und damit auch eine pragmatische Einordnung der Imperative. Im folgenden sollen exemplarisch einige Fälle diskutiert werden, bei denen die Bestimmung des Imperativs hinsichtlich seiner Realisations-Situation problematisch ist.

Mehrfach wurden bereits Imperative behandelt, deren semantische Struktur mehr oder weniger stark verblaßt war und die im Text vor allem textgliedernde, phatische und metakommunikative Aufgaben erfüllen.[1] Sie wurden hier zusammenfassend als

---

[1] Vgl. Kap. 3.3.2. und Kap. 3.5.1.

"rhetorische Imperative" bezeichnet. Es handelt sich dabei zum einen um Gliederungssignale der mündlichen Rede:

917 FT,Anfang: *"Il y a des moments où j'aime tout particulièrement aller voir mes clientes.* ***Tenez****, maintenant par exemple.(...)"*
(Abb. 1)

918 FT: *"(...)'****Tiens****, bonjour, P'pa, t'as été faire de la voile? (...)"*
(Abb. 5)

Wie in diesen beiden Beispielen kommen sie überwiegend in Textsequenzen mit Sekundärsender vor; gelegentlich stehen sie auch in Texten der einfachen Sender-Adressaten-Konstellation:

919 FT: *"(...) Et la mesure de la distance et le réglage de l'objectif, il fait tout cela -* ***tenez-vous bien****! - dans la mini-fraction de seconde où le doigt presse le déclencheur.(...)"*
(Konica, appareils de photo; Exp, 19.6.81, 130/131)

920 FT: *"L'été, les vacances, la détente, les charmantes rencontres et les soirées sympathiques entre amis... C'est le moment de redécouvrir la délicieuse saveur du Cointreau.* ***Tenez****, connaissez-vous, le 'Cointreau-tonic'? (...)"*
(Cointreau, boisson alcoolique; Lui, Juli 74, 25)

Rhetorische Imperative und rhetorische Fragen treten wie in diesem Fall häufig zusammen im gleichen Kontext auf; sie erfüllen den Zweck, die bei schriftlichen Texten stets vorhandene Distanz zwischen Sender und Adressat durch die Simulation eines lebendigen Dialogs zu überspielen.

Daneben kommen eine Reihe imperativischer Gliederungssignale vor, die weitgehend schriftlichen Texten vorbehalten bleiben. Einige wichtige Funktionen, die die Gliederungssignale in der mündlichen Spontankommunikation erfüllen, entfallen in schriftlichen Texten, nämlich die sprecherbezogenen Funktionen: die Erleichterung der Sprechplanung beim Sprechen, die Überbrückung von Pausen, die durch Zögern, Überlegen, Suchen nach dem angemessenen Ausdruck zustande kommen, die Autokorrektur von Äußerungen u.a.

Eine Reihe weiterer Funktionen ist den textgliedernden Imperativen in der mündlichen und schriftlichen Kommunikation gemeinsam:

- die Aufrechterhaltung des Kontakts zum Adressaten
- die Fokusbildung innerhalb des Textes: Hervorhebung, Markierung von Einschüben u.a.
- die Gliederung des Textes: Kennzeichnung einer Passage hinsichtlich ihrer Position in bezug auf den Gesamttext (Anfang, Mittelposition, Nähe des Textendes, Textabschluß)
- die metakommunikative Funktion schließlich, mit der die gemachten Aussagen hinsichtlich ihrer Funktion für den Sender, den Adressaten und für den Text, in dem sie stehen, gekennzeichnet, gewertet und interpretiert werden.

Die in dem Texttyp 'Anzeigenwerbung' vorkommenden Imperative mit phatischer und metakommunikativer Funktion bei einfacher Sender-Adressaten-Konstellation sind lediglich solche der 1. und 2.Person Plural. Sie beziehen sich überwiegend auf die Textplanung, die Textgestaltung und die Textrezeption. In schriftlichen Texten, also auch in den Anzeigentexten, wo die sprecherbezogenen Funktionen entfallen, sind sie oft zu Sprachgesten erstarrt; als weitgehend konventionalisierte Ausdrücke sind sie gegenüber der nicht-rhetorischen Verwendung des Verbs in ihrer Bedeutung stark reduziert. Das zeigt sich u.a. daran, daß die phatischen Imperative der 1. und 2.Person Plural vieler dieser Verben ohne wesentliche Bedeutungsveränderung substituierbar sind:

z.B.	notons que	-	notez que
	prenons un exemple	-	prenez un exemple
	n'oublions pas que	-	n'oubliez pas que
	ajoutons à cela	-	ajoutez à cela

Beispiele:[1]

921 FT: *"(...)* ***Notez*** *aussi que Normandy Ferries garantit à tous ses passagers un réel confort: 400 fauteuils inclinables et 360 couchettes sur la ligne Le Havre-Southampton, 5000 fauteuils relax sur la ligne Boulogne-Douvres.* ***N'oubliez pas*** *enfin que Normandy Ferries propose aux passagers motorisés une tarification dégressive très avantageuse.(...)"*
(Normandy Ferries, transports maritimes; NO, 2.5.77, 132)

922 FT,Ende: *"(...) Et...* ***n'oubliez pas****: ces nouveaux japonais sont tous équipés pour recevoir également des objectifs Zeiss."*
(Yashica-Contax, appareils de photo; NO, 4.12.78, 26/27)

923 FT: *"Opalia est une ampoule dessinée en forme d'œuf (...) Côté technique,* ***notez*** *qu'Opalia est une ampoule en silice de premier choix (...)"*
(Opalia, ampoules; NO, 6.11.78, 35)

924 FT: *"(...) Pour vos enregistrements,* ***n'oubliez pas*** *qu'il existe à présent sur le marché deux types de cassettes: (...)"*
(Continental Edison, hi-fi; NO, 10.11.75, 96/97)

Meistens ist die Information, die durch "n'oubliez pas" eingeführt wird, eine Angabe, die beim Leser gar nicht als bekannt vorausgesetzt werden kann; das macht den rhetorischen Charakter dieses Imperativs besonders deutlich. Über seine textverknüpfende Funktion hinaus dient er ebenso wie "notez que" der Hervorhebung (Fokusbildung, "mise en relief") der anschließenden Information, die als vom Imperativ abhängiger Objektsatz (Subordination) oder als selbständiger Hauptsatz angeschlossen wird (parataktische Reihung), wobei oft ein Doppelpunkt die kataphorische Funktion des Imperativs unterstützt.

"Ajoutez à cela" hat überwiegend textverknüpfende Funktion. Es erscheint oft bei aufzählender Reihung von Argumenten oder Beispielen:

---

1 Da rhetorische Imperative der 1.Person Plural schon in Kap. 3.3.2. behandelt wurden, beschränken wir uns hier auf Imperative der 2.Person Plural.

925 FT: *"La situation de père de famille impose parfois des sacrifices. Ou bien vous choisissez une voiture de petites dimensions qui ne vous posera aucun problème en ville, mais qui vous refusera d'emmener toute la famille à la campagne. Ou bien vous pensez aux vôtres, et vous achetez une grande voiture avec laquelle vous aurez tous les ennuis pour circuler et vous garer. Ou alors, vous choisissez une Golf et vous ne sacrifiez rien du tout. Car la Golf est une voiture compacte de 3,7m de long et 1,61m de large.(...)Mais cette voiture compacte est aussi une voiture spacieuse.(...)* ***Ajoutez à cela*** *la sécurité de la Golf, bien accrochée à la route par la traction avant(...)"*
(Golf, VW, voitures; NO, 20.11.78, 152/153)

Besonders in längeren expositorischen Textpassagen, in denen das Leserinteresse zu ermüden droht, kann es als phatisches Element eingesetzt werden. Viele dieser Imperative lassen sich auf die Rezeptions-Situation (Phase 1) beziehen, wenn man von der vollen semantischen Bedeutung des Imperativ-Verbs ausgeht. Daß dies nicht immer gerechtfertigt ist, zeigt die Tatsache, daß rhetorische Imperative nie von sprachlichen Angaben zur Realisations-Situation Sit_2, einer Apostrophé etwa oder einer adverbialen Bestimmung der Zeit, begleitet werden. Sie sind hinsichtlich ihrer Bezugs-Situation in der Regel nicht determiniert und, wie der Versuch einer Hinzufügung dieser Angaben zeigt, z.T. auch kaum determinierbar.

Wenn Informationen über die Bezugs-Situation des Imperativs zwar möglich, aber im konkreten Text nicht sprachlich realisiert sind, bleibt deren Ergänzung dem Leser überlassen, wobei oft unterschiedliche Füllungen der Informations-Lücken möglich werden. In diesem Fall kommt es zu alternativen Lesarten einer Äußerung. Der Grund für das Aussparen dieser Angaben kann sein, daß der Sender sie für nicht relevant hält; sie können aber auch bewußt fehlen, um eine Unbestimmtheits-Struktur der Aussage zu schaffen, die dem Leser eine erhöhte Beteiligung an der Sinnkonstitution des Textes abverlangt - ein Verfahren, das für poetische Texte von besonderer Bedeutung ist, aber auch als wichtiges Verfahren persuasiver Textstrategie gelten kann. Die Beschreibung von Unbestimmtheitsstellen als konstitutives poetisches Element hat eine lange Tradition.[1] Sie können auf der textsyntaktischen, textsemantischen und textpragmatischen Ebene angesiedelt sein.

Allgemein gilt, daß die Mehrdeutigkeit und Unbestimmtheit eines Imperativs hinsichtlich seiner Bezugssituation umso größer wird, je geringer die Zahl der situativen Informationsangaben im Text ist. Je weniger über den Sender S_2 und den Adressaten A_2 des Imperativs bekannt ist, je unsicherer die Ort-/Zeit-Koordinaten der Bezugs-

---

1 Vgl. etwa Ingarden 1960; Iser bezeichnet den "Leerstellenbetrag eines Textes als die elementare Bedingung für den Mitvollzug" (1970:16).

situation Sit_2 sind, desto schwieriger wird die Bestimmung des Imperativs hinsichtlich seines semantischen Gehalts und seines situativen Bezugs. Je kürzer ein Textteil ist, desto größer ist daher auch die Wahrscheinlichkeit, daß sich ein darin enthaltener Imperativ auf mehrere unterschiedliche Situationen beziehen läßt; dies entspricht der allgemeinen Beobachtung, daß mit zunehmender Versprachlichung einer Mitteilung deren Bedeutung monosemiert wird, daß umgekehrt bei geringerem Versprachlichungsgrad die Wahrscheinlichkeit der Polysemie der Aussage erhöht ist. Für die Werbeanzeige heißt das konkret, daß Imperative mit mehrdeutigem Situationsbezug vor allem in der Headline und im Slogan zu erwarten sind.

Es wurde bereits darauf hingewiesen, daß gerade die besonders häufigen Imperative hinsichtlich ihres situativen Bezugs oft mehrdeutig oder vage sind; das gilt besonders für "essayez x", "prenez x", "découvrez x", "choisissez x", "pensez à x" und "profitez de x". Es sind Verben mit relativ weitem Bedeutungsumfang; sie sind, im Gegensatz zu anderen Verben, noch nicht auf bestimmte Verwendungssituationen festgelegt.

Für die Mehrdeutigkeit zwischen Probekonsum (Phase 2), Probekauf (Phase 3) und Konsum (Phase 4) ist der Imperativ "essayez x" typisch, der zu den häufigsten Imperativen unseres Korpus gehört.

Beispiele:

926 FT: *"Voulez-vous prendre soin de votre voiture? Alors,* **essayez** *Motorcraft - C'est une grande marque de pièces de rechange (...)"*
(Motorcraft, pièces de rechange pour voitures; NO, 2.5.77, 114)

927 FT: *"(...) Deux rouges à lèvres comptent dans la vie d'une femme.(...)* **Essayez** *l'une ou l'autre selon votre humeur, pour trouver votre style.(...)"*
(Elizabeth Arden, cosmétique; MCl, April 75, 142)

928 HL: *"quand on n'a plus vingt ans, et que cela commence à se voir..."*
FT,Anfang: *"***Essayez** *Specific Vitalizer: en quelques jours vous verrez déjà un changement. Votre peau sera plus souple, vos rides moins marquées.(...)"*
(Lancaster, cosmétique; MCl, April 75, 132/133)

929 FT: *"(...) Sea Spray est en France maintenant.* **Essayez**-*le, pour vous faire une idée personnelle.(...)"*
(Sea Spray, Yardley; MCl, Mai 76, 206)

930 FT: *"(...) Si vous avez la barbe dure,* **essayez** *donc la puissance hydratante de Palmolive Homme.(...)"*
(Palmolive, mousse à raser; Lui, Juli 74, 127)

931 SL: *"***Essayez** *La Redoute."*
(La Redoute, grands magasins; MCl, Okt. 76, 178/179)

932 FT: *"(...) Alors, pour un état grippal, une rage de dents, n'attaquez pas trop fort sans l'avis de votre médecin ou de votre pharmacien.* **Essayez** *donc Aspro.(...)"*
(Aspro, médicament; Tr, 24.1.76, 71)

933 FT,Ende: *"(...)* **Essayez** *mes produits, et coupez court à vos préjugés. Didier*

Rase."
(Arugel, produit après-rasage; NO, 3.3.80, 53)

Der Imperativ des nächsten Beispiels, 'découvrez x', ist durch eine Zeit- und Ortsangabe auf die Phase 2 bezogen:

934 FT: *"Visa Sextant: (...)* ***Découvrez****-la à partir du 21 mars chez tous les concessionnaires Citroën.(...)"*
(Citroën Visa, voitures; NO, 17.3.80, 102/103)

Im folgenden Fall dagegen fehlen beim Imperativ der Headline, die auch in diesem Fall am Fließtext-Ende wiederaufgenommen wird, determinierende Angaben:

935 HL: *"****Découvrez*** *le goût ambré."*
FT,Ende: *"(...)Si vous avez le goût de nouveaux voyages, faites escale le temps d'une Bass:* ***découvrez*** *le goût ambré."*
(Bass, Bière; Exp., 19.6.81, 8/9)

"Prenez x, par exemple" kann bereits zu den rhetorischen Imperativen gezählt werden; es ist ohne weiteres durch "prenons x, par exemple" ersetzbar:

936 FT: *"Il y a quelques cadeaux dont le Père Noël aura bien du mal à se séparer cette année.* ***Prenez*** *le magnétophone de poche Sony TC 55* ***par exemple.****(...)"*
(Sony, magnétophone; Exp, 8.12.75, 45)

Im Gegensatz dazu wird im folgenden Beispiel eine Konsumsituation sprachlich entfaltet, in der der Besitz des Werbeobjekts vorausgesetzt wird; "prenez x" ist damit eindeutig auf die Phase 4 bezogen:

937 FT: *"Voici juin. Le vent et la lumière ont fait place nette. L'horizon se découpe, prêt à poser pour nous. Profitez de ces jours privilégiés et du film Kodachrome 64 pour apprivoiser les lointains.* ***Prenez*** *votre appareil 24x36, le film Kodachrome 64, et faites le plein de photos pendant que Juin vous offre les ciels les plus beaux de l'année."*
(Kodachrome 64, Kodak, pellicule; Exp, 19.6.81, 18)

Im isolierten Kurztext des Slogans läßt sich "prenez x" als unmittelbare Ersatzform für den Kauf-Imperativ verstehen - im Gegensatz zur quasi-rhetorischen Verwendung im vorangehenden Fließtext:

938 FT: *"(...)* ***Prenez*** *le Zoom Komura 90/250* ***par exemple****, il ne sacrifie pas à la mode du compact à tout prix.(...)"*
SL: *"****Prenez*** *un Komura."*
(Komura, objectifs; NO, 6.11.78, 142/143)

Aber in der Kombination mit einer bildhaften phraseologischen Wendung verändert sich seine Bedeutung erneut:

939 HL: *"Ne prenez pas les vessies pour des lanternes,* ***prenez*** *un Komura."*
(Komura, objectifs; NO, 20.11.78, 132/133)

Wenn "prenez" wie im folgenden Beispiel argumentativ in die Beschreibung einer Konsum-Situation eingebunden ist und durch "utilisez x" substituiert werden kann, ist ein Bezug zur Phase 4 anzusetzen:

940 FT: *"(...) Enfin si vous avez déjà retrouvé votre poids par une de ces méthodes miracles, ne l'oubliez pas, les kilos perdus risquent de revenir très vite.* ***Prenez***

Fibro Vital pour stabiliser ce résultat et, cette fois, maintenir votre poids. (...)"
(Fibro Vital, produit d'amaigrissement; Tm, 24.2.83, 122/123)

"Choisissez x" kann wie "prenez x" als Ersatzform für den Kauf-Imperativ fungieren - vor allem, wenn das Werbeobjekt als direktes Objekt angeschlossen ist:

941 HL: *"(...) Si vous ne pensez pas avoir besoin d'un grand angulaire,* **choisissez** *alors le HI Matix 7 S (...)"*
(Minolta, équipement de photo; NO, 20.12.71, 13)

942 HL: *"**Choisissez** pour votre voiture ce que Ford a choisi pour sa nouvelle Granada."*
(Motorcraft, amortisseurs; Pt, 17.10.77, 131)

943 FT,Ende: *"(...) Aussi, plus que jamais, depuis Paris vers l'Afrique,* **choisissez** *UTA."*
(UTA, compagnie aérienne; Pt, 19.10.81, 42)

"Pensez à x" ist in seinem Situationsbezug besonders schillernd.

Beispiele:

944 SL: *"Les Alsace. **Pensez**-y plus souvent."*
(Vins d'Alsace; NO, 14.4.80, 142)

945 HL: *"Pour vos cadeaux de fin d'année,* **pensez** *au Petit Robert reliure cuir."*
(Petit Robert, dictionnaire; NO, 20.12.71, 49)

946 FT: *"(...) Ou bien vos projets sont moins urgents, et vos revenus réguliers?* **Pensez** *au Plan d'Epargne-Logement. Alimentez-le régulièrement pendant 4 ans. (...)"*
(Caisse d'Epargne; NO, 9.10.78, 142/143)

Im folgenden Fall könnte statt "pensez à" auch "prenez" oder "choisissez" stehen:

947 FT,Ende: *"(...) Et pour rehausser votre teint ou prolonger la bonne mine de vos vacances,* **pensez** *à Equalia teintée."*
(Equalia, crème hydratante; Tm, 24.2.83, 30/31)

Auch hier monosemieren Umstandsangaben - im nächsten und letzten Beispiel ist es ein temporaler Gliedsatz - den Imperativ hinsichtlich seines Situations-Bezugs:

948 FT: *"(...) Vous buvez pour vous réhydrater, mais votre visage aussi a besoin d'eau. Alors, juste avant d'utiliser les autres produits de soins,* **pensez** *au brumisateur Evian.(...)"*
(Evian, cosmétique; MCl, März 75, 185)

Durch seine Einbindung in die Beschreibung einer Konsumsituation wird das vage "pensez à x" durch "utilisez x" substituierbar.

Ein anderer Fall von Mehrdeutigkeit liegt vor, wenn die Unbestimmtheit des situativen Bezugs durch sprachliche Erscheinungen wie Metapher und Metonymie, Paradoxon und Wortspiel entsteht. Besonders in der Headline häufen sich sprachliche Formen, die nicht als abgeschlossene Bedeutungseinheit gelten können, sondern der inhaltlichen Ausgestaltung bedürfen, was (wenn überhaupt) durch den Fließtext erfolgt.

Die "Verrätselung" der Headline wird vor allem durch die Verwendung von M e t a p h e r n und M e t o n y m i e n erreicht. Im Falle der konventionalisierten Metaphern ist der semantische Gehalt der Headline in der Regel schnell erschließbar:

949 HL: *"Parfois mieux vaut s'adresser au n°1 qu'au Bon Dieu."*
FT,Ende: *"(...) Alors* ***frappez tout de suite à la bonne porte****. Celle du n°1."*
SL: *"UAP. L'assureur n°1."*
(UAP, assurances; NO, 9.10.78, 40)

Die konventionalisierten Metaphern lassen sich oft durch einen nicht-metaphorischen Imperativ substituieren, der seinerseits einen konkreten Situationsbezug haben kann. In diesem Beispiel bietet sich als Substituens "adressez-vous à..." an, das der 2.Phase zugeordnet werden kann. Im nächsten Beispiel

950 HL: *"****Faites de l'or*** *avec vos skis"*
(La Plagne, immobilier; Pt, 4.11.74, 109)

wird eine durchaus konventionelle Metapher verwendet, die allerdings durch die Verbindung mit "avec vos skis" zur zunächst unverständlichen und erklärungsbedürftigen Aussage wird. Der Fließtext bietet die Auflösung:

FT: *"(...) Cet hiver, partez 'placé' arrivez 'gagnant' à la Plagne. Retrouvez à tout moment et à coup sûr l'argent qùe vous dépensez (...)"*

Eine Reihe anderer Metaphern ist für den Leser spontan verständlich, auch ohne daß es sich dabei um eine konventionalisierte Form handelt:

951 HL: *"****Envolez-vous pour l'autre page*** *avec Air Canada."*
(Canada, tourisme und Air Canada, compagnie aérienne; NO, 7.2.77, 82)

Diese Headline erscheint in einer linksseitig plazierten Randspaltenanzeige; sie verweist auf die gegenüberliegende ganzseitige Anzeige des gleichen Inserenten, die eine kanadische Waldlandschaft zeigt. Dieser Imperativ läßt sich durch das häufige "regardez l'image ci-contre" substituieren und damit hinsichtlich seines situativen Bezugs der Phase 1 (Rezeption der Anzeige) zuordnen. Es handelt sich dann um einen aufmerksamkeitslenkenden und fokusbildenden Imperativ, der allerdings metaphorisch verschlüsselt ist. Indem die Metapher hier zugleich auf den Bildteil der Anzeige verweist, der das Werbeobjekt darstellt[1], kann sie auch als Ersatzform für den Imperativ "Envolez-vous vers le Canada" fungieren, der sich der Konsum-Phase zuordnen läßt. Durch diese doppelte Metaphorisierung wird der Imperativ zum Wortspiel. Wenn, wie in diesem Fall, eine Bedeutungskumulation durch Mehrdeutigkeit herbeigeführt wird, geht dies in der Regel auch mit einer Entkonkretisierung der Aussage einher.

Auch die Metaphorik in der folgenden Make up-Anzeige ist spontan verständlich,

---

1 Da es sich um eine Anzeige aus dem Dienstleistungsbereich handelt, ist das eigentliche Werbeobjekt durch ein konkretes, visuell darstellbares Substituens vertreten.

zumal sie durch den Bildteil entsprechend illustriert wird:

952 FT/Bildunterschrift: *"Les Scarabées. Voici l'automne et ses frimas.* ***Mettez*** *de l'or sur vos yeux et du feu sur vos lèvres."*
(Christian Dior, maquillage; Pt, 14.9.81, 183)

Dieser Imperativ läßt sich der Phase 4 zuordnen, wenn man "or" und "feu" mit dem Produkt bzw. der Marke, für die die Anzeige wirbt, gleichsetzt. Allerdings ist die Produktbezeichnung dem Imperativ nur sehr locker zugeordnet, nämlich in Form eines vorangehenden Nominalsyntagmas, das noch dazu durch einen ganzen Satz vom nachfolgenden Imperativ getrennt steht. Je lockerer aber die Anbindung des Markennamens ist, desto vager wird der Bezug auf eine werbespezifische Realisations-Situation des Imperativs.

Bei einer Reihe weiterer nicht-konventioneller Metaphern erfolgt die Auflösung durch den Fließtext.

953 HL: *"**Skiez** le sourire aux pieds."*
FT,Anfang: *"Cette année, avec Nordica, vous pourrez skier sans souffrir. Skier le sourire aux pieds.(...)"*
(Nordica, chaussures de ski; V, Febr. 77, 75)

Die Metapher der Headline wird im Fließtext durch den Parallelismus von "skier sans souffrir" und "skier le sourire aux pieds" aufgelöst; der weitere Fließtext begründet diese thesenartige Gleichsetzung anschließend anhand von konkreten Einzelbeispielen, so daß die mehrdeutige Headline fortschreitend monosemiert und "enträtselt" wird. Die Auflösung einer nicht-konventionellen Metapher erfolgt nie explizit (etwa durch metasprachliche Ausdrücke wie "cela veut dire"), sondern durch implizite Verfahren: unmittelbare textuelle Nachbarschaft, unterstützt durch syntaktischen Parallelismus und semantische Affinität der parallelgesetzten Lexeme. Hier spielt vor allem der bereits mehrfach erwähnte Gleichsetzungs-Imperativ eine wichtige Rolle. (Vgl. besonders Kap. 3.4.2.3.)

Beispiele:

954 HL: *"**Apprenez** l'hiver."*
FT: *"(...) Cette année, sachez maîtriser vos réflexes et maîtrisez l'hiver."*
(Esso/Peugeot, école de conduite sur glace; NO, 15.1.79, 14)

955 HL: *"**Offrez** sensations neuves à glaçons blasés."*
FT,Anfang: *"**Réveillez** vos glaçons! **Offrez**-leur... Suze.(...)"*
(Suze, gentiane; NO, 11.12.78, 111)

In der Regel steht der allgemeinere, bildhafte oder verrätselte Imperativ als erster, und es folgt ein erklärender, nicht-metaphorischer Imperativ, der nun seinerseits oft den Namen des Werbeobjekts enthält. Er kann aber auch fehlen wie im folgenden Beispiel:

956 HL: *"**Habillez** votre regard. **Protégez** vos yeux."*
(Polaroid, lunettes; NO, 6.6.77, 25)

Selten ist wie im nächsten Fall die Reihenfolge der gleichgesetzten Imperative umgekehrt:

957 HL: "*Prenez le N° 1 vers la Floride. / Prenez le soleil.*"
(National Airlines, compagnie aérienne; NO, 6.11.78, 5)

Besonders häufig sind Metaphern, die ein Verb mit einem semantisch inkompatiblen, oft abstrakten Lexem im direkten Objekt verbinden:

958 HL: "***Tricotez** votre **bien-être.***"
(Berger du Nord, laine; E, 4.10.76, 32/33)

959 HL: "***Faites mousser** les bons moments*"
(Kronenbourg, bière; NO, 15.6.81, 62/63)

960 HL: "***Skiez** plus blanc*"
(Val Thorens, tourisme; ME, Dez. 77, 70)

961 HL: "***Skiez** plus grand!*"
(La Plagne, tourisme; NO, 23.10.78, 113)

Wie diese Beispiele zeigen, läßt sich durch die Verwendung von Metapher, Metonymie und Synekdoche zugleich eine Anreicherung mit positiven Konnotationen erzielen. Lexeme wie "soleil", "or", "sourire" werden dabei besonders häufig verwendet:

962 FT: "*(...) **Mettez** du **soleil** dans votre cuisine avec nos torchons garantis grand teint 'spécial machine à laver'.(...)*"
(Maider, torchons; JM, April 74, 217)

963 HL: "***Mettez** du **soleil** à vos pieds.*"
(Chausseurs, producteurs réunis; E, 9.5.77, 130)

Abschließend seien noch zwei Beispiele für Metaphern angeführt, die für den Leser nicht entschlüsselbar sind. Bezeichnenderweise handelt es sich um Werbeanzeigen für Parfum; die Strategie, die Ware mit der Aura des Geheimnisvollen, Rätselhaften, Unerklärlichen zu umgeben, ist für diese Produktbranche, wie an anderer Stelle bereits gezeigt[1], besonders typisch.

964 HL: "***Devenez** Chloé*"
Textzusatz in Form eines Zitats: "*'Une femme ne porte pas mon parfum... elle devient Chloé.' Karl Lagerfeld.*"
(K. Lagerfeld, parfums; NO, 18.12.78, 114)

Auch in anderer Hinsicht realisiert die Anzeige für die Produktbranche typische Gestaltungstopoi: Der Bildteil dominiert, der Textteil ist stark reduziert; die Strategie der Anzeige ist nicht argumentativ, sondern seduktiv. Dieser Strategie entspricht auch die Verwendung der Metapher. Das Zitat nimmt eine Gleichsetzung von "porter le parfum x" und "devenir Chloé" vor; diese Gleichsetzung trägt aber hier nicht zur Auflösung der dunklen Metapher bei, sondern bleibt ohne weiteren Kommentar als vages Identifikationsangebot an den Leser im Raum stehen. Der Name "Chloé" bie-

---

1 Vgl. dazu ausführlicher Kap. 3.1.2.1.

tet sich als Kristallisationspunkt für beliebige historische und individuelle Assoziationen an.

Auch im nächsten Beispiel handelt es sich um eine Anzeige aus der Kosmetik-Branche; die verrätselte Headline wird ebenfalls nicht aufgelöst, sondern bleibt als diffuses Assoziations-Angebot bestehen:

965 HL: *"Poppy.* ***Devenez*** *une femme fleur."*
(Poppy, Elizabeth Arden, cosmétique; E, 2.5.77, 101)

Metaphern und Metonymien führen oft durch die Verbindung semantisch unverträglicher Lexeme zu p a r a d o x e n Aussagen. Der so herbeigeführte, für den Leser nicht unmittelbar aufzulösende Bedeutungsgegensatz ist ein wichtiges stilistisches Mittel der Werbesprache. Paradoxa treten überwiegend in der Headline auf; sie tragen wie Metaphern und Metonymien zur Verrätselung der Botschaft bei. Sehr oft realisieren sie den Argumentations-Topos der Neuheit eines Produkts, für das geworben wird: Was bisher unvereinbar schien, wird dank x möglich und realisierbar.

Beispiele:

966 HL: *"aux Arcs /* ***achetez*** *15 jours d'été / en studio '3 étoiles' / et profitez-en quand vous voulez"*
(Société les Montagnes de l'Arc, immobilier; NO, 6.6.77, 103)

967 HL: *"****Ayez*** *une source dans la maison."*
(Culligan, filtres à eau; JM, April 74, 171)

Das Vorkommen von paradoxen Aufforderungen ist nicht an Metapher und Metonymie gebunden. Sie kommen z.B. auch dann zustande, wenn sie im Widerspruch zu "bon sens"-Urteilen stehen oder allgemein anerkannten Ratschlägen und Lebensregeln widersprechen.

Beispiele:

968 HL: *"****Soyez prudents****: accélérez."*
(VW, voitures; NO, 4.10.76, 12)

Im Bild ist eine gefährliche Überhol-Situation dargestellt. Die scheinbare Paradoxie der Aussage, die durch den Gegensatz zum "bon-sens"-Urteil "être prudent, c'est de rouler lentement" zustande kommt, wird durch das Bild aufgelöst. Headline und Bild realisieren gemeinsam die thematische Basis der Anzeige, nämlich: "Dans certaines situations, il est prudent de rouler plus vite. Notre voiture est une voiture rapide. Il est donc prudent de rouler dans notre voiture."

969 HL: *"Vous voulez faire du bateau:* ***Prenez*** *l'avion"*
(TAT-Touraine Air Transport, vols nationaux; VV, Juni 75, 3)

Hier erfolgt die Auflösung nicht durch das Bild, sondern durch den Fließtext, in dem zur Überbrückung der u.U. großen Entfernung zwischen dem Wohnort und dem Bootsliegeplatz ein Lufttaxi-Service angeboten wird.

970 HL: "***Lavez**-lui les dents en machine.*"
(Wrangler, blue jeans; NO, 2.5.77, 13)

Die zunächst paradox scheinende Aufforderung wird durch das Bild aufgelöst, das "dents" als "dents d'une fermeture éclair" interpretiert und damit die Aussage, die auf der Polysemie von "dent" beruhte, monosemiert.

Ähnlich wie die nicht unmittelbar verständlichen metaphorischen Ausdrücke und die Paradoxa hat das W o r t s p i e l in der Headline die Funktion, durch seine semantische Ambiguität den Leser zum Entschlüsseln der Botschaft zu motivieren und ihn damit zum Lesen des Fließtextes zu veranlassen; es hat einen besonders hohen Aufmerksamkeitswert. Voraussetzung für das Zustandekommen eines Wortspiels ist die Mehrdeutigkeit eines Lexems oder einer komplexen Lexie, die durch Homonymie, Homophonie und Homographie, gelegentlich auch auf der Basis einer Paronymie zweier Lexeme entsteht. Besonders häufig entsteht ein Wortspiel dadurch, daß die sekundäre Bedeutung eines wortspielfähigen Lexems durch den Bildteil der Anzeige aktualisiert wird. Es ist stets die latente oder weniger häufige Bedeutung, die durch das Bild unterstützt wird, so daß durch dieses eine womöglich gar nicht vorhandene Ambiguität erst künstlich geschaffen wird.

Beispiele:

971 HL: "***Hâlez Roc!***"
(Roc, produits solaires; VV, Aug. 75, 71)

Das Wortspiel beruht in diesem Fall auf der Homophonie/Heterographie von "hâler" und "aller". Ohne den textsortenspezifischen Kontext - es handelt sich um die Werbung für eine Bräunungscreme - und in der mündlichen Kommunikation würde die Bedeutung als anfeuernder Zuruf bei sportlichen Veranstaltungen sicherlich dominieren. Durch die semantische Kollokation von "produit solaire", "Orobronze" und "hâler" jedoch sowie vor allem durch die disambiguierende Orthographie wird hier die Bedeutung "bronzer" in den Vordergrund gerückt.[1]

972 HL: "***Prenez** du Champs pour réfléchir.*"
(Champs, Flammarion, livres; ME, Dez. 77, 48)

Hier kommt das Wortspiel durch parasitäre Einbettung des Produktnamens in die idiomatische Wendung "prendre du champ" ("s'écarter") zustande. Das Verständnis von "Champs" als Eigenname ist wiederum durch die Graphie (End-s sowie Groß-

---

1 Der Anfeuerungsruf wird selbst ebenfalls von der Werbung aufgenommen, ohne wie im obigen Fall durch ein Wortspiel verfremdet zu sein; vgl:
FT,Ende: "*(...) **Allez** Saviem! **Allez** les Bleus!*" (Saviem, Autocars; NO, 7.2.77, 78/79)
oder:
HL: "***Allez**, les Gaulois!*" ("Histoire de France en bandes dessinées, Larousse, livres; Exp, 4.10.76, 52)

schreibung des Wortes) gesichert. Eine Monosemierung zugunsten des Verlags-Namens wird durch die vielfache Wiederholung des Lexems im sprachlichen Kontext der Anzeige unterstützt.

Entsprechend der Mehrdeutigkeit der Aussage ist bei diesen Imperativen auch mit einem mehrfachen Situationsbezug zu rechnen. Wenn der Marken- oder Herstellername ins Wortspiel einbezogen ist, stellt sich oft ein erster Bezug zur Konsumsituation her; so läßt sich "prenez du Champs" durch den Imperativ "utilisez x", "hâlez Roc" durch "faites à grâce a x" substituieren. Die zweite Lesart dieser Wortspiele ist in zahlreichen Fällen eine nicht-verzeitete Aussage, da oft auf einen Phraseologismus oder eine idiomatische Wendung zurückgegriffen wird. Dazu noch einige Beispiele:

973 HL: *"**Changez** de clavier! **Evadez-vous.**"*
(Piano center, pianos; NO, 2.5.77, 138)

Der allgemeine Ratschlag "changez de clavier" wird erst dadurch zum Wortspiel, daß er in der Werbeanzeige eines Klavierherstellers verwendet wird. Die konventionalisierte Metapher "changer de clavier" wird rekonkretisiert: "clavier" steht in einem pars-pro-toto-Verhältnis zum Werbeobjekt "piano".

974 HL: *"**faites**-en un plat."*
(Abb. 10)

"Faire un plat de quelque chose" bedeutet: "provoquer un scandale, donner une importance exagérée à un incident". Diese Wendung wird üblicherweise als Imperativ nur in der negierten Form verwendet; die Redewendung ist negativ konnotiert. In dieser Form, wo sie als nicht-negierter Imperativ an den Leser gerichtet ist, wirkt sie besonders auffällig. Neben dieser nicht-verzeiteten Lesart wird - nicht zuletzt wieder durch die Unterstützung des Bildes - die nicht-übertragene Bedeutung von "plat" im Sinne von "Gericht, Mahlzeit" aktiviert, in die nun das Werbeobjekt, die Champignons, einbezogen sind.
Auch im nächsten Beispiel ist die Negativ-Konnotation einer Standard-Aufforderung Grund für die besondere Auffälligkeit der Headline:

975 HL: *"**Fermez** la!"*
(BHV, grand magasin, systèmes d'alarme; NO, 19.6.78, 12)

Hier evoziert die Headline die Aufforderung "ferme ta gueule" ("tais-toi") Der aggressive Charakter dieses Imperativs wird durch das Bild, ferner auch durch den Fließtext entschärft, indem das Personalpronomen "la" als Verweis auf "la maison" interpretiert wird; dadurch wird die primäre Assoziation der Headline abgelöst und der Imperativ zugunsten der auf Phase 4 bezogenen Werbeaussage "Fermez votre maison grâce à nos systèmes d'alarme" monosemiert.

Auch die signature line

976 SL: *"Hôtel PLM Saint-Jacques. /* ***Occupez-vous*** *de vos affaires. Nous nous occupons de vous"*
(Abb. 21)

arbeitet mit einer provozierend wirkenden Aufforderung, die allerdings wiederum durch die Einbindung in den unmittelbaren Kontext entschärft wird: Der anschließende Aussagesatz aktiviert eine neue, nicht-metaphorische Bedeutung der phraseologischen Wendung, in der mit "affaires" die "activités professionnelles" eines Geschäftsmanns gemeint sind.

Die folgende Headline basiert auf einem allgemeinen Ratschlag ("il faut toujours regarder où l'on met ses pieds"):

977 HL: *"**Regardez** où vous mettez les jambes."*
(Wrangler, blue jeans; NO, 2.5.77, 125)

Im nächsten Fall kommt ein Wortspiel erst durch die Beteiligung des Bildteils zustande: ein Frauengesicht lächelt den Betrachter mit geöffnetem Mund an, dabei werden strahlend weiße Zähne sichtbar:

978 HL: *"**Montrez** les dents!"*
(Ultra brite, dentrifice; Ph, April 73, 123)

Die bildhafte phraseologische Wendung "Montrer ses dents" ("montrer qu'on est prêt à se défendre") wird durch die Abbildung auf ihre konkrete Grundbedeutung zurückgeführt, und die übertragene Bedeutung tritt zurück. Der Name des Werbeobjekts ist auf dieser konkreten Bedeutungsebene mit "grâce à x" anschließbar: "grâce à x, montrez les dents." Hier findet sich die ebenfalls häufig beobachtete Struktur wieder, daß durch den Imperativ dessen Präsupposition: "grâce à x, **vous pouvez** montrer les dents" behauptet wird.

Wie die letzten Beispiele zeigen, werden in der Werbesprache häufig Sprichwörter und Redensarten aufgenommen und variiert. Die Mehrdeutigkeit ihres Situationsbezugs besteht in diesem Fall nicht in der alternativen Bezugnahme auf zwei unterschiedliche, aber jeweils bestimmbare Realisations-Situationen, sondern in der Ambiguität zwischen einem verzeiteten und einem nicht-verzeiteten Situations-Rahmen für die Imperativ-Handlung. Diese unterschiedlichen Typen von zeitlichen Realisationsrahmen für Aufforderungen unterscheidet auch Rescher, wenn er von "Do-it-now commands" (verzeiteten Aufforderungen) und "Do-it-always commands or standing orders"[1] (nicht-verzeiteten Aufforderungen) spricht. Zu letzteren gehören besonders Lebensregeln und Maximen, Sprichwörter und Redensarten mit verhaltensnormierender Absicht, die überzeitliche Gültigkeit beanspruchen.

---

1 Rescher 1966:21.

Die Kategorien "verzeitet" und "nicht-verzeitet" bezeichnen zwei Pole, zwischen denen weitere Formen der zeitlichen Determiniertheit der Verbaussage liegen können; hier ist vor allem die Iterativität zu nenen, die, sofern sie nicht bereits in der Semantik des Imperativ-Verbs verankert ist, durch adverbiale Zusätze wie "régulièrement", "tous les soirs" etc. ausgedrückt werden kann.
Die Verzeitung des Imperativs ist, wie im ersten Teil der Arbeit ausgeführt, stets insofern nur eine relative, als sie sich lediglich als "nachzeitig" in bezug auf die Äußerungs-Situation bestimmen läßt. Eine zusätzliche Determination hinsichtlich der zeitlichen Lokalisierung wie auch hinsichtlich des Aspekts und der Aktionsart der Imperativhandlung kann, soweit sie nicht schon in der Verbsemantik vorgegeben ist, durch Temporaladverbien erreicht werden; sie muß es aber nicht, so daß bei Unterdetermination der Auslegungsspielraum für den Leser sehr groß sein kann.

Die Mehrzahl der n e g a t i v e n Imperative, sei es mit syntaktisch, morphologisch oder semantisch markierter Negation, sind ebenfalls nicht-verzeitete Imperative.

979 HL: *"**Méfiez-vous** des imitations."*
SL: *"Tout s'imite, même Eminence."*
(Eminence, sous-vêtements d'homme; Lui, Juli 74, 15)

980 FT: *"**Dites non** à la monotonie, au ronron, à la grisaille de l'information et abonnez-vous au changement, à la liberté et à la fantaisie. Abonnez-vous au Nouvel Observateur."*
(Le Nouvel Observateur, hebdomadaire; NO, 14.11.77, 85)

Sie stehen meist nicht unmittelbar mit dem Namen des Werbeobjekts in Verbindung, sondern werden erst durch eine anschließende positive Aussage in ein Argument zugunsten des Werbeobjekts verwandelt:[1]

981 HL=FT-Überschrift: *"**Ne** vous **laissez pas démoraliser**. Agissez."*
(Oil of Olaz, cosmétique; E, Okt. 76, 80)

Ein anderer, recht häufig belegter Typ von Imperativpaaren besteht, wie an anderer Stelle ausgeführt, in der Abfolge zweier nicht-negierter Imperative, deren erster nicht-verzeitet, der zweite aber verzeitet ist und in der Regel das Werbeobjekt als direktes Objekt oder mit "grâce à x" bzw. "avec x" anschließt. Beide Imperative sind dabei stets positiv konnotiert. Es handelt sich hier um einen Sonderfall des in Kap. 3.4.2.3. beschriebenen Gleichsetzungs-Imperativs.

Beispiele:

982 FT,Ende: *"**Soyez** prevoyants, renseignez-vous auprès des Banques Populaires ou du Crédit Mutuel.(...)"*
(Banque Populaire/Crédit Mutuel, banque; NO, 28.3.77, 22/23)

---

1 Vgl. dazu ausführlicher Kap. 3.4.2.3. und 3.4.3.

983 FT-Zwischenüberschrift: "**Rendez-vous** *la vie plus facile dans votre nouvelle cuisine*"
FT,Anfang: "**Faites** *connaissance avec les cent et quelques placards fonctionnels Zeyko. Grâce à eux, vous rationnaliserez votre travail.(...)*"
(Zeyko, cuisines; JM, April 74,214)

In beiden Fällen ist der zweite Imperativ eindeutig auf Phase 2, das Einholen weiterer Information, bezogen, während der jeweils erste Imperativ nicht-verzeitet ist.

Im nächsten Beispiel bleibt der Situationsbezug durch die semantische Struktur des Verbs "revaloriser" vager; es handelt sich um eine positiv konnotierte Tätigkeit, die auf das Werbeobjekt ("le Banyuls") gerichtet ist:

984 HL: "**Revalorisez** *le travail manuel de la vigne.*"
FT,Ende: "*(...)* **Revalorisez** *le Banyuls.*"
(Banyuls, vins; NO, 11.4.77, 93)

Die umgekehrte Abfolge wie im folgenden Beispiel ist selten:

985 FT,Anfang: "**Aimez-vous** *avec Lancaster.* **Aimez-vous** *tous les jours.(...) Aimez votre corps. Offrez-lui toute la richesse, toute la douceur, toute la souplesse de ce lait unique. Caressez-le du bout des doigts.(...)*"
(Lancaster, cosmétique; E, 25.4.77, 122/123)

Bei der Behandlung der auf die Konsumsituation bezogenen Imperative wurde bereits darauf hingewiesen, daß der Übergang von diesen zu Ratschlägen und Empfehlungen allgemeinerer Natur fließend ist. Entscheidend für ihren Situationsbezug ist oft, wie eng der Produktname mit dem Imperativ verknüpft ist. Wenn der Produkt- oder Herstellername als direktes Objekt des Imperativ-Verbs steht, ist die Wahrscheinlichkeit eines Bezugs zur Konsumsituation größer, als wenn dieser in einem ferneren Kontext vertreten ist.
"Vivez (de manière plus intense)" und "profitez de la vie" stehen stellvertretend für diese nicht-verzeiteten Imperative.

Beispiele:

986 HL: **Profitez** *de la vie.*"
FT,Anfang: "*Pour mieux profiter de la vie, essayez les Capsules Pharmaton. (...)*"
(Pharmaton, médicament; NO, 13.10.80, 89)

987 HL: "**Saisissez** *la vie! appareil Kodak Instamatic 255X*"
(Kodak, appareils de photo; zitiert nach: Gourévitch 1975:66)

988 HL: "*Ford Taunus 7 cv.* **Mettez-vous** *en sécurité.*"
(Ford, voitures; NO, 14.11.78, 125)

989 HL/SL: "**Prenez** *le temps d'une Mützig.*"
(Mützig, bière; NO, 6.6.77, 6)

990 HL: "**Prenez** *le temps d'aimer...*"
FT,Ende: "*(...) Elle vous donne un peu le temps d'aimer. Prenez-le.*"
(Energie électrique; R, Juni, Juni 72, 34/35)

991 HL: "***Partez*** *vers d'autres rivages*"
(Rivages, voyages; NO, 2.5.77, 66)

992 HL: "***Offrez-vous*** *la douceur de vivre.*"
FT: "*(...) Chez vous, enveloppez-vous d'intimité, de sympathie (...)*"
(Louis de Porteere, moquettes; NO, 2.5.77, 117)

Hierher lassen sich auch oft die Imperative "découvrez a", "redécouvrez a", "retrouvez a" zuordnen, besonders, wenn "a" für einen abstrakten, positiv konnotierten Sachverhalt steht:

993 HL: "*La cigarette filtre N° 1 en Europe.* ***Découvrez*** *la vraie douceur.*"
FT,Ende: "*(...) Redécouvrez vous aussi le plaisir de fumer avec HB et faites en profiter ceux (ou celles) qui admirent votre drive.*"
(HB, cigarettes; Exp. 23.10.72, 78)

994 HL: "***Redécouvrez*** *la valeur du sommeil avec l 'autro' pour votre confort et bien-être personnels*"
(Interlübke, meubles; CA, Sept. 71, 16)

995 HL: "***Redécouvrez*** *les vraies valeurs.*"
(Lou, soutien-gorge; E, 9.5.77, 199)

996 HL: "***Faites*** *revivre l'ancien temps.*"
(Lou, soutien-gorge; E, 9.5.77, 197)

997 SL: "***Retrouvez*** *les choses vraies de la vie.*"
(Club Méditerranée; NO, 14.11.77, 30/31)

998 SL: "*Vittel.* ***Retrouvez*** *la vitalité qui est en vous.*"
(Vittel, eau minérale; Exp, 19.6.81, 6/7)

Allein durch die Integration dieser sehr allgemeinen Aufforderungen in eine Werbeanzeige ist allerdings die Ergänzung "grâce à x" stets latent vorhanden, auch wenn die Verbindung nicht, wie in den folgenden Beispielen, mehr oder weniger explizit hergestellt ist:

999 HL: "***Accédez*** *au mieux vivre.*"
FT/Bildunterschrift: "*Changez de dimension à Soisy-sur-Seine (...)*"
(Les Nouveaux Constructeurs, immobilier; Pt, 19.10.81, 49)

1000 1.HL: "***Vivez***"
2.HL: "*Vitatop vous garde en forme.*"
FT,Anfang: "*Oubliez les 'rabat-joie'. Profitez de l'existence, de vos amis. Dansez jusqu'à l'aube si le cœur vous en dit. Le corps suivra.* ***Vivez!***"
(Vitatop Fitness Club; E, 4.10.76, XI)

Der Übergang von konsumbezogenen Imperativen zu den nicht-verzeiteten Imperativen wird an folgenden Leit-Imperativen deutlich, wobei jeder eine ganze Gruppe von Imperativen repräsentiert: "profitez (des avantages) de x",
"vivez mieux grâce à x",
"x. Vivez mieux."
"Vivez."

4. ZUSAMMENFASSUNG

Die vorliegende Untersuchung hat gezeigt, daß "der Imperativ" in der Anzeigenwerbung eine Vielfalt von Erscheinungen unterschiedlichster Form, Bedeutung und Funktion umfaßt. Was in der Literatur zur Werbesprache als werbetypischer Imperativ gilt, ist ein ganz bestimmter Imperativtyp unter vielen, und zwar keineswegs der häufigste: ein honorativer Imperativ der 2.Person Plural nämlich, der mit seiner Sender- und Adressaten-Deixis auf die Kommunikatoren der Werbekommunikation, Inserent und Leser, verweist und als mehr oder weniger unmittelbare Ersatzform für den Kauf-Imperativ ("achetez x") oder allenfalls den Konsum-Imperativ ("utilisez x") auftritt. Begünstigt wird die fast ausschließliche Berücksichtigung dieses Imperativtyps in der Literatur dadurch, daß die Korpora, auf denen die Untersuchungen in der Regel beruhen, oft nur den Werbeslogan und/oder die Headline erfassen.
Fast durchgängig läßt sich eine Gleichsetzung von 'Imperativ' als grammatischer Erscheinung und der Funktion 'direktive Sprechhandlung' feststellen.

Der wichtigste Grund für die "selektive Wahrnehmung" gerade dieser Imperative dürfte aber in der Tatsache zu sehen sein, daß diese Formen die unmittelbare sprachliche Konkretisierung der als bekannt vorausgesetzten Sender-Intention sind und daher intuitiv als besonders repräsentativ für den W e r b e - I m p e r a t i v angesehen werden. Dabei wird allerdings meist übersehen, daß zwischen der eigentlichen Sender-Intention und dem konkret realisierten Text hier wie bei persuasiven Texten überhaupt mit einer Diskrepanz gerechnet werden muß, da es Texte mit verdeckter Handlungsintention sind. Hinzu kommen vielfältige Formen uneigentlichen Sprechens (Ironie, Paradox, Wortspiel, Hyperbel, Litotes, Metapher und Metonymie), die die Erschließung der Sender-Intention aus dem konkreten Text zusätzlich erschweren.

Angesichts der Heterogenität des Phänomens erweist sich eine Gesamtbeurteilung in bezug auf die Intention der Anzeigenwerbung als wenig sinnvoll. Auch eine statistische Erfassung unterschiedlicher Formen des Imperativs ist wegen der Vielfalt der zu berücksichtigenden Parameter wenig aussagekräftig; auf sie wurde daher in der vorliegenden Untersuchung weitgehend verzichtet.

Im einzelnen lassen sich in der französischen Anzeigenwerbung folgende Imperativtypen unterscheiden:

1. Die Sender- und Adressaten-Deixis der Imperative verweist keineswegs immer auf die tatsächlichen Kommunikationsbeteiligten S_1 und A_1. (Vgl. dazu Kap. 1.1.3. und Kap. 3.2.) Wenn sie sowohl auf einen Sekundärsender (S_2) wie auch auch einen Sekundär-Adressaten (A_2) verweisen, handelt es sich meist um eine werbefremde Textsorte, die entweder als solche in die Anzeige integriert ist oder an die sich die sprachliche Gestaltung der Anzeige bzw. die eines Teiltexts anlehnt.

Eine andere Sender-Adressaten-Konstellation liegt vor, wenn sich ein Sekundärsender (S_2), oft ein Fachmann oder ein Konsumentenvertreter, an den tatsächlichen Anzeigenleser (A_1) wendet.

Einen Sonderfall stellt der Coupon dar, bei dem die Sender- und Adressaten-Rollen gegenüber der realen Kommunikations-Konstellation oft vertauscht sind: S_1 = A_2, A_1 = S_2. In zahlreichen weiteren Fällen bleibt der Sender- und Adressaten-Bezug des Imperativs allerdings unbestimmt.

In allen Fällen ist der Imperativ durch seine Referenz auf Sender und Adressat einer Textsequenz Indikator für die Textebene: Verweist der Imperativ auf andere Kommunikatoren als auf die des Basistexts, so liegt ein Wechsel der Textebene vor, und es handelt sich um eine eingebettete Textsequenz. Die Funktion des Imperativs, der darin enthalten ist, kann stets nur in bezug auf diesen Textteil gelten; dieser wiederum kann nur als Ganzes hinsichtlich seiner Funktion für die Kommunikations-Intention der Gesamt-Anzeige bestimmt werden. Die Funktion, Indikator der Textebene durch Referenz auf die Kommunikations-Beteiligten zu sein, teilt der Imperativ mit den personaldeiktischen Pronomina der 1. und 2.Person. (Vgl. dazu Kap. 3.2.)

2. Imperative der 2.Person Singular sind in der französischen Anzeigenwerbung - im Gegensatz zur deutschen - sehr selten (ca. 1 %). Sie kommen praktisch nur in eingebetteten Textsequenzen mit abweichender oder unbestimmter Sender-Adressaten-Konstellation vor. Die Imperative der 1.Person Plural sind dagegen wesentlich häufiger belegt (ca. 8 %); sie kommen in der deutschen Anzeigenwerbung kaum vor. Im Französischen sind sie umso häufiger, je textreicher die Anzeige ist, und hier stehen sie wiederum bevorzugt im Fließtext, also dem textreichsten Teiltext der Anzeige. Zum großen Teil sind es rhetorische Imperative mit phatischer und/oder textgliedernder und/oder metakommunikativer Funktion, deren Semantik verblaßt ist. Wenn Imperative der 1.Person Plural dagegen in der Headline oder im Slogan stehen, so haben sie in der Regel ihre volle Verbbedeutung be-

wahrt. Sie lassen sich als Vervielfachung des Einzelsenders, als Zusammenfassung von Sender und Adressat zu einer gemeinsamen handlungstragenden Gruppe mit gleichen Gruppeninteressen (oft in Verbindung mit "ensemble") oder als unmittelbare Ersatzform für einen Imperativ der 2.Person Plural unter Ausschluß des Senders erklären. Den weitaus größten Anteil stellen die Imperative der 2.Person Plural; sie treten in allen Teiltexten und unabhängig von der jeweiligen Kommunikationspartner-Konstellation auf. (Vgl. dazu Kap. 3.3.)

3. Innerhalb der einzelnen T e i l t e x t e sind die Imperative unterschiedlich stark vertreten. Am seltensten sind sie in den Slogans, während der Coupon fast immer einen oder mehrere Imperative enthält, und zwar ausnahmslos solche der 2.Person Plural. In den Fließtexten ist eine auffällige Häufung von Imperativen in den textgliedernden Zwischenüberschriften, am Fließtext-Anfang sowie am Fließtext-Ende zu beobachten; an diesen beiden "Eindrucksstellen" des Textes wird oft ein Imperativ der Headline wiederholt oder variiert.

Nach einem längeren expositorischen Textteil, der die Vorzüge des Werbeobjekts schildert, steht oft ein Imperativ, der in bezug auf die vorangehende Argumentation den Charakter einer Conclusio hat. Daß hier zwischen dem vorangehenden Fließtext als Texteinheit und dem abschließenden Imperativ oft eine latente Kausalbeziehung besteht, spiegelt sich in den hier häufig zu beobachtenden Partikeln "donc" und "alors".
Die Imperative des C o u p o n s lassen sich fast ausschließlich mit dem Vorgang der Informations-Beschaffung in Verbindung bringen: Sie fordern zum Einholen weiterer Informationen auf (bei einfacher Sender-Adressaten-Konstellation) oder sind Teil bereits vorformulierter Anforderungen von Informations-Material (bei umgekehrter Sender-Adressaten-Konstellation).
Der Imperativ in der H e a d l i n e ist oft Teil einer verrätselten oder semantisch unvollständigen Aussage, die paradoxe Aufforderungen, Wortspiele, unkonventionelle und z.T. dunkle Metaphern verwendet. Die darin enthaltene Information wird oft erst (wenn überhaupt) durch den anschließenden Fließtext, zu dem die Headline überleiten soll, erschlossen und erklärt und mit dem Werbeobjekt verknüpft. Die Verrätselung der Headline kommt häufig unter Beteiligung des Bildteils zustande. Ferner werden in der Headline oft Sprichwörter und Redensarten zitiert oder variiert; diese zeichnen sich durch vagen Situations- und Sender-Adressaten- Bezug aus, so daß auch sie auf ihre Art zur Schaffung eines künstlichen Informationsdefizits beitragen. Die Headline wird damit ferner zum stark kataphorischen Text.

Im F l i e ß t e x t können alle bisher genannten Imperative vorkommen. Während der Fließtext-Anfang oft auf die vorangehende Headline referiert, geht das Fließtext-Ende häufig in den Coupon über und enthält daher die für diesen repräsentativen Imperative des Typs "informez-vous" oder "contactez-nous". Eine ganze Reihe von Imperativen kommt praktisch ausschließlich im Fließtext vor, da sie an eine komplexere Vertextungs-Strategie gebunden sind: so vor allem die rhetorischen Imperative mit textgliedernder, phatischer und metakommunikativer Funktion.

Eine Besonderheit des Imperativs im S l o g a n ist, daß er meistens in enger Verbindung mit dem Produktnamen steht.

4. Hinsichtlich ihrer s y n t a k t i s c h e n S t r u k t u r unterscheiden sich die Imperativsätze in der Anzeigenwerbung zunächst nicht von denen beliebiger anderer Texte: Alle grammatisch möglichen Satzstrukturen sind zu beobachten. Die in der Sekundärliteratur beschriebene Tendenz der Werbesprache zu kurzen Sätzen läßt sich in den kleinen Teiltexten (Slogan, Headline) auch für den Imperativ bestätigen. Er kommt als besonders kompakte Verbform dieser Tendenz zur Kürze besonders entgegen: Einwortsätze, die nur aus der Imperativform bestehen, sind hier gar nicht selten. In der Headline können obligatorische Ergänzungen des Imperativ-Verbs fehlen; sie werden z.T. durch den Bildbezug der Headline kompensiert oder gehen dem Imperativ als isoliert stehende nominale Gruppe voraus.

Im Fließtext vor allem sind aber auch komplexere syntaktische Strukturen festzustellen.

Alle Angaben, die als fakultative Information zum Imperativ-Satz hinzukommen können, lassen sich drei Gruppen zuordnen:

- Angaben, die die Ausgangsbedingungen der durch den Imperativ bezeichneten Handlung betreffen,
- Angaben über Zweck, Ziel und Resultat der Imperativ-Handlung,
- Angaben, die die Imperativ-Handlung selbst betreffen: die Aktionsart, den Ort, den Zeitpunkt, die Umstände, unter denen man sich ihre Realisierung vorstellen soll.

Angaben, die die Handlung selbst betreffen, können in der Sem-Struktur des Imperativ-Verbs bereits enthalten sein; oft sind sie aber auch in Form von adverbialen Ergänzungen der Zeit, des Ortes, der Art und Weise hinzugefügt. Angaben über die Ausgangs-Situation für die Imperativ-Handlung sind entweder in adverbialen Bestimmungen oder Adverbialsätzen gebunden; für sie ist die Struktur 'si a est donné, faites b' typisch. Angaben über Zweck, Ziel und Resultat der Imperativ-Handlung lassen sich der Struktur 'faites a, pour que b soit donné' oder 'pour avoir b, faites a' zuordnen.

In zahlreichen Fällen lassen sich satzübergreifende Bezüge von Imperativ-Sätzen in Satzreihen feststellen. Angaben über die Ausgangsbedingungen für eine Imperativ-Handlung können in einem Aussagesatz enthalten sein, der dem Imperativsatz vorangeht: 'a existe. Faites b!'. Bei dieser unverbundenen parataktischen Reihung bleibt offen, ob es sich um einen kausalen, konditionalen, temporalen oder konsekutiven Bezug handelt. Angaben über Zweck, Ziel und Ergebnisse der Imperativ-Handlung sind häufig in einem Aussagesatz enthalten, der auf den Imperativsatz folgt: 'Faites a. b est/sera donné'. Diese Konstruktion wird gelegentlich als "konditionaler Imperativ" bezeichnet: Der Imperativ leistet die Subordination des ersten Satzes unter den zweiten und ersetzt damit einen konditionalen si-Satz. Allerdings ist die parataktische Beziehung vager und mehrdeutiger als die entsprechende Hypotaxe.
Die Verbindung von Fragesatz und anschließendem Imperativsatz ist ebenfalls latent konditional: 'Vous voulez être/avoir/faire b? Faites a!'.
Darüber hinaus ist die Reihung von zwei oder mehreren Imperativ-Sätzen recht häufig. Sie bezeichnen entweder alternativ realisierbare Handlungen: 'Faites a (ou) faites b' oder sukzessiv realisierbare Handlungen, die innerhalb eines umfassenderen Handlungsrahmens in zeitlicher Abfolge zu denken sind: 'Faites a (et ensuite) faites b'. Besonders häufig wird durch die Abfolge zweier Imperativsätze eine Gleichsetzung vorgenommen, wie die Paraphrase-Möglichkeiten 'Faire a, cela veut dire faire b', 'si vous faites a, vous faites (en même temps) b', 'en faisant a, vous faites b' zeigen. In diesen Fällen hat der zweite Imperativ insofern metakommunikative Funktion, als er den ersten in einer bestimmten Weise interpretiert. Auffällig häufig ist bei diesen Gleichsetzungs-Imperativen ein verzeiteter Imperativ mit einem nicht-verzeiteten, ein metaphorisch gebrauchter Imperativ mit einem nicht-metaphorischen Imperativ, ein negativer mit einem positiven Imperativ kombiniert. Die Paraphrase-Möglichkeit 'si vous faites a, vous faites b' zeigt, daß auch bei den Gleichsetzungs-Imperativen eine latente Konditionalbeziehung bestehen kann. Unter rhetorischem Aspekt ist der Gleichsetzungs-Imperativ eine Form des (syntaktischen) Parallelismus, der nicht zuletzt das in der Werbesprache so wichtige Verfahren der Repetition realisiert. (Vgl. Kap. 3.4.1. und 3.4.2.)

5. An der Konstitution des euphorischen Charakters der Werbesprache sind die Imperative wesentlich mitbeteiligt. Die Imperativ-Verben sind oft selbst bereits po-

sitiv konnotiert oder werden es durch "Hochwertwörter"[1] in der Aktanten- oder Zirkonstanten-Rolle. Einen Sonderfall stellen die negierten Imperativsätze dar. Oft ergänzen sich Satznegation und ein negativ konnotiertes Lexem zu einer insgesamt positiv konnotierten Satzaussage: 'ne faites pas a[-].' Sie werden oft durch einen nicht-negierten Imperativsatz noch einmal positiv verstärkt: 'Ne faites pas a[-]. Faites b[+]!'. Hier liegt ein besonderer Fall von Imperativ-Reihung vor. Wie die negativ konnotierten Lexeme überhaupt sind auch Imperative negativ konnotierter Verben sowie Imperative mit Satznegation in der französischen Anzeigenwerbung sehr selten.

Die festgestellte Beziehung zwischen Wort- und Satzsemantik im Bereich der Konnotation findet sich auch im denotativen Bereich wieder. Die überwiegende Zahl der Imperativ-Verben enthält ein Sem [+AGERE]. Im Unterschied zum Deutschen sind in der Sprache der französischen Anzeigenwerbung Imperative von Zustands-Verben und von Verben mit passivischer Bedeutung ("recevoir", "obtenir") gar nicht so selten. Sie sind allerdings in allen Fällen durch ein handlungsbezeichnendes Verb erweiterbar:

'Soyez a' ⟶ 'Agissez de façon que vous soyez a'

'Ayez a' ⟶ 'Agissez de façon que vous ayez a'

Die Dominanz von [+AGERE] im Werbetext kann auch durch die Kombination eines Zustandsverbs [-AGERE] mit der Satznegation zustande kommen. Und auch in diesem Fall werden solche negierten Imperativsätze häufig durch einen nachfolgenden nicht-negierten Imperativsatz mit handlungsbezeichnendem Verb positiv verstärkt: 'Ne restez pas les bras croisés. Agissez!'.

Das Ziel der Handlung, zu der aufgefordert wird, ist immer ein für den Adressaten positives. Durch die Form des Imperativs wird zugleich die Präsupposition behauptet, daß der Adressat dieses durch sein Handeln herbeiführen könne: Auch darin kommt der euphorische Charakter von Werbesprache zum Ausdruck. (Vgl. Kap. 3.4.3.)

6. Auf der Suche nach dem w e r b e t y p i s c h e n Imperativ ist es unverzichtbar zu fragen, in welchem Verhältnis dieser zur Intention des Texttyps "Werbeanzeige" steht. In Kap. 1.1.3. war ein Beschreibungsmodell für den Imperativ unter Berücksichtigung seiner Realisations-Situation Sit_2 entwickelt worden; diese ist in bezug auf die Äußerungs-Situation Sit_1 stets virtuell und nachzeitig. Ausgehend von der als gegeben angenommenen Rahmen-Intention des inserierenden Anbie-

---

1 Römer 1973:98-101 u.ö.

ters, den Leser und potentiellen Konsumenten zum Erwerb einer Ware oder zur Inanspruchnahme einer Dienstleistung zu veranlassen, wurden vier Phasen definiert, die in chronologischer Abfolge als Realisations-Situationen für die Imperativ-Handlung in Frage kommen. Ihnen lassen sich weiter verschiedene Teilziele zuordnen. Mit den vier Phasen der Realisierung der Textintention geht die intendierte Rollenveränderung des Adressaten - vom Anzeigenleser zum Interessenten, dann zum Käufer und schließlich zum Konsumenten - einher. Die damit verbundenen rollenspezifischen Verhaltensweisen, deren Realisierung der Sender anstrebt, sind folglich die Lektüre der Anzeige, das Einholen von Information, der Kauf und schließlich der Konsum der angebotenen Ware.

Ein erheblicher Teil der vorkommenden Imperative läßt sich als Aufforderung zur Realisation von Handlungen beschreiben, die einer der vier Phasen zugeordnet werden können. Eine erste Gruppe von Imperativen bezieht sich auf die Rezeptions-Situation: Sie fordern zu Handlungen auf, die auf die Wahrnehmung der Anzeige und die Beschäftigung mit der Botschaft gerichtet sind ("regardez a", "lisez a", "réfléchissez à a", "imaginez a", "rêvez à a", "souvenez-vous de a"). Die zweite Gruppe umfaßt Imperative, die Spezifikationen von 'informez-vous sur x' bezeichnen ("écrivez-nous", "venez voir x chez le vendeur"). Die dritte Gruppe thematisiert den Kaufakt ("achetez x"); ihr wurden auch die sehr viel zahlreicheren Imperative zugeordnet, die Begleitumstände der Kauf-Situation ansprechen ("prenez agréablement le temps de choisir", "vérifiez l'authenticité de x"). Die vierte, sehr umfangreiche Gruppe von Imperativen bezieht sich auf die (stets positiv dargestellten) Befindlichkeiten und Möglichkeiten, die der Besitz der Ware x dem Konsumenten vermittelt ("utilisez x", "réjouissez-vous de x").

Mit zunehmender Distanz zur Realisations-Situation Sit_2 von der Kommunikations-Situation Sit_1 des Imperativs, die hier identisch ist mit der Rezeptions-Situation der Anzeige, nimmt die Zahl der Voraussetzungsbedingungen für die Realisierung der Imperativ-Handlung stetig zu. Sind die Aufforderungen der auf Phase 1 bezogenen Imperative im Augenblick der Anzeigenlektüre befolgbar, so setzen die Imperative der Phase 2 bereits ein gesteigertes Interesse des Lesers am Werbeobjekt voraus; die Imperative der Phase 3 setzen darüber hinaus den Kaufentschluß (und nicht zuletzt auch die finanzielle Potenz des Käufers zu dessen Realisierung) voraus. Bei den Imperativen der Phase 4 kommt schließlich die Prämisse des vollzogenen Kaufakts hinzu, der die Voraussetzung für die volle Verfügungsgewalt des Konsumenten über die Ware ist.

Neben der gut vertretenen 4.Phase beziehen sich die meisten Imperative auf Phase 2. Auffällig ist das fast völlige Fehlen von eigentlichen Kauf-Aufforderungen - also dem Imperativ, der als unmittelbare sprachliche Umsetzung der Rahmen-Intention anzusehen wäre. Gerade in einem Texttyp wie der Anzeigenwerbung, die sich durch große Offenheit für beliebige sprachliche Register und Varietäten auszeichnet, die für ihre Zwecke die unterschiedlichsten Textsorten integriert, muß eine Lücke in der sprachlichen Gestaltung, wie sie hier zu beobachten ist, auffallen. Sie ist Ausdruck und Ergebnis der persuasiven Textstrategie der Werbung, die im Ablenken vom primären Interesse des Senders besteht. (Vgl. Kap. 3.5.1. bis 3.5.4.)

7. Nicht alle Imperative lassen einen klaren Bezug zu einer der vier Phasen der Realisierung von Textintention erkennen. Gerade die hochfrequenten Imperative "essayez x", "prenez x", "choisissez x" und "découvrez x" zeichnen sich durch eine potentielle Mehrdeutigkeit ihres Situationsbezugs aus, die zwar durch Orts-, Zeit- und Umstandsangaben aufgehoben werden kann, aber durch Unterdeterminiertheit des engeren Kontexts häufig bestehen bleibt.
Die rhetorischen Imperative sind wegen der verblaßten Bedeutung des Verbs ebenfalls weitgehend unspezifisch hinsichtlich ihres Situationsbezugs; das zeigt sich u.a. daran, daß sie meist nicht durch Orts-, Zeit- und Umstandsangaben zur Realisations-Situation der Imperativ-Handlung ergänzbar sind. Imperative, die eine allgemeine Lebensregel, eine Maxime, eine Empfehlung aufgrund eines bon sens-Urteils ausdrücken, sind wie alle Phraseologismen dieses Typs (Sprichwörter, Redensarten, Gemeinplätze etc.) grundsätzlich überindividuell und unabhängig vom konkreten Ort oder Zeitpunkt gültig; sie beziehen sich also auf nicht-verzeitete "Situationen". Das gilt für unverändert zitierte Phraseologismen ebenso wie für abgewandelte. Allerdings ist oft eine konkurrierende zweite Lesart vorhanden, die sehr wohl "verzeitet" sein kann.
Gleiches gilt auch für Metaphern und Metonymien, Paradoxa und Wortspiele: Auch sie haben oft zwei oder mehrere Aussageebenen, deren eine durch den sprachlichen und visuellen Kontext der Anzeige auf die Werbekommunikation hin determiniert und damit "verzeitet" ist, deren andere aber "nicht-verzeitet" bleibt.
Auch den (sehr allgemeinen) nicht verzeiteten Imperativen wie "profitez de la vie" oder "vivez mieux", die - isoliert gesehen - keinen unmittelbaren Bezug zum Werbeobjekt zu haben scheinen, ist einiges gemeinsam, was sie als werbetypische Imperative ausweist. Sie sind stets positiv konnotiert, und sie enthalten die Aufforderung, eine gegebene Situation handelnd zum Besseren hin zu verändern. Sie

behaupten damit zugleich ihre Präsuppositionen, ohne daß diese explizit versprachlicht werden: Der Imperativ

'Faites a' impliziert 'Faire a est possible.'
'Faire a est souhaitable.'
'Faire a est souhaitable et possible pour vous.'

5. ANHANG

5.1. Bibliographie

I. Sprachwissenschaft / Kommunikationswissenschaft / Logik

Badura, Bernhard / Klaus Gloy [eds.] (1972) : *Soziologie der Kommunikation.* Eine Textauswahl zur Einführung. Stuttgart-Bad Cannstatt 1972.

Bally, Charles (1944) : *Linguistique générale et linguistique française.* Berne 1944.

Berg, Wolfgang (1978) : *Uneigentliches Sprechen.* Zur Pragmatik und Semantik von Metapher, Metonymie, Ironie, Litotes und rhetorischer Frage. Tübingen 1978.

Bierbach, Mechthild (1982) : *Die Verbindung von Verbal- und Nominalelement im Französischen.* Tübingen 1982.

Brandt, Richard / Kim Jaegwon (1977) : "Wünsche als Erklärungen von Handlungen". In: Georg Ansgar Beckermann [ed.]: *Handlungstheorie.* Bd. 2: Handlungserklärungen. Frankfurt/M. 1977, 259-274.

Broadie, Alexander (1972) : "Imperatives". In: *Mind* 81, 1972, 179-190.

Brunot, Ferdinand (1927) : *La pensée et la langue.* Méthode, principes et plan d'une théorie nouvelle du langage appliquée au français. Paris ²1927.

Busse, Winfried / Jean-Pierre Dubost (1977) : *Französisches Verblexikon.* Die Konstruktion der Verben im Französischen. Stuttgart 1977.

Chellas, Brian F. (1971) : "Imperatives". In: *Theoria* 37, 1971, 114-129.

Cohen, Marcel (1965) : *Le subjonctif en francais contemporain.* Paris ²1965.

Darmesteter, Arsène (1891-1897) : *Cours de grammaire historique de la langue française.* Paris 1891-1897. (Réimpression 1967 ff.).

Désirat, Claude / Tristan Hordé (1976) : *La langue française au 20e siècle.* Paris 1976.

Dorn, Elfriede (1980) : *Versprachlichung von Aufforderungsintentionen.* Eine kontrastive Analyse von deutschen und spanischen Beratungs- und Dienstleistungsgesprächen. Diss. Freiburg 1980.

Dubislav, Walter (1937) : "Zur Unbegründbarkeit der Forderungssätze". In: *Theoria* 3, 1937, 330-342.

Ehrich, Veronika / Günter Saile (1972) : "Über nicht-direkte Sprechakte". In: Dieter Wunderlich [ed.]: *Linguistische Pragmatik.* Frankfurt/M. 1972.

Falkenberg, Gabriel (1982) : *Lügen.* Grundzüge einer Theorie sprachlicher Täuschung. Tübingen 1982.

Franck, Dorothea (1975) : "Zur Analyse indirekter Sprechakte". In: Veronika Ehrich, / Peter Finke [eds.]: *Beiträge zur Grammatik und Pragmatik.* Kronberg/Ts. 1975, 219-231.

Galichet, Georges (1971) : *Grammaire structurale du français moderne.* Paris/ Limoges 4 1971.

Gniffke-Hubrig, Christa (1972) : "Textsorten - Erarbeitung einer Typologie von Gebrauchstexten". In: *Der Deutschunterricht* 24, 1972/1, 39-52.

Gougenheim, Georges (1971) : *Etude sur les périphrases verbales de la langue française.* Paris 1971.

\- (1964) : *Grammaire Larousse du français contemporain.* Paris 1964.

\- (1971-1978) : *Grand Larousse de la langue française.* 7 Bde. Paris 1971-1978.

Grevisse, Maurice (1969) : *Le bon usage.* Gembloux 9 1969.

Ders. (1980) : *Le bon usage.* Gembloux 11 1980.

Gross, Maurice (1968) : *Grammaire transformationnelle du français.* Syntaxe du verbe. Paris 1968.

Große, Ernst-Ullrich / Konrad Schoell (1973) : "Schriftliche Textsorten. Eine Vorarbeit zur vergleichenden Analyse schriftlicher persuasiver Texte im Französisch-Unterricht". In: *Französisch heute,* 1973/3, 101-113 und 1973/4, 161-168.

Große, Ernst-Ullrich (1976) : *Text und Kommunikation.* Eine linguistische Einführung in die Funktion der Texte. Stuttgart/ Berlin/Köln/Mainz 1976.

Gülich, Elisabeth (1970) : *Makrosyntax der Gliederungssignale im gesprochenen Französisch.* München 1970.

Gülich, Elisabeth / Wolfgang Raible [eds.] (1972) : *Textsorten.* Differenzierungskriterien aus linguistischer Sicht. Frankfurt/M. 1972.

Guillaume, Gustave (1970) : *Temps et verbe.* Théorie des aspects, des modes et des temps. Paris 1970.

Hare, R. M. (1967) : "Some Alleged Differences between Imperatives and Indicatives". In: *Mind* 76, 1967, 309-326.

Havers, Wilhelm (1931) : *Handbuch der erklärenden Syntax.* Ein Versuch zur Erforschung der Bedingungen und Triebkräfte in Syntax und Stilistik. Heidelberg 1931.

Henne, Helmut (1975) : *Sprachpragmatik.* Nachschrift einer Vorlesung. Tübingen 1975.

Hindelang, Götz (1975) : "Äußerungskommentierende Gesprächsformeln. 'Offen gesagt', ein erster Schritt". In: Veronika Ehrich / Peter Finke [eds.]: *Beiträge zur Grammatik und Pragmatik.* Kronberg/Ts. 1975, 253-263.

Ders. (1978) : *Auffordern.* Die Untertypen des Aufforderns und ihre sprachlichen Realisierungsformen. Göppingen 1978.

van Hout, Georges (1973-1974) : *Franc Math.* Essai pédagogique sur les structures grammaticales du français moderne. Paris 1973-1974.

Hunnius, Klaus (1960) : *Der Ausdruck der Konditionalität im modernen Französisch.* Bonn 1960.

Ders. (1976) : *Der Modusgebrauch nach den Verben der Gemütsbewegung im Französischen.* Heidelberg 1976.

Imbs, Paul (1960) : *L'emploi des temps verbaux en français moderne.* Paris 1960.

Ingarden, Roman (1960) : *Das literarische Kunstwerk.* Tübingen [2]1960.

Iser, Wolfgang (1970) : *Die Appellstruktur der Texte.* Unbestimmtheit als Wirkungsbedingung literarischer Prosa. Konstanz 1970.

Jessen, Heino (1979) : *Pragmatische Aspekte lexikalischer Semantik.* Verben des Aufforderns im Französischen. Tübingen 1979.

Kaeppel, Eleonore (1985) : "Der Imperativ im Deutschen und Französischen. Vergleichende Beobachtungen zu seiner Verwendung in der deutschen und der französischen Anzeigenwerbung". In: Wilfried Kürschner / Rüdiger Vogt [eds.]: *Grammatik, Semantik, Textlinguistik.* Akten des 19. Linguistischen Kolloquiums, Vechta 1984. Tübingen 1985. Bd. 1, 137-148.

Kalepky, Theodor (1928) : "Verwechslung von Grundbedeutung und Gebrauchsweise in der französischen Tempus- und Moduslehre". In: *Zeitschrift für Romanische Philologie* 48, 1928, 53-74.

Klein, Hans-Wilhelm / Hartmut Kleineidam (1983) : *Grammatik des heutigen Französisch.* Stuttgart 1983.

Klein, Hans-Wilhelm / Rudolf Plate (1966) : *Französische Wortkunde auf sprach- und kulturgeschichtlicher Grundlage.* München [4]1966.

Koller, Werner (1977) : *Redensarten.* Linguistische Aspekte, Vorkommensanalysen, Sprachspiel. Tübingen 1977.

Lausberg, Heinrich (1967) : *Elemente der literarischen Rhetorik.* München [3]1967.

Lee, A. P. (1974) : *Impositive Speech Acts.* Diss. Ohio State Univ. 1974.

Le Galliot, Jean (1975) : *Description générative et transformationnelle de la langue française* / avec des travaux pratiques et leurs corrigés. Paris 1975.

Liedtke, Frank (1984) : *Semantik des Direktivs.* Aachen 1984.

Maas, Utz / Dieter Wunderlich (1972) : *Pragmatik und sprachliches Handeln.* Frankfurt/M. 1972.

Maloux, Maurice (1960) : *Dictionnaire des proverbes, sentences et maximes.* Paris 1960.

Marouzeau, Jules (1952) : "Composés à thème verbal". In: *Le francais moderne* 20, 1952, 81-86 und 161-164.

Mauger, Gaston (1976) : *Grammaire pratique du français d'aujourd'hui.* Langue parlée, langue écrite. Paris [7]1976.

Meillet, André (1926) : *Linguistique historique et linguistique générale.* Paris 1926.

Nyrop, Kristoffer (1936) : *Grammaire historique de la langue francaise.* Bd. 3. Copenhague [2]1936.

Pineaux, Jacques (1973) : *Proverbes et dictons français.* Paris [6]1973. ("Que sais-je?" no.706.)

Rat, Maurice (1957) : *Dictionnaire des locutions françaises.* Paris 1957.

Rescher, Nicholas (1966) : *The Logic of Commands.* London 1966.

Rohrer, Christian (1977) : *Die Wortzusammensetzung im modernen Französisch.* Tübingen 1977.

Ross, Alf (1968) : *Directives and Norms.* London 1968.

Sandig, Barbara (1971) : *Syntaktische Typologie der Schlagzeile.* München 1971.

Scherner, Maximilian (1979) : "'Person' als texttheoretische und textanalytische Grundkategorie". In: *Wirkendes Wort* 29, 1979/2, 93-114.

Schlüter, Hermann (1974) : *Grundkurs der Rhetorik.* München 1974.

Segeth, Wolfgang (1974) : *Aufforderung als Denkform.* Vom Wissen zum zielgerichteten Handeln. Berlin 1974.

Sensine, Henri (1935) : *L'emploi des temps en francais.* Paris 1935.

Skibitzki, Bernd (1979) : "Zur Aufforderungsmodalität und ihren Subtypen". In: *Linguistische Studien,* Reihe A, Arbeitsberichte 57 der Akademie der Wissenschaften der DDR, 1979, 38-41.

Slakta, D. (1971) : "L'acte de 'demander' dans les 'Cahiers de doléances'". In: *Langue Francaise* 9, 1971, 58-73.

Spillner, Bernd (1974) : *Linguistik und Literaturwissenschaft.* Stilforschung, Rhetorik, Textlinguistik. Stuttgart/Berlin/Köln/Mainz 1974.

Spitzer, Leo (1918) : "Über den Imperativ im Romanischen". In: Ders.: *Aufsätze zur romanischen Syntax und Stilistik.* Halle 1918, 181-231.

Ders. (1951-1952) : "Sur quelques emplois métaphoriques de l'impératif. Un chapitre de syntaxe comparative". In: *Romania* 72, 1951, 433-478 und 73, 1952, 16-63.

Spratte, Hermann (1979) : *Französische Komposita vom Typ 'abat-jour'.* Morphologische, syntaktische, semantische Strukturen. Diss. Kassel 1979.

Tesnière, Lucien (1965) : *Eléments de syntaxe structurale.* Paris 1965.

Wagner, Robert-Léon / Jacqueline Pinchon (1966) : *Grammaire du français classique et moderne.* Paris ^{2}1966.

Wandruszka, Ulrich (1976) : *Probleme der neufranzösischen Wortbildung*. Tübingen 1976.

Wehrli, Annegret (1967) : *Semantische Untersuchungen der Verben für Begehren, Gewähren, Versprechen, Übergeben und Verweigern bei Chrétien de Troyes*. Diss. Zürich 1967.

Weinrich, Harald (1964) : *Tempus*. Besprochene und erzählte Welt. Stuttgart 1964.

Ders. (1974) : "Zum Imperativ und Konjunktiv und zur Instruktionslinguistik im Sprachunterricht". In: *Die Neueren Sprachen* 4, 1974, 358-371.

Ders. (1982) : *Textgrammatik der französischen Sprache*. Stuttgart 1982.

Werlich, Egon (1975) : *Typologie der Texte*. Heidelberg 1975.

Wunderlich, Dieter (1971) : "Pragmatik, Sprechsituation, Deixis". In: *Zeitschrift für Literaturwissenschaft und Linguistik* 1, 1971 / 1/2, 153-190.

Ders. (1972a) : "Zur Konventionalität von Sprechhandlungen". In: Ders. [ed.] : *Linguistische Pragmatik*. Frankfurt/M. 1972, 11-58.

Ders. [ed.] (1972b) : *Linguistische Pragmatik*. Frankfurt/M. 1972.

Ders. (1976a) : *Studien zur Sprechakttheorie*. Frankfurt/M. 1976.

Ders. (1976b) : "Über die Konsequenzen von Sprechhandlungen". In: Karl-Otto Apel: *Sprachpragmatik und Philosophie*. Frankfurt/M. 1976, 441-462.

Abastado, Claude (1980) : *Messages des médias.* Paris 1980.

Adam, Jean-Michel: (1981) : "'Votez Mir Rose, achetez Giscard'. Analyses pragmatiques". In: *Pratiques* 30, Juni 1981, 73-98.

Agostini, Jean-Michel / Michel Hughes (1972) : *Les effets de la publicité dans la presse et à la télévision.* Mesures et comparaisons. Paris 1972.

- (1970) : "L'analyse des images". = *Communications* 15, 1970.

Anon. (1975) : "'Et encore merci pour ces bons conseils...'". In: *Stratégies,* 17.11.1975, 18.

Apeldoorn, Jo van (o. J.) : "La promotion par le conte: lecture d'un texte publicitaire". In: *Pour un nouvel enseignement du français.* Colloque de Cérisy. = Pratiques, numéro spécial, o.J.

Arnold, Helmut (1975) : "Ästhetischer Sprachgebrauch in Dichtung und Werbung. Eine vergleichende Interpretation unterschiedlicher Textsorten im Französisch-Unterricht der Sekundarstufe II". In: *Französisch heute* 6, 1975 / 2/3, 110-124.

Bachala, Nicole / Alain Bentolila / Vera Carvalho (1977) : "Structures syntaxiques des textes publicitaires". In: *Langue française* 35, Sept. 1977, 107-112.

Bardin, Laurence (1975a) : "Le texte et l'image". In: *Communication et langages* 26, 1975/2, 98-112.

Dies. (1975b) : *Les mécanismes idéologiques de la publicité.* Paris 1975.

Barthes, Roland (1964) : "Rhétorique de l'image". In: *Communications* 4, 1964, 40-51.

Behrens, Karl Christian [ed.] (1970) : *Handbuch der Werbung.* Wiesbaden 1970.

Bense, Max (1965) : *Aesthetica.* Baden-Baden 1965.

Bergler, Georg (1965) : *Werbung und Gesellschaft.* Essen 1965.

Bieri, Jean (1952) : *Ein Beitrag zur Sprache der französischen Reklame.* Diss. Zürich 1952.

Bleustein-Blanchet, Marcel (1970) : *La rage de convaincre.* Paris 1970.

Block de Behar, Lisa (1973) : *El lenguaje de la publicidad.* Buenos Aires 1973.

Blum, Y. / J. Brisson (1971) : *Semantische Dichte.* Assoziativität in Poesie und Werbesprache. Tübingen 1983.

Blumenthal, Peter (1983) : "Implication et publicité". In: *Langue française* 12, Dez. 1971, 83-89.

Bochmann, Klaus (1975) : "Valeurs connotatives du texte publicitaire". In: *Langue française* 28, Dez. 1975, 29-38.

Bodinat, Henri de (1981) : "L'espace est à vendre". In: *Communication et langages* 50, 1981/4, 104-108.

Bongard, Wolfgang (1963) : *Männer machen Märkte.* Mythos und Wirklichkeit der Werbung. Frankfurt/M./Berlin 1963.

Bonsiepe, Guy (1965) : *Visuell-verbale Rhetorik - Visual/Verbal Rhetoric.* Ulm 1965.

Bouquerel, Fernand (1964-1965) : *L'étude des marchés au service des entreprises.* 3 Bde. Paris ²1964-1965.

Brandt, Wolfgang (1973) : "Die Sprache der Wirtschaftswerbung". = *Germanistische Linguistik* 1973 / 1/2.

Brandt, Wolfgang (1979) : "Zur Erforschung der Werbesprache. Forschungssituation. Neuere Monographien. Aufgaben". In: *Zeitschrift für germanistische Linguistik* 7, 1979, 66-82.

Bremond, Janine (1977) : *La publicité*. Paris 1977.

Bya, Joseph (1973) : "Publicité et langages". In: *Le langage et l'homme*, Mai 1973, 30-37.

Calvet, Louis-Jean (1976) : *La production révolutionnaire*. Paris 1976.

Castagnotto, Ugo (1970) : *Semantica della pubblicità*. Roma 1970.

Cazeneuve, Jean u.a. (1976) : *Les communications de masse*. Paris 1976.

Chebat, J.-Ch. / G.-M. Henault (1974) : "L'efficacité de l'image publicitaire". In: *Communication et langages* 22, 1974, 108-117.

Christen, Helen (1985) : *Der Gebrauch von Mundart und Hochsprache in der Fernsehwerbung*. Freiburg 1985.

Cornaton, M. (1968) : "La publicité". In: *Economie et humanisme* 183, 1968, 36-50.

Croy, Peter (1972) : *Die Zeichen und ihre Sprache*. Göttingen/Frankfurt/Zürich 1972.

Descamps, J. L. (1974) : "Attention publicité. Quelques suggestions anachroniques sur l'usage des réclames en classe de langue". In: *VIC. Voix et images du Crédif*, 1974/1, 3-36.

Dichter, Ernest (1961) : *La stratégie du désir*. Une philosophie de la vente. Paris 1961.

- (1982) : *Die schönsten Anzeigen in den Fliegenden Blättern*. Werbung zu Kaisers Zeiten. Nachdruck aus dem "Beiblatt der Fliegenden Blätter", Bd. 99 (1893) - Bd. 108 (1898). Hildesheim/Zürich/New York 1982.

Doumazane, François / Brigitte Petitjean (1978) : "Meccarillos: un produit, trois messages. Etude d'une campagne publicitaire". In: *Pratiques* 18/19, 1978, 50-66.

Dumazedier, Joffré / Pierre Corset / Michel Souchon (1971) : "Message publicitaire et télévision". In: *Problèmes politiques et sociaux* 96/97, 1971, 20-22.

Durand, Jacques (1969) : "Les figures de rhétorique dans l'image publicitaire". In: *Bulletin de Recherche* (Publicis) 6, Febr. 1969, 26-42.

Ders. (1970) : "Rhétorique et image publicitaire". In: *Communications* 15, 1970, 70-95.

Eco, Umberto (1972) : *Einführung in die Semiotik*. München 1972.

Ehlich, Konrad / Jochen Rehbein (1982) : *Augenkommunikation*. Methodenreflexion und Beispielanalyse. Amsterdam 1982.

Ehmer, Hermann K. (1971) : *Visuelle Kommunikation*. Beiträge zur Kritik der Bewußtseinsindustrie, Köln 1971.

Elgozy, Georges (1969) : *Les paradoxes de la publicité*. La persuasion licite. Paris 1969.

Enel, Françoise (1971) : *L'affiche*. Fonctions, langage, rhétorique. Paris 1971.

Fages, Jean-Baptiste u.a. (1971) : *Dictionnaire des média*. Technique - linguistique - sémiologie. Paris 1971.

Ders. (1972) : *Jeux sur les ondes*. Paris 1972.

Fischer, Ludwig (1974) : "Des Käufers Stellvertreter und sein Konterfei". In: *Sprache im technischen Zeitalter* 51, 1974, 261-293.

Fisher, Sophie / Eliseo Verón (1973) : "Baranne est une crème". In: *Communications* 20, 1973, 160-181.

Flader, Dieter (1972) : "Pragmatische Aspekte von Werbeslogans". In: Dieter Wunderlich [ed.]: *Linguistische Pragmatik*. Frankfurt/M. 1972, 341-376.

Ders. (1974) : *Strategien der Werbung.* Ein linguistisch-psychoanalytischer Versuch zur Rekonstruktion der Werbewirkung. Kronberg/Ts. 1974.

Fresnault-Deruelle, Pierre (1982) : "La communication abîmée". In: *Communication et langages* 51, 1982/1, 102-115.

Fühlau, Ingunde / Heide Wohlers (1981) : "Konsumhandeln oder: Werbesprache als eine Textsorte des Kapitalismus". In: *Linguistische Berichte* 72, 1981, 51-67.

Funke, Dieter-Martin / Hellmut Lietz (1961) : *ABC der Werbeslogans.* Kirchheim/Teck 1961.

Galliot, Marcel (1955) : *Essai sur la langue de la réclame contemporaine.* Toulouse 1955.

Ganderton, Denise / Nicole McBride (1975) : "La publicité". In: *Le Français dans le monde* 114, 1975, 26-33.

Geffroy, Claude (1970) : *Analyse économique du fait publicitaire.* Paris 1970.

Genzel, David (1976) : "La publicité dans le métro". In: *Communication et langages* 29, 1976, 95-107.

Gervasi, S. (1964) : "Publicité et croissance économique". In: *Economie et humanisme* 157, 1964, 12-29.

Ders. (1966) : "Publicité et création des besoins". In: *Economie et humanisme* 166, 1966, 12-40.

Goldmann, Heinz M. (1975) : *Wie man Kunden gewinnt.* Ein Leitbuch erfolgreicher Verkaufspraxis. Essen [7]1975.

Gourévitch, Jean-Paul (1975) : *Comprendre la publicité.* Paris 1975.

Greffe, Pierre / François Greffe (1979) : *La publicité et la loi.* Paris [4]1979.

Grosse, Siegfried (1966) : "Reklamedeutsch". In: *Wirkendes Wort* 9, 1966, 89-104.

Guiraud, Pierre (1973) : *La sémiologie*. Paris ²1973. ("Que sais-je?" no.1421.)

Haas, Claude Raymond (1953) : *La publicité*. Théorie, technique et pratique. Paris 1953.

Haese, Helmut (1956) : *Höhere Umsätze durch das packende Wort*. Wie man Werbetexte schreiben lernt. Reutlingen 1956.

Hall, Edward T. (1973) : *Le langage silencieux*. Paris 1973.

Hamel, Günther (1970) : "Zur Sprache der englischen Reklame". In: *Die Neueren Sprachen* 5, 1970, 223-234.

Hantsch, Ingrid (1975) : "Textformanten und Vertextungsstrategien von Werbetexten. Ein systematisches Analyserepertoire". In: Peter Nusser [ed.]: *Anzeigenwerbung*. München 1975, 160-166.

Hartwig, Heinz (1974) : *Das Wort in der Werbung*. Ein Leitfaden für Werbetexter und die Beurteilung von Werbetexten. München 1974.

Haseloff, Otto Walter (1963) : "Wie prüft man die Wirkung von Anzeigen?". In: *Werbe-Rundschau* 57, 1963, 16-30.

Haug, Wolfgang Fritz (1977) : "Zur Kritik der Warenästhetik". In: Dieter Prokop [ed.]: *Massenkommunikationsforschung*. Bd. 3: Produktanalysen. Frankfurt/M. 1977, 232-251.

Hauswaldt-Windmüller, Brigitte (1977) : *Sprachliches Handeln in der Konsumwerbung*. Eine herrschaftsbestimmte Form der Kommunikation. Weinheim/Basel 1977.

Heiz, André (1978) : *Wie argumentiert Werbung?* Zur verbalen und imaginalen Konzeption von Werbebotschaften. Rhetorik der Codes, Analyse und Methodendiskussion. München 1978.

Herbin, Pierre (1967) : *Exercices de publicité*. Jeux de mots. Lagny 1967.

Herles, Helmut (1966) : "Sprichwort und Märchenmotiv in der Werbung". In: *Zeitschrift für Volkskunde* 62, 1966, 67-80.

Hermelin, Christian (1975) : "A la conjonction des vécus collectifs". In: *Presse-Actualité* 104, Nov. 1975, 36-41.

- (1967) : *Die hohe Kunst des Werbetextens*. Fünf Interviews von Denis Higgins mit William Bernbach, Leo Burnett, George Gribbin, David Ogilvy, Rosser Reves. München 1967.

Hohmeister, Karl-Heinz (1981) : *Veränderungen in der Sprache der Anzeigenwerbung*, dargestellt an ausgewählten Beispielen aus dem 'Gießener Anzeiger' vom Jahre 1800 bis zur Gegenwart. Frankfurt/M. 1981.

Holtz-Bonneau, Françoise (1976) : *Déjouer la publicité*. Pour des consommateurs conscients. Paris 1976.

Holzschuher, Ludwig von (1958) : *Psychologische Grundlagen der Werbung*. Essen 1958, ^{2}1969.

Hronová, V. (1971) : "La langue de la réclame" In: *Etudes romanes de Brno* 5, 1971, 105-113.

Hundhausen, Karl (1954) : *Wesen und Form der Werbung*. Essen 1954.

Ders. (1961) : *Die Sprache als Element des Ausdrucks im Plakat*. Essen 1961.

Ders. (1963) : *Wirtschaftswerbung*. Berlin 1963.

Huth, Rupert / Dieter Pflaum (1980) : *Einführung in die Werbelehre*. Stuttgart/Berlin/Köln/Mainz 1980.

Januschek, Franz (1974) : "Werbesprache - erklärt aus ihren Funktionen und ihren Rezeptionsbedingungen". In: *Sprache im technischen Zeitalter* 51, 1974, 241-260.

Ders. (1976) : *Sprache als Objekt*. 'Sprechhandlungen' in Werbung, Kunst und Linguistik. Kronberg/Ts. 1976.

Joannis, H. (1965) : *De l'étude de motivation à la création publicitaire et à la promotion des ventes.* Paris 1965.

Karasek, Helmut (1966) : "Werbung und Sprache". In: *Seminarbericht des Arbeitskreises Grafik und Wirtschaft,* hg. v. AGW der Gruppe 56 im Bund Deutscher Grafik (BDG), Nov. 1966.

Kende, Pierre (1971) : "L'information du consommateur". In: *Communications* 17, 1971, 43-55.

Kirsch-Postma, Martje (1978) : *Studien zur Werbesprache.* Rhetorische und psychologische Aspekte. Hamburg 1978.

Klenkler, Eckhard (1982) : *Persuasive Strategien der französischen Werbung.* Konzeptionelle Varianten von Zeitschriften-Anzeigen. Diss. Freiburg 1982.

Kloepfer, Rolf (1976) : "Komplementarität von Sprache und Bild. Am Beispiel von Comic, Karikatur und Reklame". In: *Sprache im technischen Zeitalter* 57, 1976, 42-56.

Klotz, Volker (1963) : "Slogans". In: *Sprache im technischen Zeitalter* 7, 1963, 538-546.

Kochmann, René (1974) : "Un briquet nommé Typhon". In: Gueunier, Nicole [ed.]: *Lecture des textes et enseignement du français.* Paris 1974, 125-138.

Kropff, H. F. J. (1960) : *Angewandte Psychologie und Soziologie in Werbung und Vertrieb.* Der gegenwärtige Entwicklungsstand der Werbepsychologie unter Einbezug sozio-psychologischer Erfahrungen. Stuttgart 1960.

Ders. (1961) : *Die Werbemittel.* Essen ²1961.

Krüger, Cordula Andrea (1978) : *Semantische Strategien in der Werbung und ihre pragmatische Bedeutung.* Diss. Hamburg 1978.

Kurzke, Hermann (1974) : "Die Schönheit der Ware". In: *Sprache im technischen Zeitalter* 51, 1974, 203-215.

Laffont, François (1972) : "Pour 'lire' la publicité". In: *Presse-Actualité* 74, April/Mai 1972, 22-25.

Lagneau, Gérard (1969) : *Le faire valoir.* Une introduction à la sociologie des phénomènes publicitaires. Paris 1969.

Ders. (1977) : *La sociologie de la publicité.* Paris 1977. ("Que sais-je?" no.1678.)

Lassudri-Duchêne, B. (1964) : "Besoin et communication extra-utilitaire" In: *Economie et humanisme* 151, 1964, 25-35.

Laurent, Alain (1967) : "Le thème du soleil dans la publicité des organismes de vacances". In: *Communications* 10, 1967, 35-50.

Lauterer, Karl (1923) : *Lehrbuch der Reklame.* Einführung in das Werbewesen. Wien 1923.

Leduc, Robert (1966) : *La publicité, une force au service de l'entreprise.* Paris 1966.

Leech, Geoffrey N. (1966) : *English in Advertising.* A Linguistic Study of Advertising in Great Britain. London 1966.

Letouzey, Victor (1964) : *La typographie.* Paris 1964. ("Que sais-je?" no.1101.)

Louey, L. (1971) : *Techniques de commercialisation - Techniques publicitaires.* Paris 1971.

Mackensen, Lutz (1973) : *Verführung durch Sprache.* München 1973.

Marcus-Steiff, J. (1971) : "A propos des effets de la publicité sur les ventes". In: *Communications* 17, 1971, 3-28.

Martin, Gérard (1971) : *L'imprimerie.* Paris [3]1971. ("Que sais-je?" no.1067.)

Mayol, Pierre (1974) : "Idéologie et publicité, deux aspects du langage". In: *Projet* 81, 1974, 55-67.

McLuhan, Marshall (1967) : *Pour comprendre les média.* Les prolongements technologiques de l'homme. Paris 1967.

Michel, Adolphe (1968) : *Le langage publicitaire.* Lausanne 1968.

Michligk, Paul (1962) : "Werbung und Bildersprache". In: *Wirtschaft und Werbung* 16, 1962, 18-22.

Ders. (1967) : *Geheimnisse der Werbesprache.* Essen 1967.

Mieder, Wolfgang (1975) : "Sprichwort und Illustriertenwerbung". In: Ders.: *Das Sprichwort in unserer Zeit.* Frauenfeld 1975, 31-39.

Margerie, Ch. de (1974) : "Publicité et apprentissage de l'écrit". In: *VIC. Voix et images du Crédif,* 1974/1, 47-52.

Möckelmann, Jochen / Sönke Zander (1972) : *Form und Funktion der Werbeslogans.* Göppingen ^{2}1972.

Moles, Abraham (1969) : *L'affiche dans la société urbaine.* Paris 1969.

Ders. (1972) : *Théorie de l'information et perception esthétique.* Paris 1972.

Motte-Haber, Helga de la (1972) : "Das singende und klingende Plakat. Werbung durch Musik". In: *Sprache im technischen Zeitalter* 42, 1972, 143-153.

Mundt, Wolf-Rüdiger (1981) : *Wortbildungstendenzen im modernen Französischen,* untersucht an den 'Noms de marques déposés'. Diss. Berlin 1981.

Muzet, Denis (1974) : "'L'Express': un style publicitaire". In: *Communication et langages* 21, 1974, 96-115.

- (1971) : "Les mythes de la publicité". = *Communications* 17, 1971.

Nöth, Winfried (1975) : *Semiotik.* Eine Einführung mit Beispielen für Reklameanalysen. Tübingen 1975.

Ders. (1976) : "Paralogische Argumentationsformen in Reklame und Schizophrenie". In: *Die Neueren Sprachen* 25, 1976/6, 551-562.

Ders. (1977) : "Reklame als primitive Textform". In: *Zeitschrift für Literaturwissenschaft und Linguistik* 27/28, 1977, 91-103.

Nusser, Peter [ed.] (1975) : *Anzeigenwerbung.* München 1975.

Ogilvy, David (1964) : *Geständnisse eines Werbemannes.* Düsseldorf/Wien 1964.

Paszkowiak, Edmund (1970) : "Display-Werbung". In: Karl-Christian Behrens: *Handbuch der Werbung.* Wiesbaden 1970, 579-586.

Péninou, Georges (1965, 1966, 1968) : "Réflexion sémiologique et création publicitaire". In: *Revue française du marketing* 19, 1965, 19-25 und 21, 1966, 19-31 und 28, 1968, 29-48.

Ders. (1970) : "Physique et métaphysique de l'image publicitaire". In: *Communications* 15, 1970, 96-109.

Ders. (1972) : *Intelligence de la publicité.* Etude sémiotique. Paris 1972.

Penttilä, Erki: (1963) : "Advertising English". In: *Mémoires de la Société Néophilologique de Helsinki* XXV, 1963, 1-62.

Plas, Bernard de / Henri Verdier (1974) : *La publicité.* Paris [12]1974. ("Que sais-je?" no. 274.)

Plate, Helmut (1963) : "Werbung oder Information? Zur Sprache moderner Propaganda". In: *Sprache im technischen Zeitalter* 7, 1963, 547-557.

Porcher, Louis (1975) : "Un langage de la publicité". In: *Langue française* 28, Dez. 1975, 6-28.

Ders. (1976) : *Introduction à une sémiotique des images.* Sur quelques exemples d'images publicitaires. Paris 1976.

Potthast, Hanne (1967) : *Die Außenwerbung in Frankreich.* Ihre Hauptzüge im Hinblick auf die wichtigsten Werbemittel. Germersheim 1967. (Unveröffentlichte Dipl.-Arbeit am Dolmetscher-Institut Germersheim).

- (1976) : "Pour la publicité - contre la publicité". = *La Nef* 59, Jan./Febr./März 1976.

- (1976) : *Pourquoi?* La revue de l'éducation permanente 112, Febr. 1976.

Preisendanz, Wolfgang (1971) : "Verordnete Wahrnehmung. Zum Verhältnis von Photo und Begleittext". In: *Sprache im technischen Zeitalter* 37, 1971, 1-8.

Prokop, Dieter (1977) : *Massenkommunikationsforschung*. Bd. 3: Produktanalysen. Frankfurt/M. 1977.

- (1974) : "Publicité et pédagogie". = *VIC. Voix et images du CREDIF*, 1974/1 (nouvelle série).

Putschögl-Wild, Anna Monika (1978) : *Untersuchungen zur Sprache im Fremdenverkehr* / Durchgeführt an den Ferienkatalogen einiger deutscher Touristikunternehmen. Frankfurt/M./Bern/Las Vegas 1978.

- (1986) : *Quid.* Tout pour tous. Paris 1986.

Raible, Wolfgang (1968) : "Das Warenzeichen aus der Sicht des Sprachwissenschaftlers. Hinweise für die Benutzung und Gestaltung von Wortzeichen". In: *Der Markenartikel* 30, 1968, 498-504.

Reboul, Olivier (1975) : *Le slogan.* Bruxelles/Paris 1975.

Reger, Harald (1980) : *Metaphern und Idiome in szenischen Texten, in der Werbe- und Pressesprache.* Hamburg 1980.

Richaudeau, François (1973) : *Le langage efficace.* Psychologie, langage et société. Paris 1973.

Riha, Karl (1972) : "Comics und Werbung. Comics als Werbung - Comics-Elemente in der Werbung". In: *Sprache im technischen Zeitalter* 42, 1972, 153-165.

Römer, Ruth (1973) : *Die Sprache der Anzeigenwerbung.* Düsseldorf ^{3}1973.

Rosenfelder, G. (1968) : *Die Sprache der Werbung in Frankreich.* Saarbrücken 1968. (Unveröffentlichte Diplom-Arbeit am Dolmetscher-Institut Saarbrücken).

v. Rosenstiel, Lutz / Guntram Ewald (1979) : *Marktpsychologie.* 2 Bde. Stuttgart 1979.

Schmidt, Walter Ernst (1953) : *Werbende Texte.* Berlin 1953.

Schütz, Armin (1968a) · "Zur neologistischen Synonymenwucherung in der Reklamesprache: Bezeichnung für Zerstäuber im modernen Französisch". In: *Die Neueren Sprachen* 7, 1968, 364-386.

Ders. (1968b) : *Die sprachliche Aufnahme und stilistische Wirkung des Anglizismus im Französischen,* aufgezeigt an der Reklamesprache (1962-1964). Meisenheim 1968.

Schuncke, Michael (1978) : "Der Werbetext zwischen Wissenschaft und Praxis". In: *Muttersprache* 88, 1978, 185-191.

Ders. (1983) : "'Sprecht die Sprache der Adressaten!' Die 30 häufigsten Wörter aus je 100 Anzeigen, untersucht in 10 Branchen". In: *Muttersprache* 93, 1983/3-4, 197-209.

Schwab, Victor O. (1966) : *Anzeigen wirksam texten.* München ²1966.

Seyffert, Rudolf (1966) : *Werbelehre.* Theorie und Praxis der Werbung. Bd. 1. Stuttgart 1966.

Siepe, Hans Theo (1978) : "Descartes, Astérix und Crédit Agricole - Roland Barthes' Semiologie der Konnotation im Unterricht". In: *Die Neueren Sprachen* 77, 1978/5, 430-444.

Soucy, Claude (1967) : "Un art de vivre unique au monde. Mythologie et réalités dans la publicité immobilière". In: *Communications* 10, 1967, 135-154.

Spillner, Bernd (1974) : "Sprachliche Strategien in Texten mit appellativer Funktion". In: Gerhard Nickel/Albert Raasch [eds.]: *Kongreßbericht der 4.Jahrestagung der Gesellschaft für Angewandte Linguistik - GAL.* Heidelberg 1974, 152-160.

Ders. (1981) : "Semantische und stilistische Funktionen des Parallelismus". In: Jürgen Esser / Axel Hübler [eds]: *Forms and Functions.* Festschrift für Vilém Fried. Tübingen 1981, 205-223.

Ders. (1982) : "Stilanalyse semiotisch komplexer Texte. Zum Verhältnis von sprachlicher und bildlicher Information in Werbeanzeigen". In: *Kodikas/Code* 415, 1982/1, 91-106.

Spitzer, Leo (1964) : "Amerikanische Werbung als Volkskunst verstanden.". In: *Sprache im technischen Zeitalter* 12, 1964, 951-973.

- (1974) : "Sprachstrategien in der Werbung". = *Sprache im technischen Zeitalter* 51, 1974.

Stave, Joachim (1973) : "Bemerkungen über den unvollständigen Satz in der Sprache der Werbung". In: *Muttersprache* 83, 1973/3, 210-224.

Tatilon, Claude (1978) : "Traduire la parole publicitaire". In: *La linguistique* 14, 1978/1, 75-87.

Teigeler, Peter (1968) : *Verständlichkeit und Wirksamkeit von Sprache und Text.* Stuttgart 1968.

Thibault-Laulan, Anne-Marie (1971) : *L'image dans la société contemporaine.* Publicité, bande dessinée, cinéma, télévision. Paris 1971.

Dies. [ed.] (1972) : *Image et communication.* Paris 1972.

Tschirner, Otto W. (1961) : *Werbung baut sich auf dem Wort auf.* Esslingen 1961.

Vanoye, Francis (1975) : *Expression, communication.* Paris [2]1975.

Victoroff, David (1966) : "A propos du langage publicitaire". In: *Le langage* 1, 1966, 375-377.

Ders. (1970) : *Psychosociologie de la publicité*. Paris 1970.

Ders. (1977) : "Überlegungen zur Psychosoziologie des populären Slogans". In: Dieter Prokop [ed.]: *Massenkommunikationsforschung*. Bd. 3. Frankfurt/M. 1977, 100-121.

Wack, Peter (1975) : *Eine Theorie des Einkaufsverhaltens*. Berlin 1975.

Winterfeldt, Wolfgang (1966) : *Besser texten - mehr verkaufen*. Bad Wörishofen ^{2}1966.

Zahn, Jetta Margareta (1974) : *Aspekte der nationalen Werbesprache in Mexiko*. Tübingen 1974.

- (1974) : "Zur Rhetorik der Werbung". = *Sprache im technischen Zeitalter* 42, 1974.

*III. **Französische Werbe-Fachzeitschriften***

Correspondance de la publicité
L'Echo de la presse et de la publicité (EPP)
Presse-Actualité
Revue française du marketing
Stratégies

5.2. **Kontrastkorpus**

Verzeichnis der Titel, aus denen die Beispiele des Kontrastkorpus entnommen sind:

Cauvin, Patrick (1977)	: *E = mx², mon amour.* Paris 1977.
Daninos, Pierre (1974)	: *Les touristocrates.* Paris 1974.
Deschamps, Anny (1971)	: *Vous n'allez pas avaler ça!.* Paris 1971.
Lieutaghi, Pierre (1966)	: *Le livre des bonnes herbes.* Verviers 1966.
Poirier, Jean (1981)	: *Connaître et réussir la pêche en bord de mer.* Rennes 1981.
San Antonio (Frédéric Dard) (1967)	: "La rate au court-bouillon". In: *Œuvres complètes.* Bd. 1, Paris 1967, 133-285.
San Antonio (Frédéric Dard) (1967)	: "Passez-moi la Joconde". In: *Œuvres complètes.* Bd. 1, Paris 1967, 391-507.

5.3. Zeitschriften

Verzeichnis der Zeitschriften, aus denen die Werbeanzeigen des Korpus entnommen sind:

AAT	: *L'Action automobile et touristique*
AD	: *Art & Décoration*
B	: *Bricolage / Maison pratique*
C	: *Confidences*
CA	: *Connaissance des Arts*
ChF	: *Le Chasseur français*
ChJ	: *Chasseur d'images*
CNA	: *Construction neuve et ancienne*
Cy	: *Cycle*
D	: *Décoration*
DFr	: *Demeures de France*
E	: *Elle*
EM	: *Enfants Magazine*
Exn	: *L'Expansion*
Exp	: *L'Express*
FMag	: *F Magazine*
I	: *Intimité*
JFr	: *Jours de France*
JM	: *Le Journal de la Maison*
Lui	: *Lui*
MCl	: *Marie-Claire*
MD	: *Meubles et Décors*
MdF	: *Maisons de France*
ME	: *Le Monde de l'Education*
MF	: *Marie-France*
MFr	: *Maison Française*
MJ	: *Maison et Jardin*
MJMM	: *Mon Jardin & ma Maison*
MOMM	: *Mon Ouvrage & ma Maison*
MMC	: *La Maison de Marie-Claire*
MoDé	: *Mobilier - Décoration*
MT	: *Modes et Travaux*
NO	: *Le Nouvel Observateur*

O	: *L'Œil*
Pb	: *Playboy (Edition française)*
Ph	: *Photo*
PhR	: *Photo Revue*
PlM	: *Le Plaisir de la Maison*
PM	: *Paris-Match*
PMa	: *Paris Madame*
Pt	: *Le Point*
R	: *Réalités (Edition Médecine)*
RBr	: *Revue des Bricoleurs. Bricole & Brocante*
SlC	: *Salut les Copains*
SV	: *Science & Vie*
SyD	: *Système D*
Tf	: *Tout faire*
Tm	: *Télémoustique*
Tr	: *Télérama*
V	: *Vivre*
VA	: *Valeurs actuelles*
VB	: *Votre Beauté*
Vé	: *Vélo*
VM	: *Votre Maison*
Vo	: *Vogue*
VV	: *Voiles et voiliers*
Y	: *Yachting*
Z	: *Zoom*

5.4. **Bildanhang**

Verzeichnis der Anzeigen des Bildanhangs:

1a	France Plans, livre; VM, Juni/Juli 83, LVIII.	HL: *Vous rêvez d'une maison?/ Attention!/* **Lisez** *d'abord ce livre"* Coupon: *"***Envoyez***-moi par retour (***cochez*** *la (ou les) case(s) correspondant à votre choix):(...)* **Trouvez** *ci-joint mon règlement(...)"*
1b	Utoring, immobilier; Pt, 19.10.81, 162.	HL: *"***Investissez***.../* **Bronzez.***"* FT: *"(...)* **Achetez** *un appartement Utoring en pleine propriété et* **rentabilisez** *votre temps libre grâce au déficit fiscal.* **Profitez** *de l'expérience Utoring (...)"*
1c	International Psycho-Service, institut de graphologie; V, Dez. 76, 87.	1.HL: *"Attention!"* 2.HL: *"***prête***-moi ta plume,/ je te dirai qui tu es"* FT,Ende: *"(...)* **Découpez** *ce bon et* **adressez***-le (...) à (...)"* hors texte: *"***Ecrivez** *ici" / "***Recopiez** *simplement cette phrase:(...)" / "(***N'oubliez pas** *de signer)"*
2	Avon, cosmétique; MT, Nov. 76, 58.	FT: *"(...)***Tenez***, maintenant par exemple.(...)"* FT,Ende: *"(...)* **Pensez***-y!"* SL: *"Votre Déléguée Avon est quelqu'un de précieux.* **Faites***-lui bon accueil."*
3	Air Canada, compagnie aérienne; NO, 29.4.78, 109.	FT,Ende: *"(...)* **Venez** *avec nous, vous verrez."*
4	Fujica, appareil de photo; NO, 11.12.78, 99.	FT: *"(...)* **Ajoutez** *à cela la mémoire électronique (...) Par ces lignes,* **permettez***-moi tout simplement de vous remercier de ce succès (...)"*
5	Club Méditerranée, tourisme; E, 25.4.77, 18/19.	HL: **Emmenez** *vos enfants au pays des enfants."* FT: *"(...) '***Tiens***, bonjour, P'pa, t'as été faire de la voile?(...)'* **Emmenez** *vos enfants au pays des enfants.(...)"*

6	Interflora, fleuristes; Exp, 27.9.80, 54.	HL: "**Excusez** mon chien / et **gardez**-moi un petit. Thierry"
7	Contrex, eau minérale; E, 19.1.76, 24.	SL: *"**Aide**-toi... Contrex t'aidera!"*
8	Air France, compagnie aérienne; Pt, 1.2.82, 62/63	HL: *"**Multiplions** nos échanges."* FT,Ende: *"(...) Ensemble, **multiplions** nos échanges."*
9	Roto, équipement maison; AD, Mai/Juni 77, 82.	FT: *"(...) Entrez avec nous pour visiter. (...) **Passons** à droite, et voici 'Trianon' un escalier bien droit livré avec sa rampe. **Prenons**-le pour monter au 1er étage. Là, **regardez** cette belle porte en bois (...) Maintenant **visitons** le grenier. Pour y accéder **prenons** 'Yseron'. (...)"* FT,Ende: *"(...) Si vous voulez savoir plus, **écrivez**-nous en utilisant le bon à découper."* Coupon: *"**Veuillez** m'adresser, sans engagement de ma part, votre documentation en couleur 704 (...)"*
10	Centre d'information du champignon de Paris; MT, Nov. 76, 187.	HL: *"**faites**-en un plat."* FT: *"(...) **nettoyez**-les soigneusement à l'eau vinaigrée (...) **Egouttez**-les. **Coupez**-les en lamelles.(...) **égouttez**-les et **faites**-leur rendre l'eau à feu moyen. **Disposez** vos champignons sur un plat allant au four et **parsemez**-les de rondelles d'oignon et de persil haché. **Salez, poivrez. Ajoutez** le bouquet garni et les quartiers de citron. **Posez** votre poisson sur cette couche de champignons. **Arrosez** de vin blanc et d'huile. **Faites** cuire à four moyen (...) Si vous faites cuire une dorade ou quelqu'autre gros poisson (...) **gardez** un peu de votre préparation à base de champignons pour le farcir.(...)"*
11	Calor, grille-pain; MT, Nov. 76, 217.	HL: *"**Offrez**-leur des matins dorés."* Bilduntertitel: *"**Dorez** les 2 faces à la fois. 81 F." / "**Dorez** 4 tranches à la fois. 107 F." / "**Dorez** plus au moins n'importe quel pain. 119 F." / "**Dorez** à votre goût 2 tranches à la fois. 148 F."*

12	UAP, assurance-vie; Exp, 8.10.82, 155.	1.HL: "*Pour savoir comment se construire un solide capital,*" / 2.HL/Fortsetzung 1.HL: "***lisez***" 3.HL/Fortsetzung 1.HL: "***découpez***" Coupon: "***Remplissez** ce bon et **renvoyez**-le à:(...)*"
13	Melitta, café moulu; MT, Nov. 76, 212.	3.HL/Bilduntertitel: "***Mettez** votre café moulu ici.*" 1.FT,Anfang: "***Mettez** votre café moulu à côté de notre café moulu.(...) D'abord, **veillez** à ce que votre filtre et vos papiers-filtre Melitta aient toujours le même numéro de référence.*" 2.FT,Anfang: "*Ensuite, **versez** un peu d'eau frémissante sur la mouture (...)*"
14	Gégé, jeux; MT, Nov. 76, 23.	1.FT,Ende: "*(...) **Essayez!***" 2.FT: "*(...) **entourez** la lettre désignant la phrase qui correspond le mieux (...) aux goûts de votre enfant. (...)*" FT,Ende/hors texte: "***Tournez** la page et **découvrez** les résultats...*" FT,Zwischenüberschrift: "***Comptez** le nombre de réponses A et le nombre de réponses B*" FT,Ende: "*(...) Alors, plutôt que de lui choisir un jeu au hasard, **pensez** aux jeux scientifiques Gégé: Sciences futures. / **Demandez** conseil à un détaillant spécialiste en jouets ou aux rayons spécialisés des grands magasins.*"
15	Vikä, déodorant; E, 25.4.77, 60.	FT,Anfang: "***Imaginez** sur votre peau une douce brise scandinave fraîche et parfumée... (...)*"
16	Pierre & Vacances, immobilier; Exp, 8.10.82, 29.	1.HL: "*Pour 219.000 F / **achetez** à Chamonix-Sud* / 2.HL: *plutôt qu'à... Bécons-les-Neiges*"
17	France Cottages, immobilier; Exp, 27.9.80, 173.	HL: "*France Cottages / **Devenez** propriétaire d'un 'Hameau' 5 pièces + jardin à moins de 3.500 F/m².*" Coupon: "***Retournez** ce bon à (...)*"
18	Panasonic, vidéo surveillance; Exp, 19.6.81, 30.	HL: "***Achetez** vous des yeux.*" FT,Ende: "*(...) Alors pour votre sécurité et votre rendement, **achetez**-vous des yeux Panasonic.*"

19	Faber-Castell, porte-mine; Exp, 19.6.81, 101.	2.HL: *"(...) Pour l'admirer, l'essayer et l'acheter,* **adressez-vous** *aux revendeurs spécialisés."* FT: *"(...)Oubliez la servitude de faire avancer la mine.(...)"* FT,Ende: *"(...)Mais* **essayez** *donc vous-même!"*
20	Motobécane, vélo; Cy, Okt. 82, 9.	SL: "**Offrez-vous** *un vélo qui n'a pas été fait pour vous."*
21	Hôtel PLM Saint-Jacques; VA, 2.2.76, 81.	SL: *"Hôtel PLM Saint-Jacques. /* **Occupez-vous** *de vos affaires. Nous nous occupons de vous."*

Vous rêvez d'une maison ?
Attention !
Lisez d'abord ce livre
Des centaines d'idées et de conseils irremplaçables avec tout un panorama de modèles exclusifs, résidences principales ou secondaires, traditionnelles ou contemporaines, pour la ville, la campagne, la mer ou la montagne.
Pour toutes les régions. De 60 m² à 300 m².
Chaque projet est présenté avec ses plans, ses façades, ses caractéristiques, sa fiche technique et aussi son prix.
C'est l'œuvre concertée de 32 spécialistes de la maison individuelle urbanistes, architectes, ingénieurs, décorateurs, techniciens, métreurs, juristes.
Et en complément :
« Ce qu'il faut savoir avant de faire construire une maison individuelle »,
un guide pratique qui vous explique comment mener votre opération du début jusqu'à la fin.
RECUEIL DE
130 PLANS ET MODÈLES DE MAISONS
france plans
603
ILLUSTRATIONS
208 pages
Un nouveau service
Pour répondre à des demandes de plus en plus nombreuses, France Plans propose désormais le service suivant :
Le dossier construction.
Dans ce dossier, vous trouverez les documents qui vous permettront d'engager comme il convient chaque phase : contrat d'entreprise, cahier des charges, planning des travaux, procès-verbal de réception...
Vous pouvez nous demander de constituer pour vous ce dossier (voir la case correspondante sur le bon ci-dessous).
france-plans
22 rue Pascal 75005 Paris
Tél. 535.56.26
PUBLI DIRECT
Bon de commande à renvoyer à
FRANCE-PLANS 22 rue Pascal 75005 Paris
Envoyez-moi par retour (cochez la (ou les) case(s) correspondant à votre choix) :
☐ Le recueil « 130 plans et modèles de maisons » contre 150 F + 12 F de frais soit la somme de 162 F.
☐ L'ensemble complet « 130 plans et modèles de maisons » et « Ce qu'il faut savoir avant de construire une maison individuelle » contre 180 F + 17 F de frais soit la somme de 197 F.
☐ Le dossier construction : tout ce qui me permettra de mieux traiter mon chantier (contrat d'entreprise, cahier des charges, planning des travaux, etc.) contre 150 F + 10 F de frais soit la somme de 160 F.
Trouvez ci-joint mon règlement (mandat-lettre, chèque bancaire ou chèque postal CCP 2365-71 Y Paris).
Nom ....
(majuscules)
Prénom .... Profession ....
Adresse ....
.... Code postal ....
Ville .... Tél. : ....
VM 137-93
LVIII

1a

INVESTISSEZ...
... dans la meilleure valeur refuge : la pierre.
Achetez un appartement Utoring en pleine propriété et rentabilisez votre temps libre grâce au déficit fiscal.
Profitez de l'expérience Utoring : 64 résidences construites et 3.500 propriétaires heureux.
Gestion locative et entretien de votre appartement assurés par contrat personnel.
Enfin, le club Utoring : pour changer de stations de vacances quand vous le souhaitez.
BRONZEZ.
A la mer :
☐ Dinard ☐ La Baule/Le Pouliguen
☐ La Grande Motte ☐ Bandol/Sanary
☐ Six-Fours/Sanary ☐ Nice/Villeneuve-Loubet
A la montagne :
☐ Champagny/la Plagne ☐ La Rosière 1850
☐ Les Menuires/Reberty
Aux Golfs Country Clubs :
☐ La Bretesche (La Baule) ☐ Ploëmel (Carnac)
Nom ....
Adresse ....
.... Tél. ....
Utoring métairie
108 - 110 Bd. Haussmann 75008 Paris - Tél. : 522.88.44
La résidence secondaire sans les effets secondaires

1b

ATTENTION !
prête-moi ta plume,
je te dirai qui tu es
Un visage peut mentir, une voix peut tromper, l'écriture, elle, NE MENT PAS. C'est si vrai que presque toutes les offres d'emploi portent la mention : « Écrire lettre manuscrite », afin de permettre aux chefs d'entreprises de sélectionner les candidats par la Graphologie. L'I.P.S., qui réunit la meilleure équipe de graphologues français, vous offre une DÉMONSTRATION GRATUITE. Il suffit pour cela que vous écriviez quelques lignes à l'encre dans l'espace ci-dessous, sans oublier de signer. Par retour, vous recevrez un « diagnostic » qui vous révèlera les traits dominants de votre caractère. Même si vous êtes décidé à ne pas donner suite à ce premier contact, vous contribuerez à enrichir notre service de recherches et vous serez étonné de la vérité de nos révélations. Découpez ce Bon et adressez-le (en joignant une enveloppe à votre nom et 4 timbres pour frais)
à : I.P.S., B.P. 53-08 75362 PARIS CEDEX 08.
GRAPHO-TEST GRATUIT
Écrivez-ici
Recopiez simplement cette phrase : « Je désire recevoir, sans engagement de ma part un diagnostic gratuit de mon écriture » (N'oubliez pas de signer)
INTERNATIONAL PSYCHO-SERVICE
277, RUE SAINT-HONORÉ - PARIS 8e

1c

"Pour Noël, je peux vous aider à économiser du temps. Et de l'argent."

Jacqueline Lambert, Déléguée Avon

"Il y a des moments où j'aime tout particulièrement aller voir les clientes. Tenez, maintenant par exemple. Parce qu'elles ne sont pas encore trop débordées et qu'elles prennent le temps de s'asseoir cinq minutes pour penser à leurs cadeaux de Noël. Après il sera trop tard!

Et en matière de cadeaux, Avon peut beaucoup pour vous. Dans sa Brochure de Noël, vous trouverez des quantités d'idées-cadeaux. Des grands, des moyens, des petits. A tous les prix. Et superbement présentés.

Chez Avon, il y a ce qu'il faut pour chacun: des parfums de luxe, et des produits de beauté pour nous autres, les femmes, des produits de toilette pour ces messieurs, et de ravissantes surprises à glisser dans les souliers des petits. Vous n avez que l'embarras du choix.

Si vous commandez maintenant vos cadeaux à votre Déléguée, vous les recevrez à temps pour Noël, prêts à offrir, sans aucun problème. Et vous aurez économisé du temps. Et de l'argent. Pensez-y!"

Unspoken, le nouveau parfum d'Avon: tendre, piquant, délicieusement tenace.

Chez Avon, pour Noël, des quantités d'idées-cadeaux.

AVON

45 rue Pierre-Charron 75008 Paris
New York – Londres – Rome

Votre Déléguée Avon est quelqu'un de précieux. Faites-lui bon accueil.

Paul Prentice. Plaisancier et **Air Canadien**

Dès que j'en ai le temps, je navigue. Les milliers de lacs du Canada sont un rêve pour un passionné de bateau. J'ai un petit catamaran sur le magnifique lac Muskoka, dans l'Ontario. Dans de bonnes conditions, mon petit Hobie Cat peut filer à 25 nœuds, ce qui n'est pas mal. J'ai choisi ce bateau parce qu'il sollicite à la fois mon corps et mon esprit. Il faut une parfaite concentration. Une seule fausse manœuvre sous un vent comme celui-ci, et je serais drôlement mouillé ! Tout dépend de moi, et c'est ce que j'aime.

Paul Prentice.
Co-pilote et Air Canadien.

En vol, tout relève d'un travail d'équipe. Mon rôle consiste à m'assurer que tout se passe bien dans la cabine de pilotage. C'est un travail qui sollicite mon entière concentration. Derrière moi, le reste de l'équipage Air Canadien s'assure que le vol se passe aussi bien pour les passagers. C'est aussi un travail d'attention : d'autant plus qu'il faut maintenir la très haute qualité des repas et le très haut niveau de service à bord qu'ils sont en droit d'attendre de la première classe d'Air Canada. Vous pouvez apprécier le travail d'équipe des Air Canadiens sur tous nos vols, soit un total de 31 destinations au Canada, de Gander à l'Est à Victoria à l'Ouest, et de 10 aux USA. Et c'est un véritable travail d'équipe de couvrir un pays aussi grand, tout comme il faut un travail d'équipe pour que votre voyage en compagnie des Air Canadiens soit une agréable expérience. Venez avec nous, vous verrez.

Une compagnie de bonne compagnie.

AIR CANADA

APRES 6 MOIS DE PUBLICITE, RENE DEVELAY
FAIT LE POINT SUR LE FUJICA ZOOM
A MEMOIRE ELECTRONIQUE
Il y a 6 mois, en proposant aux amateurs de photo un grand reflex avec un zoom standardisé, je faisais un pari sur vos réactions et j'engageais mon nom. Aujourd'hui, j'ai rempli mon engagement, et mon pari, je l'ai gagné.
En effet, le FUJICA ZOOM à mémoire électronique a été plébiscité dans toute la France. La plupart des acheteurs ont été conquis, comme moi, par le zoom 43-75 qui donne à l'AZ-1 une longueur d'avance sur ses concurrents plus conservateurs. Ajoutez à cela la mémoire électronique, système garantissant une parfaite exposition même à contre-jour et vous avez le premier grand reflex compact automatique de la nouvelle génération.
En choisissant le FUJICA ZOOM, vous ne vous êtes pas trompés et ceux qui suivront votre exemple auront raison. En outre, son prix de vente très compétitif ne peut qu'encourager le plus grand nombre à acquérir un appareil d'un tel niveau. Par ces lignes, permettez-moi tout simplement de vous remercier de ce succès qui provoque, à juste titre, bien des remous dans le monde de la photo.
RENE DEVELAY
P. D.G. Develay S.A. Fuji Film
P.S. Je rappelle que le FUJICA AZ-1 est à optique interchangeable et qu'il peut être équipé avec le zoom 43-75, le 1.8 de 55 ou tout autre objectif de la gamme FUJINON du 16 au 1000 mm.
Demande de documentation à FUJI FILM DEVELAY S.A
7, rue Castéja - 92100 BOULOGNE
FUJI FILM
AUTO ELECTRO
FUJICA
AZ-1

La Beauté
a des canons,
pas de boulets
L'esthétique est d'accord avec la santé pour condamner les excès de poids. Mais minceur n'est pas maigreur. Et pour rester mince, une discipline légère mais continue est de loin préférable à une alternance de hantise et de laisser-aller de jeûne et de boulimie. Discipline, c'est-à-dire : régime alimentaire modéré, exercices physiques et Contrex.
L'eau minérale naturelle de Contrexéville vous aide à éliminer au moins autant que vous avez absorbé. Arithmétiquement, Contrex vous aide à ne pas grossir.
aide-toi... CONTREX t'aidera !
MAGNUM
CONTREX
1 litre et demi
Langelaan & Cert - 76-4

Les Champignons de Paris en légumes.

Un poisson et des champignons: c'est tout un univers de nouveauté et de bon goût qui fera envier votre table. Pourtant, l'association est facile à réaliser.

Préparation: 10 mn.
Cuisson: environ 45 mn.
Recette facile - coût: selon le poisson choisi.
Pour 4 personnes: 1 kg de poisson (4 poissons moyens ou 1 gros) 750 grammes de champignons de Paris frais moyens ou une boîte 4/4 de champignons de Paris en morceaux.
1 oignon - 1 bouquet garni - persil, poivre, sel, huile, 1 citron, 2 verres de vin blanc.

Champignons de Paris frais nettoyez-les soigneusement à l'eau vinaigrée après avoir coupé la partie sableuse du pied. Égouttez-les. Coupez-les en lamelles.

Champignons de Paris en boîte: égouttez-les et faites-leur rendre l'eau à feu moyen. Disposez vos champignons sur un plat allant au four et parsemez-les de rondelles d'oignon et de persil haché. Salez, poivrez. Ajoutez le bouquet garni et les quartiers de citron. Posez votre poisson sur cette couche de champignons Arrosez de vin blanc et d'huile. Faites cuire à four moyen pendant 45 mn (selon le poisson choisi).

Idées de variante: Poisson farci. Si vous faites cuire une dorade ou quelqu'autre gros poisson (carpe, loup...) gardez un peu de votre préparation à base de champignons pour le farcir.

Les bons petits trucs: Vous pouvez ajouter une petite branche de fenouil pour relever la saveur de votre plat et pendant la saison, quelques rondelles de tomates.

Et maintenant, bon appétit!

CHAMPIGNONS DE PARIS PRODUIT DE FRANCE

Le Champignon de Paris. Un légume tout rond, tout bon.

De bonnes idées recettes à votre disposition

Faciles à réaliser, appréciées de tous, vous pourrez les recevoir gratuitement en expédiant ce bon accompagné d'une enveloppe timbrée à votre adresse à:
CENTRE D'INFORMATION DU CHAMPIGNON DE PARIS
3, rue Logelbach
75847 Paris - Cedex 17

Nom, Prénom ....

....

Adresse complète ....

....

....

187

Offrez-leur des matins dorés.
CALOR
euro-advertising. photo daniel fauchon
Dorez les 2 faces à la fois. 81 F.
Dorez 4 tranches à la fois. 107 F.
Dorez plus ou moins
n'importe quel pain. 119 F.
Dorez à votre goût
2 tranches à la fois. 148 F.
Prix public. Tarif Août 76.
Calor, le pain grillé quotidien.
CALOR
217

Plus un café est moulu fin, et plus il vous donne d'arôme.

Café Melitta moulu extra-fin.

Mettez votre café moulu ici.

Mettez votre café moulu à côté de notre café moulu. Votre mouture est beaucoup plus grosse, n'est-ce pas? C'est pour cela qu'il ne fera jamais un café aussi bon, aussi parfumé que le café Melitta.

Parce qu'un café moulu plus fin, est un café qui libère beaucoup plus d'arôme dans l'eau. Et donc, qui donne le meilleur de lui-même dans votre tasse.

Alors, direz-vous, si c'était aussi simple que ça, tout le monde laisserait tourner son moulin plus longtemps, non?

Erreur. Les moulins chauffent, et l'arôme du café s'évapore dans l'air. C'est pourquoi, chez Melitta, nous broyons notre café d'une manière toute particulière : lentement et à froid. Pour garder tout l'arôme intact.

Mais, direz-vous, une mouture aussi fine traversera le filtre de ma cafetière!

Pas si vous utilisez le célèbre système de filtre et papiers-filtre Melitta. Il est spécialement étudié pour la mouture extra-fine. Et vous assure un café limpide, riche, délicieux.

Mais comme toute bonne recette, le café a aussi ses secrets. D'abord, veillez à ce que votre filtre et vos papiers-filtre Melitta aient toujours le même numéro de référence.

Ensuite, versez un peu d'eau frémissante sur la mouture pour la faire gonfler. Puis, le reste de l'eau en une seule fois, au fond du filtre et sans remuer.

Ainsi, vous découvrirez enfin comment tirer le maximum d'un bon café.

Un café qui vous donne l'arôme, tout l'arôme. Et rien que l'arôme.

Café et filtres Melitta.

MA-1

LINTAS

«L'IMAGINATION EST PLUS IMPORTANTE QUE LA CONNAISSANCE.» (Albert Einstein.)

L'avenir de votre enfant dépend bien sûr de ses connaissances acquises mais aussi de ses goûts, de ses aptitudes et de son pouvoir créatif manuel ou intellectuel.
Vous ne pouvez ignorer, ne serait-ce que pour l'orienter et le conseiller, ses goûts et ses aptitudes à créer.
GEGE, qui connaît bien vos enfants, a imaginé un jeu sous forme de test qui peut vous permettre de déceler certaines tendances. Essayez!

Le principe en est simple: entourez la lettre désignant la phrase qui correspond le mieux (selon vous) aux goûts de votre enfant.
Parmi ces différentes activités, aucune n'a plus de valeur que les autres.

Est-ce que votre enfant:

A – préfère plutôt dessiner ou reproduire sur une feuille de papier une fleur, une automobile…
B – ou cueillir des fleurs dans un champ.

A – préfère plutôt lire un livre, une revue, un journal…
B – ou faire un travail manuel: tissage, poterie, peinture…

B – préfère plutôt donner à manger à un animal,
A – ou chercher à savoir comment la femelle nourrit ses petits.

A – préfère plutôt visiter un zoo, un musée d'histoire naturelle…
B – ou observer les animaux dans une ferme, un champ.

B – préfère plutôt monter sur le dos d'un animal pour apprendre à le connaître,
A – ou s'informer sur l'alimentation des mammifères.

A – préfère plutôt se renseigner sur le mouvement des astres, sur les minéraux…
B – ou observer un coucher de soleil, un paysage…

B – préfère jouer avec la terre pour en faire des personnages, des châteaux…
A – ou lire un livre sur les pays lointains.

A – préfère plutôt démonter un mécanisme (réveil, poste, électrophone…),
B – ou écouter de la musique, des chansons, des histoires…

A – préfère s'intéresser au développement de photographies,
B – ou regarder des gravures, des images…

B – préfère plutôt faire une promenade dans la nature,
A – ou faire un jeu de construction, une maquette.

Tournez la page et découvrez les résultats…

GÉGÉ
sciences futures

Vikä

La manière douce de rester fraîche.

Imaginez sur votre peau une douce brise scandinave fraîche et parfumée...

C'est le déodorant Vikä. Vikä est frais et doux. Son action est toute simple : il ne contient aucun bactéricide chimique.

Il a été conçu en Scandinavie où on aime tout ce qui est frais et doux. Là-bas, il est vendu sous le nom Timotéi.

Avec le déodorant Vikä, vous êtes fraîche et douce comme une fille du Nord.

C'est une idée scandinave!

LINTAS

Fabriqué en France

VAD-1

France Cottages
Devenez propriétaire d'un "Hameau" 5 pièces + jardin à moins de 3.500 f/m².*
paragraphe 09.80
*m² utile = m² habitable + m² annexe. Prix juin 1980 valable jusqu'au 31.12.80. Limité aux maisons "Hameau" bénéficiant du prêt PAP.
Nous vous proposons plus de 30 programmes dans la France entière dont la plupart bénéficient des financements PAP.
France Cottages
La maison individuelle est notre vocation.
Je désire recevoir une documentation gratuite concernant les programmes de la région de :
☐ Clermont ☐ Paris ☐ Strasbourg
☐ Lyon ☐ Perpignan ☐ Toulouse
☐ Marseille ☐ Reims ☐ Tours
☐ Montpellier ☐ Rouen
Retournez ce bon à France Cottages - Tour Amboise 204, Rond-Point du Pont-de-Sèvres, 92516 BOULOGNE
Nom :
Prénom :
Adresse :
Tél. :

ACHETEZ VOUS DES YEUX.

Hier, il était difficile d'avoir des yeux partout.
Aujourd'hui la vidéo Panasonic vous permet de tout voir, d'être partout à la fois.

Le système vidéo Panasonic est à la fois le plus simple, le plus fiable, et le plus immédiat des systèmes de contrôle.

Quel que soit votre secteur d'activités, voire même à titre personnel, le circuit vidéo renforce votre sécurité, mais aussi améliore la rentabilité à tous les niveaux.

Panasonic, le spécialiste de la vidéo surveillance, présente une gamme complète de caméras, écrans moniteur, magnétoscopes longue durée et accessoires qui répondent à votre problème particulier.
Et pour ceux qui n'ont pas la nécessité d'un équipement trop important, qui représente un investissement parfois trop lourd, commerçants, particuliers, Panasonic propose le dernier né de sa gamme : la "mini vidéo".

Ce système moderne se compose de 1 à 3 caméras qui exercent une surveillance continue, discrète ou dissuasive, et d'un moniteur de commande pour le contrôle. Sous un encombrement minimum, chaque caméra offre une image claire, même prise dans l'ombre.

La mini vidéo Panasonic opère également en automatique, passant d'une caméra sur l'autre, en continu, sans intervention de votre part, et elle peut même être couplée aux magnétoscopes professionnels pour enregistrements. Elle offre donc toutes les fonctions classiques de la vidéo, mais avec en plus, des caractéristiques particulières de maniabilité, de facilité d'installation et de coût (le prix d'un téléviseur couleur).

Par son appartenance au groupe Matsushita, premier constructeur japonais de matériel électronique, Panasonic bénéficie d'une expérience, de services de recherche et d'une technologie d'avant-garde.

Depuis 20 ans, Panasonic applique cette expérience et cette maîtrise aux techniques de surveillance vidéo.

Alors pour votre sécurité et votre rendement, achetez-vous des yeux Panasonic.

Panasonic

La signature de la surveillance vidéo.

13/15, rue des Frères Lumière, 93150 Le Blanc Mesnil. Tél. : (1) 865.44.66
56, rue Sully. 69006 Lyon. Tel. : (7) 889.68.38
TECHNICS, PANASONIC, ET NATIONAL : 3 MARQUES DE MATSUSHITA ELECTRIC

Je suis intéressé par la "mini-vidéo surveillance" Panasonic, et désire recevoir, sans engagement, votre documentation.

Raison sociale ....
Nom .... Prénom ....
Activité ....
Adresse ....
.... Tél. ....

Le Motobécane du Tour de France.

Le Spécial Pro, c'est le vélo qui équipe les coureurs professionnels La Redoute/Motobécane dans les grandes classiques cette année. Vous pouvez le commander pour vous chez les concessionnaires Motobécane.

Ses caractéristiques techniques les plus remarquables : dérailleur spécial compétition Simplex-Motobécane. Nouveau pédalier 107, manivelles profilées. Transmission freins par gaine dural et téflon. Selle "Turbo" de ligne très pure et au confort particulièrement étudié.

Ses composants : Maillard. Simplex. Sella Italia. Stronglight. Weinmann. Columbus. Clément. Hutchinson. Cinelli. Mavic. Zéfal-Christophe. Bocama. Sédis.

Son prix : de 6.749 à 8.082 F, selon options prévues au catalogue (prix maximum conseillé au 1.4.82).

CYCLES MOTOBECANE

Le modernisme sur deux roues.